Cidades sul-americanas como arenas culturais

SERVIÇO SOCIAL DO COMÉRCIO
Administração Regional no Estado de São Paulo

Presidente do Conselho Regional
Abram Szajman
Diretor Regional
Danilo Santos de Miranda

Conselho Editorial
Ivan Giannini
Joel Naimayer Padula
Luiz Deoclécio Massaro Galina
Sérgio José Battistelli

Edições Sesc São Paulo
Gerente Iã Paulo Ribeiro
Gerente adjunta Isabel M. M. Alexandre
Coordenação editorial Francis Manzoni, Clívia Ramiro, Cristianne Lameirinha
Produção editorial Antonio Carlos Vilela
Coordenação gráfica Katia Verissimo
Produção gráfica Fabio Pinotti
Coordenação de comunicação Bruna Zarnoviec Daniel

Cidades sul-americanas como arenas culturais

Bogotá | Brasília | Buenos Aires | Caracas | Córdoba
La Plata | Lima | Montevidéu | Quito | Recife
Rio de Janeiro | Salvador | São Paulo | Santiago do Chile

Adrián Gorelik | Fernanda Arêas Peixoto (orgs.)

TRADUÇÃO
Francisco José M. Couto

Título original: *Ciudades sudamericanas como arenas culturales*
Edição em língua espanhola © Siglo XXI Editores Argentina, 2016
© Adrián Gorelik e Fernanda Arêas Peixoto (orgs.), 2016
© Edições Sesc São Paulo, 2019
Todos os direitos reservados

Tradução Francisco José M. Couto
Preparação Silvana Vieira
Revisão Silvana Cobucci e Karinna A. C. Taddeo
Projeto gráfico e diagramação Negrito Produção Editorial
Capa Negrito Produção Editorial
Foto de capa Tuca Vieira

Dados Internacionais de Catalogação na Publicação (CIP)

C486 Cidades sul-americanas como arenas culturais / Organização de Adrián Gorelik; Fernanda Arêas Peixoto; tradução de Francisco José M. Couto. – São Paulo: Edições Sesc São Paulo, 2019.
384 p. il.: fotografias, croquis, desenhos e mapas.

ISBN 978-85-9493-160-3

1. Antropologia Social e Cultural. 2. Produção Cultural. 3. América do Sul. 4. Cidades Sul-americanas. 5. Arquitetura. 6. Urbanismo. I. Título. II. Gorelik, Adrián. III. Peixoto, Fernanda Arêas. IV. Couto, Francisco José M.
CDD 390

Edições Sesc São Paulo
Rua Cantagalo, 74 – 13º/14º andar
03319-000 – São Paulo SP Brasil
Tel. 55 11 2227-6500
edicoes@edicoes.sescsp.org.br
sescsp.org.br/edicoes
 /edicoessescsp

Sumário

Apresentação à edição brasileira 7
    NABIL BONDUKI

Introdução: cultura e perspectiva urbana 15
    FERNANDA ARÊAS PEIXOTO | ADRIÁN GORELIK

PARTE I – Laboratórios culturais (séculos XIX e XX) 23

Rio de Janeiro – Crepúsculo da Ouvidor 25
    MARIA ALICE REZENDE DE CARVALHO

Buenos Aires – A cidade da boemia 37
    PABLO ANSOLABEHERE

São Paulo – A avenida Paulista da *belle époque*: elites em disputa 51
    PAULO CÉSAR GARCEZ MARINS

PARTE II – Línguas para o novo e a memória (1910-1930) 67

La Plata – Figuras culturais do novo na cidade do bosque 69
    GUSTAVO VALLEJO

Córdoba – 1918: além da Reforma 85
    ANA CLARISA AGÜERO

Montevidéu – O anseio de ser cosmópole: a arena cultural 101
    JORGE MYERS

Recife – Da cidade à infância: Gilberto Freyre, história e biografia 115
    JOSÉ TAVARES CORREIA DE LIRA

Buenos Aires – Mescla pura: lunfardo e cultura urbana 131
    LILA CAIMARI

São Paulo – O edifício Martinelli e a euforia vertical 147
    FERNANDA ARÊAS PEIXOTO | ALEXANDRE ARAÚJO BISPO

PARTE III – Cenas de modernização (anos 1940-1970) 159
Bogotá – 1948: da hipérbole ao mito 161
    GERMÁN RODRIGO MEJÍA PAVONY
Caracas – Tempo e imagem: o ritmo da modernização acelerada 175
    GUSTAVO GUERRERO
Rio de Janeiro – "Um bom lugar para encontrar": cosmopolitismo,
nação e modernidade em Copacabana 191
    JULIA O'DONNELL
Brasília – Uma cidade modernista no sertão 207
    NÍSIA TRINDADE LIMA | TAMARA RANGEL VIEIRA
Salvador – O renascimento baiano 219
    SILVANA RUBINO

PARTE IV – Cenas partidas (anos 1940-1970) 235
Quito – Comércio ambulante e ofícios de rua: cidade, modernidade
e mundo popular nos Andes 237
    EDUARDO KINGMAN GARCÉS
Montevidéu – A cidade e o campo 253
    XIMENA ESPECHE
Buenos Aires – A cidade e a *villa*: vida intelectual e representações urbanas 267
    ADRIÁN GORELIK
Lima – Hora zero: olhares, ações e projetos numa cidade transbordada 283
    ANAHI BALLENT
São Paulo – A cidade encenada: teatro e culturas urbanas dissidentes 299
    HELOISA PONTES
Santiago – A capital da esquerda 313
    GONZALO CÁCERES

PARTE V – Espetáculos urbanos (anos 1990-2010) 329
Buenos Aires – O Bafici: festivais e transformações urbanas 331
    GONZALO AGUILAR
Rio de Janeiro – A cidade midiática: telenovelas e mundo urbano 347
    BEATRIZ JAGUARIBE
São Paulo – Oficina: um teatro atravessado pela rua 359
    GUILHERME WISNIK

Os autores 375
Créditos das imagens 379

Apresentação à edição brasileira

NABIL BONDUKI

Este fascinante livro, organizado pelo arquiteto e historiador argentino Adrián Gorelik e pela antropóloga brasileira Fernanda Arêas Peixoto, mostra a fundamental e indissociável relação entre cidades e cultura.

O tema tem despertado crescente interesse no meio acadêmico, na mídia e entre os ativistas culturais e urbanos que atuam no multifacetado ambiente da cidade. O tema é recorrente. Nos anos 1950, Richard Morse já trabalhava com a chave cidade/cultura como elemento central para o entendimento da história urbana, em especial nas cidades latino-americanas, seu objeto privilegiado de estudo. Entre nós, o historiador Nicolau Sevcenko, em seus estudos sobre o Rio de Janeiro (*Literatura como missão: tensões sociais e criação cultural na Primeira República*) e São Paulo (*Orfeu extático na metrópole – São Paulo nos frementes anos 20*), é uma referência indispensável.

A cidade é um receptáculo espacial, repleto de vozes, olhares e cheiros, um palco permanente de manifestações coletivas que são indissociáveis dela. A cultura contemporânea é principalmente urbana, mas a cidade não é um mero cenário sobre o qual as várias linguagens se manifestam. A cultura integra a cidade de forma ativa, como um dos seus elementos constitutivos. Cidade e cultura formam um eixo de duas direções, que se interpenetram gerando uma unidade multifacetada difícil de ser compreendida como um todo, pois não é totalizante.

No Brasil, uma das novidades desse começo de século foi a efervescência dos coletivos culturais – tanto no centro quanto na periferia –, que, na sua diversidade étnica, racial, de orientação sexual e de estilos de vida, expressam o que de mais contemporâneo está reverberando. Seria impossível querer entender e interpretar a feição atual das cidades ignorando essas novas manifestações culturais.

Mas a cidade é, ela própria, um produto cultural vivo e em permanente processo de transformação. Sua implantação, sua relação com o meio físico, seu traçado, sua morfologia, sua arquitetura, seu processo de ocupação e crescimento são elementos indissociáveis da cultura dos povos que a edificaram.

O objeto central deste livro são as cidades sul-americanas, da América hispânica e lusitana. Desde as origens, as marcas culturais dos colonizadores espanhóis e portugueses estão inscritas nas implantações e nos traçados das nossas cidades. Como assinalou Sergio Buarque de Holanda em seu livro germinal *Raízes do Brasil*, e muitos outros pesquisadores que estudaram as origens do urbanismo colonial, a Coroa Espanhola, ao determinar na Ley de las Indias a adoção de regras urbanísticas rígidas, buscou imprimir no tecido urbano sua dominação colonial, não só militar, mas também cultural e religiosa, com o objetivo de apagar a cultura dos povos originários e expor uma unidade cultural da metrópole colonial inexistente em seu território europeu, que havia sido recentemente unificado à força por Castela.

Não por acaso, muitas cidades hispânicas foram implantadas nos mesmos sítios que os antigos assentamentos pré-colombianos, na tentativa de apagar as marcas culturais dos povos dominados. A preocupação em transferir para a América a tradição cultural e religiosa da metrópole, formando no novo continente uma elite pensante, revela-se na criação de universidades nas diferentes regiões da colônia como centros de disseminação da cultura dominante.

Já na parte que lhe coube da partilha do mundo que o Tratado de Tordesilhas impôs, os portugueses não tiveram essa preocupação. Com menos recursos e dando menos prioridade para a colônia americana diante do interesse que as Índias despertavam, os colonizadores lusitanos foram, até o século XVIII, econômicos na implantação de cidades com projetos urbanísticos padronizados e de núcleos pensantes no novo mundo.

Com a exceção das poucas cidades reais onde prevaleceu o traçado dos engenheiros militares, ficou para os colonos o encargo de semear vilas que, de maneira geral, transferiram para a colônia a cultura urbanística medieval lusitana, dando aos núcleos urbanos uma unidade que se contrapunha à profusão cultural de centenas de povos indígenas que habitavam a vasta *terra brasilis*.

Um dos primeiros pesquisadores urbanos que entendeu a força da cultura como elemento indispensável para entender a cidade latino-americana foi o historiador americano Richard Morse, autor que serviu de inspiração para o grupo de pesquisadores envolvido neste livro.

Morse teve uma passagem marcante pela América Latina e em especial por São Paulo, onde estabeleceu uma intensa interlocução com pensadores do processo de formação e modernização do Brasil, como Antonio Candido e Fernando Henrique Cardoso. Em 1954, sua tese sobre a cidade – *De comunidade a metrópole: uma biografia de São Paulo* – tornou-se um clássico, indispensável para entender a principal metrópole brasileira.

A tese inovava ao colocar a produção cultural como elemento central da formação da cidade. Publicada como *Formação histórica de São Paulo*[1], essa obra, mais

---

1. Richard M. Morse, *Formação histórica de São Paulo: da comunidade à metrópole*, São Paulo: Difel, 1970.

Pauliceia desvairada, de Mário de Andrade, foram os livros que fizeram com que eu me apaixonasse por São Paulo, antes ainda de estudar arquitetura e urbanismo. Ali entendi como o urbanismo e a cultura – sobretudo a literatura, mas também a música, as artes plásticas e o teatro – se entrelaçam numa teia complexa que gera o corpo e a alma da cidade.

Num momento em que os estudos da cidade caminhavam pela via descritiva da geografia urbana, pela sociologia – ainda influenciada pela Escola de Chicago e pelos estudos quantitativos predominantes nos EUA – e pela visão emergente e pragmática dos planejadores urbanos, Morse introduziu um ângulo novo na observação urbana, que tinha no eixo cultura e cidade um elemento essencial que nos permitiu entender de um modo original o processo de modernização da metrópole.

Foi partindo da figura-chave de "arenas culturais", cunhada por Morse num artigo de 1981 – "Cidades periféricas como arenas culturais" –, que se articularam os 25 autores deste livro que nos leva a uma viagem às cidades sul-americanas pelo tempo e pelo espaço. Como afirmam os organizadores na Introdução, arenas culturais são uma figura potente por sua "capacidade de apresentar a cidade simultaneamente como lugar de germinação, de experimentação e de combate cultural".

"Arenas culturais" serviu então como uma "contrassenha" para referenciar as pesquisas de história cultural urbana que compõem o livro, o qual agregou autores de diferentes campos disciplinares – história cultural, história da arquitetura e do urbanismo, antropologia, sociologia, crítica literária e estudos culturais – para estudar as cidades sul-americanas nas múltiplas dimensões culturais da sua vida urbana, num espectro temporal que vai da virada do século XIX para o XX até o século XXI.

Mesmo sendo uma coletânea, ou melhor, um livro coletivo, destaca-se a consistente articulação dos capítulos, que formam uma unidade, uma vez que a seleção das cidades e dos temas investigados foi realizada de forma coletiva pelo grupo. Sua vitalidade narrativa e analítica é valorizada pela heterogeneidade do recorte temático e analítico de cada autor. Embora cada pesquisador tenha desenvolvido seu texto com estilo próprio e orientações conceituais embasadas em pesquisas específicas, a obra apresenta uma unidade impressionante em meio a um caleidoscópio multifacetado de manifestações culturais e reflexões analíticas. Revela-se, assim, a heterogeneidade vigorosa e potente das cidades sul-americanas com uma linha condutora que nos leva a uma excitante viagem urbanística e cultural por catorze cidades de oito países da América do Sul.

O enfoque interdisciplinar permite que múltiplos olhares possam mostrar como cidade e cultura se ativam mutuamente, registrando a articulação entre contextos urbanos, manifestações artísticas e atores culturais muito diversos, que foram estudados por urbanistas, intelectuais ou artistas.

O livro possibilita ainda uma reflexão sobre as principais cidades do subcontinente, retomando uma tradição das ciências sociais que, desde os anos 1960, busca uma aproximação intelectual entre os pensadores latino-americanos. A recente criação de uma Associação Ibero-americana de História Urbana, entre outras iniciativas que reúnem pesquisadores do continente, mostra que essa busca continua vigorosa. Apesar disso, é notável a dificuldade de interlocução sul-americana no âmbito dos diálogos sul-sul. Os olhares ainda estão mais voltados para o norte do que para nossas próprias identidades e heterogeneidades, nossos conflitos e objetivos comuns.

De certa forma, ainda não conseguimos superar totalmente nosso passado colonial, nem o efeito magnético que a Europa e os Estados Unidos exercem sobre nós. Parte significativa dos poucos trabalhos que buscaram construir grandes sínteses sobre a América Latina partiu de pesquisadores do norte, sobretudo americanos. A produção local tem dado prioridade a estudos mais específicos, indispensáveis num momento inicial de abertura de um campo disciplinar, pois não é possível construir sínteses sem pesquisa empírica e aprofundados estudos de casos.

É aí que se situa a potência deste livro. A riqueza investigativa dos estudos de cada cidade e/ou manifestação cultural proporcionada pelos seus 23 textos é inconteste. Abre-se assim a possibilidade de se gerar uma reflexão mais sintética e abrangente, capaz de identificar processos comuns e heterogêneos, trânsitos de ideias, influências recíprocas entre as arenas culturais sul-americanas. A construção dessas pontes entre cidades e processos culturais, de reflexões transversais, entre espaços e tempos, torna-se agora um desafio para os autores e organizadores, como um desdobramento natural da investigação.

Nesse sentido, vale notar que o artigo inspirador de Morse constrói uma reflexão cruzada entre cidades tão distantes e distintas como São Petersburgo, Viena, Buenos Aires e Rio de Janeiro. E, curiosamente, trata a América Latina como se fosse um país, ao colocar um subtítulo, entre parênteses: "Rússia, Áustria e América Latina". Talvez o olhar estrangeiro, mais distante, consiga ver com maior clareza uma identidade que muitas vezes nós mesmos não conseguimos enxergar.

Em especial, entre o Brasil e os países hispânicos as barreiras são históricas e ainda maiores, apesar dos múltiplos esforços que têm sido feitos para derrubar barreiras e construir pontes. O livro vai nessa direção e a sua mais que necessária publicação em língua portuguesa contribui para a abertura de mais portas que podem ampliar a interlocução entre o Brasil e a América hispânica. Dez dos 23 textos incluídos no livro tratam de cidades brasileiras, abordando diferentes aspectos da formação urbana e cultural de São Paulo, Rio de Janeiro, Recife, Salvador e Brasília, possibilitando uma reflexão expressiva a respeito do contexto urbano brasileiro.

Fixando-se apenas o Brasil, valeria citar alguns capítulos. Por meio deste livro, o leitor poderá transitar pelas paisagens em modernização, no início do século xx, da rua do Ouvidor, no Rio de Janeiro – no capítulo escrito por Maria Alice Rezende de Carvalho –, e da avenida Paulista, em São Paulo – no texto de Paulo César Garcez Marins –, onde se construía um cenário de representação social e urbana das elites brasileiras reconfiguradas pelo fim da escravidão.

Constatar, no texto de Fernanda Arêas Peixoto e Alexandre Araújo Bispo, a força simbólica de um edifício, como o Martinelli em São Paulo, condensador de uma cidade em vertiginoso processo de transformação, que era o próprio motor da sua expressão cultural. Percorrer, pela leitura de José Tavares Correia de Lira, o Recife das primeiras décadas do século XX através do olhar e das letras de um Gilberto Freyre. Conhecer ou recordar, no texto de Julia O'Donnell, as diferentes manifestações culturais que marcaram o bairro de Copacabana, cenário de uma paisagem encantadora e palco de uma vida social excitante, contada em prosa e verso como a síntese de um Rio de Janeiro que ganhava projeção internacional, combinando verticalização, modernidade e cosmopolitismo num momento de otimismo em relação ao futuro do país, nas décadas de 1940 e 1950. Modernidade que é tratada por outro viés através da reflexão sobre Brasília, de Nísia Trindade Lima e Tamara Rangel Vieira, que expõe a reação de intelectuais ao projeto da Nova Capital, por eles visto como uma inadequada interferência moderna em uma paisagem natural, cultural e econômica cujos significados estavam sendo ignorados.

Mas, para além da relação direta, física, entre espaço urbano e cultura, também são analisadas produções culturais que expressam o ambiente urbano no século XX, como fizeram Silvana Rubino ao tratar das crônicas que, na década de 1950, tentavam articular tradição e mudança em Salvador, Heloísa Pontes, ao pesquisar a cena do teatro que, na São Paulo dos anos 1960, interpelava os novos sujeitos urbanos de uma sociedade em conflito, e as produções de cultura de massa, e Beatriz Jaguaribe, que identificou como as telenovelas brasileiras redesenharam o imaginário social sobre a favela no Rio de Janeiro.

Mas é no contexto paulistano dos últimos vinte anos, do qual fui protagonista e observador privilegiado, desenhado no ensaio de Guilherme Wisnik sobre o Teatro Oficina, que quero me deter para finalizar esta apresentação da edição brasileira.

A íntima, intensa e tensa relação entre o Oficina, que se tornou uma rua em continuidade à trama urbana do tradicional bairro do Bexiga, e as forças sociais locais, as manifestações culturais e a transformação da cidade é apenas um exemplo, talvez o mais representativo, da forte efervescência cultural de São Paulo no século XXI. Ruas, praças, becos e quebradas tornaram-se palcos, ou "arenas", não apenas culturais como políticas, simbólicas da busca por uma cidade mais aberta e pela cidadania cultural como espelho e contraponto à metrópole do capital.

Essa arena tem múltiplas expressões num processo multifacetado e gigante como a cidade. A ocupação cultural e cidadã do espaço público é seu elemento condensador, que se expressa em várias vertentes, como o teatro independente, a cultura periférica, a música, o grafite e o audiovisual. Embora oriundas de vozes diferentes e independentes, essas manifestações se articulam intensamente no urbano.

A primeira é a força expressiva do teatro, tratada no livro em dois capítulos. Remonta aos anos 1950, com a força propulsora do Teatro Brasileiro de Comédia (TBC), que se desdobrou com a formação de inúmeras companhias, como o Teatro de Arena, Ruth Escobar, Oficina e muitos outros que geraram um território cênico no bairro do Bexiga.

No século XXI, essa tradição foi impulsionada pelo movimento Arte e Barbárie, que gerou a Lei de Fomento ao Teatro (2002). A lei criou as condições para a pesquisa e o desenvolvimento artístico sem depender do mercado nem das leis de incentivo, motivando uma verdadeira primavera cênica que proporcionou o surgimento e o crescimento de dezenas de novas companhias que se espalharam pela cidade, colocando os temas urbanos em suas arenas, que já não são meros palco de teatros edificados, mas que se concretizam na própria cidade.

Os capítulos deste livro que abordam o TBC e o Oficina mostram como foi profundo o diálogo entre o teatro e a cidade, em especial no bairro do Bexiga, tanto por criar um território das artes cênicas como por fazer uma reflexão sobre o urbano que ultrapassa os limites do discurso da academia ou dos planejadores.

Única companhia que, com inúmeras transformações, resistiu e pertenceu aos dois momentos de destaque do teatro paulistano, o Oficina de Zé Celso tem uma longa trajetória, que lhe permitiu acompanhar desde o processo de devastação urbana gerada pelo Minhocão, expressivamente contemplada no cenário de destroços que Lina Bo Bardi levou para a encenação de *Selva da cidade*, até a luta contra a destruição definitiva do bairro, que seria causada pela especulação imobiliária no entorno imediato do teatro, simbolizada na resistência de Canudos perante o poderio do exército brasileiro na epopeica montagem que o Oficina fez de *Os sertões*.

A cidade, na sua multifacetada relação com a sociedade, tornou-se um tema sempre presente, mas mais importante foi o deslocamento do palco para o espaço público. As ruas de Santa Ifigênia como cenário para a reflexão sobre a especulação urbana, a dependência química e a segregação. O cenário da Vila Maria Zélia, antiga vila operária, para a discussão da memória operária e da preservação da arqueologia industrial da cidade. Um casarão aristocrático de Campos Elíseos percorrido como uma paródia da vida burguesa.

Esse deslocamento não significou o desaparecimento das sedes fixas e da relação entre as casas teatrais e seus bairros. A Cia. Pessoal do Faroeste, instalada no bairro de Santa Ifigênia, na chamada cracolândia, estabeleceu um forte vínculo com seu entorno, tornando-se um ator relevante, tanto do ponto de vista criativo como por sua atuação junto aos graves problemas sociais da região pela via da arte e da dramatização.

Novos territórios cênicos surgiram, como na Praça Roosevelt, que se tornou um dos ícones dessa primavera cênica que extravasou as paredes dos teatros e as sedes das inúmeras companhias que ali se instalaram para envolver a própria praça como arena cultural, e que, por sua vez, deflagrou a reabilitação do seu entorno, a Baixa Augusta, e a ressignificação do Minhocão como um espaço de uso público pelas pessoas.

A relevância desse processo, impulsionado pela Lei de Fomento, mas que posteriormente ganhou vida própria, é inequívoca, mas sua potência não teria tido a mesma significância se ele não tivesse ocorrido simultaneamente com a efervescência da cultura periférica. A maioria dos grupos apoiados pela lei tem sede localizada no centro expandido da cidade. Uma das poucas exceções é a pujante Pombas Urbanas, instalada na longínqua Cidade Tiradentes, a trinta quilômetros do centro histórico, que despontou como um farol que revelava nas quebradas da periferia um movimento que alterou a geografia da cultura.

A emergência da cultura periférica é um dos fatos mais significativos da São Paulo do século XXI, que mostra as enormes transformações que ocorreram na cidade nos últimos vinte anos. Os protagonistas são os jovens pobres do século XXI, filhos ou netos de migrantes que vieram do campo para a principal metrópole do país na segunda metade do século XX e que se integraram de forma excludente na cidade, vivendo em loteamentos, favelas ou conjuntos habitacionais situados na periferia.

Da primeira geração de migrantes, esse jovem, nascido paulistano, chegou à escola pública, teve acesso a algum ambiente cultural, organizou-se em coletivos e, aos poucos, foi construindo uma identidade com o local em que vive, que se tornou o tema privilegiado de suas manifestações. A cultura tornou-se uma forma de fazer ouvir sua voz, repleta de revolta contra a exclusão urbana e social da periferia, contra o preconceito, a opressão e o genocídio da juventude negra.

Nasceu daí a cultura periférica, que alterou a percepção que se tinha dessas áreas segregadas e abandonadas da cidade. Com o surgimento de uma identidade própria desses lugares, antes desprezados, eles foram sendo ressignificados pelos próprios moradores, através de manifestações como o *hip-hop*, a literatura marginal, o grafite, a dança e a música, tudo condensado por festivais, saraus, *slams* e inúmeras outras formas de agregações urbanas que pipocam em todos os cantos de vasta periferia paulistana.

Embora a força desse movimento seja inteiramente independente do Estado, iniciativas do poder público, como a criação, nas áreas excluídas da cidade, de casas de cultura, nos anos 1990, e dos CEUs, nos anos 2000, e, sobretudo, do VAI – Programa de Valorização de Iniciativas Culturais, criado por lei em 2004 e destinado a apoiar projetos de jovens da periferia –, permitiram a formação cultural e a articulação das condições econômicas básicas para impulsionar esse movimento. Os quase dois mil projetos de jovens da periferia que foram apoiados pelo VAI, em todas as linguagens artísticas, revelam a dimensão e a pujança desse processo.

A articulação dessa rede fragmentada e capilarizada, formada por verdadeiros micropolos culturais espalhados pela periferia de São Paulo, se deu na própria região, em pontos que se tornaram referencias identitárias, como a Cooperifa, o Sarau do Binho e o Slam da Guilhermina, entre muitos outros.

Antes dessa efervescência cultural, as periferias não tinham identidade própria nem autoestima. Ao se tornarem "arenas culturais", elas ganharam o espaço que merecem no mapa da cidade.

Essa breve reflexão sobre a periferia revela a potência da figura das arenas culturais como elemento essencial nos estudos urbanos, evidenciando a importância deste livro encantador. A multiplicidade de aspectos, abordagens e contextos que ele traz mostra a riqueza cultural da cidade sul-americana, em estudo agora disponibilizado ao amplo público brasileiro interessado nesse tema.

Nabil Bonduki é arquiteto e urbanista e professor titular de planejamento urbano na FAUUSP. Foi o relator e autor do texto aprovado do Plano Diretor Estratégico de São Paulo e Secretário Municipal de Cultura de São Paulo.

Introdução: cultura e perspectiva urbana

FERNANDA ARÊAS PEIXOTO
ADRIÁN GORELIK

Uma figura inspiradora

"Arenas culturais": essa foi a figura-chave de um projeto de história cultural urbana que deu origem a este livro, como uma contrassenha para seus 25 autores, um modo de entender-se em meio à babel de línguas (enfoques, disciplinas, registros narrativos) que todo estudo da cidade deve ao mesmo tempo convocar e conjurar.

Começamos apelando, de maneira quase instrumental, à potência dessa figura por sua capacidade de apresentar a cidade simultaneamente como lugar de germinação, de experimentação e de combate cultural, mas ela aos poucos foi se transformando numa homenagem implícita a seu criador, Richard Morse[1]. De fato, o título que finalmente escolhemos para o livro parafraseia um dos últimos textos que Morse dedicou às cidades latino-americanas: "Cidades 'periféricas' como arenas culturais", de 1982[2]. Ali, Morse passava em revista a mais recente literatura de temática urbana – de Marshall Berman e Carl Schorske a José Luis Romero –, para restabelecer de um ângulo novo esse vínculo estrutural entre cidade e cultura que havia permitido, desde o início de sua trajetória intelectual, compreender de modo tão original o processo de constituição da modernidade na América Latina. Sem dúvida Morse o fazia com um viés celebratório sobre a cultura latino-americana que também o caracterizava: o artigo mencionado termina com uma espécie de efusão carnavalesca nas praias do Rio de Janeiro, satisfazendo a hipótese morsiana de que as culturas urbanas periféricas são muito mais intensas e interessantes do que as centrais. Porém, não é esse viés – bastante alheio ao espírito com que nós, autores deste livro, pensamos a cultura urbana latino-americana – o que interessa destacar nessa homenagem a Morse, e sim o extraordinário arsenal de recursos analíticos que, celebrações à parte, ele forneceu para uma compreensão

---

1. Devemos agradecer aqui a Carlos Altamirano, que, quando este projeto acabava de ser criado, sugeriu a potencialidade da figura morsiana de "arenas culturais" para estruturá-lo.
2. Ver Richard Morse; Jorge Enrique Hardoy (comps.), *Cultura urbana latinoamericana*, Buenos Aires: Clacso, 1985.

Festa popular no bairro de Ribeira, c. 1954-1960, Salvador.
Fotografia: Marcel Gautherot/Acervo Instituto Moreira Salles.

histórico-cultural muito sofisticada das cidades do continente, além das incontáveis e ainda hoje provocativas perguntas que nos ensinou a formular.

Já em 1956, por exemplo, ele destacara a importância decisiva das fontes culturais para a compreensão das cidades da América Latina: as aproximações de artistas, escritores e ensaístas, com sua capacidade demiúrgica de enumerar, de modelar a realidade, pareciam a Morse tanto ou mais esclarecedoras que as pesquisas e as estatísticas; e para indicar a radicalidade de seu pensamento, sua forma de raciocinar na contracorrente, convém lembrar a centralidade que a sociologia e a planificação ganharam nesses anos – seguramente o momento de maior ambição normativa do pensamento social –, relegando a segundo plano outras formas de conhecimento da cidade, como as fornecidas pela tradição ensaística[3]. Porém, o mais interessante nesse texto breve e precoce – e talvez a melhor evidência da veia polemista de Morse – é que, ao lado da grande batalha contra as posições dominantes no pensamento sociourbano, ele não deixava de discutir com aqueles poucos que davam importância à dimensão cultural. Assim, analisando um trabalho dedicado às relações entre literatura e cidade, assinalava os limites dos enfoques que veem na criação artística apenas um celeiro de informações positivas – que reduzem, portanto, a capacidade cognoscitiva da arte a seus "temas explícitos", e as fontes culturais para interpretar a cidade aos gêneros naturalistas. Contra interpretações desse tipo, ele demandava uma análise interna da obra de arte capaz de potencializar a evidência de que o artista latino-americano, para além de seus temas e estilos expressivos, é um produto cabal da cidade e, como tal, não pode senão revelá-la – e com isso argumentava, de passagem, a favor da incorporação da produção vanguardista, que tanto o fascinava, como tema de estudo. Quer dizer, para Morse, a cultura urbana, quando entendida de modo refinado, mostra-se uma via de mão dupla: permite uma compreensão mais complexa e integral tanto da cidade como da própria cultura.

Esse é o desafio morsiano forjado na expressão "arenas culturais". E é a pergunta nela implícita o que se busca retomar aqui: se a vida cultural moderna da América Latina teve seu centro na cidade, que características específicas desta deram àquela suas marcas singulares? Em outros termos, em que medida a análise da cultura urbana é capaz de iluminar o processo de interpenetração e correspondências entre cidade e cultura? É possível reconhecer momentos determinantes em algumas cidades nos quais essa relação tenha sido especialmente produtiva? Como se pode perceber, não é de uma "história urbana" desses momentos que sairão as respostas que a pergunta suscita, mas da possibilidade de conferir uma *perspectiva urbana* à história cultural, evidenciando aqueles episódios da vida intelectual, artística ou cultural nos quais a cidade e suas representações intensificaram sua ativação mútua.

---

3. Richard Morse, "La ciudad artificial", *Estudios Americanos*, v. XIII, n. 67-8, Sevilha, abr.-maio 1957 (comentário à mesa "Expansão urbana na América Latina durante o século XIX", na 71ª Reunião da American Historical Association, Saint Louis, 28-30 dez. 1956).

Um campo de experimentação

Concebido como um passo nessa direção, este livro é o resultado de um projeto que coordenou o trabalho de um grupo de estudiosos de várias cidades sul-americanas e de diferentes proveniências disciplinares (história cultural, história da arquitetura, antropologia, sociologia, crítica literária, estudos culturais), reunidos pela sensibilidade comum às múltiplas dimensões da vida urbana[4]. Durante três anos de debates e pesquisas, selecionamos uma série de cidades sul-americanas e uma sequência de momentos-chave, mas confiando às orientações temáticas e estilísticas de cada autor o tipo de objeto cultural sobre o qual se debruçar, assim como o modo de fazê-lo; isso porque um dos nossos principais objetivos foi explorar o elenco mais rico e variado possível de enfoques, de modo a propor não só uma série de estudos de cultura urbana, mas um campo de experimentação das perspectivas analíticas disponíveis para praticá-la.

Daí resulta a heterogeneidade de recortes e percursos que se podem encontrar nos diversos capítulos do volume, o que talvez constitua a base de sua vitalidade narrativa e analítica. Em alguns casos, o foco está colocado sobre momentos emblemáticos, como o ano de 1918 em Córdoba, para entender como a cidade possibilitou o movimento da reforma universitária, e o que havia nela além desse movimento, ou o 48 bogotano, cataclismo político que se transformou em profecia autorrealizada de um modernismo cultural que pretendia refazer a cidade a partir de seus escombros. Em outros casos, o relato concentra-se em fragmentos espaciais: às vezes um edifício, como o Martinelli em São Paulo, condensador das representações sociais de uma cidade em vertiginoso processo de transformação; outras vezes uma rua, como a do Ouvidor no Rio de Janeiro, memória de uma boemia carioca que prosperou na mistura social e racial posta em xeque pelo projeto modernizador de começos do século XX, ou a avenida Paulista, que nesse mesmo momento se transformava em cenário de representação social e urbana das elites imigrantes em São Paulo; às vezes ainda um bairro, como Copacabana, o balneário que chegou a se identificar com o Rio de Janeiro em sua projeção internacional, combinando de maneira audaciosa modernidade, cosmopolitismo e sentido da nacionalidade; ou como o Abasto em Buenos Aires e o Bexiga em São Paulo, bairros que pelo prisma de instituições culturais (o Bafici e o Teatro Oficina, respectivamente) mostram as relações conflitivas entre forças locais, movimentos culturais e programas de reforma urbana. Em outros

---

4. O projeto foi possível graças ao apoio financeiro e logístico oferecido pela Universidade Nacional de Quilmes. Funcionou mediante um conselho acadêmico integrado por Anahi Ballent, Jorge Myers, Maria Alice Rezende de Carvalho e os dois compiladores do livro. Nas diversas reuniões de trabalho e discussão realizadas em Buenos Aires e São Paulo, contou-se com a produtiva participação do conjunto de integrantes do Centro de História Intelectual da Universidade Nacional de Quilmes e do grupo ASA – Artes, Saberes, Antropologia – da Universidade de São Paulo. Também foram muito importantes as contribuições de Mauricio Tenorio Trillo e Rafael Rojas nas primeiras formulações do projeto, pondo um horizonte nas regiões mais ao norte da América Latina que, sabemos, será retomado.

casos, são percorridos os circuitos intelectuais, como o dos escritores boêmios na Buenos Aires de 1900, para os quais a cidade era ao mesmo tempo uma condição de possibilidade e uma ameaça hostil por seu irremediável caráter fenício; ou o dos movimentos feministas e reformadores na La Plata de 1920, cidade que parecia ter sido programada para os experimentos do progresso social; ou o dos grupos literários de Montevidéu nesses mesmos anos, que alimentavam a exaltação de uma metrópole orgulhosa de seu dinamismo.

São analisadas produções literárias, como as crônicas que na década de 1950 tentavam a difícil aliança de tradição e mudança em Salvador, ou as obras de teatro que na São Paulo radicalizada dos anos 1960 interpelavam os novos sujeitos urbanos. Também produções da cultura de massa, como as telenovelas, que refizeram o imaginário social sobre a favela no Rio de Janeiro nos últimos anos; o léxico e o movimento das ruas, como o lunfardo em Buenos Aires, que nas décadas de 1920 e 1930 inspirou a paradoxal defesa de uma "mistura original" como essência imutável para uma cidade em trânsito; e ainda os ambulantes do mundo popular, indígena e mestiço na Quito dos anos 1940 e 1950, que abriram, a partir da base da sociedade, espaços inéditos da vida moderna. São examinados programas governamentais, institucionais e urbanísticos, como os do general Pérez Jiménez em Caracas, que buscavam impor uma sensação de aceleração do tempo histórico, em que a cidade, num salto, se sincronizava com a contemporaneidade, ou o caso paradigmático da Brasília de Kubitschek, visto por meio das reações intelectuais à implantação de uma cidade modernista no sertão, sem esquecer os projetos que transformam a Santiago do Chile de finais dos anos 1960 em "capital da esquerda", entre o reformismo democrata-cristão e o experimentalismo radical da Unidade Popular.

Esses são apenas alguns dos enfoques experimentados nos ensaios na tentativa de capturar as relações íntimas e inextricáveis entre cidade e cultura. Cidade considerada por uma pluralidade de formas e escalas: cidades portuárias e interiores, antigas e novas, metrópoles regionais e centros provincianos; cultura pensada a partir de uma concepção ampliada, que não se reduz às elaborações "cultas", mas que inclui também as criações "populares" ou as da indústria cultural.

A organização cronológica que o índice propõe, com os capítulos encadeados por períodos, não supõe um compromisso com a construção de um relato histórico articulado, mas busca pensar a produção cultural em estreita consonância com os ritmos e as texturas urbanas de cada época. Lidos nessa ordem – dos "laboratórios urbanos" entre os séculos XIX e XX aos "espetáculos urbanos" dos anos 1990 e 2000 –, é possível compor, na longa duração, a vida cultural do sul do continente com o auxílio de marcos temporais decisivos na história dos países que o integram: os períodos de crise ou de recuperação econômica, os pós-guerras, os governos ditatoriais ou as aberturas democráticas. Porém, essa linha diacrônica – inclusive, às vezes, *événementielle* – é sistematicamente perturbada, seja por saltos temporais no interior dos ensaios, seja pelas relações de afinidade que se estabelecem entre cidades distantes no tempo e no espaço, em função de certos temas e perspectivas. Em outros termos, a linha horizontal das sucessões que define a ordem de apresentação dos textos é cruzada por outras, verticais e transversais, projetadas por comparações variadas que os ensaios sugerem ao leitor, incitando-o a se mover em diversas direções: uma cidade termina funcionando como espelho através do qual outra se apresenta, em novos ângulos, transformada e deslocada.

Como se pôde observar pela enumeração parcial de temas e enfoques, as análises aqui reunidas oferecem um amplo leque de questões, mas poderíamos dizer que todas se desenvolvem a partir do exame de processos de modernização específicos. Projetos modernos de diferentes calibres, forjados a partir de diferentes inspirações, animam debates intelectuais, manifestações artísticas e programas políticos, marcando a paisagem social, cultural e material das urbes do sul do continente. Experiências modernas testadas em diferentes cidades, que nascem e se modificam em função da apropriação de modelos estrangeiros, em processos que geram tanto criações inéditas como fraturas, incongruências, conflitos.

Nesse sentido, não parece exagerado afirmar que todos os ensaios lidam com nascimentos, mais ou menos traumáticos, do moderno; nascimentos (e renascimentos) que indicam uma convivência tensa e permanente entre as dicções locais (que ganham nomes como "tradição", "cultura popular" ou "cultura mestiça") e a racionalidade dos projetos reformadores (políticos, educacionais, urbanos), que impõem novos ordenamentos sociais, espaciais e simbólicos e que encontram tradução em questões como a constituição da cidadania e do espaço público moderno. Ensaios de modernidade e modernização que coincidem, não por acaso, com ciclos de conflitos e disputas entre progressistas e conservadores, entre nacionais e estrangeiros, entre novas e velhas elites, entre burgueses e operários (dualidade sempre perturbada por essas tão urbanas e arraigadas classes médias). Tais experimentos carregam também, e invariavelmente, embates entre utopias modernistas e idealizações antimodernas que, longe de se oporem, convivem, umas alimentando as outras: a cidade da infância, como no Recife de Gilberto Freyre, que mistura história social e autobiografia para iluminar um passado que se quer vivo; a cidade dos marginalizados ou do "povo", no caso das representações intelectuais e artísticas da *villa miseria* em Buenos Aires e da *barriada* em Lima na longa década de 1960, alvo de denúncia ao mesmo tempo que tema inspirador para inúmeras criações; e inclusive a anticidade, o campo que, nos imaginários dissidentes uruguaios, nacionalistas e de esquerda, tentará opor um interior autêntico e americano ao predomínio tradicional de uma Montevidéu europeísta.

Os laboratórios, as cenas e os espetáculos urbanos que estes ensaios oferecem ao leitor se afastam das totalizações panorâmicas que dão a ilusão de abranger universos completos. Ao contrário, cada um dos textos propõe experiências com materiais específicos que evidenciam práticas particulares (de intelectuais, militantes, artistas, ou das incontáveis figuras errantes da cidade) que, ao erigir seus artefatos permanentes ou efêmeros (arquitetônicos, fílmicos, literários, jornalísticos), deixam impressas suas marcas nos espaços urbanos, definindo lugares e formas de sociabilidade e redefinindo, assim, as cidades e a imaginação sobre elas. Além disso, a geografia material e simbólica que estas páginas traçam se encontra ritmada por euforias utópicas e evocações melancólicas, sentimentos misturados e ambivalentes, inseparáveis das paisagens urbanas modernas, sistematicamente interpeladas por suas "outras" (campos ou sertões, aldeias ou povoados, índios ou camponeses), que exigem novas linguagens e categorias para descrevê-las.

Uma situação de impasse

Estas são nossas arenas culturais sul-americanas que, se buscam inspiração em Morse, não é só porque sua obra aspira a uma ampliação constante de horizontes temáticos e metodológicos, mas porque assume também uma posição reflexiva no interior da tradição de estudos sobre a cidade na América Latina, que consideramos em situação de *impasse*. Nos anos 1980 assistimos ao fim da preeminência das visões planificadoras que dominaram todo o ciclo de desenvolvimento dos estudos urbanos latino-americanos nas décadas anteriores, como o resultado de uma "mudança cultural" que instaurou entre nós muitas das formas complexas de pensar a cidade que Morse havia tentado utilizar até então, quase solitariamente. Mas essas novas formas de entender a cultura urbana ocasionaram um recuo monográfico sobre cidades específicas, abandonando o marco comparativo latino-americano que os estudos urbanos anteriores haviam proposto construir.

A própria conjuntura em que surge o texto de Morse que inspira o nome de nosso livro destaca a posição muito particular de sua influência, localizado entre duas épocas: o artigo foi apresentado como proposta numa das últimas reuniões daquela instituição-chave da rede latino-americana do pensamento urbano dos anos 1960 e 1970 que o próprio Morse, ao lado de figuras como Jorge Enrique Hardoy ou Richard Schaedel, contribuiu para configurar, o Simpósio sobre a Urbanização na América Latina desde Suas Origens até Nossos Dias[5]. Essa edição de 1982 havia se dedicado à "Cultura urbana latino-americana" e mostrava, já no título, sua sensibilidade para sintonizar a mudança de interesses que se produzia; e é muito significativo, nesse sentido, que, com o texto de Morse, tenha se apresentado no mesmo certame a primeira versão de *A cidade das letras*, obra com a qual Ángel Rama arriscou talvez o último

---

5. A primeira edição do simpósio ocorreu em 1966, como sessão especial do Congresso Internacional de Americanistas, que se reunia nesse ano em Mar del Plata, e continuou se realizando a cada dois anos, junto com o congresso, até sua edição de 1982. A partir desse momento foram feitas mais algumas reuniões, mas já fora desse contexto institucional, mostrando o declínio da rede de estudos urbanos latino-americanos dos quais o simpósio era ao mesmo tempo impulso e expressão. Pode-se encontrar uma sinopse dos simpósios até 1978 em Richard Schaedel; Jorge Hardoy; Nora Scott Kinzer (ed.), *Urbanization in the Americas from its Beginnings to the Present*, Paris/Haia: Mouton Publishers, 1978, que inclui uma seleção dos trabalhos apresentados desde 1966.

enfoque de ambição latino-americanista, mas que rapidamente se transformaria num dos pontos de referência da mudança cultural que se iniciava[6].

Porém, se o título daquela reunião anunciava uma mudança de programa da rede latino-americana de pensamento urbano, o certo é que novos enfoques se desenvolveram fora dela – à margem e como ruptura –, começando pelas novas disciplinas que adquiriram preeminência: em face da sociologia e da planificação que marcaram a formação dessa rede, passavam ao primeiro plano agora a crítica literária, a história cultural, a comunicação, a antropologia. E embora Morse tenha permanecido, com Rama e José Luis Romero, um precursor da "mudança cultural", a dimensão latino-americana da questão urbana que guiara o seu trabalho não voltou a ser retomada. Será possível fazê-lo agora, beneficiando-se das boas razões que deram lugar aos estudos monográficos e da nova etapa do conhecimento das cidades e das culturas urbanas do continente que eles abriram? Porque é indiscutível que essa leva de estudos culturais sobre cidades singulares assentou pressupostos muito mais sólidos, gerando a demanda por uma nova instância de reflexão de escala latino-americana e abrindo, portanto, a possibilidade de reavaliar as mesmas tradições de pensamento com as quais eles haviam rompido.

Certamente, essa demanda não pode ser satisfeita por meio de um salto voluntarista sobre as próprias condições em que o trabalho acadêmico e intelectual se realiza em nosso tempo – quer dizer, em marcos quase estritamente monográficos. Por isso, restringimos o alcance deste livro às cidades sul-americanas, ou seja, à região na qual já desenvolvemos laços sólidos de interlocução e trabalho coletivo. Isso porque não se tratou aqui apenas de reunir um conjunto de bons trabalhos sobre culturas urbanas, e sim de colocar em comunicação produtiva um grupo de estudiosos conscientes desses limites, mas com disposição para realizar um esforço comum para delinear, a partir de estudos pontuais, um estágio diferente da interrogação, buscando novas formas de convocar a atitude comparativa. A ambição da tarefa consistiu, assim, em identificar contrastes e coincidências que fizeram emergir constantes e peculiaridades, que permitiram identificar escalas, regiões, linhas de conexão cultural entre diferentes cidades, como um solo qualificado coletivamente para uma reflexão sobre as culturas urbanas da América Latina.

---

6. Ver "La ciudad letrada", *in:* R. Morse; J. E. Hardoy (comps.), *op. cit.*

PARTE I

Laboratórios culturais (séculos XIX e XX)

Rio de Janeiro

Crepúsculo da Ouvidor

MARIA ALICE REZENDE DE CARVALHO

Belle époque no Rio de Janeiro

Se o Rio de Janeiro tivesse um rosto, seria a rua do Ouvidor. A frase de Machado de Assis traduz a importância dessa via estreita e pouco extensa, que se tornou símbolo da urbanidade *fin-de-siècle*. Seu nome – Ouvidor – somente se consolida nos primeiros anos do Oitocentos, mas é como se a tivesse batizado desde a fundação da cidade. E ainda que seu prestígio fosse igualmente recente, fruto da vitalidade mercantil que irrompeu com a instalação da corte portuguesa no Rio de Janeiro (1808), todos creem que ele se enraíza em tempos imemoriais. Em outras palavras, a lendária rua do Ouvidor não reverencia a história: sua construção intelectual privilegia a imaginação. É como produto da literatura urbana oitocentista que aquela pequena rua exibe a tensão presente nas configurações da época: ser, ao mesmo tempo, uma figura do passado, que lida com o tema da origem, e uma projeção do futuro, tecida nos salões de liberais reformadores. Em suma, o jogo entre tradição e invenção, entre inovação e passado, que caracterizou as produções da *belle époque*, num arco que incluiu da poesia à engenharia, serviu também às narrativas sobre a modernização de cidades. Na *belle époque* brasileira, nenhum outro artefato exprimiu tão perfeitamente a potência e os embaraços do moderno como a rua do Ouvidor.

O livro *Memórias da rua do Ouvidor*, de Joaquim Manuel de Macedo (1820-82), apoia esse argumento. Publicado inicialmente como folhetim anônimo no *Jornal do Comércio*, entre 22 de janeiro e 10 de junho de 1878, o livro viria a integrar um extenso conjunto de obras dedicadas a apresentar a fisionomia urbana do império brasileiro. Descritivo, porém, ele não é. Diferente dos relatos de viajantes, dos relatórios administrativos no contexto colonial e inclusive da historiografia realizada ao longo do século XIX, *Memórias da rua do Ouvidor* não se atém à "verdade dos fatos". O autor esclarece que seu trabalho consiste num conjunto de documentos históricos e alguns enxertos menos averiguáveis. Ressalta, contudo, que jamais garantiu serem verdadeiras suas afirmações, o que, a seu ver, não diminuía o valor daquelas memórias.

Assim, nas últimas décadas do século XIX, com o realismo já presente na cena literária brasileira, Joaquim Manuel de Macedo exibia outra disposição: mais do que observar e contar a Ouvidor, interessava-lhe apreender sua alma, desvelar seu sentido.

De fato, foram os boêmios da sua geração, intelectuais desdenhosos da mercantilização do mundo, os que tornaram famosa a rua do Ouvidor e seus cafés, até que uma nova imprensa, profissional e popular, a reivindicou, não só ela mas as ruas em geral, como objeto jornalístico. É possível que João do Rio (1881-1921) tenha sido o personagem mais representativo dessa transição entre o boêmio e o intelectual moderno, nos marcos de um movimento que associou profissionalização dos jornalistas e tematização do ambiente urbano. A literatura não mais reinou sozinha nesse âmbito e, em certo sentido, se tornará subsidiária do enfoque que repórteres começaram a emprestar às ruas, como se vê no romance *Casa de pensão* (1884), de Aluísio Azevedo, que é a reconstrução ficcional de um crime ocorrido no centro do Rio de Janeiro e amplamente noticiado pela imprensa.

Quero dizer que na passagem do século XIX ao XX a imprensa profissionalizada e a literatura realista caminharam lado a lado, deslocando gradualmente o romantismo e a boemia que floresceram sob o império. Para aqueles novos jornalistas, cronistas, repórteres, editores, livreiros e outros profissionais da cadeia de produção e distribuição de livros e jornais, abria-se uma era inédita, materializada na velocidade das ruas, na volatilidade das notícias, na própria atividade intelectual, que começava a exigir prazos, ritmo, vitalidade mercantil. A grande cultura do império, com sua dimensão integradora e o tempo lento da conciliação política, ia sendo removida por uma nova geração de liberais, mais radical do que a precedente, sobretudo no que se referia à ideia de romper – o quanto antes – com o passado.

Enfim, românticos e liberais anglófilos do Brasil, cultivados nos valores da tradição e adeptos de um reformismo fraco, serão deslocados por liberais francófilos e, com a proclamação da República, positivistas. Será a projeção desse outro horizonte valorativo e utópico que se reconhecerá na forma urbana e arquitetônica imposta pelo prefeito Pereira Passos ao centro do Rio de Janeiro no começo do século XX; e o novo eixo por onde circularão burgueses, políticos, o alto funcionalismo público e toda a gente de prestígio estacionada na capital da República será a avenida Central. Pode-se dizer que nela, parodiando o que escreveu Carl Schorske acerca da Ringstrasse em Viena, os "objetivos práticos" da remodelação do Rio de Janeiro subordinaram-se fortemente à representação simbólica da derrota infligida à rua do Ouvidor[1].

No dia 7 de setembro de 1904, inaugurada a avenida Central, o combate contra a velha cidade e suas formas de sociabilidade saiu vitorioso com a destruição do centro do Rio de Janeiro e a adoção de uma nova concepção urbana. Restara ali, porém, a memória de uma cidade plebeia que o romantismo literário construíra em torno

---

1. Carl E. Schorske, *Viena fin-de-siècle: política e cultura*, Campinas; São Paulo: Unicamp; Companhia das Letras, 1988.

Rua do Ouvidor, última década do século XIX. Fotografia: Marc Ferrez/Coleção Gilberto Ferrez/Acervo Instituto Moreira Salles.

de igrejas, largos, irmandades de negros e grêmios profissionais. Em suma, o que a reforma urbana aplastava, a memória revivia. Memórias que, como lembra Joaquim Manuel de Macedo, não são necessariamente verdadeiras, mas são amplamente relevantes. A da rua do Ouvidor, tal como ele a concebeu, serve para compreender o contexto em que, ainda sob o império, o campo político-cultural conheceu o declínio da tradição romântica e sua subordinação à nova racionalidade técnica da engenharia republicana.

Caminhos coloniais

Na última década do século XVIII, pouco antes do traslado da corte portuguesa para o Brasil, John Barrow, viajante inglês a caminho da Cochinchina, escreveu sobre o Rio de Janeiro: "A primeira coisa que atrai a atenção de quem chega à cidade é uma bela praça, que tem três de seus lados cercados de prédios e o quarto voltado para o mar"[2]. Trata-se de uma descrição da antiga praça do Carmo, já então tornada largo do Paço dos Vice-Reis e atualmente conhecida como praça XV. Embora deslocado no tempo e bem mais acanhado do que o original, o Paço do Rio de Janeiro reproduzia o formato do Paço de Lisboa antes do terremoto de 1755, já que, como este, simbolizava as funções da corte e do poder absoluto do monarca português. Nos idos de 1790, quem chegasse ao Rio de Janeiro por mar, como John Barrow, divisava a presença da metrópole naquele pequeno quadrilátero, ao fundo do qual estava o complexo religioso do Carmo; à esquerda, o palácio dos vice-reis e, à direita, o sobrado da família de comerciantes Teles de Meneses, em que se observa ainda hoje o Arco do Teles – uma singular passagem entre o Paço e aquela que se chamaria rua do Ouvidor.

Na segunda metade do século XVIII, a metrópole portuguesa intensificou o controle sobre territórios que garantiam a exportação do ouro extraído das Minas Gerais. Tal processo impactou politicamente o Rio de Janeiro, pois suprimiu certas competências da Câmara local, contribuindo, inadvertidamente, para tornar mais fluidas as hierarquias na colônia e desorganizar relações tradicionais de mando e obediência. Bicalho ilustra esse processo destacando um episódio em que a população do Rio de Janeiro se representou diretamente ao rei, enviando-lhe uma carta em que requeria providências contra apropriações indevidas de terrenos públicos por membros da Câmara e seus familiares[3]. Os reclamantes compunham um conjunto socialmente heterogêneo, que se autodenominou "moradores da cidade" e, por esse ato simples, se instituiu publicamente perante o monarca absolutista português.

---

2. John Barrow, *Voyage to Cochinchina in the Years 1792 and 1793*, London: T. Cadell and W. Davies in the Strand, 1806, citado por Maria Eduarda C. M. Marques; Vera Beatriz C. Siqueira, *O Rio de Janeiro setecentista: a aventura urbana*, Rio de Janeiro, monografia apresentada ao Departamento de História da PUC-Rio, 1988.
3. Maria Fernanda Bicalho, *A cidade e o império: Rio de Janeiro no século XVIII*, Rio de Janeiro: Civilização Brasileira, 2003.

Largo do Paço, c. 1816-1830. Jean-Baptiste Debret. Litografia de Thierry Frères, 1835.

A intervenção metropolitana na capital da colônia também conheceu uma dimensão urbanística, cuja ação mais significativa foi a centralidade imposta ao Paço e o esforço despendido na sua normalização: retirou-se o pelourinho daquelas imediações, o chafariz foi levado para mais próximo do mar, foram melhoradas as edificações e lajeado o chão. Com isso, o largo tornou-se adequado às manobras militares em ocasiões festivas e passou a oferecer uma residência fixa, oficial, aos representantes da metrópole na cidade. Foi, aliás, na última quadra do Setecentos que a rua paralela ao Paço ganhou o nome de Ouvidor, pois lá se instalou o magistrado nomeado pelo rei de Portugal para realizar a administração da justiça na colônia.

Portanto, o largo do Paço, tal como Barrow o conheceu, coroava um conjunto de reformas aplicado à capital colonial. Mas, como lembram Marques e Siqueira, o esforço metropolitano em enobrecer os sítios do Rio de Janeiro não apenas se caracterizou pelo improviso, distinguindo-se do planejamento voltado às capitais barrocas europeias nos séculos XVI e XVII, como tampouco conseguiu restringir o uso social de cada lugar, o que seguiu dando ao Paço uma paisagem humana similar à que existia nas demais áreas da cidade[4]. Escravos, soldados, vendeiros, piratas, artesãos, membros de ordens terceiras e de irmandades de negros, ciganos e fugitivos de toda procedência trafegavam intensamente por ali. E ainda que os governantes se empenhassem em controlar os cantos da cidade, não se verificou no Rio de Janeiro a hierarquização espacial e social preconizada pela urbanística barroca. Continuou vigendo o ajuntamento ou, a se mencionar algum critério, talvez o das cidades medievais, onde diferentes ofícios se concentravam em ruas específicas, reunindo ricos e pobres de um mesmo ramo de atividade.

No Rio de Janeiro, aliás, eram muitos os caminhos com nomes de ocupações – rua dos Pescadores, rua dos Latoeiros, rua dos Ourives etc. – ou que se tornavam conhecidos pelos nomes de seus principais residentes. As ruas, na verdade, não eram

---

4. Maria Eduarda C. M. Marques; Vera Beatriz C. Siqueira, *op. cit.*

mais do que vias de ligação entre casas, ou entre casas e sítios de uso comum, como os dos chafarizes, conformando uma cidade de "lugares" – e não de "fluxos" –, assim mantida mesmo após as reformas do século XVIII. Nesse sentido, ao final do Setecentos, as velhas marcas urbanísticas do Rio de Janeiro haviam sido alteradas, mas não completamente removidas. E foi com elas que a cidade continuou a caminhar, afastando-se do mar e avançando sobre alagados e pântanos em direção ao norte.

Espaço público plebeu

O movimento de interiorização do Rio de Janeiro foi obra, sobretudo, das irmandades de negros, que, loteando suas possessões ao longo do século XVIII, promoveram a integração do chamado Campo do Rossio ao contexto urbano. Era uma região limítrofe, de terras livres, públicas, administradas pela Câmara, que podiam ser usadas pela população para cultivo e criação de pequenos rebanhos. Compreendia algumas roças mal arranjadas, mangues e areais que, uma vez incorporados à cidade, empurraram-na ainda mais para o norte, atingindo a região de grandes engenhos e quintas, como a da Boa Vista, localizada no atual bairro de São Cristóvão, onde se instalaria a família real portuguesa no começo do século seguinte.

Alguns dos lugares da extensa área então conhecida como Rossio receberam os nomes dos santos de devoção das irmandades, dando origem, entre outros, ao Campo de Santana (atual praça da República), onde os negros de Santana ergueram sua igreja, e ao Campo e Igreja da Lampadosa, edificados pela Irmandade Negra de Lampadosa na atual praça Tiradentes. O Rossio era, portanto, um reduto de pobres, negros e ciganos que se distribuíam sobre um tabuleiro de igrejas e largos que eles próprios construíram atrás da rua da Vala (atual Uruguaiana), identificável no mapa da página 31 como aquela que tem início no largo da Carioca e segue até a Prainha, separando, como faziam as muralhas medievais, o quadriculado urbano e a área de expansão da cidade.

Na segunda metade do século XVIII, como sucedeu com o Paço, o Rossio conheceu a marca da autoridade metropolitana, pois ali se instalaram os mais temidos instrumentos da justiça colonial: o pelourinho e o cadafalso. Se até então aquelas terras haviam sido urbanizadas por obra de associações de negros ligados à Igreja, o novo Rossio dará igual destaque à presença da Coroa, confirmando o papel conjugado que religião e política desempenharam no ordenamento das cidades coloniais. Um ordenamento que já não era o medieval, isto é, fixo, estancado; e que, ademais, na América, será afetado pela amplidão do espaço, pela fricção constante com os recém-chegados, pela abertura à cobiça, pelo movimento. Portanto, aquela é uma ordem urbana que não recusa a instabilidade, a mudança permanente, mas que, exatamente por isso, deve persuadir a multidão do seu pertencimento comunitário, fornecendo-lhe, como diz Argan, uma linguagem comum que a faça consciente da sua potência[5].

5. Giulio Carlo Argan, *Imagens e persuasão*, São Paulo: Companhia das Letras, 2004.

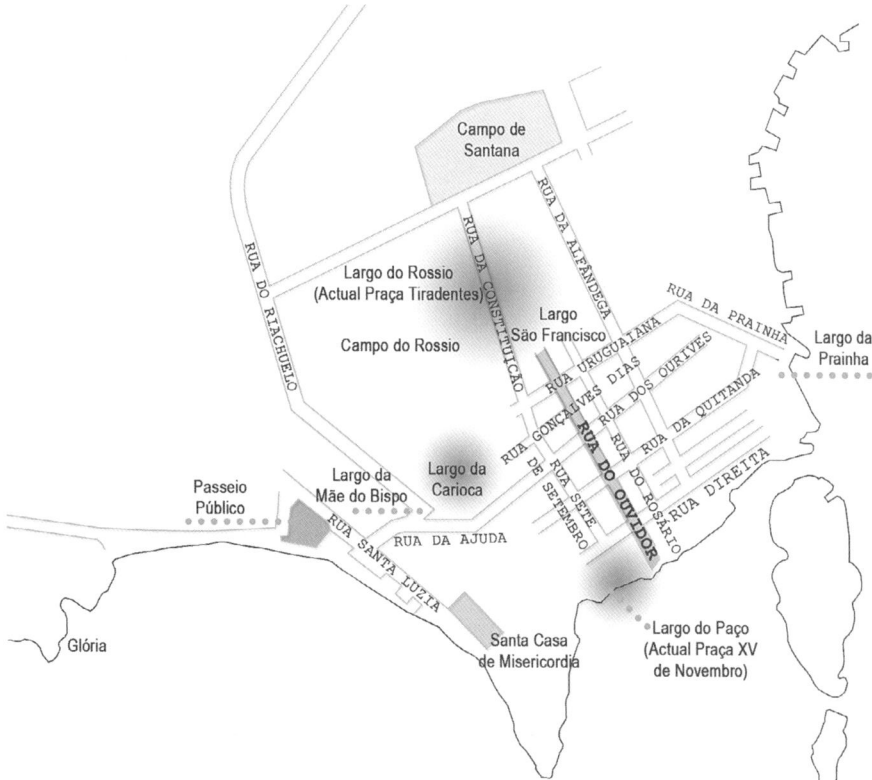

Estilização do centro do Rio de Janeiro no século XIX. Destaca-se a rua do Ouvidor, caminho entre a área do Paço (atual praça XV) e a região do Rossio (atual largo de São Francisco). Desenho: Fernanda Lobeto.

Num ensaio dedicado à formação de Vila Rica (atual cidade de Ouro Preto), Ruben Barboza Filho considera que a associação em irmandades foi o elemento que permitiu a transformação da multidão das Minas Gerais em sociedade; e que o barroco que ali floresceu seria uma linguagem marcada pela utopia antiestatal, isto é, a de uma sociedade tramada tão somente pelas interações humanas[6]. No Rio de Janeiro, pode-se observar uma variante dessa linguagem na ocupação do Rossio, na medida em que também ali as irmandades se aplicaram à produção de um espaço comum e isso requereu, como sempre, proximidade humana e auto-organização. Porém, o fato de se tratar da capital da colônia dificilmente poderia favorecer o surgimento de um antiestatismo similar. Não só porque as autoridades metropolitanas estavam presentes e evocavam a linguagem do Estado através de espetáculos eloquentes – enforcamentos, esquartejamentos, manobras militares e desfiles dos chamados "carros de ideias" –, como também porque a população, diante de quaisquer embaraços com

---

6. Ruben Barboza Filho, "Ouro Preto: a representação urbana e arquitetônica da linguagem dos afetos", trabalho apresentado no XII Simpósio da Asociación Iberoamericana de Filosofía Política, Bogotá, Colômbia, 2011.

as autoridades locais, recorria ao rei português, o que lhe garantia alguma proteção, mas, em igual medida, um senso de obediência e subordinação. O resultado terá sido uma sociedade pouco convencida de sua potência, menos autônoma e associativa do que a de Minas Gerais, e que tinha no Estado absolutista um recuo e uma utilidade.

Paço e Rossio: dois sítios opostos, conectados pela rua do Ouvidor – caminho que se encontra destacado no mapa. Às vésperas da chegada da família real à capital da colônia, a Ouvidor era um lugar onde se punha em evidência a forte heterogeneidade social da cidade. Que essa heterogeneidade tenha sido associada às ideias de encontro e de integração foi fruto de uma operação intelectual dos românticos, sob o império.

Boemia e rebelião

O tema dominante nas *Memórias da rua do Ouvidor* é o da integração: segundo Joaquim Manuel de Macedo, desde sua origem, a Ouvidor une, soma, desconhece a individuação típica da cidade moderna. A contrapelo da caracterização que seus contemporâneos emprestavam ao logradouro, vendo nele um acabado exemplo da modernidade mercantil, Macedo constrói uma perspectiva em que se destacam os encontros propiciados pelo caráter socialmente heterogêneo daquela rua. Rechaça, por isso, as categorias com que diferentes projetos de modernização enquadraram a Ouvidor e valoriza o que considera sua face primitiva, originária, assentada ainda no período colonial, quando as mamelucas flertavam com fidalgos, oficiais da sala dos vice-reis faziam apostas nas tabernas da rua, os próprios vice-reis batiam à porta de moças e viúvas durante a noite, e as salas de pasto se convertiam em lupanares na madrugada...

Nas *Memórias* de Macedo, homens e mulheres de estratos sociais diferentes encontravam-se na Ouvidor e estabeleciam relações baseadas na troca de afetos, no envolvimento em obras coletivas, nos múltiplos expedientes de ganho que, afinal, numa cidade sem atividade econômica sustentável, dependiam da imaginação dos de baixo e da generosidade com que as autoridades abriam suas bolsas e irrigavam com seus próprios recursos a vida urbana. Assim, junto com as irmandades e ordens terceiras, Macedo descreve a rua do Ouvidor como mais um espaço de constituição de laços – ainda que contingentes –, um precário esboço de vida em comum. Era, em suma, a linguagem da sociedade que ali preponderava. Porque, embora a Coroa portuguesa se alongasse até a ponta do sistema colonial, seu vértice permanecia a um oceano de distância do Rio de Janeiro e não tinha como assegurar à multidão da colônia as conveniências de se tornar *um povo*, uma unidade subordinada ao rei. Nesse sentido, ainda que a linguagem estatal se fizesse presente, ela não foi a única e não terá sido, de imediato, a mais persuasiva.

Macedo, ademais, é um romântico, um mestre em equilibrar racionalidade e exaltação sentimental do povo. Sua referência à Inconfidência Mineira – um dos episódios políticos mais críticos do período colonial – toma a Ouvidor como cenário de uma história de amor de que participa Tiradentes, isto é, como um território da paixão, dos afetos, onde a linguagem estatal se dilui. Segundo o autor, mesmo após a execução de Tiradentes e o desterro dos demais líderes da Inconfidência, a metrópole continuou a temer aquele sítio e, por esse motivo, asfixiou o universo de poetas e sociedades literárias que ali existia. Para Macedo, além de certo exagero por parte da metrópole, a Ouvidor havia propiciado o receado encontro entre intelectuais e povo, mediado por um alferes estouvado tanto quanto arrebatado pelas grandes causas. A representante do povo é Perpétua, jovem pobre e desamparada das Minas Gerais, que chegou à Ouvidor sozinha e se estabeleceu como costureira, como dona de pensão de afamadas ceias mineiras e, por fim, como "amante inconstante". Com Tiradentes, porém, personagem igualmente desafortunado, Perpétua terá vivido um grande amor e selado um pacto de fidelidade e morte, que foi também de libertação. A construção de Macedo, como é óbvio, confere valores positivos aos amantes e elege a Ouvidor como cenário da paixão plebeia, posta a serviço da criação da nação.

Rua do Ouvidor, 1844. Eduard Hildebrandt.

A aportada da família real portuguesa no Rio de Janeiro, em 1808, é outro evento político narrado da perspectiva da rua do Ouvidor que, de acordo com Macedo, foi totalmente ignorada pelos reis e príncipes portugueses: era, afinal, um logradouro pobre, de natureza "bisonha". Será notado apenas em 1816, com a chegada da missão artística francesa e de modistas da mesma procedência, que fugiam de uma França mais pobre e desprestigiada desde a derrota em Waterloo. Macedo sugere, portanto, que foi a Paris plebeia que, ao chegar ao Rio de Janeiro, converteu a Ouvidor num sítio reconhecível pelas elites e autoridades locais. Se, porém, os artistas arribaram juntos, atendendo a um convite do palácio, as modistas, nem todas jovens, vieram sozinhas, cada qual por si, "sem colônia organizada... parisienses sem Paris". Dispersas inicialmente pelas ruas do Rio de Janeiro, juntaram-se, em poucos anos, na Ouvidor, reeditando, com mais brilho, a trajetória local de Perpétua. Depois delas se instalaram, então, comerciantes, artistas, cabeleireiros, poetas, livreiros, sorveteiros, casas de pasto, casas de flores, casas de moda: tudo o que se convencionou chamar de "progresso".

A passagem do século XVIII ao XIX, vale dizer, de Perpétua às modistas francesas, corresponde à caracterização da Ouvidor boêmia, tal como o próprio Macedo a vive, em seu ocaso, na passagem do século XIX ao XX. O final do livro é, então, dedicado à escalada dos interesses, momento em que Macedo aborda a monetarização das relações sociais produzida pelo comércio e o reposicionamento de intelectuais, estudantes, funcionários e artistas em face da maior circulação de dinheiro. Macedo, nesse ponto, conduz com cautela sua narrativa. Pois as tensões e ambivalências que atribui àqueles personagens não deixam de ser uma objetivação literária das suas próprias, quer dizer, de um intelectual achegado ao círculo palaciano que, após 1870, esbarra em limites muito concretos: não possui o prestígio literário de um José de Alencar ou o que terá Machado de Assis; não se converterá ao jornalismo profissional, embora fosse um colaborador assíduo da imprensa; sequer se permitirá, velho e áulico, reviver a *joie de vivre* com a nova boemia estudantil... O final do livro é, pois, anticlimático: Macedo não arrisca muitas observações acerca da moderna Ouvidor, mantendo, antes, a perspectiva de uma Ouvidor primitiva, pré-burguesa, que se reproduz entrincheirada nas extremidades do logradouro, próximo ao mar e, na outra ponta, ao Rossio.

Para Macedo, quanto mais próximo do mar, maior a fidelidade da Ouvidor ao seu plebeísmo originário. Lá estariam os "armarinhos vulgares", com tecidos baratos pendurados em cordas; o comércio de lombo de porco, carne seca e toucinho; o mau cheiro; o lugar para onde se dirigiam os que buscavam uma refeição barata: soldados, artistas, estivadores, prostitutas. Cruzando-se a rua do Carmo despontava o que seus contemporâneos chamavam de "civilização": o comércio de importados, as confeitarias, floristas, sedes de jornais, uma sequência razoável de fachadas residenciais mais esmeradas, as modistas francesas e o deslumbramento das primeiras vitrines em casas comerciais no Rio de Janeiro.

Por último, nas proximidades do largo de São Francisco, estudantes e gente de teatro dominavam o logradouro. A Ouvidor, ali, sofria a influência do Alcazar, mais tarde chamado Teatro Lírico Francês, que, segundo Macedo, inaugurou entre nós o espetáculo dos trocadilhos obscenos e das mulheres seminuas, corrompendo os costumes e, principalmente, o gosto da sociedade pela arte dramática. O efeito daquele teatro e da demografia associada a ele foi um tipo de ocupação dos sobrados que, se não era incomum, conheceu na Ouvidor uma exagerada concentração. Caracterizou-se pela propagação de pensões e quartinhos mal reputados, localizados no segundo piso das casas comerciais, a que se alcançava por escadas laterais e independentes. É sobre essa Ouvidor buliçosa, mas um tanto mórbida, que Macedo lança um olhar que oscila entre a compaixão e a hostilidade, e que será contrastada, ao final de suas *Memórias*, com a loja de departamentos *Notre Dame de Paris*, símbolo triunfante da modernidade que, afinal, bonita e iluminada, não faz mais do que reafirmar a mercantilização de corpos sob a nova civilização do dinheiro.

Um passado que não cessa: impasses da modernidade

Joaquim Manuel de Macedo encontrou na Ouvidor da *belle époque* o signo do declínio, quando a maioria de seus contemporâneos viu nela a expressão do progresso.

E, a rigor, os dois juízos se equivaliam, pois aquele foi um tempo em que ruía o império e emergia, com o movimento abolicionista, uma nova geração de liberais, com uma agenda política e cultural própria. Olhando retrospectivamente as últimas décadas do século XIX, Joaquim Nabuco, monarquista e anglófilo, fará uma autocrítica, na qual admite que os abolicionistas – ele à frente – se comportaram como os liberais franceses de 1789, sem se dar conta de que atrás deles vinham os republicanos[7]. E citou José do Patrocínio, abolicionista negro e proprietário do jornal *Cidade do Rio*, como representante do jacobinismo nativo. Em suma, Nabuco chamava a atenção para o fato de que, a partir dos anos 1880, novos atores intelectuais e políticos atropelaram a inteligência anglófila que compunha, até então, o círculo mais influente do liberalismo brasileiro.

Portanto, ao se referir ao declínio da Ouvidor, Macedo falava também de si, da sua posição no campo político-cultural do Rio de Janeiro *fin-de-siècle*. Se as *Memórias* retratam uma Ouvidor ameaçada pela civilização do interesse é porque, ao acentuar a dimensão do cálculo e instaurar a fragmentação social, o eventual triunfo dessa perspectiva contradiria tudo aquilo em que Macedo apostara, política e literariamente, desde os 23 anos de idade, quando obteve prestígio e reconhecimento público com seu romance de estreia: *A Moreninha*. De qualquer modo, a temática da aldeia, dos costumes comunitários, da integração social que ele emprestara à Ouvidor já não funcionava como estrutura poética da sociedade brasileira, na qual o realismo e a ironia surgem como recursos mais afinados com os conflitos modernos.

Macedo pertencia à elite intelectual e política do império brasileiro, tendo sido eleito em diferentes legislaturas provinciais e gerais pelo Partido Liberal. Tinha livre acesso à Quinta da Boa Vista, pois foi preceptor dos filhos da princesa Isabel e membro ativo do Instituto Histórico e Geográfico Brasileiro – instituição que gozava de grande prestígio junto ao imperador Pedro II. Portanto, do ponto de vista da sua inscrição no ambiente da corte, Macedo era modelar. Ademais, estava vinculado intelectualmente a figuras de grande projeção no mundo das ciências, letras e artes, como Araújo Porto Alegre e Gonçalves Dias, com quem fundou a revista *Guanabara*, que circulou entre 1849 e 1855[8]. Contudo, passará ao século XX como autor a que faltou um sistema expressivo mais denso e elaborado: um autor menor, em poucas palavras.

É que, a partir da década de 1870, o crítico literário e teatral Quintino Bocaiúva, jornalista sanguíneo e autor do *Manifesto Republicano*, travará duro combate ao romantismo, defendendo uma cultura sem ornamentalismo, quase científica. A crítica republicana da cultura brasileira ganhou, então, foros intelectuais cada vez mais amplos, arrastou jovens literatos, como Machado de Assis – ainda longe de se tornar o romancista consagrado –, e acabou por infligir ao próprio imperador o manejo

---

7. Joaquim Nabuco, *Minha formação* (1900), Rio de Janeiro: Topbooks, 2000.
8. Michelle Strzoda, *Joaquim Manuel de Macedo: jornalismo e literatura no século XIX*, Rio de Janeiro: Casa da Palavra, 2010.

de símbolos ligados à técnica e ao progresso, como ilustra a famosa anedota de sua conversação telefônica com Graham Bell, que converteu em notícia internacional a presença do imperador na Exposição do Centenário da Independência dos Estados Unidos, na Filadélfia. Os livros e a representação da natureza, com os quais o imperador era até então retratado, e que simbolizavam sua equilibrada sabedoria, foram momentaneamente deslocados pela projeção da nova civilização material.

Não à toa, esse é o momento em que a engenharia no Brasil e suas instituições – a Escola Politécnica, o Clube de Engenharia, fundado em 1880, e as publicações do setor – ocupam a cena política e cultural do Rio de Janeiro, tendo os seus valores e procedimentos assimilados como um novo método para observação e correção da sociedade[9]. Onde os românticos viam integração, engenheiros, industriais, militares que abraçaram o positivismo ou apenas sonhavam com a república reconheciam o atraso do país. Saneamento e embelezamento da cidade passaram a ser expressão de um programa político e cultural antagônico ao da tradição.

A história que se segue é conhecida: banida a família imperial, os republicanos paulistas puseram sobre a mesa o tema dos interesses, e os positivistas, o do Estado – o que explica a instabilidade inicial do novo regime. Porém, o que tinham em comum era uma noção de cidade ideal cada vez mais distante da ideia de comunidade. Uma parábola ilustra esse diagnóstico e envolve dois lugares que na semântica popular se tornaram próximos: Canudos e Ouvidor.

Canudos é o nome de uma cidadela do sertão da Bahia organizada em torno da liderança religiosa de Antônio Conselheiro, na primeira década republicana. Região muito pobre, para lá partiram milhares de sertanejos e de ex-escravos em busca de uma salvação milagrosa. Latifundiários e autoridades eclesiásticas locais passaram a pressionar os dirigentes republicanos para que expulsassem dali Antônio Conselheiro e seus seguidores, sob a alegação de que planejavam a restauração da monarquia. As tropas do exército que seguiram para a região foram derrotadas em três sucessivas expedições. A terceira era comandada pelo coronel Antônio Moreira César, considerado um herói pelo exército brasileiro por ter reprimido a revolução federalista em Santa Catarina, onde, segundo consta, teria degolado mais de cem adversários. Aquele herói dos militares, porém, foi morto em Canudos, o que ocasionou o envio da quarta expedição militar e o massacre injustificado de milhares de sertanejos miseráveis. Moreira César foi, então, o nome com que os governantes pretenderam "republicanizar" a rua do Ouvidor. Foi fixado numa placa, mas a população simplesmente a ignorou.

---

9. Maria Alice Rezende de Carvalho, "Governar por retas: engenheiros na *belle époque* carioca", *in:* M. Alice R. de Carvalho (org.), *Quatro vezes cidade*, Rio de Janeiro: Sette Letras, 1994.

BUENOS AIRES

A cidade da boemia

PABLO ANSOLABEHERE

A cidade é o lugar da boemia, porque sua existência depende de toda uma série de recursos que só a cidade moderna pode oferecer. É verdade que Henry Murger postula a boemia como um tipo de categoria universal, inerente à condição humana. Sem dúvida, o que suas *Cenas da vida boêmia* (1845-51) mostram (e com elas todo um conjunto de relatos e ensaios referentes a essa "vida") é que ela só pode germinar no húmus pavimentado da cidade moderna. De uma cidade que, como a Paris do segundo terço do século XIX, ofereça certas condições especiais: a existência, como explica Bourdieu, de "uma população muito importante de jovens sem fortuna, oriundos das classes médias ou populares da capital e sobretudo da província, que vêm a Paris tentar carreiras de escritor ou de artista", com a "expansão sem precedentes do mercado dos bens culturais" (cujo indício mais visível é o desenvolvimento da imprensa, concentrada sobretudo em Paris) e o prestígio que a ficção confere ao personagem do artista boêmio[1].

A cidade escolhida como exemplo, além disso, suscita outra questão relativa ao vínculo entre boemia e espaço urbano: a ideia de que "a boemia não existe nem é possível senão em Paris"[2]. Sem dúvida, existem outras cidades no mundo que desafiaram essa exclusividade, sem por isso desconhecer a primazia de Paris. Em Buenos Aires, já em começos da década de 1880, podem-se verificar certos vislumbres de boemia. Na década seguinte, a ideia da existência de uma boemia artística portenha começará a adquirir consistência, sobretudo a partir de 1893, com a chegada de Rubén Darío à cidade e com a formação – ao redor de sua figura agregadora – de um cenáculo integrado por jovens literatos e intelectuais. Mas, sem dúvida, a maior proliferação dos conceitos de "boemia" e "boêmio" para descrever os hábitos de um setor do campo literário e artístico de Buenos Aires registra-se na primeira década do século XX, quando, já sem

---

1. Pierre Bourdieu, *As regras da arte: gênese e estrutura do campo literário*, São Paulo: Companhia das Letras, 1996, p. 70.
2. Henry Murger, *Escenas de la vida bohemia*, Madrid: Montesinos, 2001, p. 12.

Avenida de Mayo y Perú, c. 1900, região habitual das deambulações boêmias. Fotografia: Sociedad Fotográfica Argentina de Aficionados/ Colección Archivo General de la Nación, Dpto. Doc. Fotográficos (Buenos Aires).

Darío na cidade, alguns de seus antigos companheiros de estrada e, sobretudo, muitos jovens que não integraram seu círculo (mas que o evocam com admiração) passam a dar forma a um tipo de sociabilidade intelectual que será frequentemente designada pelo nome genérico de "boemia".

As referências provêm de um *corpus* variado, composto de crônicas, relatos, romances, obras de teatro, lembranças, memórias, retratos biográficos de diferentes formatos e tamanhos; textos redigidos, na maioria dos casos, pelos protagonistas dessa boemia, entre os quais devem se incluir aqueles que se empenham em questionar sua real existência. Sabe-se que Darío sempre refutou a denominação de boêmio que muitas testemunhas de sua vida insistiram em lhe atribuir. Não suportava ver respingar em sua figura a falta de apego ao trabalho habitualmente associada à vida boêmia, ainda que seu gosto pela noite, pelas reuniões com outros amantes das artes e das letras ao redor das mesas de cervejarias e cafés, o consumo de álcool, o esbanjamento, a ausência de qualquer vislumbre de vida familiar e, antes de tudo, a convicção que o levava a tomar a arte como principal guia de suas escolhas vitais revelaram-se, entre outros hábitos, razões suficientes para contradizê-lo.

No que se refere especificamente à vida literária do Novecentos, Manuel Gálvez é sem dúvida o mais enfático contestador da "lenda da boemia"[3]. Contudo, o testemunho de muitos de seus contemporâneos insiste em refutar suas contestações. Um dos que polemizam com ele é Atilio Chiappori, ao descrever sua iniciação na vida literária e boêmia em Buenos Aires:

> Assim me incorporei a essa boemia literária portenha específica que, para mim, terminou em 1910, com a viagem à Europa. Boemia que o mesmo Gálvez pretendeu negar, com certa aparência de verdade. [...] Meu velho camarada, e sempre bom amigo, encarou esses episódios de nossa iniciação literária ou artística com o ponto de vista dos personagens de *La Vie de Bohème*, de Henry Murger. Isso permite a Gálvez afirmar que nós não tivemos "boemia". "Quase todos tínhamos algum emprego [...]; cada qual vivia em sua casa e com família...". É perfeitamente exato. Mas isso não impedia que vivêssemos "na boemia", primeiro, porque a sociedade burguesa ou patrícia não nos acolhia, e, segundo, por certa postura de protesto contra o ambiente de incompreensão e de hostilidade[4].

O que se depreende da citação de Chiappori é que, para além de certas diferenças com os boêmios prototípicos de Murger, e em que pesem algumas renúncias aos hábitos oferecidos por esse modelo, na Buenos Aires do Novecentos era possível "viver na boemia". Portanto, resulta legítimo o uso do termo "boemia" para descrever essa vida, por mais que a maioria de seus integrantes tivessem emprego e vivessem em suas casas e com suas famílias, como objeta Gálvez.

A melhor prova dessa pertinência é a frequência com que diversos protagonistas do ambiente intelectual da Buenos Aires de princípios do século XX recorrem à "boemia" – e às suas variantes – para sintetizar o repertório de costumes que os caracterizam. Assim, por exemplo, é habitual encontrar o qualificativo "boêmio" (inclusive em Gálvez) para tipificar a condição de certos personagens que frequentam esses círculos, não só os previsíveis Carlos de Soussens, Florencio Sánchez ou Antonio Monteavaro, mas também outros – entre muitos –, como o "bibliófilo boêmio" Antonio Gellini ou o "boêmio radical" David Peña, tal como os define Roberto Giusti[5]. Referências similares podem ser encontradas, por exemplo, em testemunhos de vários protagonistas dessa vida, como Alberto Gerchunoff, Vicente Martínez Cuitiño, Alberto Ghiraldo, Federico Gutiérrez, José Saldías ou Alejandro Sux, entre outros.

---

3. Gálvez ocupa-se da "boemia" em *Amigos y maestros de mi juventud* (1944), o primeiro dos quatro volumes de seus *Recuerdos de la vida literaria* (1965). Para além dessas contestações, é preciso lembrar que Gálvez contribuiu como poucos para consagrar a "lenda da boemia" do Novecentos com *El mal metafísico* (1916), um de seus romances mais bem-sucedidos.
4. Atilio Chiappori, *Recuerdos de la vida literaria y artística*, Buenos Aires: Losada, 1944, pp. 12-3.
5. Roberto Giusti, *Visto y vivido*, Buenos Aires: Losada, 1965.

Ilustração de Redondo do conto "Mi último duelo", de Carlos de Soussens. O conto trata de uma tertúlia dos "tempos sagrados da boemia juvenil" na qual se encontravam, além do autor, Rubén Darío, Leopoldo Lugones, Roberto Payró, Alberto Ghiraldo e José Ingenieros, entre outros. Em: *Caras y Caretas*, nº 799, Buenos Aires, janeiro de 1914.

A *vie de bohème*

Em virtude desse uso extenso de "boemia", o que se deveria tentar determinar aqui é o sentido que se dá ao termo: o que Chiappori quer dizer quando fala em "viver na boemia"? Ele mesmo propõe uma resposta, indicando que essa forma de vida implica, antes de mais nada, opor-se ao modelo de vida burguês. Essa "postura de protesto" podia assumir diferentes inflexões. A mais extrema consistiu na aliança entre boemia e anarquismo. Diante do inimigo comum burguês, era lógico que o espírito libertário de muitos boêmios coincidisse com os protestos dos anarquistas. Esse fenômeno, verificado em diversas partes do mundo, torna-se particularmente visível na Buenos Aires de princípios de século[6]. Entretanto, o que a citação de Chiappori deixa claro é que o "protesto" de que ele fala não é tanto o correlato lógico de uma postura ideológico-política, como a reação ante um repúdio, nesse caso, o da sociedade portenha "burguesa ou patrícia" daqueles tempos (como assinala Jerrold Seigel sobre a boemia parisiense, mais do que enfrentar a sociedade burguesa, o que faziam os boêmios era experimentar seus limites e criar um espaço próprio esperando o momento para ingressar nela)[7]. Essa parece ser a postura da boemia que Chiappori descreve, inclusive com o matiz que o adjetivo "patrícia" agrega, que dá um toque local ao caráter da elite sociocultural dominante contra a qual os jovens que ingressam

---

6. Ocupo-me em detalhe da relação entre anarquismo e boemia em *Literatura y anarquismo en Argentina (1879-1919)*, Rosário: Beatriz Viterbo, 2011.
7. Jerrold Seigel, *Bohemian Paris: Culture, Politics and the Boundaries of Bourgeois Life (1830-1930)*, London: Viking, 1993, p. 9.

no reduzido campo intelectual de Buenos Aires devem lutar para tratar de encontrar um lugar entre suas estreitas margens.

Desse modo, "boemia" impõe-se como o termo mais adequado para sintetizar a postura e os hábitos de um conjunto de intelectuais de índole diferente – a maioria deles, jovens –, os quais, com sentimento de grupo, se afirmam na escolha da atividade literária e artística como forma de marcar identidade e assinalar pertencimento. Em todo caso, objeções como a de Gálvez e a oscilação que se verifica quanto aos alcances do termo no contexto portenho do Novecentos revelam que "boemia" não tem um sentido uniforme. Às vezes, com esse termo pretende-se destacar algum aspecto da vida artística, como a pobreza de seus integrantes; às vezes, o desinteresse pelos aspectos materiais da existência. E às vezes, inclusive, a palavra poderá servir para nomear a zona mais obscura e perigosa da vida na grande cidade.

A cidade burguesa

A insistência na hostilidade dessa sociedade burguesa e patrícia permite pensar a relação entre boemia e cidade. A conhecida imagem de Buenos Aires como cidade materialista, que começa a ganhar força sobretudo a partir da década de 1880, mostra um dos modos como o espaço urbano passa a representar metonimicamente toda uma sociedade, nesse caso, a argentina. A ideia de que uma cidade pode condensar o conjunto de aspectos sociais, políticos, econômicos e culturais que definem uma sociedade continua vigente até princípios do século XX e serve, por sua vez, para entender que também a configuração da boemia portenha do período seja concebida em sua relação com o âmbito urbano.

Boa parte do *corpus* sobre a boemia portenha do Novecentos compõe-se de textos memorialísticos. Tanto Gálvez como Chiappori voltam à "vida literária" de princípios do século uns quarenta anos depois, e nessas recordações é particularmente significativa a comparação entre as condições materiais que devem ser enfrentadas pelos jovens escritores do presente (ou seja, de meados da década de 1940, que é quando aparecem suas respectivas "lembranças" da vida literária) e as que deviam ser evitadas por aqueles que, como Gálvez ou Chiappori, se iniciavam na mesma vida, mas até 1900. A comparação destaca em especial o caráter "heroico" daqueles jovens, que deveriam lidar com condições muito mais duras – segundo seu olhar – que aquelas com que se defrontam os jovens do presente, cujo lamento soa, assim, como birra de meninos mimados.

Nas palavras de Alberto Ghiraldo:

> A vida boêmia se impunha, não só para satisfazer as próprias inclinações, mas por necessidade material. Vivia-se precariamente, lançando mão de toda sorte de expedientes e artifícios para obter-se o indispensável para subsistir.

Conquistar uma colaboração permanente e remunerada com alguma liberalidade num jornal constituía uma façanha digna de heróis. A literatura estava proscrita das colunas diárias. E, quanto aos poetas, era absurdo pensar que suas produções fossem pagas em forma monetária. Os escritores, pois, se sustentavam por milagre[8].

Esse diagnóstico traduz em termos urbanos a série de hostilidades que aflige os jovens escritores e artistas: a Buenos Aires do Novecentos é descrita como uma cidade "monótona", "sem museus, com poucas mostras de arte [...], também com poucos concertos", que por isso mesmo obriga os jovens com preocupações artísticas a se refugiarem na solidão, na universidade ou na "vida do café literário"[9]. Em várias biografias de boêmios do Novecentos, esse pano de fundo urbano sobre o qual, por contraste, se delineia a sua figura denomina-se "cidade do ouro". Quando Sux, por exemplo, traça o retrato de Soussens, faz sua "alma romântica" boêmia passear pelas ruas da "cidade comercial" que é a Buenos Aires de princípios de século. Ou quando evoca Florencio Sánchez (outro boêmio eminente), descreve a cidade como um lugar onde "a avalanche mercantilista arrasta tudo"[10].

Diante dessa cidade hostil, condensação dos males da sociedade "burguesa e patrícia", a resposta daqueles que privilegiam o amor pela arte e pelas atividades intelectuais é a criação de um espaço próprio no qual se reconhecer: diante da "cidade do ouro", a "cidade da boemia". Uma espécie de heterodoxa cidade letrada, um tanto marginal e secreta, que vai sendo delineada a partir da apropriação de alguns espaços da cidade burguesa e, sobretudo, de hábitos que incluem um uso particular do tempo.

Noite e dia

Quando Chiappori tem que explicar de que maneira ele e seus companheiros de boemia manifestavam seu protesto contra a cidade burguesa, conta que se refugiavam "até a meia-noite em *La Nación*, e, mais tarde, em alguns pequenos bares ou pequenos restaurantes"[11]. Outros testemunhos da época concordam com ele quando destacam o noctambulismo como a prática contestatória ostensiva, acima inclusive da adoção de certa moda ou da adesão ao anarquismo. De fato, um dos traços da boemia parisiense "clássica" é sua deliberada tentativa de se afastar dos hábitos da "vida burguesa", começando por seus horários: se o que define um bom cidadão é a obrigação, laboral e ética, de se levantar cedo, cumprir uma rotina, regressar ao lar ao entardecer e deitar-se pouco depois do jantar, o boêmio, em contraposição, vai escolher a noite como o seu momento, o noctambulismo como sua forma de intervir na cidade. Nesse

---

8. Alberto Ghiraldo, *Humano ardor,* Madrid: Compañía Iberoamericana de Publicaciones, 1930, p. 133.
9. R. Giusti, *op. cit.*, p. 97.
10. Alejandro Sux, *La juventud intelectual de la América Hispana*, Barcelona: Presa Hermanos, 1911, pp. 20, 112.
11. A. Chiappori, *op. cit.*, p. 13.

sentido, é possível afirmar que a primeira coisa que define os contornos urbanos da boemia é um dado relacionado não com os aspectos espaciais da cidade, mas com o tempo: parafraseando Mumford, pode-se dizer que, com o uso do tempo, a cidade da boemia se faz visível[12].

É claro que a relação entre tempo e cidade não pode ser pensada sem sua intersecção com a dimensão espacial. De fato, essa preferência pela cidade noturna está diretamente relacionada com os espaços de sociabilidade que definem a vida boêmia. Algumas redações, quartos de hotel, mas sobretudo o estabelecimento público – chame-se café, cervejaria ou restaurante – propicia a formação de um grupo ou cenáculo de iguais, cujos integrantes se reconhecem e se aceitam em razão da afeição comum pela literatura, pela arte, pelo pensamento e pelo gosto por certa moda e costumes. O café é o lugar da boemia porque assim determina a tradição parisiense, mas também porque as condições materiais da cidade moderna que é Buenos Aires propiciam a escolha desse lugar, continuando uma já longa tradição local.

Ángel Rama resumiu com precisão as inúmeras funções que o café cumpriu na Buenos Aires de entresséculos: lugar de conversa descontraída, mas também de discussão intelectual, de leitura (de trabalhos próprios e alheios), de produção literária e inclusive "de obtenção de trabalho mediante as relações que ali se estabeleciam"[13]. Comparado a outros espaços de sociabilidade intelectual, como o clube ou a academia, o café é democrático: qualquer um pode frequentá-lo, ainda que para integrar a mesa do cenáculo devam ser cumpridos certos protocolos, como ser apresentado por um dos membros habituais, mostrar um interesse semelhante pela literatura ou pela arte. Ao lado disso, ainda que qualquer café ou cervejaria possa servir como lugar de reunião, só poucos estabelecimentos se viram favorecidos pela aura de prestígio a eles outorgada pelo fato de terem sido escolhidos como lugares de encontro habitual.

Esses lugares tinham nomes próprios que não raro aparecem nos relatos e nas evocações sobre a vida boêmia e literária da passagem do século. Lugares que fazem parte da cidade burguesa, mas dos quais os boêmios se apropriam como autêntico centro de operações onde procuram fazer da noite o dia, ou inclusive, do dia a noite (em suas reuniões vespertinas, na contramão da jornada de trabalho que a dinâmica da cidade burguesa impõe)[14].

---

12. Segundo Mumford, "na cidade, o tempo se torna visível", ver Lewis Mumford, "What is a City?", in: Donald. L. Miller (ed.), *The Lewis Mumford Reader*, New York: Pantheon Books, 1986, p. 104. Por outro lado, cabe assinalar que a relação da boemia com a noite combina a escolha de um estilo de vida oposto ao burguês com a situação laboral da maioria dos jovens boêmios, que tinham como principal fonte de emprego o jornalismo e o teatro.
13. Ángel Rama, *Las máscaras democráticas del modernismo*, Montevideo: Arca, 1985, p. 119.
14. Essa apropriação é particularmente visível no café Los Inmortales, talvez o mais famoso da boemia portenha de princípios do século XX. Seu nome era, na realidade, Café Brasil de Santos Dumont; todavia, ficou conhecido popularmente como Los Inmortales porque assim resolveu batizá-lo um dos boêmios que o frequentavam (nesse ponto, as versões variam, e esse batismo algumas vezes é atribuído a Carriego, outras a Sánchez e, inclusive, a Darío).

Despedida do ano 1903 num dos bares da avenida de Mayo.

Tendo em vista a localização desses espaços de sociabilidade, que constituem a "cidade da boemia" portenha, observa-se desde logo que, no primeiro decênio do século, seu mapa se reduz a um espaço limitado. Os bares, as cervejarias e os cafés em que os boêmios se reconhecem como tais, as redações de alguns jornais e revistas para os quais trabalham, os quartos de hotel onde ocasionalmente se reúnem ocupam umas poucas quadras situadas no centro[15]. Não estão, como em Paris, num bairro específico (como o Quartier Latin ou Montmartre), mas no mesmo espaço que define o centro – político, econômico, social, cultural – da cidade burguesa que eles procuram desafiar. Mais que pelas supostas particularidades da boemia vernácula, essa sobreposição se explica pela tradição muito centralizada da dinâmica urbana de Buenos Aires.

Tal concentração geográfica dos espaços de sociabilidade em torno dos quais se constitui a vida boêmia em Buenos Aires determina, a princípio, itinerários curtos,

15. Na época de Darío, os lugares de reunião prediletos eram o restaurante e cervejaria Aue's Keller (Mitre, 650, entre San Martín e Florida), o Restaurant Luzio (San Martín, 101, esquina com a Mitre), o restaurante e cervejaria La Suiza – ou "o de Monti"– (Cuyo, depois Sarmiento, 699, esquina com Maipú) e o café Royal Keller (Corrientes, 786). No Novecentos, destacam-se o Café La Brasileña (Maipú, 232) e Los Inmortales (Café Brasil, Corrientes, 920, entre Suipacha e Artes, hoje Carlos Pellegrini). Também se tornaram importantes lugares de reunião os quartos de hotel de Emilio Ortíz Gronet, no Hotel du Helder (Florida, 278), e o de Emilio Becher no Hotel Apolo (San Martín, 351, muito perto da redação do *La Nación*).

por exemplo, entre o café e a redação do jornal ou o teatro onde alguns trabalham. Em outros casos, o deslocamento aparece motivado pela já comentada busca de "noturnidade". Em *Bohemia revolucionaria* (1909), romance autobiográfico de Alejandro Sux, quando os amigos boêmio-anarquistas que protagonizam a história devem abandonar Los Inmortales porque o local pretende fechar suas portas, saem em busca de outro lugar onde prolongar juntos a noite pelo *paseo* de Julio, pois sabem que nessa rua – próxima do porto e onde proliferam tabernas, cafés, prostíbulos e lugares de diversão os mais diversos – podem encontrar vida noturna, ainda que reconheçam que esse não é *seu* lugar de pertencimento.

Às vezes, sem abandonar a conversa sobre assuntos literários ou artísticos, os boêmios podem prescindir da mesa do café de sempre, ou inclusive de algum local alternativo, e estender a vigília em caminhadas em grupo pela cidade. Em sua evocação de Evaristo Carriego, Giusti conta que em algumas noites de verão, ao sair de Los Inmortales, deixavam para trás a rua Corrientes e, "a passo lento, pela Suipacha", subiam até a praça San Martín: "Éramos três, quatro, poucas vezes mais. No grupo ia Carriego, agitado e tagarela. Volto a vê-lo num banco recitando-nos seus versos [...]". Porém, além de ilustrar essa variante peripatética da vida boêmia, a história, por ter como protagonista Carriego e seus poemas do subúrbio que o tornariam famoso, fala também dos limites dessa vida, que nunca se afastava do centro da cidade. Para Giusti e a maioria desses jovens, os versos de Carriego, "que vivia no subúrbio, em que nunca pisávamos", acabam sendo fascinantes justamente porque para eles, "homens do centro", eram como "fábulas de um longínquo e estranho país"[16]. Isso não quer dizer que todos os integrantes da vida boêmia do Novecentos viveram no centro, mas sim que é o centro da cidade – com seus cafés, seus refúgios, seus itinerários, seus hábitos, sua noite – a área onde a boemia consegue se constituir como tal[17].

Cidade do vício

Além dessas zonas e itinerários, interessa-me voltar à imagem da cidade burguesa como o limite ético e estético sobre o qual a vida boêmia procura se definir, e a configuração dessa cidade como um lugar hostil e até perigoso. Quando narra sua entrada no "círculo literário" da Buenos Aires de princípios do século xx, Roberto Giusti menciona uma história que provavelmente se passa num dos cafés emblemáticos da sociabilidade boêmia:

---

16. R. Giusti, *op. cit.*, p. 115.
17. Essa localização coincide com o momento de expansão da população portenha para os bairros, cujos resultados serão notórios já na década de 1920, quando, não por acaso, começa a mudar a relação dos escritores e artistas jovens com o lado bairrístico, não só a respeito de sua poética (como exemplificam, entre outros, Borges, Arlt ou Marechal), mas, o que talvez seja mais importante, em relação a sua conformação grupal. Tal foi o caso de Boedo, uma rua (depois transformada em bairro) afastada do centro e capaz de aglutinar espacial e simbolicamente um grupo de escritores e artistas que, em sua maioria, não viviam ali.

Eu passei a frequentar o círculo literário desde fins de 1904, desde que, levado por Alfredo Bianchi [...], me juntei à reunião que alguns escritores faziam à noite no café La Brasileña, situado na rua Maipú, entre Cangallo e Sarmiento. Ali conheci Roberto Payró, Joaquín de Vedia, Florencio Sánchez, Emilio Becher, Carlos de Soussens, Atilio Chiappori, Alberto Gerchunoff, Ricardo Rojas, o escultor Arturo Dresco e algum outro; eu o segui. Aproximar-me dessa mesa e ter a honra de me sentar, em silêncio e embevecido, era o secreto orgulho que me dava alento para confiar no futuro *na cidade onde me sentia só e desamparado*[18].

Ali estão, como convém, a noite, o café prestigioso, os nomes próprios do cenáculo, a admiração daquele que se inicia, mas também a ideia da vida artística e boêmia como refúgio diante da cidade hostil. Nos estudos sobre o mundo literário desse período, assinala-se, com razão, que muitos dos integrantes desses círculos eram forasteiros na cidade, porque vinham seja do interior do país (Gerchunoff, Gálvez, Rojas), seja de outros países (Darío, Soussens, Sánchez, entre muitos outros). Essa é a impressão que Giusti dá em seu relato: a de um jovem que acaba de chegar à cidade grande vindo de algum ponto remoto. De fato, Giusti nasceu na Itália, mas chegou a Buenos Aires ainda menino, e em várias passagens de seus escritos autobiográficos assinala a rapidez com que se adaptou à cidade e à sua condição de argentino e portenho. Portanto, essa sensação de solidão e desamparo que lhe provoca Buenos Aires evidentemente tem a ver, nesse caso, com sua assumida escolha de jovem literato e boêmio, para quem só então a cidade se apresenta como um espaço alheio e hostil. Giusti encarna o boêmio que vive como estrangeiro na cidade burguesa.

Algo semelhante se percebe no que escreve sobre Emilio Becher, a grande promessa frustrada de sua geração. "Quem o levou a se perder em Buenos Aires?", pergunta-se Giusti. Sua primeira resposta, formulada como interrogativa, parece corroborar a culpabilidade da cidade burguesa: "Foi o jornalismo precário nas redações casuais e miseráveis?". Dito de outro modo: fracassou porque a cidade burguesa, insensível àqueles que como Becher pretendem se dedicar à literatura, terminou por submergi-lo no trabalho avulso e na miséria? Mas Giusti sugere outra explicação: talvez o que o levou a se perder tenha sido "a vida noctívaga e boêmia"[19]. Ou seja, ainda que a boemia apareça como refúgio diante dos males da cidade burguesa, ela também pode funcionar como o lugar do perigo, da perdição, como um dos nomes da "cidade do vício" (Schorske), que também é a cidade burguesa. Entretanto, o fato de Buenos Aires abrigar uma "zona boêmia" mostra que essa cidade não é tão hostil como muitas vezes é representada. Por algum motivo, Rubén Darío reconhece que Buenos Aires é uma das poucas cidades hispano-americanas – talvez a única – onde artistas como ele podem encontrar um espaço para se desenvolver, por mais que não

---

18. R. Giusti, *op. cit.*, p. 92 [o destaque é meu].
19. *Ibid.*, p. 111.

deixe de assinalar, ao mesmo tempo, os obstáculos que essa cidade coloca em seu caminho. Por algum motivo também, Buenos Aires é o destino de muitos jovens provincianos com aspirações literárias e artísticas, que fogem para a capital oriundos de vilarejos e cidades onde o ambiente se torna asfixiante para eles.

Nesse sentido, os relatos testemunhais ou ficcionais sobre a vida boêmia de Buenos Aires podem ser vistos como uma variante local do ciclo balzaquiano do jovem da província que chega a Paris disposto a triunfar ou a morrer; e para quem a cidade grande é, simultaneamente, campo minado e terra prometida, único lugar no mundo onde seus desejos podem chegar a se realizar. Para o jovem com aspirações literárias e artísticas, Buenos Aires, por ser uma "cidade mercantil", aparece como um monstro de mil faces com o qual será preciso lutar constantemente e diante do qual a boemia se apresenta como único refúgio, mas ao mesmo tempo como uma das faces – talvez a mais terrível – dessa cidade monstruosa. Nessa contradição se move a trama de *El mal metafísico*, que conta a história de Carlos Riga, o "poeta boêmio" que chega do interior do país e aspira a triunfar em Buenos Aires com sua literatura. A cidade oferece-lhe o refúgio da vida boêmia – inexistente na sua cidade de província –, mas também a série de obstáculos e perigos – vários deles camuflados na própria vida boêmia – que terminarão por destruí-lo. Em suas memórias, Gálvez refere-se a *El mal metafísico* e conta que alguns leitores pensaram que Riga havia se inspirado em Becher. Gálvez nega, mas essa suposição tem um fundamento: a trajetória semelhante do jovem sensível, finalmente vencido por uma cidade hostil, na qual a boemia termina sendo uma de suas zonas mais perigosas.

Diferente, em princípio, é a história narrada em *Bohemia revolucionaria*, o outro grande romance da vida boêmia portenha do Novecentos. Sem dúvida, o componente anarquista consegue dar nova tônica a essa história, ainda que a cidade burguesa termine também de algum modo triunfando sobre as aspirações artístico-políticas do protagonista, chamado Arnaldo Danel. A diferença em relação ao romance de Gálvez é que Danel não se torna vítima dos perigos da "cidade do vício": cansado da incompreensão da cidade burguesa (que inclui suas multidões empobrecidas), decide deixar Buenos Aires para trás e partir rumo à Europa, procurando em outra cidade o ambiente propício para poder realizar seus desejos de boêmio revolucionário.

Avatar de Paris

Certa noite, na entrada de Los Inmortales, Soussens exclamou: "Parece que ele entrou no Café Vachette", referindo-se ao famoso café parisiense. Por isso, um dos jovens frequentadores do lugar objetou: "Falta Verlaine". "Sou seu avatar", foi a rápida e festejada resposta de Soussens[20]. A sombra de Paris, que se projeta sobre a imagem de Buenos Aires com força cada vez maior à medida que o século avança,

---

20. E. Martínez Cuitiño, *El Café de los Inmortales*, Buenos Aires: Kraft, 1954, p. 20.

encontra uma de suas prematuras variantes nos vasos comunicantes da boemia. Ter uma vida boêmia é um modo de se assemelhar a Paris, ou, de outra perspectiva, uma prova concreta de que essa semelhança pode começar a se estabelecer, ainda quando o vínculo torna visível a carência e até mesmo certa forma inevitável de irônica degradação (o poeta mais eminente de seu tempo, Verlaine, feito Soussens).

Porém, além dessa constante sensação de falta, o certo é que a cidade da boemia portenha não renunciará a ser considerada, ela mesma, um avatar de Paris. Assim, a cosmopolita Buenos Aires de 1900 pode oferecer como prova – além de seus "boêmios" – seus "bulevares", seus cafés e suas cervejarias: em lugar do Café Momus, La Brasileña ou Los Inmortales; em lugar da Brasserie des Martyrs, o Aue's Keller; em vez de uma água-furtada, alguma pensão de cujo dono ou encarregado se procura escapar com artimanhas semelhantes àquelas narradas por Murger e que Puccini concretiza em *La Bohème* (1896). E ainda que o monótono tabuleiro portenho torne impossível toda evocação geográfica mais ou menos próxima, algumas quadras do centro acabarão sendo suficientes para substituir, como lugar da boemia, o Quartier Latin ou Montmartre. Até o café ou a cervejaria costumam proporcionar a ilusão (por sua ubiquidade) de que em seu interior é possível experimentar uma vida boêmia como a de Paris[21].

Esse imaginário da Paris da boemia, ao qual Buenos Aires estará atenta, alimenta-se não só de literatura, mas também das viagens entre uma e outra cidade, pelo menos desde a década de 1880 em diante. Em 1909, Sux, o jovem escritor anarquista que – assim como o protagonista de seu romance – assume a boemia como bandeira de sua rebeldia, afasta-se da capital argentina rumo a Barcelona; um ano depois chega a Paris. Ali o recebe Rubén Darío, que escreve o prólogo a *La juventud intelectual de la América Hispana* (1911), texto no qual Sux traça o retrato de mais de trinta jovens escritores e artistas do continente.

A maioria deles desenvolveu sua ação em Buenos Aires, e quase todos têm algum vínculo com a vida boêmia e com Paris. Assim, por exemplo, Pelele, grande caricaturista, conhecido por seus trabalhos em *Caras y Caretas*, e "boêmio à força", partiu um dia de sua Rosário natal para "Buenos Aires, onde a boemia subsequente o arrastou a Paris"[22]. Sux diz algo similar do pintor Roberto Ramaugé, *criollo* que em seu violão toca "o *tango* argentino com todos os seus estertores de lascívia semisselvagem"[23]. Porém, sem dúvida, é o retrato do "amigo boêmio" Mario Cádiz o que melhor exibe a conexão entre Buenos Aires e Paris:

> Esse desenhista também é filho do já célebre café Los Inmortales. Pela rua Corrientes, em Buenos Aires, diariamente passeava suas melenas cacheadas e seu rosto de efebo vicioso,

---

21. Nesse sentido, os boêmios endossam a ideia de Buenos Aires como a Paris da América do Sul, que – como explica Adrián Gorelik em "¿Buenos Aires europea?" (*Miradas sobre Buenos Aires*, Buenos Aires: Siglo XXI, 2004) – logo terminará por se impor, a partir do Centenário.
22. A. Sux, *op. cit.*, p. 22.
23. *Ibid.*, p. 39.

exibindo-se nas vitrines do café com pose de aristocrata enfadado. Seu lápis não produzia mais do que para o tabaco, até que um dia, despedindo-se "à francesa", partiu para Paris atraído pelo Bulevar Montmartre e pelas figuras caprichosas das Mimís. Em Buenos Aires não pôde triunfar porque tinha a nostalgia do aperolado céu parisiense e porque seu caráter abatido refreava suas energias, mas na "Ville Lumière", onde encontrou seguramente pão para seu espírito, segue a passos firmes em busca da ambicionada glória[24].

Essa ânsia de Paris parece ter pelo menos dois motivos. Por um lado, como já se disse, é *a* cidade da boemia, o cenário dos relatos que alimentam o imaginário de que se nutrem os portenhos que procuram "viver a boemia". E, por outro – e como uma consequência inevitável do motivo anterior –, se Buenos Aires é a cidade burguesa cuja hostilidade frustra sem piedade as aspirações dos jovens literatos e artistas, Paris, por ser autêntica cidade da boemia, torna-se uma espécie de ilha da Utopia para onde se dirigir logo após o naufrágio portenho. Ainda que a essa visão se possa objetar – sobretudo vindo de um "boêmio revolucionário" como Sux – o paradoxo de que, se a vida boêmia é uma forma de resistência e dissensão ante a cidade burguesa, então ele teria mais razão de ser em Buenos Aires que em Paris.

De todo modo, essa imagem idealizada de Paris colide com outras, como a que oferece o próprio Rubén Darío, simplesmente porque, para ele, essa cidade da boemia já não existe. Pelo menos é isso que ele mostra numa das crônicas publicada em *La Nación*, em fevereiro de 1911, na qual narra suas peripécias como guia pelo Quartier Latin, "um jovem hispano-americano" que acaba de chegar a Paris "cheio de frescas ilusões e de antigas leituras" que se chocam com a realidade: "Ademais, dizer-lhes que meu amigo não encontrou nem Mimí, nem Schannard [*sic*], nem Colline; quanto a Verlaine, viu-o num *plafond* do restaurante do Panteão, numa apoteose pictórica". Tampouco existem rastros da velha boemia em Vachette, no Café d'Harcourt e em outros estabelecimentos famosos, arrasados pelo "ianquismo" que a tudo perverte; agora o "absinto peçonhento" é coisa de "consumidores do mais perfeito aspecto burguês, de uma burguesia reluzente e ferina"[25]. A verdadeira cidade do ouro, que Darío descobriu quase vinte anos atrás em Nova York, síntese urbana da alma ianque, avançou não só sobre a América hispânica, mas também sobre Paris, transformando sua vida boêmia em divertimento para turistas ingênuos ou para burgueses.

Essas visões divergentes sobre os vínculos entre boemia e cidade podem ser compreendidas tanto pela posição específica e pela personalidade de Darío, de Sux e de outros protagonistas da vida artística do período como pelos componentes sociais, históricos, culturais e até urbanísticos que entram em jogo. Se a boemia portenha pode ser representada como espaço de resistência à cidade burguesa e patrícia, sua crítica ao "filisteísmo" não deixa de coincidir, pelo menos desde a década de 1880,

---

24. *Ibid.*, p. 51.
25. Rubén Darío, "En el 'país latino'", *in:* R. Darío, *Parisiana*, Madrid: Mundo Latino, 1938, pp. 169-71.

com o "lamento" patrício pela pretensa perda dos valores espirituais – entre os quais é preciso incluir a sensibilidade artística – subjugados pelo materialismo da vida moderna[26]. Coincidência que, em boa medida, tem a ver não só com a postura em geral pouco beligerante da boemia vernácula, mas sobretudo, com a já mencionada ambiguidade da própria boemia, situada no interior da sociedade por ela criticada sem renunciar aos seus anseios de pertencimento. A frase de *Recuerdos de la vida literaria y artística* de Chiappori, citada no início, deixa claro que o que se reclama não é uma abolição do modo de vida burguês, mas um reconhecimento – inclusive material – da vida artística. Nesse sentido, a visão otimista de Sux acerca de Paris como meca do boêmio internacional sugere que a capital francesa, diferentemente de Buenos Aires, pode oferecer – sem com isso deixar de ser uma cidade burguesa – um lugar para os que tentam viver de sua arte, inclusive de sua "arte de viver". Diante desse diagnóstico, o olhar de Darío – menos otimista – prefere se deter na boemia parisiense como pura representação cristalizada, como falso decoro adequado ao materialismo ianque.

De maneira análoga, pode-se pensar a "cidade do vício", lugar do qual se vale a boemia para exercer a divergência, ainda que frequentemente perdendo de vista que essa região é parte e produto da cidade burguesa que se pretende enfrentar, daí que ela represente uma de suas mais perigosas armadilhas. Os boêmios seriam equilibristas que ziguezagueiam entre o árido oceano da vida burguesa e as profundezas dos paraísos artificiais, onde, em última instância, mais de um deseja cair.

Enquanto isso, na Buenos Aires posterior ao Centenário, a vida boêmia continua, mas com várias deserções, por enfermidade, morte, viagem ou simples abandono. Isso não significa que essa vida desapareça – bem ao contrário –, mas o que se começa a notar é que o uso do termo "boemia" para descrever o conjunto de hábitos que caracteriza boa parte do ambiente literário e artístico portenho vai decrescendo, lenta e inexoravelmente. Ainda que esses hábitos não mudem muito, o que vai mudar é a forma como serão concebidos, como se pôde observar já na década de 1920 com os "martinfierristas". Observe-se que, quando Soussens morre, em 1927, com ele se vai "o último boêmio", o que é sintoma do anacronismo que o termo vai adquirindo.

De toda maneira, a ideia de boemia não desaparece; de fato, passa a integrar o vocabulário cotidiano portenho até nossos dias. Contudo, já não terá o peso e o sentido que carregou na Buenos Aires do Novecentos, a não ser nos textos memorialistas, a maior parte dos quais dedicados a reviver precisamente esses anos. Daí provém, talvez, a crescente melancolia associada à vida boêmia, componente inevitável de toda evocação de um estado de juventude que já não existe. E daí também, talvez, a frutífera presença da boemia no tango. Por sua noite, por seu café, por seu álcool; por sua Buenos Aires e – também – por sua Paris. Mas, sobretudo, por essa mescla, tão sua, de cidade, evocação e melancolia.

---

26. Ver Oscar Terán, "El lamento de Cané", *in*: O. Terán, *Vida intelectual en el Buenos Aires fin-de-siglo (1880-1910): derivas de la "cultura científica"*, Buenos Aires: FCE, 2000.

São Paulo

A avenida Paulista da *belle époque*: elites em disputa

PAULO CÉSAR GARCEZ MARINS

Um habitante da cidade de São Paulo ou um forasteiro que percorre hoje a avenida Paulista, centro financeiro e símbolo maior da capital econômica do Brasil, terá diante de si um colar de edifícios de escritórios que em tudo se assemelha a seus coetâneos das grandes capitais do mundo. Erguida a partir da década de 1960, essa paisagem de arranha-céus se espalha uniformemente ao longo de 2.700 metros de extensão, sendo interrompida, não mais do que cinco vezes, por antigos palacetes erguidos na primeira metade do século XX, especialmente durante a longa *belle époque* brasileira, que se prolongou no país até a crise de 1929.

Esses remanescentes são um vestígio exíguo das mais de duas centenas de casas de luxo que caracterizavam a avenida ao longo de seus primeiros cinquenta anos, quando ela era indubitavelmente o endereço de maior evidência social e até mesmo visual na cidade. Aberta em 1891 num local então ermo, a via acompanhava a cumeada de um maciço montanhoso, de onde se podia ver toda a cidade, e dela ser visto, sem barreiras. Ali se concentraram, como sinal de sua própria ascensão social, as fortunas dos industriais, especialmente os de origem imigrante, que formaram um colar de *villas* e palacetes que paulatinamente deram lugar aos edifícios de escritórios, permanecendo apenas na memória preservada em incontáveis fotografias.

Duas das casas que restaram em pé foram tombadas como patrimônio pelo governo do estado de São Paulo, como testemunhos da fase residencial da avenida. Uma delas, conhecida como Casa das Rosas em razão de seus jardins com roseirais, foi construída por Ernesto Dias de Castro e preservada por ser considerada "exemplar tardio remanescente do período cafezista", enquanto a outra, que pertencera a Joaquim Franco de Mello, foi descrita oficialmente como um documento do "desenvolvimento da aristocracia cafeeira"[1]. Seriam, portanto, testemunhos de um reiterado chavão atribuído ao logradouro, aquele que a celebra por ter sido a "avenida dos barões do café", algo que eclipsa a grande quantidade de comerciantes e industriais

---

1. *Diário Oficial do Estado de São Paulo*, São Paulo, 24 ago. 1985, p. 14.

Cartão-postal da avenida Paulista, 1902. Fotografia: Guilherme Gaensly/ Acervo do autor.

sem qualquer vínculo direto com a cafeicultura que ali residiram. Foram eles que a tornaram um endereço de prestígio e a eles é negada reiteradamente sua inscrição histórica no local.

Interessa-nos aqui problematizar essa compreensão imaginária da avenida Paulista como um espaço social homogêneo, cujas casas remanescentes a confirmam como um emblema da história da cidade marcado por certos protagonistas em radical detrimento de outros. Os poucos testemunhos arquitetônicos ainda de pé de sua primeira fase residencial, de fato, pertenceram a membros ligados ao passado cafeicultor do estado de São Paulo e àqueles grupos familiares que se vinculavam à agricultura e à posse de fazendas como sinais de uma ambicionada condição aristocrática e de uma origem patrícia. Quando publicou seu álbum ilustrado sobre os palacetes da avenida, Benedito Lima de Toledo já observara que, desde sua abertura, ela jamais fora um endereço exclusivo de qualquer um dos setores que disputavam a hegemonia econômica e política do estado de São Paulo e de sua capital[2]. Apesar dessa advertência, esse perfil heterogêneo foi sobrepujado pela força da memória oficial da cidade, que atribui aos "barões do café" – e a seus ancestrais de sangue, os célebres bandeirantes destruidores das missões jesuíticas no Paraguai e dos quilombos no norte da América portuguesa – a condução política, econômica e simbólica da história da cidade e do estado de São Paulo.

2. Ver Benedito Lima de Toledo, *Álbum iconográfico da Avenida Paulista*, São Paulo: Ex-Libris; João Fortes Engenharia, 1987.

Compreender a avenida Paulista como um espaço de disputa entre as velhas elites vinculadas ao café e as novas vinculadas à imigração é, portanto, o objetivo deste texto, de modo a problematizar sua memória, no mais das vezes excludente dos forasteiros. Evocações da Toscana, dos requintes "orientais" da Ibéria e da Pérsia ou da arquitetura popular dos Alpes germânicos – todas elas linguagens arquitetônicas que marcaram grande parte dos palacetes das elites *parvenus* ali instaladas – serão aqui abordadas de modo a compreender essa disputa também a partir dos discursos visuais expressos pelas casas que se faceavam nos lotes da avenida. Colar de construções *parlante*, a Paulista serviu de palco para a afirmação orgulhosa da origem forasteira de seus proprietários, um triunfo sem paralelo em outras vias da América que também serviam de arena para a distinção de suas elites.

Uma avenida para os paulistas

A abertura da avenida Paulista insere-se no espetacular processo de expansão da cidade de São Paulo ocorrido no último quartel do século XIX, de modo a acomodar uma população em rápido crescimento em virtude da riqueza e da oferta de empregos geradas pela cafeicultura. Em 1872, a cidade era a décima capital provincial do país com 31.385 habitantes, total que subiu para 64.934 em 1890, quando se tornou a segunda do Brasil, superada apenas pelo Rio de Janeiro. Dez anos depois, já contava com 239.620 habitantes, o que evidencia um crescimento de 369%. Tal processo demográfico deveu-se especialmente às centenas de milhares de imigrantes que chegavam à cidade e ao estado paulista vindos da Europa e do Oriente Médio.

Inaugurada no dia 8 de dezembro de 1891, em meio a esse crescimento demográfico vertiginoso, a avenida foi idealizada pelo uruguaio Joaquín Eugenio de Lima, nascido em Montevidéu em 1845 e falecido em São Paulo em 1902, cerca de dez anos depois da abertura da via que o tornou célebre na cidade. Após a compra de várias chácaras de médio porte situadas na longa montanha antes chamada Caaguaçu ("mata grande" em língua tupi), Lima colocou à venda os lotes de padrão amplo, alinhados numa avenida que já contava com duas aleias de arborização e calçamento de pedrisco, além de linha de bondes puxados a burros que a conectava ao centro da cidade.

Larga e retilínea, a nova via, batizada de "avenida", foi a primeira na cidade de São Paulo a citar em sua nomenclatura as *avenues* parisienses, características da zona ocidental da capital francesa. Espaços predominantemente residenciais em sua abertura, que abrigavam sobretudo *hôtels particuliers* (pequenos palácios urbanos inspirados em seus congêneres dos séculos XVI e XVIII), essas *avenues* são indubitavelmente a grande referência, de gosto e de padrão urbanístico, da avenida aberta por Lima. A assimilação dos modelos parisienses vinha ganhando espaço em São Paulo desde 1878, quando dois empresários europeus, Friedrich Glette e Victor Nothmann, criaram o bairro dos Campos Elíseos. Esse loteamento, que emulava obviamente o 8º *arrondissement* e que a princípio fora destinado a residências isoladas no lote, acabou por não ter esse perfil exclusivo efetivado totalmente, em virtude de construção de moradias seriadas em alguns lotes e até mesmo de pequenas indústrias e serviços, contrariando o desejo inicial dos loteadores³. Tal heterogeneidade de classes econômicas e de funções não se repetiria na Paulista durante toda sua fase residencial, visto que os lotes muito maiores e sua escala monumental acabaram por favorecer ao menos uma homogeneização econômica dos segmentos sociais que a ocuparam.

É preciso sublinhar que, embora guardasse um apelo notável por causa da sua largura e extensão, a Paulista certamente não foi o espaço privilegiado pelas elites políticas da capital para estabelecer suas residências, nem mesmo pelos grandes potentados da cafeicultura. As famílias patrícias concentravam-se na avenida Higienópolis, aberta em 1893, e em seu bairro homônimo, assim como nos Campos Elíseos. Ali residiam os "barões do café" e seus descendentes, que podiam vangloriar-se dos títulos de nobreza concedidos pelo antigo regime imperial derrubado em 1889, ou mesmo das vastas genealogias que se estendiam até os bandeirantes do século XVII ou os povoadores pioneiros do século XVI. Embora se dedicassem aos negócios comerciais da exportação de café, ao mercado financeiro e mais pontualmente à indústria, esses orgulhosos *vieille roche* foram genericamente designados por aquele apelido que os vinculava prioritariamente a suas atividades agrárias e que era a melhor emulação possível das aristocracias europeias. Essas famílias, entre as quais pontificavam os Prado, Penteado, Pacheco, Almeida Prado, Arruda Botelho, Toledo Piza e Camargo, nunca se concentraram na avenida Paulista, o que foi fundamental para os forasteiros enriquecidos que ali ergueram suas casas como estratégia de consagração social.

Ainda que as velhas famílias paulistas procurassem reforçar seu apelo aristocrático por meio de casamentos endógenos ou pela publicação de genealogias, certamente era difícil serem respeitadas como uma "nobreza", como um grupo coeso havia séculos. A mitificação do passado bandeirante e a antiga condição de senhores de escravos sem dúvida definiam uma dimensão simbólica decisiva nesse esforço de se autocompreender como um patriciado, como uma nobreza da terra. Mas seu passado rústico anterior à riqueza do café, sem luxos nem arquitetura suntuária, abalava tais pretensões. Mesmo instituições de caráter exclusivo, que fossem capazes de reeditar localmente os paradigmas de distinção das elites aristocráticas europeias, especialmente francesas, como as abordadas por Arno Meyer, eram muito tardias na cidade e praticamente inexistentes até a década de 1880⁴.

Até quase o fim do século XIX, as velhas elites nascidas na cidade e aquelas vindas das fazendas do interior tinham apenas as antigas irmandades (como a Misericórdia) e as ordens terceiras coloniais para se distinguir como grupo. Com exceção do

---

3. Ver Paulo César Garcez Marins, "Um lugar para as elites: os Campos Elísios de Glette e Nothmann no imaginário urbano de São Paulo", *in:* A. L. D. Lanna *et al.* (orgs.), *São Paulo, os estrangeiros e a construção das cidades*, São Paulo: Alameda, 2011, pp. 209-44.
4. Ver Arno J. Meyer, *A força da tradição: a persistência do Antigo Regime*, São Paulo: Companhia das Letras, 1987.

Vista da avenida Paulista no dia de sua inauguração. Por Jules Martin/Acervo Museu Paulista da Universidade de São Paulo.

Jockey Club, fundado em 1875, os clubes sociais e esportivos foram tardios, o que os tornou um fenômeno já do século XX, podendo inclusive ser compreendidos como uma forma de reação de tais elites, que começavam a perder a hegemonia da capital em função da presença e ascensão dos imigrantes. Essas velhas famílias controlavam zelosamente a entrada de membros em associações como o Clube Atlético Paulistano (1900), o São Paulo Golf Club (1901), o Automóvel Clube (1908), a Sociedade Hípica Paulista (1911), a Sociedade de Cultura Artística (1912) e a Sociedade Rural Brasileira (1919), de modo a revesti-los de uma espécie de foro aristocrático. O mesmo se pode afirmar em relação a colégios femininos altamente exclusivos como o Sion (1901) e o Des Oiseaux (1907), ambos filiais de prestigiadíssimas instituições escolares católicas da aristocracia francesa que sobreviveram à revolução e que em São Paulo seriam o selo de distinção por excelência das meninas e moças de famílias com "tradição".

Esse caráter tardio das instituições das elites patrícias certamente contribuiu para que suas moradias tivessem um papel exponencial como mecanismo de distinção social. Evitando a Paulista, a maioria dessas famílias acabou por se concentrar em bairros que podiam compreender como seus, gerando espaços em que se sentissem próximos do ideal exclusivo e aristocrático materializado pelo *faubourg* Saint

Germain parisiense, reduto da nobreza do Antigo Regime durante o século XIX[5]. Assim, embora Higienópolis e Campos Elíseos acolhessem imigrantes enriquecidos, estes eram uma minoria exígua, que não chegava a turvar um tecido quase todo composto pelas velhas famílias.

Se, para as elites tradicionais, as residências opulentas e a prática de vizinhança homogênea acabavam tendo essa hipertrofia funcional para que se garantisse a distinção social que ambicionavam, não é de espantar que o mesmo ocorresse entre os forasteiros enriquecidos, considerados *parvenus* aos olhos patrícios. Para isso contribuía o fato de que suas instituições – colégios como o Dante Alighieri (1911), clubes como o Sport Clube Germania (1899) e associações mutualistas como a Sociedade Maronita de Beneficência (1897) – fossem igualmente recentes e incapazes de se afirmar como instituições de toda a elite econômica imigrante, visto que preservavam sua fragmentação étnica.

Com raras exceções, tais instituições nem mesmo tinham necessariamente um perfil elitizado, já que sua função era sobretudo a de agregar as respectivas colônias e hierarquizar seus líderes. Não seriam elas, portanto, que garantiriam na cidade uma forma mais visível e socialmente eficaz de distinção para seus membros mais enriquecidos, notadamente por serem fechadas em seus próprios segmentos de imigrantes. Mais uma vez, as casas opulentas e sua concentração em espaços urbanos restritos tornaram-se a maneira de exibir sua prosperidade e ascensão social. A avenida Paulista foi incontestavelmente o local para essa finalidade, pelo menos até a década de 1930, quando os bairros-jardins da zona sul da cidade de São Paulo começaram a disputar a preferência dessas novas elites.

Imigrantes como os alemães João Kück e Alfried Weissflog e o francês Alexandre Honoré Marie Thiollier (com sua célebre Villa Fortunata, de 1903) já eram uma presença marcante na avenida desde a década de 1890, quando ali construíram suas casas suburbanas – inspiradas em *chalets* e *bungallows* recorrentes em arrabaldes, estações de águas e balneários europeus – por meio das quais podiam expressar sua riqueza. Nesse período, nenhuma casa foi mais emblemática da presença estrangeira do que a do dinamarquês Adam Ditrik von Bülow, um dos acionistas da Companhia Antarctica Paulista, famosa indústria do ramo de bebidas. Sua residência, uma evidente releitura das casas de vilegiatura europeias de acento germânico ou normando, ostentava um esguio torreão em meio a empenas de telhados com rendilhados de madeiras. A opção estilística, por certo, era uma forma de demonstrar não apenas sua fortuna, mas também sua conexão com padrões arquitetônicos característicos da Europa setentrional de onde ele provinha.

Do torreão dessa residência de von Bülow, o fotógrafo suíço Guilherme Gaensly (Wilhelm Gänsli) tirou algumas das mais célebres vistas da avenida Paulista, tomadas

---

5. Ver Michel Pinçon; Monique Pinçon-Charlot, *Quartiers bourgeois, quartiers d'affaires*, Paris: Payot, 1992, sobretudo o capítulo 1, "Esquisse d'une histoire de la géographie bourgeoise a Paris".

Cartão-postal da residência von Bülow, projetada por August Fried, avenida Paulista, c. 1902. Fotografia: Guilherme Gaensly/Acervo da Faculdade de Arquitetura e Urbanismo da Universidade de São Paulo.

em 1902, que permitem ver o referido padrão de ocupação suburbano após dez anos de sua inauguração. Uma dessas fotografias, aqui reproduzida em sua conversão para cartão-postal no qual seu remetente nominou a via como a "principal *avenue*" da cidade, mostra a avenida com uma sequência de "chalés" entre a alameda Campinas e a rua Pamplona (ver figura da página 52).

Cabe frisar, entretanto, que essa concentração das elites emergentes em avenidas em que pudessem demonstrar sua ascensão econômica não foi uma invenção da cidade de São Paulo. A avenida Paulista é, sem dúvida, uma reelaboração local da consagração das *avenues* como lugar privilegiado de afirmação social, que a partir do exemplo parisiense se replicou por diversas cidades europeias, estadunidenses e sul-americanas. As avenidas dos 16º e 8º *arrondissements* constituíram uma espécie de padrão de bom gosto para as elites ocidentais, fascinadas pela ostentação triunfal das elites da França burguesa naqueles novos palcos urbanos. Foram elas o local escolhido pelos muitos imigrantes que haviam feito fortuna durante a segunda metade do século XIX, bem como por alguns poucos membros das velhas elites que podiam erguer novos *hôtels particuliers* em direção ao Bois de Boulogne.

Esse foi também um modelo para as grandes metrópoles enriquecidas dos Estados Unidos, em que as avenidas se prestaram à ostentação dos líderes da nova potência econômica do continente americano. A Fifth Avenue, em Nova York, é o exemplo maior de avenida em que as velhas elites locais se relacionaram com os possuidores de novas fortunas, quer com empresários enriquecidos que vinham dos outros estados norte-americanos, quer com imigrantes provenientes dos países europeus.

Um traço comum às avenidas parisienses e norte-americanas é que antigas e novas fortunas partilhavam os mesmos códigos arquitetônicos estilísticos. Em Paris, a releitura dos estilos de Luís XV e XVI seduzia a ambos, pois citava-se o Antigo Regime em busca de lastro histórico e de gosto que pudesse ou confirmar suas origens *vieille roche* ou certificar, no caso dos *parvenus*, que eles se identificavam com o refinamento da velha França bourbônica. Em Nova York, o neogótico e os neorrenascimentos romano e francês foram largamente predominantes, visto que a eles aderiram tanto os antigos *knickerbockers* de origem holandesa e britânica, que os instituíram como padrão de bom gosto, como os recém-chegados, ansiosos por emular os líderes sociais na mais rica cidade dos Estados Unidos. Aderir ao gosto das elites locais desdobrava-se, assim, em duas dimensões estratégicas para os estrangeiros: passavam a se exibir como membros da elite econômica e, além disso, comportavam-se como norte-americanos, apesar do contrassenso de que, para isso, ambos os grupos, antigos e novos, lembrassem os estilos da velha Europa[6].

---

6. Ver Gérard Rousset-Charny, *Les palais parisiens de la Belle Époque*, Paris: Délégations à l'action artistique de la ville de Paris, 1990; e Michael C. Kathrens, *Great houses of New York – 1880-1930*, New York: Acanthus, 2005.

Em Buenos Aires, também marcada pela imigração como Nova York, Chicago e São Paulo, as elites imigrantes não chegaram a ter uma proeminência acentuada nas avenidas Alvear e Libertador, os maiores locais de consagração social da cidade portenha. Nesses locais, o gosto das elites *terratenientes* aderiu totalmente, a partir da primeira década do século XX, ao estilo dos *hôtels particuliers* do século XVIII francês e da Paris burguesa da *belle époque*, ainda que, no mais das vezes, fossem adaptados a lotes de tamanho menor[7]. Nessas avenidas refratárias aos imigrantes, não houve espaço para qualquer variação estilística significativa e, menos ainda, para qualquer gosto arquitetônico que fugisse ao padrão parisiense. Apesar de serem pujantes na capital argentina, as fortunas estrangeiras nunca forjaram para si um espaço residencial capaz de rivalizar com as avenidas das elites tradicionais. Limitaram-se a se estabelecer em edifícios construídos nas avenidas de Mayo ou Belgrano, nos quais utilizavam estilos ou simbologias vinculadas às suas origens, como se deu nos edifícios Barolo, Heinlein (La Inmobiliaria) ou Otto Wulff, ou ainda em palacetes dispersos nos bairros, como na célebre Villa Devoto, construída pelo imigrante Antonio Devoto em linguagem neorrenascentista e com materiais italianos.

A batalha de estilos dos muitos paulistas

Embora parte desse circuito internacional de avenidas "palco", a Paulista diferenciou-se substancialmente de suas congêneres europeias e americanas, assim como dos demais endereços paulistanos das elites fazendeiras. Por um lado, porque as elites imigrantes eram proprietárias das casas mais destacadas da via, além de somarem a maioria dos residentes. O exame das listas telefônicas da avenida Paulista mostra que, em 1917, 63 dos 124 assinantes (50,8%) portavam sobrenomes de origem não portuguesa. Dez anos depois, a mesma relação indica 69 sobre um total de 134 assinantes, indicando que ao menos 51,5% dos assinantes eram constituídos por imigrantes estrangeiros, sem contar os portugueses[8].

Por outro lado, e esse é um aspecto que aqui nos interessa destacar, a avenida Paulista foi, ao contrário dos exemplos de avenidas estrangeiras mencionadas, um local onde as elites imigrantes adotaram vocabulários arquitetônicos historicistas alinhados às suas respectivas origens étnicas ou nacionais, assumindo-se efetivamente como forasteiras, com uma presunção que revela sua consciência de ser um "outro", pleno de sucesso. Seu triunfo não se manifestou mediante a emulação das elites locais ou do

---

7. Ver Leandro Losada, *La alta sociedad en la Buenos Aires de la Belle Époque*, Buenos Aires: Siglo XXI, 2008 (especialmente o cap. II, "Los lugares de residencia"); Federico Ortiz, "Arquitectura 1880-1930", *Historia General del Arte en la Argentina*, t. v, Buenos Aires: Academia Nacional de Bellas Artes, 1988; Jorge Francisco Liernur, *Arquitectura en la Argentina del siglo XX: la construcción de la modernidad*, Buenos Aires: Fondo Nacional de las Artes, 2001, pp. 42-6 e 96-9.
8. Utilizei as listas reproduzidas por Benedito Lima de Toledo no *Álbum da Avenida Paulista*. É importante frisar que os sobrenomes portugueses englobavam tanto velhas famílias quanto imigrantes vindos recentemente de Portugal, distinção essa difícil de precisar.

gosto destas (que nos palacetes em Higienópolis ou Campos Elíseos haviam sobretudo optado, como no caso portenho, pelos estilos dos Luíses ou pela *art nouveau*), mas por residências que evocavam seus países de origem, como já apontara Maria Cecília Naclério Homem[9]. As famílias imigrantes afirmavam-se na avenida Paulista, portanto, como fortunas de sucesso, mas igualmente como portadoras orgulhosas de suas próprias identidades estrangeiras.

Nascida uma avenida urbana com construções suburbanas, como vimos, a Paulista atravessou as primeiras décadas do século XX com um perfil que foi se afastando de sua primeira fisionomia. Os chalés e as construções despojadas de vilegiatura pouco a pouco foram sendo ladeados por palacetes mais ambiciosos e ornamentados, à medida que os imigrantes chegados nas décadas de 1890 e 1900 enriqueciam e ali se instalavam. Tais construções, ainda que mais requintadas, novamente estavam distantes do padrão estilístico uniforme das avenidas da Étoile, da Fifth Avenue ou da avenida Alvear, que também preponderava na Higienópolis das elites patrícias. Essas novas *villas* eram mais suntuosas, mas ainda assim com ar de vilegiatura.

Ali não foram construídas versões locais de palácios suntuosos como aqueles erguidos em Nova York ou Buenos Aires. Como perspicazmente apontou Lévi-Strauss em seu áspero *Tristes trópicos*, sua paisagem era composta por casas que lembravam "um estilo de cassino ou de estação termal"[10]. Ele, que viveu em São Paulo entre 1935 e 1939, também não deixou de observar que a avenida, como suas semelhantes de Paris ou Nova York, se tornara um palco dos forasteiros enriquecidos. A Paulista, "outrora faustosa de milionários do meio século passado", era um espaço em que as velhas elites, para ele uma "burguesia", perdiam simultaneamente seu monopólio econômico e simbólico na cidade, para uma "aristocracia de imigrantes italianos chegados há meio século para vender gravatas na rua, e hoje possuidores das mais portentosas residências da 'Avenida'"[11]. Talvez movido pela ironia, o antropólogo francês convertia as velhas elites (os "barões do café") em burguesia e as novas em aristocracia, um aspecto que, somado à própria paisagem mutante da cidade, indicava que os modelos de comportamento, as estratigrafias sociais e as próprias formas arquitetônicas eram tão instáveis em face de seus modelos europeus quanto, é indispensável frisar aqui, também ousados, criativos.

O mais célebre dos imigrantes que ali residiam, o italiano Francesco Matarazzo, foi um desses "aristocratas" de Lévi-Strauss, um conde enobrecido por título concedido pelo rei Vittorio Emanuele III, que começara sua carreira vendendo secos e molhados no interior paulista e que se tornou o maior industrial do Brasil. Tanto a sua casa quanto a de seu irmão Andrea, a Villa Virginia, construídas já na década de 1890 em formas neomaneiristas, remetiam às formas das *villas* italianas inspiradas na

---

9. Ver Maria Cecília Naclério Homem, *O palacete paulistano – e outras formas de morar da elite cafeeira, 1867-1918*, São Paulo: Martins Fontes, 1998, p. 189.
10. Claude Lévi-Strauss, *Tristes tropiques*, Paris: Plon, 1955, p. 110.
11. *Ibid.*, pp. 109-10 e p. 115.

Residência de
Giovanni Battista
Scuracchio, c. 1920.

Renascença, especialmente na florentina e na romana, ou no maneirismo do século XVI, encontráveis, por exemplo, nos novos bairros residenciais mais afastados de Roma, Gênova, Milão ou nas cidades de vilegiatura nos lagos alpinos ou nas praias.

A residência do empresário industrial Giovanni Battista Scuracchio, nascido em Civita (Calábria) e chegado ao Brasil em 1882, é outro exemplo relevante das construções residenciais dos imigrantes italianos, pois associava origem, estilo e, muito possivelmente, evocações históricas da própria atividade industrial do proprietário. Dono do Lanifício Scuracchio, em Jacareí, e do Cotonifício Paulista, na cidade de São Paulo, o empresário construiu uma casa que não lembrava sua província natal, mas sim o país nascido no *Risorgimento*, por meio da linguagem de uma de suas regiões simbolicamente centrais para a nova identidade italiana. O palacete foi construído na década de 1920, utilizando repertórios formais que sintetizavam referências da arquitetura toscana dos séculos XIV e XV, época áurea das manufaturas têxteis de lã, das quais provinha inclusive a fortuna original dos Médici. A casa de Scuracchio tinha janelas ogivais e outras em arco pleno bipartido, além do torreão com largos beirais, encontrável em vários palácios florentinos da Renascença, como na *loggetta* do

Residência de Abrão Andraus, depois da reforma projetada por Giuseppe Camara, na década de 1930, sobre o antigo palacete de traços franceses encomendado por Henrique Schaumann na década de 1890.

Palazzo dell'Arte della Lana de Florença, sede da corporação de ofício dos tecelões de lã, e em centenas de *ville* e *villini* neorrenascentistas na Itália da *belle époque*. Não constitui, portanto, um repertório estilístico entre outros, mas evidencia as afinidades entre a afirmação do próspero empresário do ramo têxtil com as glórias comerciais e arquitetônicas da Itália renascida.

O luxo decorativo dos palacetes erguidos ou reformados nas décadas de 1910 e 1920 por imigrantes árabes manifestava-se em construções orientalizantes, ditas "mouriscas", que na Europa eram características sobretudo de cidades litorâneas ou de estações de águas termais, mas jamais de avenidas das principais capitais, como estranhara Lévi-Strauss.

A residência encomendada por Abrão Andraus, cuja demolição em 1982 causou comoção em São Paulo, é outro exemplo que sinaliza as relações formais entre origem e estilo, bem como a longa sobrevivência dos repertórios historicistas e das flexões ecléticas na avenida em plena década de 1930. Fabricante de seda e sócio da loja de tecidos Três Irmãos na rua Direita, a mais refinada da cidade de então, Andraus encomendou ao construtor Giuseppe Camara uma ampla reforma no mencionado palacete, que havia sido construído por Henrique Schaumann na década de 1890, com torreão de padrão francês. Ornada com uma galeria térrea de arcos persas e janelas e mirantes com arcos andaluzes, a "casa mourisca" da avenida Paulista sintetizava formas que nada tinham a ver com a arquitetura do Líbano de onde provinha seu proprietário, mas que lhe garantiam que qualquer um que por ali passasse percebesse que ali morava um árabe. Outros libaneses optaram por formas adaptadas do classicismo francês dos Luíses, o que pode indicar sua afinidade imaginária com a França que transformara o Líbano em protetorado francês poucos anos depois da Primeira Guerra Mundial.

Essa contínua evocação de origens na avenida constituída por casas *parlantes* teve seu epílogo já às vésperas da Segunda Guerra Mundial, quando o segundo conde Francisco Matarazzo, nascido no Brasil, encomendou uma reforma da casa herdada de seu pai a Tomaso Buzzi, que utilizou linhas inspiradas na produção de Marcello Piacentini, principal arquiteto do regime fascista italiano[12]. Decorada externamente

---

12. Ver João Mascarenhas Mateus, "A Vila Matarazzo na avenida Paulista e Tomaso Buzzi: projetos e obras (1938-1940)", *Pós*, São Paulo, v. 34, pp. 218-39, dez. 2013.

com blocos, vasos e relevos de travertino romano (incluindo dois brasões do título concedido à família), a casa continha portas e móveis venezianos setecentistas, além de quadros *vedutisti* de Canaletto e de Guardi. Numa época em que a arquitetura modernista já começava a se impor como tradutora da identidade nacional, a partir de encomendas públicas no Rio de Janeiro e em Belo Horizonte, a família Matarazzo – como grande parte do mercado imobiliário paulistano – deixava-se levar pelo apelo monumental da arquitetura moderna classicizante do entreguerras italiano. A arquitetura de Piacentini, que finalizou o projeto da sede das Indústrias Reunidas Fábricas Matarazzo no centro de São Paulo[13], foi uma referência fundamental para incontáveis edifícios comerciais da cidade, bem como para residências e sedes comerciais de importantes famílias de origem italiana estabelecidas em São Paulo, constituindo ainda o marco do último momento de impacto da fase residencial da avenida Paulista.

A vitória de uma certa memória

A partir da década de 1910, grande parte da crítica local não viu com bons olhos a decisão das fortunas imigrantes de se afirmarem por meio da evocação estilística de seus países de origem. O surgimento dos discursos nacionalistas, por um lado, e a divulgação das vanguardas de ambição cosmopolita e internacional, por outro, foram plataformas para a formulação de críticas severas, intolerantes mesmo, às linguagens historicistas ou ao ecletismo que se tinham consolidado em fins do século XIX na cidade e dos quais a avenida Paulista era o mais deslumbrante exemplo paulistano de manifestação.

Fenômeno que de modo algum foi exclusivo de São Paulo ou do Brasil, a condenação dos estilos historicistas e do ecletismo ganha, entretanto, uma dimensão complementar em São Paulo. A crítica formalista ao ornamento e a evocação do passado europeu acabavam por desembocar numa rejeição indireta à manifestação arquitetônica, e simbólica, da própria projeção desses estrangeiros na cidade, que se consolidara nas três primeiras décadas do século XX.

Monteiro Lobato, escritor que desempenhou um papel importante na crítica cultural paulistana durante as décadas em que as casas da avenida Paulista estavam sendo construídas, publicou em 1917, por exemplo, textos em jornais marcados por posições radicais, em que declarava, simultaneamente, sua intolerância ao historicismo e à falta de evidência nacional nas casas da cidade, especificamente nas da avenida Paulista.

Em *A criação do estilo* e *A questão do estilo*, Lobato protestou com veemência contra o "esperanto arquitetônico da Avenida", estrangeirismos estilísticos que permitiam compreender que "Nossas casas não denunciam o país. Mentem à terra, à raça, ao passado, à alma, ao coração. Mentem em cal, areia e gesso, e agora, por maior

---

13. Ver Marcos Tognon, *Arquitetura italiana no Brasil – a obra de Marcello Piacentini*, Campinas: Editora da Unicamp, 1999.

cautela, mentem em cimento armado". Queixava-se do "*mixed-pickles*", do "carnaval arquitetônico" promovido pela cidade travestida de formas que considerava traidoras da pátria:

> São Paulo é hoje à luz arquitetônica uma coisa assim: puro jogo internacional de disparates. // [...] As casas em estilo lombricoidal [*art nouveau*] empalidecem de terror se defronte lhes surge uma em estilo grego, receosas de que as folhas de acanto sejam vermífugas. Outra, adiante, vestida de renascimento italiano, cuspilha de nojo se parede-meia surge uma fantasiada de renascimento alemão. // Na mesma fachada as linhas motejam-se entre si e choram, e berram: – Cariátide, não é aí o teu lugar!

Apenas as luxuosas formas neocoloniais, inspiradas vagamente na sóbria arquitetura luso-brasileira, seduziam Lobato, que destacara a célebre residência de Numa de Oliveira, projetada por Ricardo Severo, como o "dealbar dum fulgurante renascimento arquitetônico"[14].

A intolerância estilístico-arquitetônica de Lobato estendeu-se em próceres do modernismo, como Mário de Andrade, cujo apreço em constatar a grandeza dos imigrantes e de seus sinais materiais de vitória na capital paulista foi sendo progressivamente substituído pela recusa da adoção dos estilos historicistas e do ecletismo adotados em suas casas.

Em sua obra literária, Andrade por vezes recorre à avenida Paulista para apreciar ou não as paisagens de São Paulo que se transformam pela mão estrangeira. Em 1922, publicou em meio aos poemas de *Pauliceia desvairada* uma meditação sobre o triunfo imigrante na cidade, que se estendia desde as casas construídas em linguagens estrangeiras à condução orgulhosa do automóvel, que simbolizava simultaneamente a fortuna, a modernidade e a evocação das marchas de bandeirantes e tropeiros dos quais os loiros alienígenas eram os novos herdeiros:

O domador

Altura da Avenida. Bonde 3.
Asfaltos. Vastos, altos repuxos de poeira,
sob o arlequinal do céu ouro-rosa-verde...
As sujidades implexas do urbanismo.
Filets de manuelino. Calvícies da Pensilvânia.
Gritos de goticismo
Na frente o tram da irrigação,
onde o sol bruxo se dispersa

---

14. Referências de Lobato extraídas de *O Estado de S. Paulo*, 6 jan. 1917, p. 5, e 25 jan. 1917, p. 3. Agradeço essas indicações a Tadeu Chiarelli (ECA-USP).

num triunfo persa de esmeraldas, topázios e rubis...
Lânguidos boticellis a ler Henry Bordeaux
nas clausuras sem dragões dos torreões....
[...]
Mas... olhai, oh meus olhos saudosos dos ontens
esse espetáculo encantado da Avenida!
Revivei, oh gaúchos paulistas ancestremente!
e oh cavalos de cólera sanguínea!
[...]
Guardate! Aos aplausos do esfuziante clown,
heroico sucessor da raça heril dos bandeirantes
passa galhardo um filho de imigrante,
louramente domando um automóvel[15]!

Dois anos mais tarde, na oitava das *Crônicas de Malazarte*, Andrade abandonava a constatação poética do triunfo imigrante na avenida para rejeitar os estrangeirismos arquitetônicos. A crítica aos historicismos de matriz europeia é, aliás, somada à recusa do neocolonial, ambos vistos por ele como alheios ao país:

Vai pro inferno, com todas as Goticidades Arquitetônicas que não enumerei na minha "Paulicea"! Estou irritado. Verifico esta raiva e paro. [...] Eu queria ainda dizer que os arquitetos neocoloniais são quase tão idiotas como as Goticidades Arquitetônicas... Pois é: não vê que estão a encher as avenidas de São Paulo de casinholas complicadas, verdadeiros monstros de estações balneárias de exposições internacionais. Porque não aproveitam as velhas mansões setecentistas tão nobres! tão harmoniosas! E sobretudo tão modernas na simplicidade do traço? Em vez, não; sujam a Avenida Paulista com leicenços mais parecidos com pombais feitos por celibatário que goza aposentadoria[16].

A partir da década de 1930, esse desgosto de Mário de Andrade diante dos palacetes marcados pelo passado tornou-se mais efetivo na medida em que suas ideias começaram a pautar as primeiras iniciativas de preservação da arquitetura paulista. As ações do Serviço do Patrimônio Histórico e Artístico Nacional (Sphan), tanto por impacto dos valores de Andrade como pelos de seu sucessor, Luís Saia, recusaram – e recusam até o presente – qualquer interesse à arquitetura residencial eclética no estado de São Paulo. Para ambos, o exemplo tradutor da herança nacional em terras paulistas era o das casas "bandeiristas", erguidas em taipa de pilão e remanescentes dos séculos XVI e XVIII. Assim, as negativas de Lobato e de Andrade aos "estrangeirismos"

---

15. Mário de Andrade, *Paulicea desvairada*, São Paulo: Casa Mayença, 1922.
16. *Idem*, "Crônicas de Malazarte", *América Brasileira*, Rio de Janeiro, abr. 1924. Agradeço a Marcos Moraes (IEB-USP) as indicações de Mário de Andrade.

arquitetônicos ganharam, por meio do Sphan, uma renovada e longa eficácia, que ecoou fortemente entre as primeiras gerações de arquitetos paulistas formados pela Universidade de São Paulo (USP) sob o ideário modernista.

Nesse quadro tão adversativo às linguagens historicistas – que prevaleceu no Brasil, como em todo o Ocidente, até a década de 1970 – a queda sucessiva de palacetes dos imigrantes na avenida Paulista não pode ser considerada surpreendente. Caíram ali como também em todas as avenidas europeias, norte-americanas e portenhas mencionadas neste texto, sob os olhares complacentes daqueles que não as viam como evidência de bom gosto e de criação artística genuína ou, ainda, por não serem, aqui, parte da experiência efetivamente nacional.

As revisões historiográficas e dos legados historicistas realizadas na cidade de São Paulo a partir da década de 1980 certamente aumentaram o impacto da última perda em massa dos palacetes, derrubados nessa mesma década pelos herdeiros dos imigrantes que os construíram. O temor diante da possibilidade de perda de capital, em virtude das restrições patrimoniais que passariam a vigorar, e a valorização dos lotes em função da verticalização da avenida Paulista foram fatores determinantes para a decisão dessas famílias que, afinal, tinham atravessado o século XX sob o desprezo de seu gosto arquitetônico. Optaram, então, por demolir simbolicamente a si mesmos, num movimento contrário ao de seus orgulhosos ancestrais e também ao daquelas famílias patrícias que preservaram os dois únicos palacetes tombados da avenida Paulista. A pedagogia do nacional, que se estendera da mitologia bandeirante até a plástica modernista, foi, afinal, bastante eficaz, pois permitiu que o palco da vitória forasteira fosse convertido em memorial dos "barões do café", que haviam sido, na avenida e na cidade, fortemente desafiados pelos imigrantes.

PARTE II

Línguas para o novo e a memória (1910-1930)

La Plata

Figuras culturais do novo na cidade do bosque

GUSTAVO VALLEJO

Cidade nova e educação

Ao contrário de outras cidades que alcançaram seu desenvolvimento a partir de lenta aglomeração histórica, La Plata nasceu adulta, irrompendo, sem passado, com todas as funções urbanas modernas. Sua origem, em 1882, obedeceu à decisão de criar *ex novo* uma capital para a principal província argentina, após ser estabelecido que Buenos Aires deixaria de cumprir esse papel para assumir, em seu lugar, o de capital federal do Estado nacional. Com esse encargo, o governador Dardo Rocha (1881-84) iniciou um processo marcado pela racionalidade cartesiana do projeto urbano e pela velocidade com que foram levadas a cabo as obras necessárias para o cumprimento dessas deliberações. Sob essas circunstâncias particulares, La Plata foi vista como uma recriação de Atena, nascida armada da cabeça de Zeus, ainda que sua impactante forma urbana – o quadrilátero ideal sulcado por diagonais –, desproporcional em relação ao escassíssimo núcleo populacional que abrigava, induzira a entendê-la como um "esqueleto de cidade".

Em todo caso, ambos os olhares, o que aludia a uma épica origem adulta ou o que exaltava a inútil intenção de mostrar uma maturidade inexistente, concordavam em atribuir sua origem a um exercício exacerbado da razão destinado a fazer incidir as formas urbanas sobre aqueles que a habitariam: da cidade ideal à cidadania moderna. Esse ambicioso trajeto logo exibiria as dificuldades de sua concretização após a crise de 1890, que mantinha intacta a imagem predominante de notáveis palácios do poder desertos. Mas o projeto fundacional malogrado também continha um programa capaz de superar essas dificuldades iniciais para estimular diferentes ações com as quais La Plata alcançaria relevância no plano cultural. Referimo-nos àquele programa que na segunda metade do século XIX condensou a vontade pedagógica com que Domingo Sarmiento procurou transformar a sociedade por efeito da articulação entre a ideia de cidade nova e a educação¹. E o nascimento de La Plata canalizava precisamente essas inquietações desde a afirmação do "novo" como um significante que ao longo do tempo motivaria renovações muito frutíferas, voltando ao propósito inicial de transferir as ideias iluministas para uma cultura urbana.

Suas mais notáveis derivações culturais afloraram nas primeiras três décadas do século XX, quando a população da cidade passou de cerca de 60 mil habitantes para um número quase três vezes maior e o tecido urbano exibia a homogeneidade de um espaço sem residências chamativas e opulentas nem bairros operários, os quais a crise de 1890 deslocara para enclaves portuários e ferroviários próximos. Durante esse período, diferentes figuras culturais ressignificaram a ideia do "novo", transformando La Plata em cenário de experiências muito ricas que podemos ver relacionadas com a emergência da "nova mulher", da "universidade nova" e da "nova geração", noções que, assim como a "nova capital", terão vinculação direta com um espaço originário de mediação entre razão e natureza, fio condutor que reconduzia a busca da novidade às origens, mais que da própria cidade, do programa cultural que a gestou. E nesse sentido todas aquelas modulações assumidas pela ideia do "novo" seriam atravessadas pela preeminência cultural do bosque como espaço fundante do fato urbano, e mais adiante *locus* de suas principais instituições acadêmicas. O bosque era emblemático do avanço sobre o "deserto", essa entidade carente de natureza e passado que serviu de modo recorrente para caracterizar o problema da extensão dos pampas.

Dessa perspectiva, o problema e, ao mesmo tempo, o estímulo para fixar o ponto de partida de um país moderno residiam na necessidade de sanar essa dupla ausência por meio da vontade, que para Sarmiento implicava reflorestar, fazendo emergir a natureza onde só existia deserto. O que se supunha gerar as condições materiais para desencadear uma tarefa civilizatória, começando por dispor da natureza para produzir cultura, resultou na introdução de sementes de eucalipto provenientes da Austrália, com as quais na década de 1860 se iniciaram plantações intensivas. Um dos iniciadores desse trabalho foi Carlos Vereecke, na estância San Juan de Leonardo Iraola, onde seguia o exemplo do parque Tres de Febrero, criado simbolicamente sobre a quinta que Juan Manuel de Rosas ocupara em Palermo². E a existência desse bosque funcionaria como um dos argumentos centrais – sendo o outro a proximidade com o porto de Ensenada – para definir a localização de La Plata, já que serviria como ponto de fixação para a cidade nascente³.

Mais tarde Fernando Mauduit, botânico também ligado ao parque Tres de Febrero em Palermo, deu forma a um passeio público a partir dos 60 mil exemplares surgidos

---

1. Adrián Gorelik, *La grilla y el parque: espacio público y cultura en Buenos Aires, 1887-1936*, Bernal: Universidad Nacional de Quilmes, 1998, pp. 75-84.
2. *Ibid.*
3. A onipresença do bosque no destino de La Plata foi tematizada num ensaio de interpretação produzido em torno do cinquentenário da fundação: Rafael Arrieta, *La ciudad del bosque*, La Plata: Universidad Nacional de La Plata, 1935.

Avenida Iraola no bosque de La Plata. À direita, o Museu de Ciências Naturais. Cartão-postal da década de 1920. Federico Kohlmann/ Museo y Archivo Dardo Rocha.

daquela plantação iniciada quinze anos antes. Ali Sarmiento podia ver o prolongamento dos propósitos visados na criação de Palermo, como marco exemplar de uma reforma urbana que devia iniciar-se fora de Buenos Aires, para que, com seu impacto, acabasse levando à transformação de toda a sociedade[4]. O bosque, em La Plata, por ser criação *ex novo*, indicava o início da experiência urbana que se desenvolveria além dele, ao mesmo tempo que era parte do traçado moderno que o conteria. O bosque era, a um só tempo, uma orla natural e o núcleo da cidade, origem e parte substancial da "nova capital".

Assim, como uma consequência lógica iluminista, essa cidade da razão que era La Plata surgia de um reflorestamento preexistente, para validar as conotações do bosque como essa expressão da natureza a que os tratadistas do século XVIII – como o abade Laugier e Francesco Milizia – atribuíram uma capacidade performativa sobre a cultura urbana: se a arquitetura nascera de uma cabana rústica que inspirou a criação das ordens clássicas, a cidade ideal era a consumação de uma tarefa de desenho inspirada na forma do bosque[5]. O interesse de Sarmiento somou-se às instituições

4. A. Gorelik, *op. cit.*, pp. 75-84.
5. Sobre as considerações da "cidade como bosque" de Laugier e Milizia, pode-se ver Manfredo Tafuri, "Para una crítica de la ideología arquitectónica", em M. Tafuri; M. Cacciari; F. Dal Co, *De la vanguardia a la metrópoli: crítica radical a la arquitectura*, Barcelona: Gili, 1972, especialmente pp. 17-30.

Plano fundacional de La Plata, realizado pelo Departamento de Engenheiros em 1882. O bosque arremata o eixo principal do traçado na parte inferior do plano.

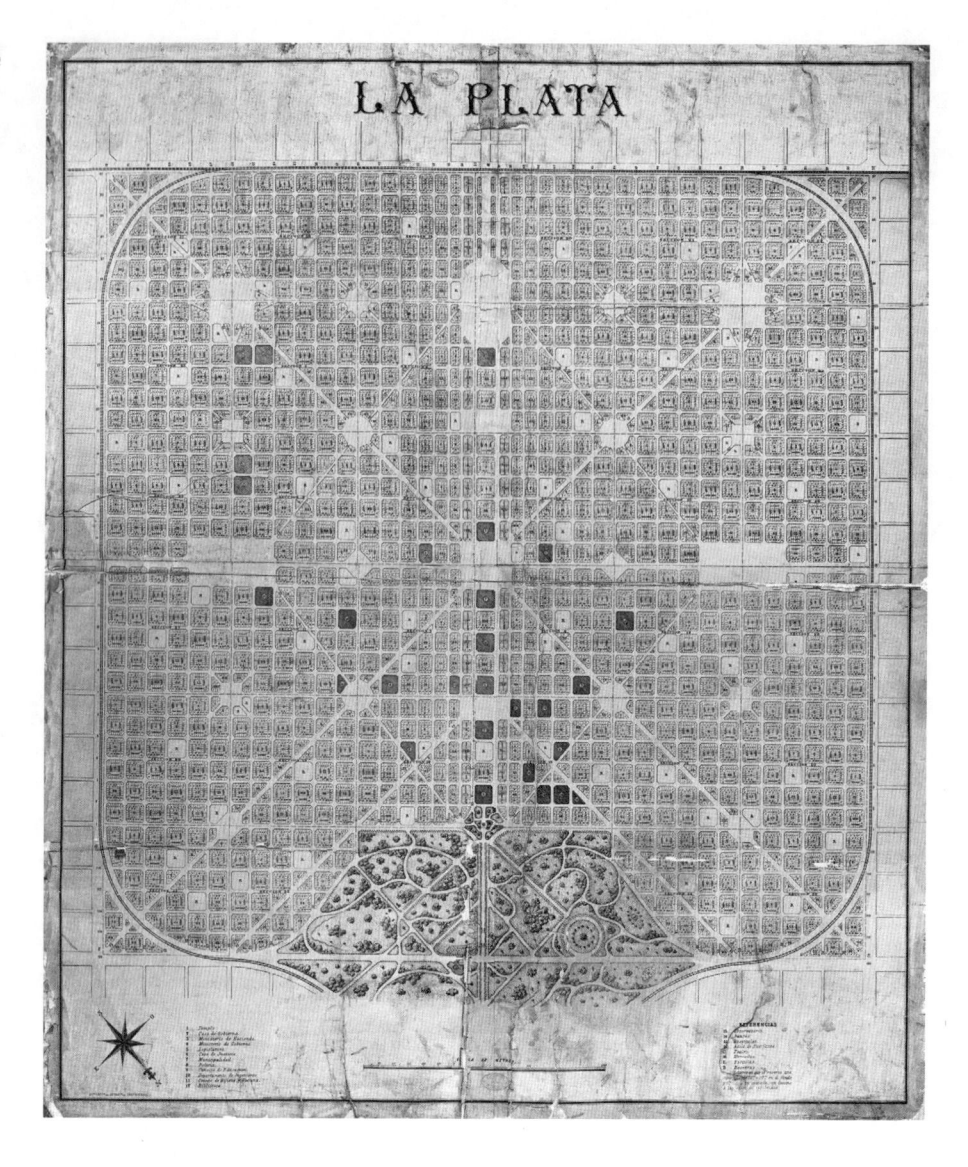

científicas que La Plata foi abrigando, e a inauguração parcial do Museu de Ciências Naturais, situado no bosque que cobria o "que foi até ontem o Pampa, plano como no mapa", representou a culminação de uma evolução iniciada quando esses territórios foram despojados "de sua primitiva barbárie", e "à sombra de eucaliptos" se interrompia "a vida pastoril"[6]. O "deserto" dava lugar à natureza que em duas gerações derivava em estágios civilizatórios representados, em escala ascendente, pela

6. Domingo Faustino Sarmiento, "El Museo de La Plata (20 jul. 1885)", *in:* D. F. Sarmiento, *Obras completas*, t. XXII, La Matanza: Universidad Nacional de La Matanza, 2001, pp. 239-40.

escola, pela cidade moderna e pelo museu. E como forma de reconduzir a partida e a chegada à sociedade moderna, Sarmiento esforçou-se para indicar a Francisco Moreno, diretor do museu, como cuidar daqueles eucaliptos, que simbolizavam, em sua forma, a "retidão tutorial" com que se devia conduzir a cidadania moderna, porque ali também residiam os valores educativos do que se esperava fosse um parque entendido como "museu da árvore"[7].

Arco de entrada do bosque de La Plata, coincidente com o eixo monumental da cidade. Avenidas 1 e 52. Fotografia: T. Bradley/álbum *Vistas de La Plata*, La Plata, 1884.

A cidade da "nova mulher"

A racionalidade da "nova capital" encontraria um vínculo muito fecundo com o naturalismo educacional anglo-saxão, para acompanhar o surgimento da "nova mulher" como emblema do feminismo na região. Desde seu nascimento, La Plata exibia altos índices de masculinidade, em razão das preponderantes tarefas ligadas à sua própria construção e à instalação de uma burocracia provincial formada exclusivamente por homens. Essas características alcançavam instituições como a maçonaria, que praticava formas de participação igualitárias, liberdade de discussão e decisões por maioria, implementando ensaios sobre normas de convivência política para a futura democracia censitária (que habilitará só os mais capacitados) a que seus membros aspiravam contribuir. Mas com sua negativa em admitir mulheres, a maçonaria também estabelecia que a carreira política e/ou administrativa que ajudava a forjar era "coisa de homens".

7. *Ibid.*, p. 260.

No entanto, e por efeito de uma reação que terminaria superando em intensidade a situação estabelecida, a cidade logo se tornaria o epicentro de um questionamento dessa exclusividade masculina, a partir de estímulos originados na mesma matriz ideocrática. Estes derivaram da proposta lançada por Sarmiento ante a necessidade de dispor de um crescente número de professores. Após contatos nos Estados Unidos com o pedagogo Horace Mann e sua esposa, Mary Peabody Mann, ele seguiu, surpreso, as práticas de educação conjunta de meninos e meninas e as de desempenho docente da mulher. O sucesso dessas experiências o levou a transferir para a Argentina os progressos que conheceu no país do norte. Para isso conseguiu a contratação de mais de sessenta professoras norte-americanas, que se colocaram à frente de diferentes escolas normais da Argentina. Uma das pioneiras foi Mary Olstine Graham que, depois de formar um primeiro grupo de professoras em San Juan, se mudou para La Plata, em 1888, para dirigir a escola normal.

A chegada de Graham convulsionou a "nova capital" com o desenvolvimento de atividades "ao ar livre" e com a diversificação do currículo mediante atividades artesanais, excursões e sistematização do ginásio, atividades presentes nos postulados da "escola nova" que em La Plata integraram uma pedagogia para a qual o bosque era o ponto de complementaridade necessária entre teoria e experiência, razão e natureza[8]. Uma das discípulas de Graham, Raquel Camaña, recordaria os vínculos incomuns que a escola estabelecia com a comunidade e a natureza, para reinvocá-los vários anos mais tarde numa proposta de renovação pedagógica:

> Aos sábados, em alegre debandada, íamos com ela [Graham] e com nossos professores ao bosque, correr, jogar, fazer sesta na grama, coletar ervas, rir, nos conhecer, nos amar mutuamente. Fazíamos comidinhas deliciosas aproveitando as preparadas por nós mesmas na aula de economia doméstica de sexta-feira à tarde. Nos dias de festa, quando o tempo favorecia, nos levava ao porto, à Ensenada, à ilha Santiago. O subprefeito de então – um Sarmiento, e nada mais – colocava buquezinhos à nossa disposição, nos oferecia um esplêndido *lunch*, às vezes até nos acompanhava[9].

As discípulas de Graham em La Plata ampliaram o alcance da figura de uma mulher diferente da conhecida, a partir de uma pedagogia que instava a replicar na vida relacional aqueles vínculos criados pela escola com a comunidade e a natureza. A figura da "nova mulher" constituía assim um emblema da luta empreendida por essas educadoras para modificar os tradicionais papéis de gênero. Entre elas deve-se destacar a uruguaia María Abella de Ramírez. Por seu intermédio, La Plata recebeu os

---

8. Sobre a escola nova, ver Pablo Pineau; Inés Dussel; Marcelo Caruso, *La escuela como máquina de educar*, Buenos Aires: Paidós, 2001, pp. 102-3.
9. Raquel Camaña, *Pedagogía social*, Buenos Aires: Cultura Argentina, 1916, p. 211. A citação é parte da proposta apresentada no Congresso Internacional da Criança em Paris. Quando alude a Sarmiento se refere a Víctor, funcionário de longínquo parentesco com Domingo.

primeiros fermentos da utopia feminista no rio da Prata, acompanhando um processo de laicização que no Uruguai começava a adquirir particular intensidade. Abella de Ramírez dava vazão à radicalidade que marcava o liberalismo uruguaio em 1900, para fundi-la com um progressismo local que começava a aflorar em meio a certas dificuldades. Especialmente porque a elevada taxa de masculinidade que a cidade apresentava encontrava-se arraigada numa moral burguesa que repudiava a presença feminina no espaço público. Enquanto o "homem público" era um sujeito eminente da cidade, que encarnava a honra e a virtude, a "mulher pública" era a desonrada "mulher comum", aquela que pertencia a todos – daí para os ingleses *public woman* ser sinônimo de prostituta. Às mulheres correspondia o privado e seu coração, a casa; enquanto os homens tinham no público e no político seu santuário[10].

Estabelecer a igualdade de gênero no espaço público pressupunha, para Abella de Ramírez, transcender o limite de âmbitos como as lojas e o café, a partir de sua atuação em círculos sociais vinculados à expansão do livre-pensamento que integrava – de maneira menos rígida que a maçonaria – preocupações cientificistas e laicistas. No interior desse marco se localizariam as primeiras instituições feministas de La Plata, oriundas de uma atmosfera cultural singular.

Quando Abella de Ramírez iniciou seu trabalho docente, a cidade expandia notavelmente sua matrícula escolar e elevava o número de mulheres ativas no magistério. À frente da Direção Geral das Escolas estava o uruguaio Francisco Berra, que acumulava antecedentes para ser sucessor do pedagogo José Pedro Varela na escola reformadora oriental. Berra integrava também um círculo de relações que Abella de Ramírez mantinha por meio de viagens periódicas a Montevidéu, onde José Batlle y Ordóñez, Domingo Arena, Emilio Frugoni, Carlos Vaz Ferreira e Paulina Luisa eram seus habituais interlocutores. A confluência do vasto conjunto de preocupações educacionais e sociais, das quais aquelas personalidades e La Plata como espaço sociocultural eram representativas, se traduziria numa produção muito original. Em 1901, Abella de Ramírez fundou a revista *Nosotras*, de onde foi delineando um programa de reivindicações que partia do questionamento à "reclusão conventual" sofrida pelas mulheres.

O feminismo retroalimentava-se com a vitalidade exibida pelo livre-pensamento na cidade, sobretudo após a chegada do catalão Luis Fors de Casamayor, que em 1896 fundou a Liga Liberal e dois anos mais tarde passou a dirigir a Biblioteca Pública, de onde impulsionou as "leituras dominicais", um empreendimento dirigido à instrução popular, concebido em competição direta com a missa. Com Fors de Casamayor, Abella de Ramírez integrou em La Plata o Comitê da Liga Nacional de Livres-Pensadores e, em 1906, fundou o Subcomitê Misto de Livre-Pensamento de La Plata. Foi ali que elaborou o primeiro grande manifesto feminista do Cone Sul: o "Programa mínimo de reivindicações femininas"[11].

---

10. Ver Michelle Perrot, *Mujeres en la ciudad*, Santiago de Chile: Bello, 1997.
11. María Abella de Ramírez, *En pos de la justicia*, La Plata: Taller Gráfico D. Milano, 1908, pp. 171-3.

Abella de Ramírez expôs o manifesto pela primeira vez no Congresso Internacional de Livre-Pensamento de 1906 e recebeu adesões entusiastas, entre as quais a da jovem Alicia Moreau, que daí em diante participaria intensamente de um campo cultural que se nutria de outras renomadas feministas, como Raquel Camaña, Camila Burgos e Ernestina López. Sobre essa trama de mulheres liberais, socialistas e anarquistas Abella de Ramírez fundou em La Plata, em 1910, a Liga Feminista Nacional, que se encarregou da realização do Primeiro Congresso Feminino Internacional e da criação da Associação Feminina Pan-Americana. Essa liga contou também em La Plata com seu órgão de difusão, a revista *La Nueva Mujer* (1910), cuja importância revelaria os progressos de um ativo movimento de modernização social que posicionou a cidade na vanguarda da luta feminista na região.

A "universidade nova"

No último domingo de maio de 1905, Fors de Casamayor deixou a "leitura dominical" a cargo do ministro de Instrução Pública da nação, Joaquín V. González, que dissertou sobre "A universidade nova". González era então um eminente intelectual que desde o governo nacional impulsionava reformas destinadas a relegitimar um sistema político que passava por diversos sobressaltos. No início de sua dissertação, afirmou que seguia "as manifestações de vida desta cidade, cheia de interesse e atrativo para o simples viajante, como para todos os que estudam os agrupamentos humanos sob o aspecto de suas leis biológicas e orgânicas". A natureza inscrevia-se num âmbito de interpretação sociodarwiniano, no qual as cidades assumiam papéis precisos no organismo social. Em La Plata, então, González apontava seu caráter de "cidade universitária, como já é, por acaso, na convicção popular"[12].

Por volta de 1900, a cidade tinha importantes instituições científicas (que o fundador Rocha quis – sem sucesso – reunir numa universidade de província), uma extensa sociabilidade culta que articulava âmbitos laicistas e um movimento feminista precursor. Contudo, a figura da "universidade nova" não surgia do interior da cidade, mas de uma proposta complexa que procurava, de fora dela, potencializar esses atributos. O que seria obtido pela volta àquele programa sarmientino que pretendia alcançar a outra sociedade pela convergência da grande cidade moderna e da educação, ainda que implementando algumas redefinições importantes. Fundamentalmente porque La Plata seria sede de um empreendimento institucional de grande singularidade, mas após a constatação de que seu destino estava longe da grandeza prevista por seus fundadores, e em parte também graças a isso. Pois La Plata era escolhida agora como o lugar mais adequado para um empreendimento educacional exemplar justamente por sua separação da grande metrópole, como um gesto de autonomia do saber em busca da criação de uma elite meritocrática. Uma direção

---

12. R. Arrieta, *op. cit.*, p. 60.

política questionada devia ser sucedida por outra, legitimada a partir da ciência por meio de uma instituição encarregada de "capacitar os mais capazes". E, para levar o projeto adiante, voltava-se a estreitar os laços entre a razão e a natureza, como havia acontecido antes, na origem da cidade. Só que agora se invertia a sequência inicial para ir do "bosque como cidade" à "universidade nova" como bosque, fórmula que González imaginou em 1905, encontrando nessa figura cultural o *locus* identitário de seu empreendimento educacional.

O bosque de La Plata abrigaria os principais estabelecimentos, integrando um amplo conjunto de iniciativas científicas originadas do plano fundacional da cidade. E a grande criação de González seria o Colégio Nacional, com seu *campus*, para deixar claro o acento colocado na formação de jovens pré-adolescentes. Para González, a eficácia de um verdadeiro experimento educacional consistia em captar os "mais capazes" e, ao perceber sua "superioridade" dentre os demais jovens, ampliar a formação deles por meio de um sistema tutorial que guiava cada estudante, fora do tempo de aula, por um ambiente natural onde eles residiam em regime de internato. Voltava a emergir aqui a influência de um naturalismo educacional anglo-saxão, obedecendo agora a propostas geradas no Reino Unido, para formar futuras elites de governo por meio de estabelecimentos imersos numa natureza "incontaminada" dos "vícios" da cidade moderna. A importância dessa corrente fez com que, em 1899, o jurista argentino Carlos O. Bunge viajasse em missão oficial para conhecer os progressos pedagógicos que os ingleses haviam implementado nas *public schools* e nas *new schools*, a partir do sistema de *home education* que sustentava a ideia de internato moderno. O papel da natureza na educação também foi incluído pelo higienismo em seu discurso e, ao mesmo tempo que Bunge, Francisco Súnico empreendeu um profundo estudo de arquitetura escolar no qual exaltava os benefícios do "internato laico", formado por pavilhões isolados num entorno natural[13].

A "universidade nova" de González reuniu então as contribuições que Bunge e Súnico fizeram chegar a ele por seus respectivos relatórios. Ela integraria as *public schools* preparatórias e a universidade de excelência, pela ideia evolucionista de "educação progressiva", plasmadas numa relação com a natureza condicionada pelo exercício do autocontrole, onde a vida num internato de portas abertas no bosque seria objeto de permanente tutela. O sistema de internato ficou a cargo de Ernesto Nelson, marido da feminista Ernestina López, que González convidou após conhecer sua atuação na Universidade Colúmbia ao lado do grande filósofo da educação e incentivador do escolanovismo, John Dewey. No regresso de Nelson observam-se expectativas semelhantes às que Sarmiento depositara na chegada de O'Graham a La Plata, principalmente porque a partir da teoria da educação ele desenvolveu laços fluidos com os Estados Unidos, que logo alcançariam muitas outras esferas de sua

---

13. Gustavo Vallejo, *Escenarios de la cultura científica argentina: ciudad y universidad (1882-1955)*, Madrid: CSIC, 2007, pp. 218-30.

vida. Nelson abordou em particular a integração entre escola e universidade, cujo vínculo tratou de fortalecer opondo à ideia de "escola-templo", propugnada na presidência de Julio A. Roca (1898-1904), a noção norte-americana de "casa da criança"[14]. Esta última operação ultrapassava o plano semântico para se situar na redefinição dos valores que sustentavam a monumentalidade da escola, por meio do cultivo da *home education*. O ambiente educativo devia ser um "lar", um refúgio familiar ante o torvelinho metropolitano, instalado em plena natureza, como também acreditava González, que procurou gerar, mais que uma universidade, uma cidade do saber, uma "república universitária", governada não por um reitor – como as demais universidades argentinas –, mas por um presidente. Um centro intelectual regido pelo "internato laico", que procurava fundamentalmente formar o *gentleman*, futuro reprodutor da ordem liberal, que desde a adolescência era levado a participar do governo de uma instituição representada como uma "democracia em miniatura"[15].

E como um *gentleman* não podia ser produto da imposição de "freios exteriores", mas de instituições que formavam e revigoravam o "freio interior", uma arquitetura de espaços livres transformava-se na grande aposta de um sistema que evitava a imposição de limites físicos. Para isso a "universidade nova" dispôs de 18 hectares do bosque, onde os projetistas – Carlos Massini e Miguel Olmos – materializaram as preferências de Súnico, ao conceber os edifícios como figuras sobre um amplo fundo natural que diluía o impacto arquitetônico. O colégio indicava o início de uma *enfilade* continuada por um laboratório de física e pelo ginásio, que adotava a forma de um templo à educação física para fundir, por meio da estética, a aristocracia simbolizada pelo estilo grego e os valores da educação norte-americana e inglesa. Um tanto liberados dessa tensão estavam os edifícios do internato, que ao lado do eixo adotaram o caráter de vilas, onde a ideia de *home education* se concretizava na pitoresca semelhança com casas em vez de palácios ou templos. A arquitetura traduzia em formas a ideia de "casa" no sentido social da palavra porque, nesse sistema de educação, nela residia a unidade institucional.

Em 1910, todo o complexo idealizado por González estava funcionando, e La Plata já era "a Oxford argentina". Aquele "experimento transcendental da educação argentina" – como o chamou Nelson – só precisava de tempo para que se visibilizassem seus resultados com a ajuda de uma geração que completasse todo o percurso educativo previsto, desde os internatos até a formação superior. Ali estavam depositadas as expectativas de relegitimação de uma tradição liberal que tinha a cidade como expressão exemplar dos sucessos materiais e culturais alcançados por uma organização nacional fundada numa estrita ordem física e institucional.

---

14. Ernesto Nelson, *Hacia la universidad futura*, Valencia: Sempere, 1909, p. vii. Sobre as escolas roquistas, ver Claudia Shmidt, *Palacios sin reyes: arquitectura pública para la "capital permanente", Buenos Aires, 1880-1890*, Rosário: Prohistoria, 2012, pp. 193-241.

15. G. Vallejo, *op. cit.*, pp. 251-2.

A cidade da "nova geração"

Em 1918, González deixou a direção da universidade que havia criado. Nessa ocasião, dois fatos significativos ofuscaram suas previsões sobre a evolução gradual e controlada da sociedade: em 1916 assumiu a presidência da nação uma figura alheia à tradição liberal (Hipólito Yrigoyen), e no ano de 1918 eclodiu em Córdoba a Reforma Universitária, movimento democratizador que seria replicado nos demais estabelecimentos de ensino da Argentina. Em Córdoba, a reforma reagiu contra um modelo monacal sustentado desde o século XVII; em Buenos Aires voltou-se contra a formação excessivamente profissionalizante; e em La Plata chegava por outro tipo de situações injustas que carregavam um grande paradoxo, uma vez que os incentivadores da reforma nessa cidade eram o resultado genuíno do experimento educacional da "universidade nova" e o motivo central de seu questionamento, precisamente o elitismo do sistema de internatos no qual eles mesmos tinham se formado. Entre os líderes se achavam Arnaldo Orfila Reynal, Guillermo Korn, Carlos Sánchez Viamonte e Julio V. González; este último era filho do fundador da "universidade nova". Vale dizer, aqueles jovens formados para conduzir a evolução gradual dos acontecimentos adotavam a eclosão contra seus mentores, para deixar claro que a ressignificação da figura cultural do "novo" em La Plata, dessa vez, estava associada às drásticas conotações que a mudança geracional assumia.

E se no bosque estavam as causas do levante, também dali se pensou que devia provir um ideal superador de todas as demais insatisfações que afligiam a "nova geração". Fundamentalmente, porque a um olhar cético se contrapunha a figura do "novo" como um distanciamento temporal, que implicava uma volta às origens iluminada pela ideia de que o bosque podia ser agora uma recriação do jardim de *Akádemos* de Platão.

O internato foi fechado em 1920 para dar lugar à Casa do Estudante, uma instituição que adotou o exemplo da Residência de Estudantes de Madri, centro de desenvolvimento de diversas experiências artísticas que chegou a alojar Juan Gris, Pablo Picasso, Salvador Dalí, Juan Ramón Jiménez e Luis Buñuel, e teve visitantes como Le Corbusier, Walter Gropius, Eric Mendelssohn e Theo van Doesburg. Em La Plata, a Casa do Estudante ficou a cargo do então reitor do Colégio Nacional, Saúl Taborda, um advogado egresso da mesma universidade, que acompanhou o surgimento do movimento estudantil em Córdoba e abraçou também as ideias naturalistas do escolanovismo, ainda que tenha chegado a elas por meio de perspectivas sociopolíticas que o diferenciavam profundamente de González[16]. Um dos novos residentes foi José Gabriel, cofundador do Colégio Novecentista, anterior à reforma. Na Casa do Estudante, Taborda procurava conciliar massividade e gosto estético,

---

16. Sobre Taborda, ver Myriam Southwell, *Investigaciones pedagógicas: Saúl Taborda*, Buenos Aires: Unipe, 2011.

O Museu de Ciências Naturais no bosque de La Plata.

numa instituição aberta a todos os que quisessem participar de atividades que compreenderiam rondas socráticas de dissertações, leituras de livros e conversações públicas à sombra dos eucaliptos. Também funcionaria aí uma biblioteca popular, uma gráfica e atividades de clara marca escolanovista, como uma chácara, uma carpintaria, o teatro e a prática esportiva, que tinha seu lugar no *campus*. Mesmo assim, e seguindo uma ideia de divulgação popular da cultura inspirada em Jean-Marie Guyau e William Morris, o Atelier nasceria de gosto estético, como curso de extensão baseado num curioso exercício "ativo". Além de expor os benefícios da arte urbana, contaria com uma mostra permanente de fotografias e maquetes de "obras de mau gosto" de La Plata, para desenvolver entre os espectadores o julgamento crítico que as corrigiria em benefício da cidade. O Museu da Árvore que Sarmiento imaginava era agora o contexto natural de um espaço de exposição da cidade para valorizá-la como obra de arte corrigível.

Mas a experiência de Taborda foi muito efêmera. Acusado de simpatizar com a Revolução Russa, teve de deixar a universidade após ser exonerado. Logo depois desse tropeço político, os reformistas platenses restabeleceram sua estratégia para direcioná-la para um terreno nitidamente cultural, que alcançou grande notoriedade com as revistas *Valoraciones* (1923-8) e *Sagitario* (1925-7). Esses foram os principais espaços da "nova geração", aquela que construía sua identidade a partir do apelo recorrente à teoria geracional de José Ortega y Gasset, que diferenciava etapas "cumulativas" – nas quais os "velhos" dirigem e "os jovens se subordinam a eles" – e "eliminatórias" – em que os "velhos" são "varridos pelos jovens" – como era, para os reformistas, a etapa que estavam destinados a viver[17]. A ideia do "novo" em La Plata ressignificava-se para associar-se agora a uma geração que reagia aos valores da tradição. Sua mais clara representação foi a imagem de Sagitário, o efebo munido de sua aljava e prestes a lançar uma flecha, que passou a ilustrar a capa da revista que levou esse nome:

> Era o homem da nova geração que aparecia no cenário da América Latina. Em atitude resoluta, aproximou-se da mesa onde os notáveis promoviam um debate interminável e disse com voz firme:
> – Vocês não têm mais nada para dizer. Falaram bastante. Ao seu redor estão sendo travadas lutas que vocês não sabem compreender, conflitos que não poderão resolver, disputas que não conseguirão dirimir. [...] A vida adquiriu um sentido que suas disciplinas científicas não poderão interpretar [...]. Vão, pois, antes que a esfinge os devore com a primeira pergunta. O cientista exigiu fatos; o filósofo ensaiou um "por quê"; o professor balbuciou uma velha máxima; o poeta reconheceu "El Esperado"; o político aplaudiu sem compreender. Mas todos terminaram por se desvanecer como uma ronda de espectros. O efebo varreu da mesa infólios e pergaminhos, saltou sobre ela, e, inclinando para trás o corpo para equilibrar o peso do arco, tratou de lançar seu primeiro dardo contra as estrelas[18].

Como se depreende desse altissonante editorial de tom vanguardista e conotações clássicas, a questão geracional imbricava-se com o latino-americanismo. Também ali ressoava a teoria geracional a partir de uma reinterpretação destinada a associar "o velho" ao mundo anglo-saxão e, em contrapartida, "o novo" ao mundo latino-americano, que era capaz de entabular relações mais diáfanas com as fontes da civilização greco-latina.

Reforçando esse quadro de ideias, *Ariel*, obra de José Enrique Rodó, de 1900, entrou em cena com inusitado sucesso. Rodó profetizava o surgimento de um ideal "novo", valendo-se do uso das figuras retóricas de Ariel e Calibã – o bom e o mau escravo de Próspero em *A tempestade* de Shakespeare – para representar "o entusiasmo generoso, o móbil alto e desinteressado da ação, a espiritualidade na cultura", a beleza e a arte do latino, de um lado, e o "símbolo da sensualidade e da torpeza", do "utilitarismo" anglo-saxão, de outro. Sob a inspiração de *Ariel*, a "nova geração" buscou em Alejandro Korn uma espécie de encarnação da autoridade paterna de Próspero, para

---

17. G. Vallejo, *op. cit.*, p. 325.
18. Carlos Amaya; Julio V. González; Carlos Sánchez Viamonte, "Las flechas del carcax", *Sagitario*, n. 1, La Plata, pp. 5-6.

Internato da Universidade Nacional de La Plata no bosque. Cartão-postal da década de 1920.

escolhê-lo como "o mestre, o mentor", aquele que sempre praticava a vida filosófica e, como Sócrates, se cercava de jovens em sua casa, num café ou no bosque. "Graças a Korn, La Plata foi, durante anos, a cabeça filosófica do país."[19]

O bosque oferecia o marco para o desenvolvimento da especulação desinteressada, onde a paisagem serena de eucaliptos já adultos e carvalhos jovens era alterada apenas pelos edifícios da universidade, com explícitas alusões clássicas, para se constituir no melhor estímulo ao ócio sagrado dos gregos. Assim pensavam os jovens da "nova geração", para quem essa espécie de jardim de *Akádemos* era o espaço de reflexão que permitia projetar a tarefa de redenção moral do continente, o lugar não contaminado da vida moderna irreflexiva[20]. O bosque contribuía assim para consolidar a identidade de La Plata em torno da ideia de refúgio para a arte e a filosofia. Como parte constitutiva dessa identidade, o teatro ocupou um lugar central, que serviu aos reformistas platenses para colocar a ideia representada acima da realidade e evidenciar, com isso, a inconsistência do realismo positivista concentrado apenas na verdade surgida do mensurável. E se as mais diretas inferências do arielismo implicavam uma supervalorização do classicismo e da cultura latino-americana, o "novo" ideal na experiência reformista cedeu lugar à projeção vanguardista. *Valoraciones* publicou

---

19. Juan José Arévalo, *La Argentina que yo viví*, Ciudad de México: B. Costa-Amic, 1974, pp. 153-4.
20. Héctor Ripa Alberdi, "Por la unión moral de América", *Valoraciones*, n. 2, La Plata, 1924, p. 113.

em 1926 uma antecipação de *El tamaño de mi esperanza*, de Jorge Luis Borges, e também obras dos artistas Emilio Pettoruti e Pablo Curatella Manes após retornar de sua estada europeia. Ao mesmo tempo, em *Sagitario*, Marcos Blanco analisou o "novo futurismo", que o próprio Marinetti expôs em La Plata, e Pettoruti ilustrou diversos números logo após realizar uma mostra apresentada por Pedro Henríquez Ureña, que via nela novas formas de representação inclinadas a uma interpretação da realidade americana só comparável às modernas experimentações que Diego Rivera realizava no México. Henríquez Ureña era outro porta-estandarte da "nova geração", intelectual dominicano que trabalhou no México revolucionário com José Vasconcelos até 1923, quando, incentivado por reformistas platenses como Rafael Arrieta e Héctor Ripa Alberdi, se transferiu para La Plata para trabalhar na universidade.

A partir de todas essas iniciativas, nos anos 1920 La Plata tornou-se, mais que a cidade universitária da Argentina – como esperava González –, um espaço referencial da "nova geração" latino-americana. Para Gabriel del Mazo, esse caráter fundava-se na consciência progressiva de que "era um órgão da República para estreitar, com a juventude americana, os laços da nossa fraternidade comum", e isso ficou evidente na representação que em pouco tempo passou a ter nas mais diversas nações do continente. "No início a comunidade mais numerosa foi a venezuelana, depois a peruana, mais tarde vieram em grande número os bolivianos, colombianos e paraguaios."[21] No final da década de 1920, La Plata recebia jovens de quase todo o continente.

Mas talvez o traço de maior singularidade alcançado pela cidade por empenho da "nova geração" deva ser buscado nas décadas seguintes, com o retorno de diversos graduados a seus países de origem. Isso porque se tornaria evidente como aquela aspiração de formar quadros dirigentes pela universidade se consumava, ainda que com detalhes bem particulares. A passagem da "nova geração" pela cidade deixará alguns exemplos paradigmáticos em figuras como Juan José Arévalo, primeiro presidente democrático da Guatemala (1945-51), Galo Plaza Lasso, presidente do Equador (1948-52), e Luis Heysen, senador nacional do Peru (1945-8 e 1963-8) pelo Apra, partido ligado à agitação reformista iniciada em 1918 e onde o próprio Heysen criou sua primeira célula na Argentina.

---

21. Gabriel del Mazo, *Vida de un político argentino: convocatoria de recuerdos*, Buenos Aires: Plus Ultra, 1976, pp. 142-3.

Córdoba

1918: além da Reforma[1]

ANA CLARISA AGÜERO

1918 foi um ano interessante. E é quase um dado da história republicana de Córdoba que os momentos de intensidade cultural sejam tanto aqueles marcados por certa tensão política como por certo esforço para impor, ou recuperar, uma posição cidadã no concerto argentino. Algo dessa natureza aconteceu em 1918, ano da eclosão de uma reforma universitária que, assinalada como evento inaugural em escala continental, acabaria por se identificar com ele. O fato excepcional obscureceu assim o tempo normal que havia criado suas condições, de fato mais interessantes, e é por essa razão que aqui se tenta outro caminho: revisitar o ano como unidade arbitrária, privilegiando alguns aspectos substantivos desse *tempo normal* da cidade em que se engastam processos urbanos, formas sociais e motivos culturais de diferentes épocas. Uma série documental contínua, certos testemunhos pontuais e alguns antecedentes importantes alimentam essa exploração, cujos núcleos eles contribuem para estabelecer. Além do esforço para repor as várias temporalidades implicadas no caso em análise, trata-se de uma exploração muito livre, ainda que reveladora, de certo contexto cultural e da própria possibilidade de entender Córdoba como arena de cultura[2].

Uma história de barrancos

> *O Mediterrâneo não é, antes de tudo, um mar entre montanhas?*
> FERNAND BRAUDEL

A história urbana de Córdoba, iniciada em 1573, é inseparável de um fato de longa data: duas linhas de barrancos que acompanham de forma irregular o curso de

---

1. Agradecimento infinito a meus companheiros do Programa de História e Antropologia da Cultura.
2. Sobre o ano-unidade, ver Marc Angenot, *El discurso social: los límites históricos de lo decible y lo pensable*, Buenos Aires: Siglo XXI, 2010, pp. 51-9, e Hans Gumbrecht, *En 1926: viviendo al borde del tiempo*, Ciudad de México: UIA, 2004; sobre o tempo normal, ver Giovanni Levi, *Le pouvoir au village: histoire d'un exorciste dans le Piémont du XVIIe siècle*, Paris: Gallimard, 1985.

um rio, em cujas margens a cidade foi implantada. Embora os barrancos não fossem mais importantes que o rio para a viabilidade da cidade, foram-no, sim, para suas representações, marcando sensivelmente seu contexto cultural. Contrafortes naturais de uma planta de setenta quadras (1577) ofereceram por muito tempo a paisagem de um povoado fundado numa depressão, quer transpondo os últimos espigões da serra, quer arrematando as planícies ainda hoje cruzadas pelas estradas que unem Córdoba e Buenos Aires. As perspectivas *norte* ou *sul* da cidade correspondem, de certo modo, a dois momentos característicos de sua história: o de sua dependência do centro colonial peruano, que a fundou, e o da descontínua emergência do centro portenho, iniciada em fins do século XVIII e consagrada na era republicana. Juan B. Terán, tucumano cosmopolita do final de século, assinalaria com agudeza a passagem da "Córdoba, a plana" (vista a partir da longa descida andina de funcionários, vigários e comerciantes coloniais) para "Córdoba, a serrana" (vista do pampa, que aproximava caravanas, exércitos e autoridades provenientes de Buenos Aires)[3].

A ascensão desse novo centro econômico, intermitentemente político e cultural, modula o olhar (não obstante provinciano) de Sarmiento, que em *Facundo* fixa com grande sucesso a imagem de uma cidade "situada numa baixada [e] obrigada a se recolher sobre si mesma"[4]. Mas o tempo geológico vem apenas em auxílio daquilo que Sarmiento na verdade quer denunciar, por ser mais urgente: o papel frágil de Córdoba na luta antirrosista, inaceitável por ela ser, desde o século XVII, centro universitário. Esse é o outro lado do interesse especial de Sarmiento por Córdoba, que faz da cidade mais que uma alternativa natural a Buenos Aires, e de seu olhar, aberto à atividade de múltiplos centros. Contudo, a irritação inclina-o a destacar uma única imagem agonizante, que constitui outro antigo atributo cordobês: sua condição de centro religioso, com os frades e as batinas marcando seu ritmo diário (*amém* aos campanários, sempre registrados do alto). "A cidade é um claustro encerrado entre barrancos", observa Sarmiento, reformulando o atributo geológico e as centralidades universitária e religiosa de Córdoba num ensimesmado jogo de encaixar. E aqui adquire sentido a oposição entre sua quietude *claustral* e uma Buenos Aires que presume "todo movimento", aberta a uma civilização que Rosas só viria a obstruir; oposição que prolonga a ambiguidade própria desse iluminismo romântico a que esse Sarmiento pertence: aquilo que fatalmente o meio determina é o que terá que ser revertido (ou aplainado) para vencer a barbárie.

Ainda que entre o tempo da vida material e o de sua representação existam diferenças de duração e qualidade, a imagem que associa barrancos, universidade e religião (que Sarmiento cristaliza sem criar) perdurará, promovendo tanto as Córdobas

---

3. Juan B. Terán, "Córdoba: la ciudad de las colinas", *in:* Nuñez, Estuardo (comp.), *Viajeros hispanoamericanos*, Caracas: Biblioteca Ayacucho, 1989, p. 551.
4. Todas as citações em Domingo F. Sarmiento, *Facundo: civilización y barbárie* (1845), Buenos Aires: Eudeba, 1961, pp. 101-4 (ed. brasileira: Domingos F. Sarmiento, *Facundo ou civilização e barbárie*, São Paulo: Cosac Naify, 2010).

CÓRDOBA, R. A.   Vista general de Córdoba

Vista geral de Córdoba, cartão-postal, Editorial Tamburini, c. 1915.

católica, clerical e douta quanto suas adversárias liberal, reformista e universitária. Do "ergo [que anda] pelas cozinhas, na boca dos mendigos e loucos da cidade", com que Sarmiento ironizava a condição doutoral de Córdoba, a algumas das fórmulas de Santiago Rusiñol ("os doutores nascem como a fruta"), há mais que aleatoriedade: há a propagação de uma imagem (e uma valoração) que circula e é transmitida por vias muito diferentes, começando pela ampla, duradoura e muitas vezes pobre acolhida do *Facundo*[5]. Contudo, entre ambas as edições da imagem, os próprios barrancos foram conquistadas ou aplainadas pela expansão material da cidade[6]; movimento que implicou altas doses de especulação, mas que se revestiu de valores que excediam o simples interesse graças ao fato de que uma elite liberal muito compacta assumiu como própria, até os anos 1880, a ideia de que vencendo os barrancos ela modificaria a sociedade. Certamente, essa era uma tarefa mais técnica, econômica e estética do que social; mas essa elite foi então a grande destruidora dos barrancos.

A certa distância desse liberalismo oligárquico, serão outros liberais – agora socialistas, radicais, reformistas – que na década de 1910 farão da sociedade e da cultura seu centro de interesse, modulando a transformação em sentido progressista. Os barrancos perdem o protagonismo na representação da cidade em benefício do uso polêmico de outras faces da imagem, que não obstante as invocam: a universidade, a Igreja e as ordens (a jesuíta em especial), submetidas à metáfora do recolhimento e em parte

---

5. Santiago Rusiñol, *Un viaje al Plata*, Madrid: Prieto y Compañía Editores, 1911, pp. 265-6.
6. Waldo Ansaldi, *Industria y urbanización: Córdoba, 1880-1914*, tese de doutorado em História, Universidade Nacional de Córdoba, 1991; Cristina Boixadós, *Las tramas de una ciudad: Córdoba entre 1870 y 1895. Élite urbanizadora, infraestructura, poblamiento...*, Córdoba: Ferreyra Editor, 2000.

identificadas entre si e com o poder social em geral. Em que pese o arcaísmo, esses outros liberais são suficientemente consistentes para buscar no liberalismo algumas chaves do surgimento de uma sociedade e de uma cultura urbana novas, reclamadas pelo aumento e pela diversificação populacional e pela expansão irregular mas efetiva do quadrilátero. A tematização da cidade como tal será um de seus resultados a médio prazo, mas 1918 é um ponto avançado de um ciclo no qual, ainda que os barrancos já não sejam um obstáculo, a imagem da Córdoba *claustral* configura tudo aquilo que se quer abandonar. Em 1918, um amplo liberalismo forja um difícil acordo, agitando do alto os fantasmas arcaicos da Córdoba clerical, falsamente doutoral e fechada para o mundo exterior.

A cidade havia iniciado sua grande expansão por volta de 1870, primeiro em sentido orgânico, seguindo o curso do rio, e depois em sentido épico, superando os barrancos. Contudo, o próprio crescimento põe a nu tanto as dificuldades de dotação e articulação material quanto aquelas mais agudas, de integração de uma sociedade urbana nova[7]. Dominados, os barrancos introduzem uma nova faixa suburbana interna entre duas realidades mais favorecidas, a do centro e a do povoado/bairro, que não obstante é mais fácil reconhecer como jurisdições do que como âmbitos comunitários. Tudo o que ocorre em 1918 (e o que vem ocorrendo) tende à integração material e social dessas realidades, incluída a atividade das mencionadas forças liberais, medulares na produção da cidade, mas também do centro, do bairro e do subúrbio como figuras territoriais e sociais.

Na imprensa, o bairro tem uma presença sólida como peça material e mercantil da expansão urbana: anúncios de leilões e loteamentos, notícias de inauguração de serviços ou denúncias por sua ausência. Confundindo limites administrativos e naturais desse espaço público local em que ele sempre pode se transformar, o bairro aparece também como sede da ação de grupos radicais ou democratas e de associações de todo tipo; aspecto que – com seu movimento de ações e eleições, e em parte graças a sua condição celular em relação a unidades que residem no centro – é decisivo na formação de uma sociedade urbana e de uma cultura cidadã ampliadas e, ao mesmo tempo, descentralizadas. Talvez por sua relativa novidade, o bairro não é, no entanto, cifra poética nem motivo de evocação memorialista, como os barrancos não serão matéria pictórica a não ser tempos depois. Assim, ligado a publicidades e notícias sobre questões primárias, vai se cristalizando uma certa geografia simbólica da cidade, parcialmente baseada nas diferenças de idade, uso do solo e população dos bairros. O tabuleiro, bastante incompleto, é indicativo da diferença entre bairro, centro e subúrbio, e do contraponto (ainda germinal) entre bairros *característicos* e *operários*.

---

7. Córdoba passou de 54.763 habitantes em 1895 para 134.935 em 1914.

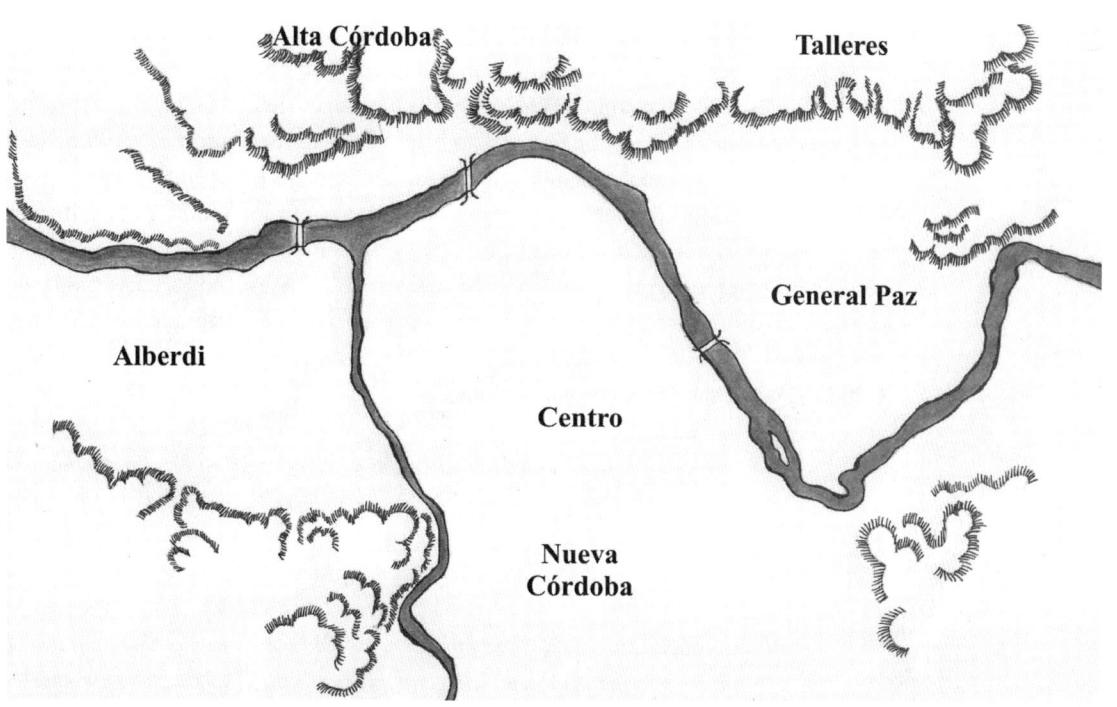

Os barrancos, o rio, os bairros.

Para o leste	**Em General Paz, "o bairro mais delicioso que temos"** "[Este] Mercado Modelo, construído em conformidade com as últimas exigências [está destinado] a servir uma ampla área, pois vai abastecer igualmente General Paz, uma parte de Alta Córdoba, Barrio Inglés e a parte próxima de San Vicente, descongestionando os mercados do centro da cidade" (*La Voz del Interior*, 9 jan. 1918).
Para o oeste	**Em Alberdi, "o subúrbio mais pobre da cidade"** "Temos empenhado nossos esforços para ordenar essa parte de Alberdi […], contudo não foi possível acabar com os perigos que seu trânsito oferece à noite" (*La Voz del Interior*, 9 maio 1918). "[a] despreocupação pelo estudo que caracteriza os subúrbios pobres é razão mais que suficiente para que as autoridades locais tratem, com os meios ao seu alcance, de inculcar neles o amor ao estudo" (*La Voz del Interior*, 17 maio 1918).
Subindo os barrancos	**Em Talleres, o "povoado/bairro do futuro"** "O povoado de Los Talleres está fadado a um futuro promissor, por sua bela localização, por sua altitude e pela insuperável condição agrícola de seus terrenos, os quais já favorecem numerosas chácaras e hortas, inteligentemente cultivadas […] as características dessa vizinhança são o trabalho e a honradez. Daí que é merecido o quanto em seu benefício se faça" (*La Voz del Interior*, 13 jan. 1918).

Alberdi, que se prolonga para o oeste – em parte sobre as terras do povoado indígena, já deslocado, de La Toma – numa precoce expansão bourbonista, exibe forte atividade associativa e luta como pode contra sua heterogeneidade. General Paz, por sua vez, está se transformando finalmente no bairro burguês desejado por seu fundador em 1870, transformação para a qual sem dúvida contribuiu a transferência das obras da ferrovia para os altos do norte[8]. Desse deslocamento surgiram oficinas, e sua altitude, sua condição operária e nova justificam certo otimismo progressista. Logo o bairro se converterá também num formidável laboratório das classes médias, mas estas já são centrais em outras partes da cidade, tanto na parte baixa como subindo os barrancos.

Cultura, cidade e sociedade em dois tempos

Uma sociedade que tinha entrado, também ela, em movimento.
TULIO HALPERIN DONGHI

"Córdoba Livre" nos ciclos do Liberalismo e do Associacionismo

Alta Córdoba Livre, 22 de dezembro de 1918. Cidadão: Em nome da presidência, convido você para a assembleia geral que se realizará no dia 26 do corrente, às 9 da noite, na sede da Federação Operária Ferroviária. LVI, 25 dez. 1918

O ano de 1918 faz parte de um ciclo de lutas operárias iniciadas em 1917[9] e de outro de agitação liberal que remonta a 1916. Momento de democratização e diversificação do tabuleiro político; as expectativas que Yrigoyen desperta no nível nacional destoam das autorizadas pela fórmula cordobesa do Partido Radical. Esse descompasso alimenta em parte a nova *estação* do liberalismo local; universo instável mas reduto de radicais de esquerda, socialistas, alguns democratas e liberais isolados. De orientação progressista, este marca distância também em relação ao liberalismo dos anos 1880, tendencialmente oligárquico e condescendente com o "pacto laico"[10]. Contudo, esse antecessor atendera não só a certos princípios reutilizáveis (seu laicismo inicial, suas ideias de reforma), mas também à última grande chance de protagonismo local no concerto nacional, protagonismo que o novo liberalismo não rejeita. A reforma universitária será certamente uma via – ainda que efêmera – de recolocação de Córdoba no país; e ainda que seu desencadeamento tenha tido causas

---

8. Sobre o General Paz do Novecentos, Juan Filloy escreve: "Estava muito longe de ser um bairro bonito e pitoresco. [...] Foi uma infância crua, animadamente animal, inserida na inculta ignorância de um povoado operário". Cf. Juan Filloy, *Esto fui*, Córdoba: Marcos Lerner, 1994, pp. 22 e 26.
9. Ofelia Pianetto, "Coyuntura histórica y movimiento obrero: Córdoba, 1917-1921", *Estudios Sociales*, n. 1, segundo semestre de 1991.
10. Di Stefano chama assim o compromisso entre Igreja e Estado que se seguiu às reformas laicas dos anos 1880. Cf. Roberto Di Stefano, "El pacto laico argentino (1880-1920)", *PolHis*, n. 8, segundo semestre de 2011.

institucionais eficientes, e também estímulos externos, é impensável sem esse ciclo local de agitação liberal.

Esse ciclo também foi preparado pela "eclosão associativa" que marcou toda a passagem de século[11], favorecendo experiências de transversalidade política e social, e proporcionando âmbitos, alianças e oradores para diversos programas: por exemplo, tanto Deodoro Roca como Arturo Orgaz animaram em algum momento a Sociedad Georgista (1914), a Asociación Córdoba Libre (1916-18), a Universidad Popular (1917) e o aliadófilo Comité Pro-Dignidad de América (1917). E, visto como uma continuação, observa-se que o conflito universitário de 1917-18 foi ativamente promovido por pelo menos uma dessas sociedades.

Círculo ideológico-cultural da elite *criolla* até 1916, quando a condenação católica de um ciclo de conferências precipita um manifesto livre-pensador, em 1918 a Córdoba Libre (CL) insere-se decididamente no centro da cena cultural e política, seja por meio de suas principais figuras, seja como coletivo de ideias[12]. Com a ajuda de suas conferências, sessões de cinema, ações e mobilizações, a associação efetiva sua expansão territorial, ao mesmo tempo que organiza seus comitês secionais, sanciona seu estatuto e confirma sua Junta Diretiva (Deodoro Roca, Saúl Taborda e Sebastián Palacios). Definindo-se em novembro como "uma associação que aspira e propende ao melhoramento econômico, moral e espiritual do povo"[13], a CL assinala tanto o que a levou a promover, de maneira ativa, a reforma quanto o vasto mundo que a distancia dela. Por um lado, é um órgão impulsionado por universitários graduados e dominado por profissionais, funcionários e docentes; por outro, junto a um forte contingente estudantil, aspira a um público mais amplo: além de sua seção feminina, um rápido olhar pelas seções de bairros permite reconhecer ou farejar líderes das comunidades étnicas (da italiana em especial), profissionais liberais de diversas idades, comerciantes e, inclusive, um ou outro dirigente ferroviário. General Paz, o bairro característico que mistura trajetórias ascendentes e descendentes de imigrantes e *criollos*, é a primeira secional formalizada (em 23 de setembro), capaz de convocar 1.500 pessoas ou coletar trezentas assinaturas numa tarde. Ela é dirigida pelo italiano Alfredo Gargaro, futuro advogado e doutor, mais tarde membro da Academia Nacional de História, e integrada também por Benito Filloy, de pais imigrantes e mãe analfabeta, cujo armazém de secos e molhados ele continua a manter, enquanto administra o cinematógrafo Paris y Londres, sede de várias atividades da CL[14]. Em Alta Córdoba, bairro de funcionários e operários da ferrovia em que se consolidam zonas de classe média, a

---

11. Pablo Vagliente, *Sociedad civil, cultura política y debilidad democrática: Córdoba, 1852-1930*, tese de doutorado em História, Universidad Nacional de Córdoba, 2010.
12. Ana Clarisa Agüero, "Asociación Córdoba Libre", disponível em: <culturasinteriores.ffyh.unc.edu.ar/inicio.jsp>, acesso em: 14 set. 2018.
13. *La Voz del Interior*, 13 nov. 1918. [Deste ponto em diante, citado como LVI.]
14. J. Filloy, *op. cit.*, pp. 105 e 109: "Manuel e Benito não passaram do terceiro ano. [...] Nunca vi Benito com um livro nas mãos".

secional (constituída em 30 de novembro) é presidida por Ricardo Belisle, estudante dos últimos anos da Escola Superior de Comércio e socialista[15]. Ele não é o único membro partidário na associação, onde convive sem sobressaltos com democratas e radicais "vermelhos". Diferentes lugares da cidade despontam ou decaem ao ritmo de uma formidável reestruturação social de média duração, que está em andamento.

Desde agosto a CL mostra-se muito ativa, unindo-se à luta universitária com um acompanhamento, às vezes diretivo. Em diálogo com essa luta, mas sem se limitar a ela, a associação manifesta seu maior esforço organizativo e territorial; algo muito claro às vésperas do grande comício de 25 de agosto, que visa precipitar a segunda intervenção da universidade, mas que é também a grande apresentação pública da CL e abre de imediato seu livro de adesões. Esse comício é preparado, ao longo de toda uma semana, por uma série de atos e conferências no centro e nos bairros. Os comitês de propaganda (nos quais são reconhecidos muitos estudantes) e as colunas previstas para conduzir o protesto até o centro no dia do ato principal são os vetores dessa bem-sucedida agitação liberal que, segundo os cálculos mais pessimistas (os policiais), vai colocar 15 mil pessoas nas ruas. São 10% da população da cidade.

Enquanto isso, a Córdoba Libre articula a criação de um espaço público cidadão urdido tanto no centro e nos bairros como na imprensa, espaço socialmente heterogêneo, além de cultural e politicamente ativo. Tudo isso seria impensável sem o precedente de outras secionais partidárias ou associativas, sem a expansão do quadrilátero para a beira e sobre os barrancos, e sem uma forte diversificação social. Às vésperas do grande comício, *La Voz del Interior* registrava com assombro: "Já não é só a massa central da cidade [...], o contagiante entusiasmo chegou aos bairros suburbanos para recrutar partidários, fazendo de cada reunião secional um ato interessante sob todos os pontos de vista. A propaganda do cartaz e do volante [...] é cada vez mais insistente e entusiasta"[16].

Tentando captar esse processo, apenas concluída a reforma, a CL sanciona seu estatuto definitivo e divulga um manifesto: o primeiro, um sóbrio programa integral, que talvez possa ser atribuído ao deputado Amado Roldán, orientado a incidir na ação parlamentar: separação entre Igreja e Estado, sufrágio universal para o município, reforma do Código Penal, reconhecimento sindical, lei do divórcio, busca de melhora da situação dos operários, enfiteuse reformada e imposto sobre o latifúndio (marcas de Henry George); o segundo, um pronunciamento tão didático como vitalista, liberal e cientificista ("desejamos ciência, virtude, beleza, liberdade, vida multiforme, sã, complexa, digna de ser vivida"), em que se adivinham as penas de Roca e Taborda[17]. Curiosamente, aqui se enuncia sem rodeios a vontade de sobredeterminar

---

15. Gardenia Vidal (dir.), *Reseña biográfica de dirigentes que interpelaron el mundo del trabajo en Córdoba (1900-1950)*, Córdoba: FFYH, 2014, pp. 144-6.
16. LVI, 23 ago. 1918.
17. O manifesto é reproduzido em *Los trabajos y los días*, ano 4, n. 3, nov. 2012; os estatutos, em A. C. Agüero, *op. cit.* Ambos são de 2 de novembro.

O comício do domingo – secundando os ideais da federação
INTENSA PROPAGANDA (*La Voz del Interior*, 20 ago. 1918)

	Alta Córdoba, San Martín e Talleres (H. Valdés, J. Molina, J. Orgaz, A. Castellanos etc.) • *Quarta-feira* 21, 21h, Federação Ferroviária • *Sábado* 24, 21h, Conferências simultâneas DOMINGO, 14h, COLUNA SAINDO DA ESTAÇÃO ALTA CÓRDOBA	
Alberdi, Paseo Sobremonte e La Cañada (N. Saibene, H. Valdez etc.) • *Terça-feira* 20, 21h, Paseo Sobremonte • *Sábado* 24, 21h, Conferências simultâneas em PS e Centro Recreativo Cultural Alberdi DOMINGO, 14h, COLUNA SAINDO DA PRAÇA COLÓN	DOMINGO • 15h30 CONCENTRAÇÃO NA PRAÇA ESPAÑA, E MARCHA (PELA HUMBERTO PRIMO E GENERAL PAZ / V. SARSFIELD)	Povoado General Paz e San Vicente (E. Biagosch, I. Bordabehere, A. Discowsky, R. Sayago etc.) • *Sexta-feira* 23, Biógrafo Paris y Londres, Bº Gral Paz • *Sábado* 24, 21h, Conferências simultâneas DOMINGO, 14h, COLUNA SAINDO DA PRAÇA ALBERDI
	Centro e Na. Córdoba (A. Brandán Caraffa, H. e J. C. Roca, C. Garzón Maceda etc.) • *Quinta-feira* 22, 21h, praça San Martín • *Sábado* 24, 21h, Conferências simultâneas DOMINGO, 14h, COLUNA SAINDO DA PRAÇA SAN MARTÍN	

Nos quatro pontos cardeais estão assinalados os bairros correspondentes a cada um e seus respectivos comitês de propaganda, assim como os atos preparatórios realizados de terça a sexta-feira, as conferências simultâneas do sábado e os pontos de convocação para a concentração de domingo no centro.

a ação partidária dos associados, algo que atrai Roca de maneira especial. A CL alcança então seu ponto mais alto de legitimidade: é "*a* associação […] que de três anos para cá vem promovendo os grandes movimentos de caráter liberal de que nossa cidade foi palco"[18]. Por um momento, e talvez até 1919, a CL torna-se a forma social e territorial mais vívida para condensar a fórmula "Córdoba Libre"[19]. Ela deve sua

---

18. LVI, 13 nov. 1918.
19. Ver Arturo Orgaz, "Córdoba Libre!", *En guerra con los ídolos*, Córdoba: Bautista Cubas, 1919.

eficácia a sua brevidade e orientação genérica, capaz de favorecer e atenuar os mal-entendidos; daí sua rápida generalização e, também, seus limites. Intercambiável com o chamado aos "homens livres de Córdoba" para causas muito diferentes, essa fórmula se identificará com uma autonomia de pensamento que alguns leem como relativa ao Estado, outros como ligada à Igreja e alguns como associada ao poder econômico, acadêmico ou social.

O longo tempo da cidade universitária

> *Dois quartos com refeição para alugar em casa*
> *de família. Preferência para quem tenha emprego.*
> LVI, 29 set. 1918

Em 1918, a universidade de Córdoba é a única da Argentina cuja história habita um tempo longo, o que imprime certa peculiaridade à cidade. Essa marca deve-se menos a sua população estudantil (cerca de 0,7%) do que à gravitação de uma cultura universitária alimentada por gerações de graduados, dinamizadora de um número de jornalistas e artistas "de ideias", e também de um estudantado de escolas atento às suas convulsões[20]. Disso deriva em parte a capacidade de expansão da universidade pelo centro e, de forma crescente, pela cidade como um todo. Uma vez que 1918 é um ponto no processo de reestruturação das elites locais que, diante da queda de uma parte da velha elite *criolla*, associa setores ascendentes provenientes da imigração da virada de século (ao redor de 25% na cidade), a universidade torna-se um surpreendente laboratório dessa profunda transformação que, se tem agora comunicação com os bairros, é porque em parte seu público é recrutado neles, sede dessa mescla de ascensões e decadências sociais que as classes médias permitem. E nesse jogo territorial e social alimentado pela mobilização política e cultural, também o elitismo *criollo* que anima boa parte dos universitários reformistas será erodido pelo encontro com uma atuante imigração ilustrada, principalmente italiana, decisiva para o sucesso de qualquer ação. Instala-se assim um certo clima cultural, intimamente ligado a um modo de estar na rua: percorrer a cidade em grupos, congregar-se na multidão, receber visitantes e despedir-se deles na estação. Em suma, mergulhar num envolvente e contínuo movimento coletivo, em geral isento de perigos e sempre associado a ideias e palavras de ordem, algumas muito genéricas e agregadoras, outras mais precisas e restritivas.

Pensando em termos do ano, das ideias e da ação política e cultural, os recém-formados atraem mais que os estudantes, porque se revelam figuras de grande

---

20. Segundo o deputado Arce (*LVI*, 1º jan. 1918), em 1917 a Universidade Nacional de Córdoba conta com 1.001 alunos (242 em Direito, 593 em Medicina, 166 em Engenharia). A estatística universitária registra 1.084 inscritos em 1918.

interesse, oferecendo tanto formuladores de programas como oradores para boa parte das ações da crescente frente liberal. E ainda que no plano cultural, e inclusive político, seu vínculo com o estudantado seja fluido, em termos corporativos a questão é menos simples porque as expectativas de uns e outros são de ordem diferente. O segmento estudantil apresenta, contudo, elementos já antigos e não poucas consequências, como sua disposição jocosa, sua inclinação para apreciar a parte menos séria de todo conflito, para a qual a reforma também oferecerá material. Dada a demora da segunda intervenção nacional, em setembro tem lugar um grande ato carnavalesco: a invasão da universidade pelos estudantes é seguida da proclamação de novas autoridades, que transformam em decanos os presidentes dos três centros estudantis, rebaixam o vice-secretário a ordenança e criam bancas de avaliação, anunciando um ato público de abertura do ano[21]. A algazarra encerra-se com a intervenção policial e a detenção dos ocupantes; e, apesar da gravidade das acusações, os sorrisos dos detidos evidenciam o elemento festivo e a confiança numa solução pacífica e adequada (porque, na verdade, em grande parte do ano tentou-se chamar a atenção paternal de Yrigoyen e convencê-lo de que Córdoba merecia que ele abandonasse seu papel de grande negociador).

Esse componente lúdico, contra o qual se previnem algumas residências estudantis do centro, faz com que o programa do dia do estudante, mesmo com a intervenção em curso, seja inaugurado com o enterro festivo do "velho regime" e inclua a *comparsa* "Os 68 detidos"[22]. A própria representação dos estudantes cordobeses brindando de fraque sobre os *Dogmas regressivos* e um *Catecismo do século I* (e resguardando *O Quixote*) é uma autoironia *criolla* que omite o fundamental: a democratização que invocam já está sendo praticada, como mostram os numerosos sobrenomes italianos entre os detidos do dia 9. Sem dúvida, o evento reformista dá tempero ao festejo do dia 21, mas sua evocação primaveril e cíclica sublinha a regularidade desse componente jocoso, incentivo para a ação, mas também limiar de tolerância política.

A Marselhesa, A Internacional, A Marselhesa. Lampejos de curta duração

> *Toda paisagem histórica [...] se vê iluminada pelo súbito resplendor do acontecimento.*
> FERNAND BRAUDEL

A segunda metade do ano é tempo de aceleração: greves e manifestações operárias, atos aliadófilos, mobilização estudantil e crescente agitação liberal. É *o tempo nervoso da política*, modulando na superfície as dimensões mais lentas da cultura, o estrutural

---

21. *LVI*, 10 set. 1918.
22. *Comparsa* é um "grupo de mascarados" que desfila no carnaval, similar aos blocos carnavalescos no Brasil. [N.E.]

Detenção de Cortés Plá, Bordabehere e Bazante. Jornal La *Voz del Interior*, 10/09/1918.

"O riso é saudável: vamos rir, então". Jornal *La Voz del Interior*, 21/09/1918.

da sociedade e a economia. Mas o processo não foi tão linear e, em que pesem as conexões, tampouco é unitário.

"Rapazes – disse a eles com voz apagada –, não tenho nada para lhes deixar, a não ser a lição de como se deve morrer; não a esqueçam, rapazes [...]; não abandonem nunca seus ideais."[23] Quem se prepara para morrer é o líder estudantil reformista Enrique Barros, internado no Hospital de Clínicas e às vésperas de uma trepanação de resultado duvidoso. Assim que a reforma foi consagrada, ele foi brutalmente golpeado por outros estudantes, integrantes do comitê adversário, Pro-Defensa, e partidários do então ex-reitor Nores. Dois golpes de cassetete na cabeça, no próprio hospital, sede das práticas de medicina e núcleo da vida universitária na região de Alberdi.

Não tanto como uma excrescência do conflito universitário já mencionado, o acontecimento interessa porque articula outros eventos e processos de certa densidade. Dias antes do atentado, o descrédito de Barros atingira o paroxismo em meio ao triunfo reformista, estimulando numerosas assinaturas contra ele, renúncias nas fileiras federadas e inclusive a retração do jornal que assumira a causa universitária[24]. Os rumores, que Carlos Suárez Pinto denuncia de viva voz, sugerem que Barros negociou com Yrigoyen os termos da reforma, em troca de acompanhar o radicalismo conservador nas eleições provinciais próximas. Sobrevindo o ataque, tem lugar a imediata reversão dessa ruptura no movimento universitário e no liberalismo em geral; quando ela é superada, a liderança de Barros será indiscutível, muito além das forças liberal-progressistas[25]. Boa razão para terminar ou continuar algumas greves que convergem nas Clínicas ou na imprensa.

23. LVI, 30 out. 1918.
24. LVI, 9 out. 1918.
25. Gardenia Vidal, "La reforma universitaria de 1918 y su repercusión en los resultados electorales", *in:* G. Vidal (comp.), *La política y la gente: estudios sobre modernidad y espacio público. Córdoba, 1880-1960*,

• Figuras públicas (entre elas Elpidio González), estudantes e organizações operárias cercam o hospital. Deodoro Roca assume a defesa legal de Barros; Pedro Vella, Ernesto Romagosa e Pablo Mirizzi preparam-se para dirigir o hospital, e Suárez Pinto (sincero em sua comoção e, se possível, em seu pedido de desculpas) mantém presença contínua. A cena fúnebre reúne várias correntes: González é o candidato radical da discórdia, suspensa pela tragédia; Roca e Suárez Pinto são, assim como Barros, membros da CL; mas enquanto Barros pertence ao Partido Radical, Suárez Pinto faz parte do Demócrata, o que o torna muito sensível a todo acordo excessivo com Yrigoyen. Roca e Vella são, por sua vez, membros do aliadófilo Comité Pro-Dignidad de América, que abriga posições presentes no movimento universitário: Vella, de fato, muito questionado pelos estudantes, aposentou-se nesse ano, deixando sua cátedra de cirurgia nas mãos de Romagosa, agora também decano de medicina. A tragédia reúne assim em Alberdi uma parte do que o ano separou, por razões tanto universitárias como partidárias.

• Às primeiras notícias dá-se o pronunciamento de um grupo que chega à redação de *La Voz del Interior* propondo-se a organizar "entre a vizinhança de Alta Córdoba um movimento de adesão à Federação Universitária (FU) e ao senhor Barros" (27 out. 1918). Sobrenomes em sua maioria italianos, oriundos também do Barrio Inglês (ferroviário, mas não só operário) e do alto de General Paz (subindo a barranca), em parte coincidentes com os da comissão diretiva da secional georgista de Alta Córdoba. O ato terá lugar no dia 29, ainda que organizado pela CL e pela FU, como parte de uma campanha de protesto em que se destacam uma ou outra vez as sedes do movimento de agosto, para levá-las a outro grande comício dominical. Ali se pronuncia Gregorio Bermann, reformista porteño em constantes viagens, como Barros, entre Córdoba e Buenos Aires. Umas 2 mil pessoas na parte elevada da cidade, entre 8 mil e 10 mil no grande comício central, precedido de ameaças, com tiros e feridos. Menos que em agosto, mas não é pouco; radicalização liberal-progressista e uma solidariedade operária que se expressa na palavra de Pablo López, pela Federação Operária local, gráfico e socialista internacional. O apoio unânime, disse o diário, provém dos "elementos mais cultos de nossa sociedade e todos os grêmios honrados e laboriosos do município"[26].

• A imprensa oferece outras formas de reunião, e boa parte do liberalismo, do socialismo, das direções e bases operárias do país fazem de *La Voz del Interior* a caixa de ressonância de sua solidariedade para com Barros. O telégrafo contribui para nacionalizar o evento e precipitar uma comunidade que acusa, antes de tudo, a impossibilidade de calar.

Córdoba: Ferreyra Editor, 2007. Vidal – a quem agradeço por dados preciosos – sublinha que também a reforma se deu por encerrada duas vezes (em junho e em outubro), ambas com entusiasmo e sem satisfazer a todas as expectativas.

26. *LVI*, 31 out. 1918.

Junto-me ao comício lançando anátema contundente sobre cabeça infame monstro clerical. Para Barros muitas Flores. *Aurelio Mattos, diretor de* La Palabra[27]

Neste momento regresso do campo e tomo conhecimento do iníquo atentado de que foi vítima o nobre Barros. Agregue minha condenação à do país inteiro por esse crime tão indesculpável quanto inútil. Peço-lhe que me diga como está Barros. *De Ramón J. Cárcano a D. Roca*[28]

A tragédia não elimina os conflitos, mas os solapa ou os retrai a tal ponto que todos (até a velha guarda democrata) parecem falar da mesma coisa. Nessa confusão unânime, o atentado empurra para outro plano a solidariedade das organizações operárias. Porque, a rigor, mais que um *crescendo* operário-estudantil, o que se vê ao longo do ano é uma aliança intermitente, favorecida pelo recrudescimento dos termos físicos do conflito (e, pode-se intuir, pela percepção operária de que existe aí mais que uma brincadeira de garotos inacessível a seus próprios filhos). Assim, às forças *progressistas* que Córdoba Libre tentava abrigar, acrescentam-se as adesões anarquistas e, de maior peso local, do Partido Socialista Internacional (PSI). Sua virtual ausência na associação não parece derivar apenas do receio que o *maximalismo* desperta na frente liberal: como assinala Pianetto e mostram as biografias reunidas por Vidal, o estreante PSI ergueu-se com boa parte da direção do PS, de extração efetivamente operária, deixando ali a ala "parlamentar" que se apoia nos setores médios.

• O apoio tardio do PSI à agitação geral contrasta com sua militância regular, central na linguagem de 1918. Com efeito, sua presença desde fins de 1917, ligada ao ciclo de conflitos operários e à difusão da experiência soviética na qual será muito atuante, contribui para internacionalizar uma nova linguagem política. Assim, se no ato de 1º de maio da Federação Operária, que reúne socialistas e socialistas internacionais, *convivem* motivos liberais, libertários e maximalistas, a agitação geral da segunda metade do ano, em especial logo após o atentado contra Barros, mostra outra coisa: uma verdadeira contaminação entre um operariado que apela aos "cidadãos" e um liberalismo que anuncia a "revolução social". Em maio, *Hijo del pueblo* abre e fecha o ato e *A Internacional*, no centro do programa, convive com *A Marselhesa*, presente na maioria dos atos liberais e socialistas[29]. Anuncia-se também o "sentimental drama social" *O crime da pobreza*, representação cujo título ecoa o de uma conferência proferida em 1885 por Henry George, que deu nome a uma de suas edições em espanhol, muito divulgada desde 1916. Até novembro o panorama é muito diferente; e ainda que os pronunciamentos internacionalistas não abandonem totalmente o solo liberal, um amplo espectro dos liberais se reveste de *fatos iníquos, camaradas, sovietes* e *revoluções*.

27. LVI, 6 nov. 1918.
28. LVI, out. 1918.
29. LVI, maio 1918.

Feridos nossos corações pelo *atentado iníquo* perpetrado contra o *altruísta cidadão* Enrique F. Barros, manifestamos o mais enérgico protesto por tão bárbara maldade. *Carta dos operários da Ferrovia Central Córdoba, 253 assinaturas*[30]

A ninguém teremos que dar conta *quando*, com a ajuda do presidente – que escolheu a democracia – ou sem ela, *proclamarmos a revolução social*, para vencer os adversários do progresso[31].

[...] os cidadãos de Córdoba livre [...] dirão ao mundo e à história se chegou ou não a hora de *uma nova revolução, de uma nova transformação social, mais decisiva e comovente que a da França. // Enquanto isso não acontece, continuaremos cantando A Marselhesa e a canção nacional*[32].

Uma nova linguagem e um novo horizonte pressionam o ciclo liberal, apontando para uma transformação que não participa de sua saga nem poderia se identificar com a proclamada "revolução universitária". O ataque a Barros, mais que a reforma, incentiva essa radicalização ou a leva ao primeiro plano, aproximando os representantes operários, generalizando seu vocabulário e precipitando a regressão de falhas observada na frente liberal. Com a velocidade dessa reversão política, o episódio ameaça atingir camadas profundas, do tipo das que fizeram da própria reforma a ocasião, mais que a razão, do desdobramento da Córdoba Libre, e desta a expressão de uma profunda comoção social, econômica, cultural.

O que se integra ao discurso e às manifestações de rua às vezes faz com que caminhos paralelos em política, origem e formação demorem a se encontrar, mas o efeito grandioso de seu encontro deve-se tanto a essa heterogeneidade evidente quanto à complexidade "geológica" agitada pela modulação do ciclo liberal para a esquerda: uma nova fisionomia, compreensão e experiência da cidade e da sociedade; um febril formigueiro de homens de ideias de todas as origens; o descobrimento *criollo* dos italianos; a sensibilidade operária ante os universitários; doses de displicência juvenil, reflexão calma e vigor maduro... Tudo isso alimenta o solo nutritivo e comovente de 1918, que por momentos estremece. Não é fácil especificar a que profundidade, por quanto tempo nem com quais consequências concretas, mas certamente ajudaria a entender melhor o que (ou quanto) pôde significar a imagem da "Córdoba *livre*", "*reformista*", inclusive "*revolucionária*". Imagem mais complacente mas não menos aberta ao escrutínio do que aquela alentada pelos barrancos, séculos atrás.

---

30. *LVI*, 6 nov. 1918.
31. *LVI*, out. 1918.
32. *LVI*, nov. 1918.

Montevidéu

O anseio de ser cosmópole: a arena cultural

JORGE MYERS

Uma cidade no mundo

Em 1931, o romancista e ensaísta Eduardo de Salterain y Herrera iniciava seu relato de uma viagem ao Oriente Próximo com a seguinte descrição de Montevidéu, sua cidade natal:

> Antes de se perder no horizonte de terra, os olhos acariciam os pontos altos e baixos da cidade. Veem-se casas e ruas. E torres, resplandecentes de sol. O campanário de San Francisco, a torre do Correio, e uma ou outra chaminé expelindo fumaça. Vibração, alegria viva das cores recortadas no céu azul [...]. A vista se derrama ao redor, embebendo o panorama de emoção. Percorre o centro da cidade, cobre os edifícios e morre na praia deserta, para além de Carrasco. Casas e torres de Montevidéu [...]. O panorama é então o fundo de um espelho esmaecido. Não se olha com os olhos, vê-se com a lembrança aberta na alma [...]. Uma rua comprida, ladeada de plátanos, abre um destino que começa no silêncio e termina após o fim das coisas. Mais além, na colina de Pocitos, onde o sol banha tudo de luz, fica a casa amada, de telhado avermelhado e paredes caiadas. Mais além ainda, o maciço verde do Buceo, que protege eternos silêncios. Depois, uma tristeza de crepúsculo[1].

Ao longo de um livro dedicado a descrever o périplo de seu autor através de cidades não europeias como Cairo, Jerusalém, Jericó, Damasco, Constantinopla (Istambul), entre outras, e também por capitais culturais antigas e modernas da Europa – Atenas, Roma, Nápoles, Paris, Londres –, a lembrança de Montevidéu irrompia uma e outra vez, para oferecer-lhe uma bússola – ou um prisma – com o auxílio da qual era possível descobrir um sentido para a experiência cultural dessas outras urbes.

---

1. Eduardo de Salterain y Herrera, *Perfil de viaje: Oriente y Occidente*, Montevideo: Impresora Uruguaya, 1932, pp. 9-10.

A primeira visão do mar Egeu evocaria no autor as aulas de literatura grega dadas pelo professor Emilio Frugoni no antigo edifício da Universidade da República; as constelações avistadas do Mediterrâneo oriental lembrariam "a voz subterrânea" do professor de astronomia Nicolás Piaggio e suas aulas práticas no "sótão da rua Florida"; a visão do Cairo – e do Egito em geral – reforçaria a intuição – aprendida em autores modernos como Wilhelm Worringer – acerca da semelhança entre os egípcios e os americanos, ambos povos "sem unidade"; a modernização acelerada da república turca fundada por Atatürk parecia-lhe igual à impulsionada pelo batllismo uruguaio; e em Paris, uma das principais atrações turísticas acabou sendo o ateliê do compatriota Pedro Figari, no sexto andar de um imóvel situado em frente à Place du Panthéon. Deste último, dizia: "Ele suspende seu trabalho por alguns momentos e conversamos. Sobre o quê? Recordamos de início sua primeira mostra em Montevidéu, quando muito poucos a viram"[2]. Desde a partida até o regresso, Salterain viajou sempre acompanhado pela "lembrança aberta" de sua cidade de origem.

Essa cidade circunscrevia, com suas formas concretas, seus volumes e suas perspectivas particulares, a arena cultural habitada pelos intelectuais uruguaios dos anos 1920 e 1930. Os elementos específicos do panorama da cidade entrevistos do porto e do mar, que aparecem individualizados no texto citado de Salterain, correspondem aos marcos destacados de uma cidade consciente de sua vertiginosa modernização. Ainda que não as mencionasse especificamente, as ruazinhas da Cidade Velha, com suas construções do século XIX e seu traçado original do século XVIII – que ainda se mantinha de modo parcial –, ocupavam o primeiro plano do olhar de Salterain: o "campanário de San Francisco" – objeto de devoção do autor católico – expressava a primeira modernização da cidade, empreendida desde fins do século XIX, já que era uma construção (sobre o cimento do antigo templo colonial) inaugurada em 1895; a "torre do Correio", em compensação, evocava a acelerada transformação do perfil panorâmico da cidade, em andamento durante o longo Centenário oriental – projetada em 1923 e inaugurada em 1925. O campanário e a torre ladeavam uma terceira construção, ainda mais imponente, cujo impacto sobre a experiência da cidade foi lembrado em diversas ocasiões por parte de seus habitantes em textos da época: o Palácio Salvo (1928), recém-inaugurado, ícone da modernidade presente e augúrio de uma modernidade ainda mais intensa nos anos seguintes. Salterain evocava também, para seus leitores uruguaios, ao menos de forma implícita, o restante da cidade moderna de Montevidéu ao identificar explicitamente em seu texto Pocitos, o Cerro e Buceo – a cidade que se estendia além da praça Independencia e da avenida 18 de Julio, abrindo-se num leque de obras novas, como o Palácio Legislativo (que também ocupou, como o Palácio Salvo, lugar de destaque nas representações literárias do momento), ou empreendimentos residenciais mais antigos de certa envergadura, como

---

2. *Ibid.*, p. 183.

Vista aérea da praça Independencia, c. 1930. Archivo CdF, Intendencia de Montevideo.

Reus: sinédoque do mapa urbano da cidade cosmopolita cuja vista deixava para trás em sua navegação até o Velho Mundo.

A experiência das primeiras três décadas do século XX tinha sido de constantes transformações que, aos olhos dos contemporâneos, pareciam impelir um processo paralelo de ordenamento geral da cidade. Num momento em que tanto montevideanos como uruguaios ainda não aceitavam que sua cidade e seu país estavam inelutavelmente condenados ao destino do "quero mas não posso", ressaltado – com aguda perspicácia – por Real de Azúa nos anos 1960, a velocidade da transformação arquitetônica parecia acompanhar e potencializar uma igualmente rápida modernização intelectual e cultural. O ruído, a velocidade, o amontoado de veículos e pessoas costumavam aparecer na imprensa e na literatura da época. Numa cena do romance *Doñarramona* de José Pedro Bellán, para dar um único exemplo, quando o personagem Alfonso viaja com a irmã para visitar a igreja dos Redentoristas, surge a seguinte imagem da cidade em 1919:

> Nesse momento passavam junto à estação ferroviária do Norte. Um trem do trilho central corria para fora. A locomotiva soltava fumaça com força, em expulsões regulares. [...] O movimento da cidade recrudescia. A trepidação das máquinas, com seus respiros

e estridências; as contínuas badaladas dos bondes, aglomerados por excesso de tráfego, impacientes, pedindo passagem; a velocidade atrevida do automóvel, roçando em tudo, escapando pelos espaços, tocando a buzina ou aturdindo com ruídos estranhos, ásperos, semelhantes a estrondosos espirros; o silvo agudo dos rebocadores cruzando a baía, tranquila, azul, sob um esplêndido céu de outubro[3].

Essa impressão da cidade como cenário de transporte moderno – veloz, mecanizado e caótico –, de grandes populações aglomeradas nas vias, nas ruas e em todos os espaços públicos e privados da urbe, de ruído, agitação, fumaça, é reiterada em romances, crônicas e poemas durante todo esse período.

O que surpreende é que essa representação – comum na literatura urbana referente a Londres, Paris, Nova York ou São Petersburgo/Leningrado – tenha conhecido um auge tão precoce em Montevidéu. Quando se realiza um cotejo da representação escrita da cidade com fotografias e cartões-postais da época, o que se vê, o que elas mostram aos olhos do século XXI, é um espaço urbano que impacta por razões exatamente contrárias: por suas ruas vazias e suas calçadas pouco povoadas. Essa distância entre a visão escrita e a imagem fotográfica da cidade não chega a desautorizar a primeira, já que a representação imaginada sintetizava dois efeitos mentais simultâneos: o choque do moderno, sentido mais por uma experiência diacrônica, pela comparação entre um antes e um depois, que por outra, sincrônica, entre cidades (ainda que esta segunda não estivesse de todo ausente); e o anseio de modernidade, que insuflava toda a experiência uruguaia da época com o encanto do futurismo, da utopia tecnológica de uma cidade futura que se sentia próxima, ao alcance da mão.

Montevidéu em 1924 contava com 423 mil habitantes, num país cuja população total alcançava 1,64 milhão de pessoas. Desde 1889, data em torno da qual haviam nascido muitos escritores que no período aqui examinado estavam no apogeu de sua produtividade, a cidade quase chegara a duplicar os 215 mil cidadãos desse momento. Cerca de um terço dos habitantes do país aglomeravam-se nela em 1924, como em 1889. Não existem cifras precisas para meados dos anos 1930, mas supõe-se que o crescimento de Montevidéu não interrompeu seu ritmo, já que em 1963 chegava a concentrar quase metade da população nacional (1,203 milhão em 2,6 milhões). Em relação ao traçado urbano, cuja materialidade impactava a percepção cotidiana dos intelectuais e artistas nos anos 1920 e 1930, configurando um horizonte passível de referências espaciais dotadas de densidade sociocultural própria, as principais mudanças, para os que puderam vê-las na jornada de sua vida, eram: a) a crescente diferenciação entre um centro – antigo, administrativo e financeiro-comercial – e uma rede de bairros residenciais cuja relativa tranquilidade era vivida pelos contemporâneos como uma transição abrupta; b) a expansão de um conjunto de parques públicos fundados a partir de 1910 (o mais antigo, o parque del Prado, tinha sido, desde sua

---

3. José Pedro Bellán, *Doñarramona* (1919), Montevideo: Biblioteca Artigas, 1954, pp. 64-5.

abertura ao público, em 1873, o único da cidade; dos novos, os mais importantes eram o parque Urbano – agora Rodó – e o parque Central – mais tarde dos Aliados e agora Batlle y Ordóñez; c) a crescente reorientação da parte da cidade voltada para a costa, em função de um uso das praias que a construção (entre 1906 e fins dos anos 1920) das *ramblas* do parque Rodó, de Pocitos/Punta Carretas e do Sul terminou por consolidar; e d) a eclosão de subúrbios (fora dos limites da cidade tradicional) com uma forte identidade própria, como Carrasco, Pocitos (em seus inícios, antes de ser absorvido pela expansão da trama urbana geral), e do "subúrbio" operário do Cerro – suburbanizado em termos do imaginário social da época, já que a fronteira social e cultural que parecia separar esse espaço do resto da cidade contribuía para lhe conferir uma nítida alteridade.

Elemento concomitante a essas mudanças foi a modernização do transporte – patente no surgimento, constantemente registrado na literatura de ideias e de ficção da época, do automóvel, do bonde elétrico e dos serviços locais de *ferries* fluviais – e a crescente presença no porto de atividades que pareciam prognosticar uma incipiente (ou iminente) transformação industrial da paisagem. Foi no âmbito dessa cidade, que por todos esses motivos parecia se sentir cada vez mais moderna, que tomou corpo a arena cultural montevideana da república batllista, com seus ambientes de trabalho e de sociabilidade intelectual firmemente encravados no centro de Montevidéu[4].

Procissão acompanhando os restos mortais de José Enrique Rodó em sua chegada a Montevidéu, 1920. Archivo CdF, Intendencia de Montevideo.

4. Alejandro Giménez Rodríguez, *Breve historia de Montevideo*, Montevideo: El Galeón, 2013; Hugo Barracchini; Carlos Altezor, *Historia urbanística de Montevideo*, Montevideo: Trilce, 2010.

O panorama intelectual montevideano, 1919-1933: entre o cenáculo e a interpelação junto a um amplo público letrado

Em 1925, Gustavo Gallinal, crítico literário e ensaísta, publicou um texto que procurava traçar um perfil do mundo intelectual uruguaio contemporâneo. Diferentemente de Alberto Zum Felde, que em seu livro *Proceso intelectual del Uruguay: crítica de su literatura*, publicado cinco anos depois, reduziria sua referência aos contemporâneos a longas listas com dados sucintos, de nomes de pessoas e de obras, o brevíssimo ensaio de Gallinal – "La vida literaria uruguaya en 1925" – assumiu o desafio de traçar um mapa detalhado que indicava as relações de autoridade dentro desse pequeno universo, discriminando os valores residuais e os emergentes que nele tomavam parte. José Enrique Rodó, morto em 1917, havia sido o escritor uruguaio mais conhecido fora do país; em sua ausência, a vida literária passara a ser dominada por três figuras cujas trajetórias remontavam aos anos pré-guerra: o romântico tardio Juan Zorrilla de San Martín, o filósofo universitário Carlos Vaz Ferreira e o homem do campo e escritor com laivos de modernidade, Carlos Reyles. Em torno do primeiro gravitaram os escritores identificados explicitamente com o catolicismo: Gallinal reconhecia, apesar da simpatia pela pessoa de seu correligionário – "senhor hospitaleiro que senta à sua mesa uma descendência de patriarca, pobre de bens materiais, mas rica dos espirituais" –, que as novas gerações literárias, desejosas de "torcer o pescoço do cisne"[5], já não admiravam a poesia desse patriarca. Não obstante, "Don Juan Zorrilla de San Martín preside a vida literária do Uruguai. Novas gerações se sucederam e apregoam outros ideais estéticos, mais complexos, mais refinados; mas ele é [...] o poeta nacional por excelência"[6].

Vaz Ferreira apresentava-se como figura ainda central no panorama literário por outro motivo, julgado igualmente importante por Gallinal: era um "dos poucos homens superiores que têm se dedicado ao ensino com vocação indeclinável e primordial". Vaz Ferreira era o intelectual universitário, o docente por excelência. Num país onde quase todos os pensadores que se destacaram em algum momento por sua vocação intelectual terminaram absorvidos pela luta política, ele não se deixou levar a ponto de abandonar a dedicação completa ao estudo e ao ensino da filosofia. Na opinião de Gallinal, ele deixou uma marca visível na formação intelectual de toda a geração atual: "é (Vaz) fator primordial sem cujo estudo e valorização nossa vida intelectual presente seria incompreensível"[7]. Carlos Reyles, valorizado mais como romancista do que como pensador, tem um lugar central na cultura uruguaia por ter sido um "dos primeiros a se abrir às auras de renovação que nos finais do século

---

5. A expressão remete ao soneto *Tuércele el cuello al cisne*, do poeta e médico mexicano Enrique González Martínez (1871-1952), que exorta os autores de sua geração e os mais jovens a abandonar algumas formas vazias e retóricas, remanescentes do romantismo e do modernismo. [N.E.]
6. Gustavo Gallinal, *Letras uruguayas*, Montevideo: Biblioteca Artigas, 1967, pp. 85-7.
7. *Ibid.*, p. 89.

provocaram o complexo movimento modernista": em 1925, continuava uma autoridade respeitada no campo literário local. Outras três figuras apareciam no centro da constelação literária contemporânea: Javier de Viana, um "Górki *criollo*", nas palavras de Gallinal; Eduardo Acevedo Díaz, romancista romântico-realista; e Horacio Quiroga, o mais jovem dos letrados incluídos entre as grandes referências, "um mestre do conto". A geração contemporânea mostrava-se formada por uns dez autores que importavam: o narrador Montiel Ballesteros; o político e escritor Justino Zavala Muniz; o crítico e poeta Carlos Roxlo; o líder socialista, ensaísta e também poeta Emilio Frugoni; três poetas "novos" – Juana de Ibarbourou, Fernán Silva Valdés e Pedro Leandro Ipuche; um retardatário, o whitmaniano Carlos Sabat Ercasty; o ignorado poeta Roberto Sienra; e o poeta filósofo Emilio Oribe. Sobre cada um deles, Gallinal deixou um juízo crítico: Frugoni, por exemplo, parecia-lhe melhor orador que poeta, ainda que seu anseio de renovação técnica, que o levou a ser bem recebido pelos mais novos, merecesse certo elogio. Da frondosa selva de ensaístas uruguaios dos anos 1920, Gallinal assinalou como importantes a feminista Luisa Luisi; o biógrafo Víctor Pérez Petit; o crítico e editor Alberto Lasplaces; o prolífico Mario Falcao Espalter – cujo catolicismo era de cepa mais autoritária que a sua; Horacio Maldonado, hoje lembrado mais como romancista do que por seus ensaios; e Adolfo Agorio, o ensaísta político, prestes a efetuar um périplo do "wilsonismo" ao fascismo, era elogiado por seu "estilo muito pessoal" e conhecimento dos "acontecimentos da atualidade". Gallinal destacava ademais dois críticos literários: Osvaldo Crispo Acosta ("Lauxar") e Alberto Zum Felde – um rival cuja falta de equanimidade crítica ele denunciava.

O mapa literário traçado por Gallinal não descreve – evidentemente – o estado completo e real da cidade letrada uruguaia desse momento, mas representa o panorama visível a partir de uma de suas margens, a dos escritores católicos e conservadores, em cujas fileiras parecia engajado, apesar de claro defensor da democracia uruguaia. Num país onde o anarquismo tinha uma fortíssima presença nas redações dos jornais e no movimento literário, onde os ecos da Revolução de Outubro haviam chegado já de forma tangível e onde as vanguardas vernáculas, por menores e mais "periféricas" que tenham sido, exerciam uma pressão sobre a prática literária, a ausência de qualquer menção a elas ressalta o caráter distorcido do mapa; não obstante, a descrição do sistema de autoridade no interior desse universo literário não deixa de ser sugestiva nem deixa de ostentar certa verossimilhança como composição de lugar. Gervasio Guillot Muñoz, em seu estudo incompleto sobre o movimento literário uruguaio nesse período – "Historia de los cenáculos montevideanos de 1923 a 1933 (Un decenio de vida literaria)" –, apresenta um quadro que, embora também distorcido pela perspectiva ideológica de seu autor, evoca o panorama de outra cidade letrada, boêmia, de esquerda, com sensibilidades de vanguarda.

Agremiações – reunidas em bares e redações – e instituições culturais organizam a cartografia alternativa de Guillot Muñoz: em relação às primeiras, ele menciona as redações das publicações ou revistas *Teseo*, *La Cruz del Sur*, *Alfar*, às quais poderiam ser acrescentadas as de *La Pluma* e *Cartel*, além das redações dos principais jornais com seus cafés vizinhos; entre as segundas, destaca o Círculo de Bellas Artes, o Ateneo e a Librería de Barreiro, lista à qual seria imprescindível agregar a Universidade da República, com suas duas sedes distintas durante esse período, e outras instituições de educação superior (e secundária). Numa cidade onde – segundo Guillot – "a batalha entre 'o novo' e 'o velho'" eclodira em 1923, a sociabilidade literária teria convertido esses espaços no cenário dos novos combates que agora a abalavam. A cultura das tertúlias literárias, que animavam os respectivos bares e cafés que lhes serviam de ambiente de sociabilidade, se arraigara em Montevidéu desde as últimas décadas do século XIX: seu momento de apoteose, ao menos na visão um tanto mítica das gerações posteriores, teria ocorrido durante o apogeu do modernismo, entre os anos 1900 e 1915 aproximadamente, quando "dândis e boêmios" costumavam aceder ao Café Moka, ao Polo Bamba, a La Giralda ou ao Café Sarandí. Nesses ambientes misturavam-se poetas, narradores e dramaturgos, militantes e ideólogos anarquistas, professores universitários, jornalistas e gente do mundo do espetáculo, produzindo-se cruzamentos de conversas e polêmicas orais que algumas vezes se transfeririam para a obra escrita dos frequentadores letrados[8]. Esses bares e cafés do início do século tinham sido substituídos, em torno de 1920, por outros como o Café Británico, o Café Ateneo e, sobretudo, o Tupí Viejo, onde coincidiam círculos de pelo menos três revistas literárias: *Teseo, La Cruz del Sur* e *Alfar*. Em suas mesas, os escritores nativistas, os narradores urbanos e os poetas do sentimento e da vanguarda tomavam o lugar dos modernistas, enquanto os batllistas de esquerda, socialistas, nacionalistas, católicos militantes e comunistas se uniam aos anarquistas. O Tupí Viejo, em particular, soube ser cenário privilegiado para debates inflamados dos diversos grupos intelectuais.

Três questões nem sequer contempladas no balanço redigido por Gallinal dominam a visão – retrospectiva – de Guillot Muñoz acerca da vida literária na década que se encerrou com o golpe de Terra em 1933: a intensidade da discussão política, galvanizada pelo renovado impulso à luta de classes emanado de Moscou; a atenção concentrada aos espaços geográficos e sociais que ficavam fora do ambiente próprio (ou ao menos mais cotidianamente próximo) dos membros da Cidade Letrada – do mundo operário de Montevidéu, do movimento político, social e cultural de todo o planeta, fora do Uruguai; e a aceitação por parte da então jovem geração – a do próprio Guillot Muñoz – de uma definição da vida literária entendida em termos de enfrentamento agudo e de ruptura profunda; em suma, uma compreensão vanguardista, ainda que os resultados concretos possam não ter causado tantas rupturas no aspecto formal das obras. Organizado esse mapa alternativo segundo as temáticas abordadas, e não de acordo com a distribuição hierárquica de figuras dentro do campo, os intelectuais que dominavam a discussão política na imprensa e nas reuniões

---

8. Fernando Aínsa, "Dandis y bohemios en el Uruguay del 900", RILCE: *Revista de Filología Hispánica*, v. 15, n. 1, Pamplona: Universidad de Navarra, 1999.

revelavam-se: Jaime L. Morenza, importante ensaísta de orientação marxista, crítico anti-imperialista e precoce leitor uruguaio de Mariátegui; Eduardo Dieste, católico e renovador estético; Justino Zavala Muniz, político da ala radical do batllismo; Emilio Frugoni, político e poeta socialista; e Alberto Lasplaces, gestor cultural, editor e diretor de revistas, colorado. Além dessas figuras dominantes, Guillot incluía no universo de polemistas políticos o historiador Eugenio Petit Muñoz, o ensaísta comunista Jesualdo, o historiador também comunista Lincoln Machado Ribas, e também a si mesmo e seu irmão, Álvaro Guillot Muñoz. A principal temática identificada por Guillot Muñoz referia-se às questões jurídicas; às discussões de arquitetura e urbanismo – de importância central numa cidade que vivia uma renovação e expansão edilícias a olhos vistos, e que foi cenário de importantes debates de natureza estética mobilizados pela visita de Le Corbusier em 1929; à discussão em torno da campanha e da propriedade agrária; à filosofia, às artes plásticas e à literatura. As discussões jurídicas – de grande relevância à luz da expansão dos direitos sociais então em curso sob o impulso do batllismo – eram, segundo Guillot Muñoz, do seguinte teor:

> Uma tarde tive uma discussão sobre direito público com Falcao Espalter, que invocava a autoridade de Jellinek, e Morenza, que objetava ao jurista alemão, acusando-o de ter sido o defensor teórico do Estado prussiano e da política dos Hohenzollern. Mario Menéndez, apoiando-se em Durkheim, interveio do lado de Falcao Espalter, enquanto do lado de Morenza se alistaram Salvagno Campos, Julio C. Grauert e Ceruti Crosa. [...] Morenza, baseando-se em fontes marxistas, se referiu concretamente ao Estado classista, citando numerosos exemplos da proteção do Estado às empresas privadas que visam à mais-valia[9].

La Cruz del Sur, La Pluma e *Cartel*: modelos de intervenção na arena cultural montevideana

Entre 1923 e 1933, o espaço cultural montevideano estruturou-se, de um modo mais intenso que em épocas anteriores, a partir das revistas e dos jornais literários. Cada cenáculo intelectual da cidade tendeu a se agrupar em torno de sua respectiva revista e a basear nela sua identidade pública de grupo. Condensação das inquietações mais informais que se expressavam nas conversas e polêmicas dos bares, cafés e corredores de escolas e editoras, essas revistas se conectaram entre si em ambientes mais ou menos fechados, por meio do diálogo, da citação e da confrontação. Conscientes de seu papel como porta-vozes da inteligência uruguaia, estiveram inscritas num panorama mais amplo de circuitos de periódicos literários do continente e do mundo. *Valoraciones* de La Plata, *Nosotros* e *Martín Fierro* de Buenos Aires, *Amauta* de Lima, *Klaxon* de São Paulo, *Contemporáneos* do México, *Revista de Avance* de Cuba, *Revista de Occidente* de Madri foram todas, em diferentes momentos e para

---

9. Gervasio Guillot Muñoz, *Escritos*, Montevideo: Biblioteca Artigas, 2009, p. 390.

diferentes revistas montevideanas, interlocutoras, fontes, modelos e objetos de zombaria: por meio do circuito das revistas, Montevidéu integrava-se ao mundo e diante desse espaço maior definia o acento particular que lhe conferia identidade própria.

O quadro no interior do qual essas revistas de ideias se definiam era constituído por importantes diários e semanários políticos vinculados aos dois grandes partidos tradicionais, o Blanco e o Colorado, e a suas respectivas linhas internas; por uma multiplicidade de jornais operários e revolucionários que davam expressão aos grêmios e às três grandes correntes em que se dividia a esquerda uruguaia – anarquistas, comunistas e socialistas; e por jornais e revistas setoriais que expressavam desde o esnobismo das classes altas até as paixões dos amantes do rádio, automobilistas e ciclistas, esportistas de várias categorias, empresas rurais e correntes confessionais. Das dezenas de revistas literárias e de ideias que cortaram o firmamento montevideano nessa década, três são especialmente ilustrativas das diferentes modalidades de intervenção intelectual então disponíveis para os letrados montevideanos.

La Cruz del Sur (LCS), que em seus quase sete anos de existência, entre 1924 e 1931, passou de uma "revista quinzenal de arte e ideias" a revista de "arte e letras", atuou como um dos principais canais de circulação de referências para a literatura mais moderna da Europa e da América, e para a incorporação ao campo literário local de um conhecimento – parcial e deliberadamente tendencioso – acerca das vanguardas literárias e artísticas do momento. Dirigida desde o início por Alberto Lasplaces, a partir de 1926, com a incorporação dos gêmeos francófilos Gervasio e Álvaro Guillot Muñoz, a revista orientou-se claramente para uma posição de combate estético-ideológico, de abertura para a novíssima literatura francesa e de apoio a tudo o que fosse moderno na cultura contemporânea. No seu número 14 foi publicado o manifesto (assinado por Gervasio G. M. em nome da direção) que explicava aos leitores sua orientação geral: "Na qualidade de revista de estética contemporânea [...] *La Cruz del Sur* [...] se propõe uma revisão de valores". O tom da revista era, e seria, de combate:

> *La Cruz del Sur* é uma revista de tendência definida. [...] O segundo quarto do século XX está empenhado numa aventura em que é preciso golpear forte e caçar com fuzil de repetição automática para não se perder entre o rebanho de linfáticos embotados que vivem de rendas. A tolerância do século XVIII só serve em tempos de paz. A partir de 1900 todo o mundo sabe que para competir com um fanatismo é preciso lançar outro fanatismo igual.

Na luta definida entre dois campos estéticos que disputavam terreno em Montevidéu, a revista propunha-se participar, com um discurso contundente e sem "sincretismos", na discussão entre o grupo "defensor da criação da consciência americana" e aquele que afirmava "a realidade da estética do século XX". Se a posição do próprio Gervasio Guillot Muñoz estava mais próxima daqueles que privilegiavam "a defesa da estética nova", porque era preciso "estar na época em que se vive", a revista em seu conjunto buscaria promover um americanismo uruguaio *moderno* e cosmopolita. Atenta comentarista de toda a nova produção literária e plástica uruguaia, ela procurou promover o romance urbano – Bellán, Maldonado, de Castro –, a narrativa de tema rural *modernizada* – Amorim, Espínola, Zavala Muniz – e toda a renovação nas artes plásticas desde Figari. Sua defesa de uma visão cosmopolita materializou-se na presença de uma *Section Française* dirigida por Edouard G. Dubreuil e redigida na língua dessa nação, onde se privilegiou simultaneamente o comentário aos modernos intensos dos anos 1920 e a divulgação daqueles autores, como Valery Larbaud, o Conde de Lautréamont e Jules Supervielle, que haviam produzido obra americanista em francês e em chave moderna. Notas comparando Tolstói com Górki, ou analisando a fundo a poesia hermética de Supervielle, resenhas de autores tão diferentes como Trótski ou Papini, Oliverio Girondo ou Azorín, comentários às exposições de Barradas ou Figari, a concertos de Giucci, ou à visita a Montevidéu do arquiteto Le Corbusier engrossaram suas páginas. Tampouco faltaram a poesia da negritude uruguaia – por meio de Ildefonso Pereda Valdés – nem as explorações da literatura americana em outras línguas, como a portuguesa – em artigos de Ronald de Carvalho e outros.

La Pluma, Revista mensual de ciencias, artes y letras (LP), dirigida por Alberto Zum Felde e publicada entre 1927 e 1931, procurou ocupar um espaço intelectual mais solene e autorizado na arena montevideana. Diferentemente da LCS, declarou, no "Programa" que dava início a seu primeiro número, que seu propósito era realizar

> [...] a aspiração [...] de afirmar [...] a existência de uma revista puramente intelectual, cujas páginas sejam ao mesmo tempo um expoente amplo da mentalidade nacional nos planos das letras, da ciência e da arte, um órgão que reflita o movimento intelectual do mundo, em todas as faces que interessem positivamente ao desenvolvimento de nossa cultura.

À diferença dos Guillot Muñoz e seus aliados, Zum Felde colocava sua revista não em atitude de ruptura, mas em continuidade com uma longa tradição de periódicos literários e intelectuais uruguaios cuja história repassava brevemente no mesmo programa. Tampouco se proclamava, como o fizera orgulhosamente a LCS, órgão de um cenáculo:

> *La Pluma* não é órgão de nenhuma entidade determinada, nem responde a nenhum dogmatismo exclusivo. Não vem a exercer propaganda doutrinária; não levanta bandeira de escola.

Suas páginas seriam "ecléticas", abertas a toda a intelectualidade uruguaia. Nem por isso renunciava a promover o moderno. Ao pedir apoio econômico para sua empresa aos gestores do "comércio e da indústria nacional", assinalava que os anúncios publicitários teriam aceitação legítima em suas páginas:

A intelectualidade de nosso tempo já não cabe em torres de marfim. Os anúncios que constelam as noites de nossas agitadas cidades atuais com seus arabescos elétricos podem muito bem ser exibidos nas páginas de uma revista de letras.

E declarava, ainda, que "toda a nossa valorização crítica – tanto no aspecto estético como no ideológico – responderá ao sentido de nosso tempo". Moderna, mas também cosmopolita: "Nossa cultura requer a imigração intelectual, assim como nosso território requer a imigração étnica. Estar atentos ao movimento intelectual do mundo é, pois, uma necessidade e um dever".

Assim como a LCS, a LP seria uma revista ao mesmo tempo americanista e cosmopolita; só teria tom mais magistral, menos estridente, até certo ponto olímpico perante os combatentes na arena, nesse "*estadium* do jornalismo" que o próprio Zum Felde assinalava como âmbito de intervenção de sua revista. Mais acadêmica em sua orientação e menos exclusivamente literária, acolheria em suas páginas artigos de ciência política, sociologia, ciência pedagógica, história e história literária. Dotada de mais recursos que a maioria de suas competidoras, a LP pôde acompanhar a renovação nas artes plásticas e na arquitetura – no Uruguai e no mundo – com lâminas luxuosas em branco e preto e até em cores, que oferecem aos seus leitores imagens das obras comentadas. Por ser ideologicamente eclética, as simpatias socialistas de seu diretor levaram à publicação de muitos autores dessa orientação. O primeiro número estreou com um importante artigo de José Carlos Mariátegui, o número 12 trouxe textos de um dirigente comunista indígena, R. Palme Dutt, e do romancista comunista norte-americano Michael Gold, e seu penúltimo número iniciou com um artigo contundente contra a política do governo uruguaio que prendera os exilados argentinos em 1931, para agradar à ditadura uriburista. Ao longo de sua existência, dedicou extenso espaço ao indigenismo revolucionário, ao anti-imperialismo progressista, à crítica geral à sociedade capitalista. Entretanto, seu tom de voz, *qua* revista, foi legitimista, e seu estilo, o de um órgão representativo dos intelectuais hegemônicos de Montevidéu, não aquele de um periódico de combate, que impunha a autoridade dos intelectuais emergentes.

Cartel, dirigida pelo poeta montevideano vanguardista Alfredo Mario Ferreiro e pelo poeta e ensaísta galego Julio Sigüenza Reimúndez, ao contrário, procurou impor na arena montevideana, com seus cinco números editados entre 1929 e 1931, um espírito de rebeldia estética e política. Ainda que em seu primeiro número rechaçasse qualquer identificação com "esquerda" ou "vanguarda", proclamando-se órgão da "juventude", a orientação geral do periódico foi claramente a de crítica intelectual e social, e de apoio à produção mais de ruptura. Artigos longos de Jaime L. Morenza e de Frugoni referendaram a identidade progressista da publicação, enquanto o tom irônico e irreverente – inspirado no dos martinfierristas portenhos – e a presença sistemática de escritores como Espínola e Ferreiro, ou a ocasional de outros como Raúl González Tuñón, evidenciavam sua dívida com o vanguardismo dos anos 1920.

Seu princípio orientador foi o seguinte: "Ou todos somos artistas, ou ser criador da Arte – seguidor do único norte dos homens – é um ofício inútil e miserável, que já não vale a pena levar em conta". Esteticismo radical e política combativa: o próprio desenho gráfico da publicação ressaltava seu anseio de radicalidade, já que – como antes certas expressões da vanguarda portenha – tinha a forma de um cartaz para ser afixado nas paredes das vias públicas de Montevidéu.

Uma época na vida intelectual montevideana

É padrão no Uruguai considerar que os dois momentos mais brilhantes na vida intelectual do país foram o apogeu do modernismo (1890-1920) e a hegemonia da "geração de 39" (1945-1973). O período intermediário não apenas foi considerado de menor esplendor, mas também *objetivamente* mais pobre no que diz respeito à qualidade de sua produção intelectual. A década e meia transcorrida entre a morte de Rodó e o golpe de 1933 quase sempre é vista como erma em matéria literária ou intelectual e insípida no aspecto político[10]. Seus traços foram: a) o apogeu da moderação ufanista do batllismo triunfante, momento de consolidação de um liberalismo apequenado e transigente cuja deriva levava inexoravelmente aos ímpetos de uma sociedade apaziguadora; b) o fracasso dos ambiciosos projetos de reinvenção nacional e montevideana cuja promessa fora alentada pelo longo Centenário – e pela própria retórica mais radical do batllismo; c) uma guinada para o ambiente local, diante do restante da América hispânica – traição ao projeto arielista de Rodó, adiamento *sine die* de qualquer identificação nacional com um anti-imperialismo partidário da libertação nacional latino-americana; d) uma aceitação acrítica da tutela cultural europeia, que teria sufocado a possibilidade de uma renovação intelectual e artística autêntica; e e) uma falta de radicalidade intelectual e cultural – bem como uma moderação arraigada em todos os setores da atividade humana, cujo sintoma mais visível era a ausência de vanguarda em Montevidéu.

A arena cultural montevideana dos anos 1920 e 1930 distanciava-se muito dessa imagem de moderação aprazível, de aceitação tranquila da própria insignificância nacional: foram, pelo contrário, anos marcados por intensos anseios modernizadores e até vanguardistas, por uma luta constante e acirrada entre grupos intelectuais e correntes ideológicas muito diferentes, e por uma aspiração intensamente sentida – às vezes até desmedida – em favor da projeção sobre o mundo contemporâneo das iniciativas culturais e políticas nascidas em terra charrua. Se o campo, com sua problemática especial, continuava dominando a narrativa e ainda a poesia, o peso da cidade como objeto de evocação literária crescia sem interrupções. Montevidéu,

---

10. Uma visão alternativa, mais complexa e abrangente desses anos encontra-se em Gerardo Caetano, *La república batllista*, Montevideo: Ediciones de la Banda Oriental, 2011; *La república conservadora*, Montevideo: Fin de Siglo, 1992.

cidade moderna, em cujo seio se unia o universal com o local, encontrava uma representação precisa na escrita dos intelectuais dessa arena de combate. Frugoni, apesar do constante gesto moralizador que desvirtuava sua capacidade enunciativa, pintava uma Montevidéu de prostíbulos abertos aos marinheiros e ao comércio do mundo, cujo céu era rasgado diariamente por aviões ("Aeroplano! Aeroplano! / Pulso do infinito / Palpitação do coração do mundo"), e cujo porto a integrava a todo o planeta ("A ela vão chegando os contatos do mundo / e dela te lanças através dos mares"). Em perspectiva similar, Juvenal Ortiz Saralegui anunciava que "Transmite palácio salvo! / Estão alerta / estão alerta / os radioescutas dos horizontes!", e Alfredo Mario Ferreiro cantava "A ronda dos mastros" aos postes telefônicos cujo zumbido atravessava cidades e campo, anulando as distâncias do globo[11].

Do outro lado do mundo, o ensaísta liberal chinês Lin Yutang cantaria em 1930 um "Hino a Xangai", onde celebrava a cidade de hotéis estrangeiros, enclaves europeus, automóveis Packard, *strippers* chinesas, massagistas prostibulares, mandarins em vestimenta tradicional, *nouveaux riches* e *nouveaux modernes*, contra seus compatriotas que a detestavam por tudo isso: a China e o mundo entrelaçavam-se e fundiam-se na cidade cosmopolita[12]. Em Montevidéu dava-se o mesmo anseio de cosmopolitismo, de apropriação do moderno, de acelerada viagem para uma cidade futura. Gesto emblemático desses anos: diante da polêmica entre portenhos e madrilenhos para definir a localização concreta do "meridiano intelectual da América Latina", uma publicação uruguaia chegou a propor a situação alternativa – cuja ironia era só parcial: "Montevidéu, meridiano cultural do mundo"[13].

---

11. Respectivamente: Emilio Frugoni, *Poemas montevideanos*, Montevideo: Maximino García Editor, 1923, e *La epopeya de la ciudad (Nuevos poemas montevideanos)*, Montevideo: Maximino García Editor, 1927; Juvenal Ortiz Saralegui, *Palacio Salvo y otros poemas*, Montevideo: Ediciones de la Banda Oriental, 2005; e Alfredo Mario Ferreiro, *El hombre que se comió un autobús*, Montevideo: Arca, 1969.
12. Lin Yutang, *Selected Bilingual Essays*, Hong Kong: The Chinese University Press, 2010, pp. 1-3.
13. *La Cruz del Sur,* n. 18, Montevideo: jul.-ago. 1927, p. 26.

Recife

Da cidade à infância: Gilberto Freyre, história e biografia

JOSÉ TAVARES CORREIA DE LIRA

"*Ce roman vrai.*" "Romance", sim; mas "romance verdadeiro". "Romance" descoberto pelo observador, ao mesmo tempo intérprete e participante da história ou da atualidade estudada; e não inventado por ele. "Romance" que, afinal, é menos romance que extensão, ampliação ou alongamento, por processo vicário e empático, de autobiografia; extensão ou ampliação da memória ou da experiência individual na memória ou na experiência de uma família, de um grupo, de uma sociedade de que o participante se tornou também observador e, por fim, intérprete[1].

Essa passagem, um trecho da introdução à segunda edição do livro, bastante ampliada em relação à primeira, de 1936, talvez seja das mais lembradas de *Sobrados e mucambos*. Nela Gilberto Freyre retoma um assunto recorrente em sua obra: o deslizamento entre sociologia e literatura, entre critérios quantitativos ou factuais e o que ele definia como um "impressionismo revelador de aspectos esquivos ou fugazes de realidade ostensivamente viva ou aparentemente morta". Tratando-se de Gilberto Freyre, e de *Sobrados e mucambos*, o que estava em jogo era a investigação histórica do mundo social informada por fontes autográficas e ficcionais. Daí o topos de uma história social como "*roman vrai*", expressão tomada de empréstimo dos irmãos Goncourt para se referir a um modelo de "história íntima", que "ao gosto pela miniatura concreta" juntasse uma "sensibilidade aos conjuntos significativos", por meio de fontes pessoais, recortes concretos e certa empatia do observador com o universo observado[2].

O embate da história com a literatura e a biografia remonta à gênese da disciplina e vem suscitando boa revisão epistemológica desde os anos 1970, particularmente na última década[3]. Não vou me estender aqui nesse debate. Tentarei apenas imaginar

---

1. Gilberto Freyre, *Sobrados e mucambos*, vol. 1, Rio de Janeiro: José Olympio, 1951, p. 50.
2. *Ibid.*, p. 49.
3. Jeremy Popkin, *History, Historians and Autobiography*, Chicago: University of Chicago Press, 2005; Antoine Coppolani; Frédéric Rousseau (eds.), *La biographie en histoire: jeux et enjeux de l'ecriture*, Paris:

Demolições e montagem de novos galpões metálicos durante a reforma do porto e do bairro de Recife, c. 1914. Atribuída a Francisco du Bocage/Acervo da Fundação Joaquim Nabuco, Ministério da Educação.

como esse viés da história íntima há de ter ressoado em certo modo de fazer história cultural urbana, ou antes, como ela há de ter sido esboçada no embate entre os anos de formação de Gilberto Freyre e a produção cultural no Recife na década de 1920.

De fato, nessa cidade, nesse período e ao redor desse autor criou-se uma arena cultural das mais efervescentes do país, base de múltiplas carreiras intelectuais, regiões de sensibilidade e perspectivas de investigação. Relatos de acento autobiográfico como os de Freyre, Manuel de Souza Barros, Joaquim Cardozo, Joaquim Inojosa, Luis Jardim e Sylvio Rabello dão elementos importantes para a compreensão de seus traços distintivos. Tal arena parecia situar-se nas margens entre os meios de imprensa, boêmios e políticos locais, de um lado, e espaços já consagrados da cultura jurídica, filosófica, sociológica e literária, como a Faculdade de Direito do Recife, de outro. Mas ela também se apoiava na liderança e no prestígio de um punhado de figuras intelectualmente privilegiadas em meio a redes de afinidades naturais e eletivas com talentos nem sempre muito brilhantes, círculos sociais fechados em relação ao espectro de posições ideológicas que incluíam, e vínculos primários de dependência para com o Estado e o mecenato açucareiro.

Foi assim que essa arena cultural parece ter funcionado de modo relativamente estável e fecundo na cidade naqueles anos. Em detrimento, inclusive, do que em

Michel Houdiard, 2007; Barbara Caine, *Biography and History*, New York: Palgrave Macmillan, 2010; Sabina Loriga, *Le Petit x: de la biographie à l'histoire*, Paris: Seuil, 2010.

geral associamos a uma vida espiritual moderna com suas mediações e trocas universais, suas tradições cosmopolitas, ilustradas e radicais no pensamento, nas ciências e nas artes, instituições modernas de produção e reprodução cultural e um público de consumidores razoavelmente letrados[4]. Afinal, como explicar sua estruturação numa cidade cujas inquestionáveis funções de centralidade na vasta parte norte do país não pareciam corresponder exatamente a uma organização social e cultural metropolitana típica[5]? Ou antes, como suas eventuais limitações nesse aspecto porventura se ligam à montagem de determinados prismas intelectuais, entre originais e idiossincráticos, sobre a cidade e a história? Ou a certa história urbana iluminada pela biografia de indivíduos e nichos intelectuais, observáveis no trânsito entre circuitos sociais, institucionais e morais, entre o singular e o público, nas tensões e incertezas, iniciativas e inércias que os constituem?

Em pé, da esquerda para a direita, Sylvio Rabello e Alfredo Fernandes; sentados, Gilberto Freyre e Olivio Montenegro.

Escrita íntima, biografia do social

É importante ter em mente que em Gilberto Freyre o prisma da história íntima guarda especificidades, até porque profundamente implicado em sua biografia e objeto por excelência. Seu investimento numa história social animada pela convocação de detalhes e indivíduos concretos do passado liga-se a um complexo de memórias e experiências familiares, assim como a determinada interpretação das relações entre o privado e o público no Brasil. A referência da introdução de 1951 não foi a primeira nem única alusão a essa ideia. A proposta de cruzar história e biografia já vinha sendo apresentada, desde os anos 1920, em artigos avulsos[6]. A referência aos Goncourt ecoa na verdade uma passagem ainda mais conhecida do prefácio à primeira edição de *Casa-grande & senzala*:

> O estudo da história íntima de um povo tem alguma coisa da introspecção proustiana; os Goncourt já o chamavam "*ce roman vrai*". [...] Estudando a vida doméstica dos antepassados sentimo-nos aos poucos nos completar: é outro meio de procurar-se o "tempo

---

4. Carl Schorske, *Viena fin-de-siècle: política e cultura*, São Paulo; Campinas: Companhia das Letras; Unicamp, 1989; Thomas Bender, *New York Intellect: A History of Intellectual Life in New York City from 1750 to the Beginnings of Our Time*, Baltimore: Johns Hopkins University Press, 1988.
5. O que o próprio Gilberto Freyre e muitos de seus conselheiros pareciam reconhecer, em suas hesitações de juventude, entre a garantia de autoridade pessoal na província e ambientes mais desafiadores e receptivos a suas qualidades intelectuais, como o Rio de Janeiro, São Paulo, os Estados Unidos ou a Europa.
6. Ver os artigos para o *Diário de Pernambuco* in: Gilberto Freyre, *Tempo de aprendiz: artigos publicados em jornais na adolescência e na primeira mocidade do autor (1918-1926)*, vol. 2, São Paulo: Ibrasa MEC, 1979, especialmente os datados de 18 jan. 1925, pp.111-2, e de 1º mar. 1925, pp. 126-7.

perdido". Outro meio de nos sentirmos nos outros – nos que viveram antes de nós; e em cuja vida se antecipou a nossa. É um passado que se estuda tocando em nervos[7].

Em um caso ou em outro, o universo privilegiado desse "passado que emenda com a vida de cada um" era a vida íntima e a casa, vistas em seu valor simbólico máximo em face de longos processos sociais, de integração, amadurecimento e desintegração da forma patriarcal. Seguindo a pista enunciada por Walter Pater, Freyre atribuía à casa valor autobiográfico e alegórico, na recaptura da memória infantil, familiar ou nacional[8]. A estratégia teórica vinculava-se ainda à famosa tese histórico-social: o sistema de colonização portuguesa no Brasil, latifundiário, monocultor, patriarcal e escravocrata, amparara-se, todo ele, na estrutura da casa-grande completada pela senzala. Em suma, seja por suas dimensões de privacidade e continuidade, seja por sua capacidade de acomodar tensões, a história social da casa em geral, e da casa-grande do engenho de açúcar nordestino em especial, com seus vetores de equilíbrio e antagonismo, aconchego e violência, permitiria penetrar a "intimidade mesma do passado".

Freyre sabia que, num país como o Brasil, a reconstituição histórica pelo prisma da intimidade não era tarefa fácil. Mesmo assim, desde cedo começa a esboçá-la, em seus primeiros estudos de história social, como *Vida social no Nordeste*, de 1925, em que fica clara a filiação do autor à classe dos senhores de engenho, e *Social life in Brazil in the middle of the nineteenth century*, de 1923, cuja epígrafe seria retirada precisamente dos *Portraits intimes* dos Goncourt. O tema atravessará toda a sua obra, como em *Ordem e progresso*, de 1957, em que não apenas utiliza fontes pessoais disponíveis para compreender a transição do império à república, mas atua em sua produção, estimulando a geração de memórias e testemunhos de vida de sobreviventes do período[9]. Mais ainda, a ideia o levaria a esboçar uma "sociologia da biografia" em estudo introdutório à publicação dos diários de Luiz de Albuquerque de Mello Pereira e Cáceres, governador da capitania de Mato Grosso e Cuiabá no século XVIII, para repensar a projeção no espaço luso-tropical da experiência histórica e sociologicamente simbólica de administrador colonial na América portuguesa no período pombalino[10].

Vale lembrar que entre os vários retratos pessoais que o autor esboçou, dois dos mais significativos ambientam-se no Recife: o de Louis-Léger Vauthier e o de Félix Cavalcanti de Albuquerque Mello. De um lado, o engenheiro francês, peça central do processo de europeização da cidade na primeira metade do século XIX; de outro,

---

7. Gilberto Freyre, *Casa-grande & senzala*, Rio de Janeiro: Maia & Schmidt, 1933, pp. xxx-xxxi.
8. Maria Lúcia Pallares-Burke, *Gilberto Freyre: um vitoriano dos trópicos*, São Paulo: Editora da Unesp, 2005, pp. 186-8.
9. Pode ser localizado, por exemplo, nas páginas xxvii-xxxi de *Ordem e progresso: Processo de desintegração das sociedades patriarcal e semipatriarcal no Brasil sob o regime de trabalho livre*, tomo I, Rio de Janeiro: José Olympio, 1959.
10. Gilberto Freyre, *Contribuição para uma sociologia da biografia: o exemplo de Luiz de Albuquerque, governador de Mato Grosso no fim do século XVIII: I. Comentário*, Lisboa: Academia Internacional de Cultura Portuguesa, 1968, pp. 101-3.

o velho Félix, representante da oligarquia conservadora pernambucana, mal ajustado ao declínio do sistema açucareiro-escravocrata[11]. Ambos retratos íntimos, ainda que padecessem de certa idealização, tinham muito a dizer sobre a história de um período "de transição" do país, funcionando talvez como biografias sociais, como relatos de trajetórias arraigadas num mundo que as explica inclusive nas tensões que descrevem entre destinos individuais e suas ancoragens sociais.

Cicero Dias, fragmento do painel *Eu vi o mundo... ele começava no Recife*, 1926-1929, aguada e técnica mista sobre papel colado em tela, 1.200 × 198 cm.

O caráter da cidade em tempos de transição

A despeito de sua ambição metodológica, o tema da história como autobiografia coletiva tem em Freyre cidadania definida. Foi no Recife que o projeto floresceu e foi ali que encontrou um laboratório privilegiado para que ele levasse a cabo uma "biografia urbana" como "história íntima da cidade"[12]. Talvez porque gestado num meio revolvido, como de praxe favorável a esforços introspectivos de salvação do eu, esse projeto mobilizaria conceitos, categorias e pontos de vista suficientemente amplos para articular as expressões e os ritmos do desenvolvimento da cidade no

---

11. Idem, *Um engenheiro francês no Brasil*, Rio de Janeiro: José Olympio, 1940, e "Introdução" a F. C. de A. Mello, *Memórias de um Cavalcanti*, São Paulo: Cia. Editora Nacional, 1940.
12. Idem, "Como escrever-se uma autobiografia coletiva do Recife?", *in:* Arquivo Público Estadual, *Um tempo do Recife*, Recife: Ed. Universitária, 1978, pp. 451-78.

quadro da modernidade urbana, ao mesmo tempo que operava seletivamente para filtrar os dados locais de acordo com certas autoimagens e experiências do passado.

De fato, o momento coincide com mudanças radicais no Recife, ligadas a processos regionais e globais mais amplos[13]. Os contemporâneos perceberiam aquelas primeiras décadas do século XX como de grande transformação, com todos os riscos e promessas que isso implicava. Não foram poucos os que se ocuparam do fenômeno, tingindo-o de sentimentos de nostalgia, fascinação, ansiedade, otimismo ou estupor, assim como de um desejo de apreender ou transformar a sua história, instruindo seu progresso ou detendo seu declínio. Entre os anos 1920 e 1930, médicos, jornalistas, educadores, escritores, engenheiros, urbanistas, investigadores sociais, militantes operários, poetas e artistas reagiriam cada um à sua maneira a essas mudanças muito sensíveis na cidade[14]. O vasto conjunto de registros pessoais e públicos que produziram a seu respeito, os modos nem sempre divergentes de evocar o passado da e na cidade parecem ter encontrado naqueles anos um momento privilegiado de inflexão. Talvez porque suas próprias trajetórias de vida não pudessem mais resistir à desintegração da velha ordem, o que em grande medida os liberava ou mesmo convocava a projetar o mundo perdido no tempo intemporal da memória coletiva, na literatura, na pintura, no cinema, no jornalismo, na história, na biografia, na psicologia, na educação, na geografia, na sociologia e na antropologia.

Para Gilberto Freyre, mais do que para qualquer um de seus contemporâneos, a convergência entre vida pessoal e história da cidade parece ter produzido uma resposta das mais consistentes, em parte, talvez, porque o Recife lhe permitia tocar nos nervos de polaridades paradigmáticas em sua obra. A cidade teria um papel crucial em *Sobrados e mucambos* para a compreensão do processo mais geral de "decadência do patriarcado rural no Brasil". De um lado, porque condensara a "primeira tentativa de colonização urbana do Brasil"; de outro, porque aquele "primeiro ponto do Brasil colonial a amadurecer em cidade moderna" se revelara um polo de dissolução social, moral, étnica, sexual e sanitária[15]. Em função de sua modernidade ou de sua decadência, a cidade apareceria como laboratório das ambiguidades do processo civilizatório no país. Sua precedência sociológica e cronológica na história urbana brasileira corresponderia ainda a um caráter peculiar, retratado dois anos antes em seu *Guia prático, histórico e sentimental da cidade do Recife*: a combinação de traços de cosmopolitismo e provincianismo, históricos e atuais, que exigia do cicerone

---

13. Gadiel Perruci; Denis Bernardes, "Recife: o caranguejo e o viaduto", *in*: D. Bernardes, *Recife, o caranguejo e o viaduto*, Recife: Editora UFPE, 1996; José Lira, *Mocambo e cidade: regionalismo na arquitetura e ordenação do espaço habitado*, São Paulo: FAUUSP, 1996.
14. Manuel de Souza Barros, *A década 20 em Pernambuco (uma interpretação)*, Recife: Fundação de Cultura Cidade do Recife, 1985; Antonio Paulo Rezende, *(Des)encantos modernos: histórias da cidade do Recife na década de vinte*, Recife: Fundarpe; Cepe, 1997; José Lira, op. cit.
15. Gilberto Freyre, *Sobrados*, op. cit., pp.166 e 194.

percorrê-la em sua intimidade, recuando em seu passado, em sua psicologia, em seus fantasmas e recantos.

O "encanto recatado da cidade oriental", velada, feminina, que só deixava "de fora metade do rosto" e não se entregava facilmente, era desse modo convertido em traço de personalidade. Diante de seus Don Juans, a cidade tinha algo de faceira, traços de coquetismo, flutuando entre clichês e dissonâncias:

> As ruas do Recife variam muito de fisionomia, de cor, de cheiro. Parecem às vezes cidades diferentes. Há ruas perfeitamente europeias como a Avenida Rio Branco. Outras que dão a ideia de se estar no Oriente como a Estreita do Rosário à noite, como o Beco do Cirigado [...]. Enquanto certos trechos da cidade dão a lembrar cidades do Senegal, trechos com mucambos, casas de palha, que, aliás, não são tão ruins[16].

Essa característica híbrida da cidade era, por certo, um traço profundo de sua personalidade, reminiscente da experiência colonial, liderada, segundo Gilberto Freyre, por um povo fortemente marcado pelo passado moçárabe, sua miscibilidade, plasticidade e mobilidade. É interessante observar a apresentação, ao mesmo tempo empática e polêmica, da cidade como retrato da própria cidade colonial luso-brasileira. É o que se percebe tanto em *Casa-grande & senzala* e *Sobrados e mucambos*, quanto no *Guia*. Mas a visão fora efetivamente gestada na década anterior, em meio a uma experiência pessoal publicamente estilizada.

Desde 1918, quando partiu para uma temporada de estudos superiores nos Estados Unidos, Gilberto iniciara uma intensa atividade como cronista do *Diário de Pernambuco*, que se estenderia até o final de 1926. Seus primeiros artigos dedicados ao Recife são de 1923, pouco depois de seu retorno do *grand-tour* pela Europa, uma vez concluído o mestrado na Universidade de Colúmbia. Aos poucos eles parecem cristalizar alguns temas: a ausência de música em suas ruas, seus cafés e suas igrejas; o desaparecimento das velhas casas coloniais, substituídas por uma "arquitetura de confeitaria"; a sanha devastadora do passado e das "características nacionais ou locais"; a destruição dos antigos monumentos em nome do novo, tido como "rebarbativo, desgracioso"; a ausência de parques infantis, árvores e áreas verdes[17]. A crítica às transformações recentes na cidade confunde-se com a biografia do cronista, as lembranças de infância e juventude, a experiência do desterro e a difícil readaptação, revisitadas no confronto entre o mundo que encontrava ao regressar e a formação que obtivera no exterior. E talvez não pudesse ser de outro modo: sua descaracterização talvez só a sentisse "quem fosse filho da terra e tivesse brincado menino pelos fundos

---

16. Idem, *Guia prático, histórico e sentimental da cidade do Recife*, Recife: The Propagandista, 1934. Sobre o coquetismo e a cidade, ver Fernanda Peixoto, "A cidade e seus duplos: os guias de Gilberto Freyre", *Tempo Social*, v. 17, n. 1, 2005.
17. Idem, *Tempo de aprendiz*, op. cit., vol. 1, pp. 256-8, 315-6, 320-2, 341-3, 350-1, 355-7, respectivamente.

de sítios cheios de cajueiro e mangueira e de touças de bananeira", dependendo de "associações do objeto de observação com experiências de infância" do observador[18].

Esse regresso polêmico à cidade natal seria marcado pela apropriação de vertentes do tropicalismo, do regionalismo, do anti-industrialismo e do culturalismo contemporâneos como ferramentas críticas ao eurocentrismo ainda dominante na intelectualidade brasileira. Os artigos dão inúmeros testemunhos a esse respeito. Mas há nele também uma dimensão nostálgica, profundamente ligada às memórias de infância:

> Os que, ainda meninos, conhecemos o Recife de Lingueta, do Arco de Santo Antônio, dos quiosques e das gameleiras, vamos experimentando sensação igual quanto à paisagem física. Parece que temos vivido em duas cidades diferentes. É uma angústia para as criaturas sensíveis viver nessas épocas de aguda transição. Veem-se, afinal, numa cidade que lhes parece estrangeira[19].

As imagens aludem diretamente às perdas materiais e sensíveis por que o Recife passara ao longo da década de 1910 e início de 1920. Tratava-se de questionar a demolição dos antigos cais, portas, igrejas e sobrados da cidade, a substituição da arborização autóctone, revalorizando as marcas do tempo na cidade. Não que a preservação de seu caráter implicasse indiferença às exigências sanitárias e de circulação viária, contemporizava o intelectual público. O problema é que as reformas que nela vinham sendo implementadas feriam os "valores íntimos, essenciais, da mesma paisagem". Esse sentimento de perda, e a visão pessimista que lançava sobre o curso das transformações, aos poucos se converteria numa atitude assumidamente antipositivista de defesa da personalidade urbana, cuja pátina vinha sendo removida com o beneplácito dos urbanistas[20]. Os novos imperativos técnicos que ganhavam terreno na opinião e na política precisavam ser confrontados com outros critérios, igualmente racionais, ainda que tradicionais, de edificação urbana.

A arena regionalista

É importante ter em mente que em meados daquela década esse discurso aparentemente solitário, às vezes repelido como "passadista" ou "estrangeirado", começa a encontrar eco no movimento regionalista que tomara conta da cidade em 1924. Em torno do Centro Regionalista do Nordeste viria a se constituir um núcleo solidário de militância cultural, reunindo discursos até então dispersos e por vezes antagônicos

---

18. *Idem*, "Mestre Agache no Recife. Trecho de uma reportagem para jornal, ampliada em conferência, Recife, 1927", *in*: G. Freyre, *Retalhos de Jornais Velhos*, Rio de Janeiro: José Olympio, 1964, p. 119.
19. *Idem*, "Artigos numerados: 53", *Diário de Pernambuco*, 20 abr. 1924, *in*: G. Freyre, *Tempo de aprendiz*, *op. cit.*, vol. 2, p. 16.
20. A primeira expressão foi retirada do artigo antes citado; a referência aos urbanistas encontra-se em "Artigos numerados: 68", *Diário de Pernambuco*, 3 ago. 1924, em *Tempo de aprendiz*, *op. cit.*, vol. 2, p. 54.

acerca de assuntos julgados essenciais a uma região "tão claramente caracterizada na sua condição geográfica e evolução histórica"[21]. Acreditava-se que o Nordeste não descrevia simplesmente uma unidade física mas também espiritual, sedimentada ao longo do período colonial, e que desde o império vinha perdendo em dinamismo e peso político no conjunto da nação.

Para alguns, tratava-se de reivindicar a precedência ou a autonomia do Nordeste por meio da evocação de tradições de casa-grande e interesses econômicos e políticos das elites regionais; para outros, de reencontrar sua identidade no folclore mestiço, na poesia, nos cantos, nas danças, nas festas e nas brincadeiras populares, nas artes caseiras, nas expressões artísticas e religiosas afro-brasileiras. Apesar das diferenças, para Freyre, haveria algo que os unificava: um tipo de "desenvolvimento dentro do espírito do seu passado, contribuindo com sua forte originalidade local para a riqueza do conjunto brasileiro", de modo que os "'neotradicionalistas' do Recife sentimos na tradição nordestina uma força viva e plástica a ser desenvolvida em valores novos, atuais, ativos"[22].

A composição do Centro era de fato heterogênea: presidido por Odilon Nestor, poeta paraibano de quase 60 anos, catedrático da Faculdade de Direito do Recife, e tendo Gilberto Freyre, então com 24 anos, como secretário-geral, compunha-se de membros de gerações, trajetórias intelectuais e posições políticas variadas, e pouco depois de sua criação passa a atrair tanto conservadores como progressistas, tradicionalistas e modernistas, homens da cidade, do interior e de estados vizinhos. Ainda que independente do Centro, a *Revista do Norte*, criada meses antes, caracterizou-se pela mesma heterogeneidade social e ideológica. O próprio Freyre, em 1924, ali tomou a palavra para explicar que o regionalismo nordestino não tinha nada de separatista, mas se constituía na defesa de tradições locais tidas como valiosas para a existência da nação[23]. O mesmo pode ser dito do *Livro do Nordeste*, publicado em fins de 1925 em comemoração ao centenário do *Diário de Pernambuco*, e do I Congresso Regionalista do Nordeste, realizado em 1926, dois dos eventos que mais diretamente contribuíram para a formação da confraria intelectual e seu reconhecimento público. Organizado no Recife em fevereiro de 1926, o congresso contou entre seus participantes, além de Freyre, Nestor e Moraes Coutinho, militante assíduo do Centro, e de quase todos os colaboradores do livro, com a participação de um grupo muito diverso, em termos sociais e profissionais, entre os quais: Carlos Lyra Filho, usineiro alagoano e proprietário do *Diário de Pernambuco*; os senhores de engenho pernambucanos Pedro Paranhos e Júlio Bello (este também memorialista, tio e cunhado do então vice-presidente da República, o advogado Estácio Coimbra,

---

21. Ver "Programa do Centro Regionalista do Nordeste", *Diário de Pernambuco*, Recife, 29 ago. 1924.
22. Gilberto Freyre, "A propósito de regionalismo no Brasil", *Diário de Pernambuco*, 11 out. 1925, *in*: G. Freyre, *Tempo de aprendiz, op. cit.*, vol. I, p. 217. Ver, também, Gilberto Freyre, *Manifesto Regionalista de 1926*, Rio de Janeiro: MEC, 1955.
23. Idem, "Do bom e do mau regionalismo", *Revista do Norte*, n. 5, ano 2, out. 1924.

que seria governador de Pernambuco); políticos como Anibal Fernandes, Samuel Hardman e Amaury Medeiros, respectivamente secretários de Interior e Justiça, Agricultura e Saúde do governo Sérgio Loreto, então no poder, e o deputado federal Luiz Cedro; o psiquiatra Ulysses Pernambucano, primo de Freyre, e o educador Alfredo Freyre, seu pai. Entre os escritores, Joaquim Cardozo, Ascenso Ferreira, Austro-Costa, Joaquim Inojosa e Mário Sette; viriam da Paraíba, José Américo de Almeida, e de Natal, Luís da Câmara Cascudo (um tanto reticentes às visões freyreanas); jornalistas, cronistas e historiadores como Mário Melo, Octávio Brandão e o velho Manuel Caetano de Albuquerque Melo, também amigo íntimo de Gilberto, e seu filho José Maria; o arquiteto Nestor de Figueiredo, então presidente do Instituto Central dos Arquitetos, e o engenheiro Eduardo de Moraes.

Três grandes motivações os reuniam. Em primeiro lugar, a valorização das coisas regionais, que passava por uma imagem tradicional do Nordeste como fonte inesgotável de brasilidade; justificativa que, agora, tanto podia recompensar o prestígio ameaçado das oligarquias rurais quanto firmar uma contribuição original e autêntica à cultura nacional. Em segundo lugar, a possibilidade de conhecimento da especificidade cultural da região dava lugar a um interesse histórico, folclórico e antropológico que se afirmava na procura do passado e do mundo popular. E era precisamente nesse pendor primitivista, por fim, que a interpretação, recriação ou inovação artístico-literária era concebida.

Uma genealogia da cidade em *A Província*

A militância de Gilberto na imprensa recifense e sua convicção de que se tratava de enunciar um manifesto cultural alternativo à modernização e ao modernismo da Semana parecem ter encontrado no diário *A Província* um espaço estratégico de popularização. De fato, entre agosto de 1928 e o final de 1930, durante o governo Estácio Coimbra, de quem Freyre se tornara chefe de gabinete em 1926, a direção do tradicional periódico pernambucano seria entregue a ele e a José Maria Bello – advogado formado no Rio e jornalista militante, filho de Júlio Bello e primo de Coimbra, deputado e senador por Pernambuco a partir de 1926 –, tendo como chefe de redação o jornalista e crítico literário Olívio Montenegro, também descendente de família de senhores de engenho. Juntos, eles imprimiram uma reforma editorial decisiva no jornal, projetando-o como vitrine do pensamento liberal, engajado na modernização cultural de Pernambuco[24].

Excetuando curtos períodos de interrupção, *A Província* tinha, àquela altura, quase sessenta anos de existência. O jornal, que havia congregado parte significativa da

---

24. Pernambuco concentrava uma imprensa periódica das mais ativas no país, que teria papel fundamental na formação de uma consciência de região; em 1920, a cidade abrigava nove grandes diários e, entre 1916 e 1930, foram publicadas 382 revistas. Luiz do Nascimento, *História da imprensa de Pernambuco (1821-1954)*, vols. 3 e 8, Recife: Imprensa Universitária, 1967 e 1982, respectivamente.

elite federalista, liberal e abolicionista da região, mantivera na Primeira República uma postura de oposição, senão de neutralidade, em face da hegemonia conservadora de senhores de engenho, militares, coronéis e usineiros em Pernambuco, aproximando-se desde cedo do Partido Autonomista. Assim, quando Freyre e Bello assumiram a direção do órgão em 1928, pela primeira vez o diário se alinhava à situação e especialmente a uma corrente política conservadora, representada pelo governador Estácio Coimbra, eleito pelo Partido Republicano de Pernambuco em 1926.

Desde o primeiro número de sua nova fase (n. 192, 19 ago. 1928), os editores deixam clara, naquele momento de grandes incertezas, a linha política de situação: "Tanto quanto órgão de informação e crítica, será *A Província* um jornal político, ligado pela mais consciente simpatia ao Partido Republicano de Pernambuco". Ainda que limitado ao longo de toda essa nova fase pelo serviço estratégico que cumpria na defesa do governo e das forças que este representava, a importância política que o jornal assumia parece ter fornecido legitimidade à nova direção para empreender a reforma desejada[25]. Como não poderia deixar de ser em Pernambuco, o setor econômico mais destacado era o açucareiro, mas ainda assim o jornal reservaria espaço para os conflitos internos entre usineiros e fornecedores de cana, além de propor o rompimento com o monopólio do produto, valorizando a pecuária, o plantio de frutas, coco e algodão, a indústria e o comércio.

Para não deixar dúvidas sobre a herança tradicional, esse mesmo número 192 estampou xilogravuras de três de seus patriarcas: José Mariano Carneiro da Cunha, José Maria de Albuquerque e Melo, o velho, e Joaquim Nabuco, feitas pelo artista Manoel Bandeira. Reafirmando sua continuidade com as "Tradições de *A Província*", de inconfundível "pernambucanismo", o diário não se propunha a recebê-las passivamente. Declarava-se favorável ao culto das tradições "que correspondem à realidade dos nossos problemas"; e assim se alinhava a uma leitura da região cujo ponto de referência era a complementaridade entre valores tradicionais e modernos, vistos como "retificando-se nos seus excessos, corrigindo-se uns aos outros, clarificando-se, depurando-se"[26]. Além da pauta renovada, a página do editorial absorveria o grosso das contribuições autorais na forma de crônicas e ensaios curtos sobre temas variados.

Luis Jardim, *O Recife de Luis Jardim*, desenho publicado no diário *A Província*.

---

25. Duas semanas antes da eclosão do movimento de 1930, o periódico lança um número especial dedicado à Aliança Liberal e às realizações do governo. Não casualmente, um dia depois da revolução liderada por Vargas, o jornal foi censurado e Gilberto Freyre exilou-se em Portugal ao lado de Estácio Coimbra. *A Província*, que só voltaria a circular em 1932, é fechada em 1933.
26. "As Tradições de *A Província*", *A Província*, n. 192, 19 ago. 1928, p. 9.

Mantendo, pois, o caráter abrangente de cotidiano, com ênfase em assuntos candentes da política e da economia, do entretenimento e da vida cultural e social locais, e negociando com a propaganda pública e privada, *A Província* parecia legitimar-se também pela autoridade dos colaboradores, assim como pelo estímulo a reportagens de campo, à variedade de enfoques, à linguagem ágil e atual e a uma diagramação mais moderna e ilustrada que de costume.

Entre os colaboradores figuram nomes de gerações, origens regionais e orientações intelectuais, estéticas e políticas variadas, muitos dos quais diretamente vinculados a Freyre e às campanhas que ele liderava desde o começo da década: jornalistas e críticos como José Maria, Montenegro, Moraes Coutinho e Anibal Fernandes, que escrevia sobre ideologias contemporâneas e patrimônio histórico; Rodrigo Melo Franco de Andrade e Salomão Filgueira, que criticaria a leitura pitoresca dos mocambos de Gilberto; Mário Sette e Ribeiro Couto, autor da coluna "Cartas da França"; Joaquim Eulálio; escritores acadêmicos como Medeiros e Albuquerque, modernistas como Jorge de Lima, Prudente de Moraes Neto, Joaquim Cardozo, Ronald de Carvalho e Manuel Bandeira, talvez o articulista externo mais constante, e regionalistas como José Américo de Almeida e José Lins do Rego; educadores como Antônio Carneiro Leão, cuja reforma no ensino público em implementação era notícia permanente, e Sylvio Rabello, que escrevia sobre tendências pedagógicas; o médico Ulisses Pernambucano, figura inovadora no enfoque das doenças mentais; ensaístas e historiadores como Estevão Pinto, Ademar Vidal e Francis Butler Simkins, colega dos tempos de Colúmbia; artistas como Bandeira, Luís Jardim e Joanita Blank, que escrevia semanalmente sobre moda feminina; urbanistas como Eduardo de Moraes e José Estelita, atentos aos melhoramentos municipais; empresários como o industrial Othon Bezerra de Melo e o fazendeiro Júlio Bello; o maestro Ernani Braga, a cargo da seção musical; juristas como Nestor, Pontes de Miranda e Barbosa Lima Sobrinho, então presidente da Associação Brasileira de Imprensa; além de estreantes como José Antônio Gonsalves de Mello e Evaldo Coutinho.

Entre os múltiplos temas tratados nesse período, o da criança distingue-se não só porque inusitado e ali recorrente, mas por sua clara filiação ao projeto freyreano de uma história íntima da sociedade brasileira. Seu diário de juventude dá inúmeros testemunhos do desejo de escrever a história da vida de menino no Brasil, para ele uma espécie de busca do tempo perdido: "através de vários tempos e várias regiões: engenho, fazenda, cidade, Rio, Recife, Bahia, Rio Grande do Sul, Pará, séculos coloniais, século XIX, começo do XX"[27]. O interesse era tributário da obra de Pater, especialmente do conto *The Child in the House*, e se fortaleceria com o questionamento acerca

---

27. G. Freyre, *Tempo morto e outros tempos*, Rio de Janeiro: José Olympio, 1975, pp. 136-7. Cf. também Enrique Larreta; Guillermo Giucci, *Gilberto Freyre: uma biografia cultural*, Rio de Janeiro: Civilização Brasileira, 2007, pp. 327-8.

do modo de escrever a história do Brasil com base na política[28]. Assim como o estudo da casa e da vida privada, o da criança vinha surgindo ao longo da década de 1920 como possibilidade também de reaproximação à perspectiva sincrônica da antropologia e da psicologia, assumindo enquanto tal uma importância metodológica e não apenas metafórica, de fazer entrecruzar a longa duração da vida social com a escala biológica da vida individual.

Em agosto de 1929, um número especial de *A Província* foi dedicado ao tema. No editorial é possível reconhecer um posicionamento crítico face à indiferença em relação à experiência infantil, "outrora tão desdenhada", especialmente em uma sociedade como a brasileira em que "a falta de contato com a realidade ambiente parece que relegava os meninos para um plano inferior"[29]. O número incluiu uma reportagem sobre as atividades promovidas pela municipalidade no dia da criança, um longo artigo do educador Sylvio Rabello sobre as novas orientações em pedagogia infantil propostas por Montessori, Dewey e Angelo Patri[30]. Se ali parecia associado a uma efeméride, o tema constituiria ponto de pauta regular, ora encarado pelo prisma das políticas de escolarização primária, higiene, puericultura, recreação, assistência e mortalidade infantis, trabalho e abandono de menores; ora voltado à compreensão do mundo infantil em sua psicologia, linguagem, brincadeiras e lugar na sociedade. Um de seus porta-vozes era Raul dos Passos, um dos pseudônimos de Gilberto Freyre no jornal. De temperamento aristocrático, amante da cidade e de seus mistérios[31], Passos escreveria, por exemplo, a respeito do lançamento de cantigas infantis por Ribeiro Couto e Manuel Bandeira, que para ele chegavam em momento auspicioso de reforma educacional no estado, por meio da qual se pretenderia "dar ao nosso ensino mais íntimo contato com a realidade brasileira", entre outras coisas preservando as crianças da tirania dos insípidos hinos que falavam duma "pátria muito vaga e muito distante de toda a experiência infantil"[32].

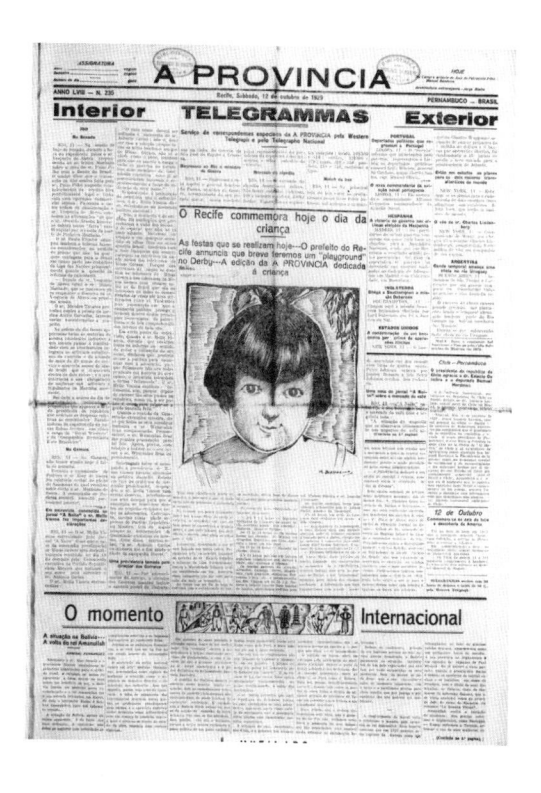

Primeira página do jornal *A Província*, de 12 out. 1929, com uma xilografia de Manoel Bandeira que ilustra o número dedicado ao dia das crianças.

---

28. Após o seu regresso ao Brasil, o autor retornou constantemente ao texto de Pater. Ver Gilberto Freyre, *Tempo morto, op. cit.*, pp. 154, 160, 205 e 207.
29. Em "Em prol da criança", *A Província*, n. 236, 13 out. 1929, p. 3.
30. Sylvio Rabello, "Como Angelo Patri chegou a disciplinar as suas classes", *A Província*, n. 153, 6 jul. 1929, p. 3, e "O reinado das crianças", *A Província*, n. 236, 13 out. 1929, pp. 3-4.
31. A imagem oriental e feminina da cidade do Recife é reveladora das múltiplas afinidades ideológicas e estilísticas entre Raul dos Passos e Gilberto Freyre. Cf. Raul dos Passos, "Aspectos do Recife", *A Província*, n. 270, 23 nov. 1929, p. 3.
32. Raul dos Passos, "Canções para meninos", *A Província*, n. 151, 4 jul. 1929, p. 3.

Um dos enfoques da questão liga-se diretamente ao lugar das crianças na cidade: o tema dos parques infantis. Em sua cadeira de sociologia na Escola Normal de Pernambuco (que assumiu em 1929, a convite de Coimbra), Freyre havia incorporado a "sociologia da criança", e entre os primeiros exercícios práticos desenvolvidos pelas normalistas sob sua orientação constava uma pesquisa a respeito do lazer infantil no Recife. Raul dos Passos tratou do assunto em julho daquele ano em sua relação com o processo de urbanização: se a cidade vinha crescendo e se adensando com a extinção de árvores nativas, sítios e quintais, não era aceitável que se continuasse a enfrentar o problema paisagístico de modo ornamental, absolutamente insensível a seu papel social na cidade[33]. Era preciso conceber os parques como parte da infraestrutura urbana, peça fundamental ao funcionamento e à alegria da cidade. Tratava-se de uma verdadeira cruzada, presente em inúmeros editoriais e apoiada por figuras como Manuel Bandeira e Rabello, que defendiam a "socialização democrática" das crianças por meio do brinquedo e da brincadeira[34].

A abordagem do lugar das crianças na cidade adquiria claro significado ético-político no jornal: não apenas para a crítica da urbanização e do urbanismo contemporâneos, mas para retirar a infância do silêncio a que fora historicamente condenada. Silêncio empírico e conceitual: as crianças desafiavam como ninguém a lógica abstrata e funcional da cidade e as concepções diacrônicas do tempo; seus brinquedos e brincadeiras revitalizavam o espírito urbano ao reabilitar o vivido, o sensível, o lúdico, o fantasioso, o íntimo e o memorial na experiência histórica.

São muitas as associações possíveis entre o tema da criança e o debate historiográfico em Freyre. O que importa aqui é frisar como essa arena cultural urbana no Recife sugere um certo modo de conceber a história urbana, no qual lembranças de infância, retrospectos íntimos, retratos individuais e testemunhos concretos do mundo ao seu redor têm papel crucial. Ao menos enquanto entrelaçados uns aos outros, movimentando-se entre o próprio ponto de vista (do historiador, por exemplo) e outros pontos de vista, ou pelo menos o de alguns de seus contemporâneos e antepassados[35].

---

33. Sobre os cursos de Gilberto Freyre, ver Simone Meucci, *Gilberto Freyre e a sociologia no Brasil: da sistematização à constituição do campo científico*, Campinas: IFCH-Unicamp, 2006, pp. 71-9. Para o ponto de vista de Raul dos Passos, cf. "Parques infantis", *A Província*, n. 173, 31 jul. 1929, p. 3, artigo que faz coro à exortação ao prefeito Costa Maia, publicada alguns dias antes, para que viesse a criar o primeiro parque infantil do Recife. Cf. "A criação de um parque infantil", *A Província*, n. 171, 28 jul. 1929, p. 3, e ainda Raul dos Passos, "A arborização do Recife", *A Província*, n. 105, 8 maio 1929, p. 3.

34. Cf., entre outros: "A monotonia do *ficus*", *A Província*, n. 134, 12 jun. 1929, p. 3; "Arborização da cidade", *A Província*, n. 153, 6 jul. 1929, p. 3; "Árvores e jardins", *A Província*, n. 164, 20 jul. 1929, p. 3; "O respeito pelas velhas árvores", *A Província*, n. 250, 30 out. 1929, p. 3; "Jardins e árvores da cidade", *A Província*, n. 268, 21 nov. 1929, p. 3; "Parques públicos", *A Província*, n. 285, 11 dez. 1929, p. 3; Manuel Bandeira, "O Recife é uma cidade sem jardins", *A Província*, n. 230, 6 out. 1929, p. 3; Sylvio Rabello, "O reinado das crianças", *A Província*, n. 236, 13 out. 1929, pp. 3-4.

35. Maurice Halbwachs, "La mémoire historique chez l'enfant", *Actes du VIII Congrés International de Philosophie*, Praga, Comité d'Organisation du Congrés, 1934, pp. 835-9.

Mas como se constituiu, ao fim e ao cabo, essa perspectiva histórica e essa arena cultural urbana? Sem dúvida, como já dissemos, devido à ação vigorosa de intelectuais carismáticos como Gilberto Freyre, ou outros como Inojosa, Souza Barros e Cardozo, muito comprometidos com causas e campanhas coletivas, com a recepção e disseminação de novas ideias, e com a criação de meios de troca cultural na cidade. Ou em função da densidade local dos meios letrados, do campo comum de referências e disputas, dos recursos de militância cultural, intensamente compartilhados em redes primárias de relacionamento, afeto, interesse e ancestralidade interpares. Certamente graças à concentração na cidade de um imponente meio de imprensa e de um sistema cultural relativamente avantajado em face de uma elite cultural interligada e, de certo modo, protegida do teste público que a maré de analfabetismo ao redor lhe apresentava[36]. Contudo, talvez pudéssemos compreender a sua conformação como efeito de afinidades nostálgicas entre muitos de seus membros, ou de obstinados empreendimentos de investigação de si em distintas áreas de conhecimento, suscitados pela desintegração da ordem tradicional local. Ou, antes, de uma consciência de desnivelamento que, condensada pela cidade, se deparava com prismas ideológicos concorrentes, ora derivados de interesses oligárquicos rivais, ora de visões de mundo mais urbanizadas, profissionais ou radicais, populares ou mesmo revolucionárias. O fato é que foi nesse tecido denso de relações entre o memorial e o histórico, o social e o íntimo, o público e o privado, o político, o intelectual e o boêmio, que parece ter se afirmado esse projeto de história urbana como autobiografia coletiva. Com todos os riscos pessoais e teóricos que o experimento implica.

---

36. Até segunda ordem, quase todos eram homens, luso-brasileiros, brancos ou mulatos, católicos, nordestinos, residentes ou não na região, de classe alta ou média, ainda que decadentes socioeconomicamente, muitos filhos do açúcar e poucos de origem modesta como Luís Jardim, Souza Barros e Osório Borba. Quase nenhum dos pares era negro, mulher, judeu, homossexual ou estrangeiro. O que, do ponto de vista de uma história marcada pelas biografias individuais, não é certamente irrelevante. Vale destacar ainda que, se não era aparentada, essa elite cultural era composta, em 1920, por não mais do que quinhentas famílias. Cf. Robert Levine, *A velha usina*: *Pernambuco na Federação Brasileira*, São Paulo: Paz e Terra, 1980, p. 93.

BUENOS AIRES

Mescla pura: lunfardo e cultura urbana

LILA CAIMARI

Buenos Aires, cultura de mesclas. A caracterização é conhecida, quase um senso comum: ela volta regularmente para descrever o clima da sociedade portenha nas primeiras décadas do século XX[1]. Volta por boas razões, razões que oscilam entre a contundência da estatística demográfica (Buenos Aires, a Babel de imigrantes) e as inflexões da cultura urbana (Buenos Aires, a cosmopolita, a moderna, a nervosa). A diversidade de origens, a fluidez de classes, a hibridização, a síncope edilícia, a cacofonia: os traços dessa cidade-experimento são extremos, quase únicos. Essa mesma audácia despertou, claro, reações e não faltaram chamados de atenção sobre o que tal espetáculo implicava. A nostalgia de tempos coloniais amáveis e a valorização das províncias livres do fluxo imigratório – essencializadas em diferentes formas de pureza: *criolla*, gaúcha, indígena – logo organizaram um imaginário oposto ao do caos portenho[2].

Este ensaio volta à hipótese de Buenos Aires como cenário de mesclas por um caminho que é óbvio e ao mesmo tempo estranho à história cultural da cidade: seu ponto de observação é o léxico popular. O lunfardo é um fenômeno conhecido graças à longa querela erudita sobre o idioma dos argentinos. A questão da relação (maior ou menor, desejável ou não) do castelhano rio-platense com o espanhol da Espanha reuniu o interesse da história intelectual e dos estudos literários, interesse renovado em tempos recentes[3]. Dessas análises se desprende o paralelismo entre a linha hispanista dessa contenda e a crítica antiportenha tradicional: os defensores da pureza deploravam o poliglotismo das elites e a polifonia dos arrabaldes, e celebravam o

---

1. A formulação inicial é de Beatriz Sarlo, *Una modernidad periférica: Buenos Aires 1920 y 1930*, Buenos Aires: Nueva Visión, 1988, p. 15 (ed. brasileira: Beatriz Sarlo, *Modernidade periférica: Buenos Aires 1920 e 1930*, São Paulo: Cosac Naify, 2010). Agradeço os comentários de Adrián Gorelik, Juan Carlos Torre e Roy Hora a versões preliminares deste trabalho, assim como as contribuições de colegas e amigos durante o encontro Arenas Culturales.
2. María Teresa Gramuglio, "Estudio preliminar", *in:* Manuel Gálvez, *El diario de Gabriel Quiroga*, Buenos Aires: Taurus, 2001.
3. A criação em 2011 de um Museu do Livro e da Língua, na Biblioteca Nacional, foi o marco para a renovação de publicações sobre o assunto.

interior (e a Espanha, o "meridiano Madri") como uma reserva do idioma, da "raça" e da tradição[4]. Para a vigorosa linha de defensores da autonomia da língua, ao contrário, Buenos Aires era o berço afortunado de um castelhano ágil e moderno, que permitia purgar todo o lastro estético e ideológico de excessos castiços.

Entretanto, uma opulenta reserva de estudos do lunfardo – muito técnicos, em sua maioria – iluminou singularidades eloquentes do *caló* dos portenhos[5].

Este ensaio procura relacionar o mencionado saber com a questão da modernização de Buenos Aires nas primeiras décadas do século. E a primeira constatação que surge do exercício é que nem todas as manifestações de resistência cultural às mudanças da modernidade se desenvolvem segundo a matriz tradicional – ou seja, a da essência não contaminada oposta às misturas da cidade. Outras nasceram da premissa contrária: a de uma nação de *mistura essencial*. Houve, com efeito, um desvio da idealização antimoderna que não sonhava com o passado colonial, e sim com a cidade da infância ou da juventude dos que eram adultos nos anos 1920 e 1930. Essa cidade foi descrita apelando ao lunfardo, o léxico das mesclas, e designou esse léxico como o instrumento para distinguir os verdadeiros portenhos. Essencializando o que era recente – tão recente que cabia no ciclo de uma vida, tão recente que continuava mudando enquanto esses esforços se cristalizavam –, instalou-se a noção da *mistura tornada pureza*, da *pureza da mistura*.

Réu e cosmopolita: o idioma dos portenhos

"Lunfardo" (termo derivado do romanesco *lombardo*, "ladrão") é o nome acordado para o léxico nascido de uma lava de interlínguas que tiveram seu auge entre as décadas de 1870 e 1940, com muitas etapas e episódios. Não designa um grupo fixo de palavras, mas uma sucessão de termos emergentes desse longo *continuum*, que tem seu momento paradigmático na Babel da virada de século, quando metade dos portenhos havia nascido em algum lugar da Europa[6].

Como se sabe, o lunfardo integra uma extensa família de expressões linguísticas próprias das grandes urbes, que se expande aceleradamente com os processos de modernização das cidades portuárias do século XIX. Nesse âmbito, interessa aqui chamar a atenção para duas características desse processo em Buenos Aires. A primeira se vincula à singularidade demográfica. Ainda que todos os idiomas incluam vocabulários nascidos à margem das regras formais da língua, nenhum outro léxico

---

4. A controvertida expressão "meridiano Madri" provém da formulação de Guillermo de Torre, em seu artigo "Madrid, meridiano intelectual de Hispanoamérica", *La Gaceta Literaria*, ano I, n. 8, Madrid: 15 abr. 1927.
5. Além dos inúmeros trabalhos dedicados ao tema, a Academia Portenha do Lunfardo, fundada em 1962, vem publicando regularmente boletins e comunicados com estudos etimológicos.
6. Entre 1869 e 1914, Buenos Aires passa de 187 mil habitantes a 1,5 milhão, graças à chegada de contingentes provenientes, em sua maioria, do sul da Europa. As taxas de crescimento demográfico da cidade, que se sustentam até 1930, estavam entre as maiores do mundo.

latino-americano (nem a *gíria* carioca, nem o *coa* chileno, nem a *jeringa* peruana, nem o *parlache* colombiano) incorporou tantos termos de línguas diferentes da sua própria. Apesar de serem considerados lunfardismos muitos falares do castelhano que sofreram modificação morfológica ou que por deslocamento semântico adquiriram novo significado, o que distingue o lunfardo é a quantidade de termos tomados de línguas diferentes do espanhol. Italianismos, galicismos, anglicismos, lusismos e algumas outras contribuições de línguas europeias constituíram, nas primeiras décadas de sua criação e difusão, cerca de metade do total de termos que compõem esse léxico[7].

A segunda peculiaridade remete à amplitude e à precocidade da expansão do lunfardo na fala dos portenhos. Como outros fenômenos desse tipo, muitos de seus elementos nasceram associados a certos bairros e a determinados grupos socioeconômicos.

Rua Corrientes, 1936, vista desde o Paseo del Bajo até o Obelisco. A parte leste de Corrientes era o epicentro da vida noturna e da cena cultural de Buenos Aires nas primeiras décadas do século XX. Fotografia: Horacio Coppola/Arquivo Horacio Coppola.

[7]. O resto das vozes provém de indigenismos, ruralismos e sobretudo de espanholismos, entre os quais havia não só vozes do espanhol popular, mas também das gírias de criminosos e de ciganos. Neste ponto, sigo Oscar Conde, *Lunfardo: un estudio sobre el habla popular de los argentinos*, Buenos Aires: Taurus, 2011, p. 56.

Por exemplo, sabemos que La Boca – zona portuária de maioria genovesa – é um dos rincões que mais contribuições fizeram no início, apesar de serem os italianos do sul (não os do norte) os que predominavam no resto da cidade. Se bem que a origem étnica e etimológica do lunfardo esteja hoje consideravelmente mapeada[8], sua genealogia social e ocupacional foi (e continua sendo) objeto de debate. Existem campos semânticos que não geram maiores discussões. O mundo das profissões é um clássico provedor de jargões; o do sexo, também: nesse plano, o lunfardo não constitui uma exceção. Em Buenos Aires, algumas paixões da cultura popular, como as corridas de cavalos, inspiraram derivações especialmente ricas e duráveis, com termos como *fija*, *batacazo* ou *arbolito*.

Além das querelas etimológicas específicas, as discussões centrais giraram em torno do âmbito social de origem do lunfardo, que foi identificado, uma ou outra vez, com o denso submundo portuário de fins do século XIX e, mais especificamente, com o universo dos delitos da época. Em seus textos mais polêmicos sobre o assunto, Borges referia-se ao lunfardo como o vocabulário gremial dos ladrões, comparável ao dialeto da matemática ou da serralheria – um "tecnoleto", em termos dos linguistas[9]. Essa percepção, compartilhada, pode ser compreendida ao observarmos a natureza dos primeiros dicionários.

O estudo sistemático da fala popular dos portenhos iniciou-se com a publicação, em 1878, do artigo "El dialecto de los ladrones" no jornal *La Prensa*. Ali se transcreviam 29 falares com suas respectivas traduções, tendo "como fonte de informação da nova língua gerada no próprio seio de Buenos Aires um comissário de polícia da capital"[10]. A lista de estudiosos da linguagem das margens continua com os artigos sobre "Los beduinos urbanos" publicados pelo então policial Benigno Lugones em *La Nación* (1879). Esse pequeno dicionário da linguagem dos *lunfardos* (termo que designava ao mesmo tempo os ladrões profissionais e sua língua) foi concebido com o propósito de "avivar otários", em outras palavras, para ajudar o leitor desprevenido a se defender com o auxílio do conhecimento do idioma dos "cavalheiros da indústria"[11].

O saber sobre os *argots* de muitas cidades europeias e latino-americanas começou por inventários desse tipo, dos quais Buenos Aires tem uma forte tradição: *El idioma del delito* (1894), do jurista e criminalista Antonio Dellepiane; *Vocabulario lunfardo*, com cerca de 1.300 entradas, publicado em 1915 por Luis Contreras Villamayor (ex-carcereiro e autor do primeiro romance lunfardo, *La muerte del pibe Oscar*, 1913); um "Vocabulario lunfardo" aumentado para 1.521 palavras, difundido na *Revista de*

---

8. José Gobello, *Blanqueo etimológico del lunfardo*, Buenos Aires: Marcelo Oliveri, 2004; Oscar Conde, *Diccionario etimológico del lunfardo* (1998), Buenos Aires: Taurus, 2004.
9. Jorge Luis Borges, "El idioma de los argentinos", *in:* Jorge L. Borges; José E. Clemente, *El lenguaje de Buenos Aires* (1926), Buenos Aires: Emecé, 1963, p. 19.
10. Adolfo Rodríguez, *Lexicón. Diccionario lunfardo*, disponível em: <http://www.todotango.com/comunidad/lunfardo/intro/>, acesso em: 30 jul. 2018.
11. Benigno Lugones, "Los beduinos urbanos", *in:* B. Lugones, *Crónicas, folletines y otros escritos*, Estudio preliminar de Diego Galeano, Buenos Aires: Biblioteca Nacional, 2012, p. 113.

Rua Necochea, La Boca, um dos bairros do surgimento e da expansão do lunfardo, dez. 1938.

Policía em 1922, além de estudos criminológicos que se interessaram pelas palavras do submundo[12].

Esse *corpus* consolidou a hipótese de que o lunfardo teria sua origem entre ladrões. O vínculo é muito claro na composição dos primeiros glossários, com uma variedade de termos para designar bolsos, carteiras, fechaduras, golpes e potenciais vítimas. É inegável, a obliquidade desse léxico sobrevive a todas as tentativas de estudiosos e simpatizantes de separar o fenômeno dessas origens vergonhosas. Mais que refutar a hipótese, interessa debruçar-se sobre esses compêndios para trabalhar com ela, pois a questão não termina com a comprovação de semânticas do delito, o que é – insisto – inocultável.

Em primeiro lugar, a observação minuciosa dessas listas revela todo um universo de termos que não corresponde a tal descrição. Até os trabalhos mais sucintos, como o de Dellepiane, destinam uma parte considerável a nomes de objetos ou ações da vida cotidiana, testemunhos de uma vocação etnográfica que ultrapassa o propósito instrumental. As palavras mais "técnicas", como *escrucho*, *grillete* ou *balurdo*, estão acompanhadas de outras tão anódinas como *mina*, *morfar*, *boliche*, *lienzo*, *manyar*

12. Antonio Dellepiane, *El idioma del delito y diccionario lunfardo* (1894), Buenos Aires: Libros del Mirasol, 1967, p. 53; "Idioma del delito (Vocabulario lunfardo)", *Revista de Policía*, 1º jun. 1922, p. 267. Sobre os primeiros dicionários de lunfardo, ver O. Conde, *Lunfardo...*, *op. cit.*, pp. 414 ss.

ou *abatatarse*. Também existem palavras, igualmente banais, que caíram em desuso, como *quívedo* (sifão de soda) ou *mandilo* (guardanapo). Ainda que tomemos os termos associados ao mundo ilegal, comprovamos que muitos não correspondem a crimes ou delitos, mas a contravenções. Ou seja: a pequenas faltas cometidas cada dia por milhares de pessoas, faltas que remetem a uma zona moral e normativa mais cinzenta, faltas que guardam um vínculo íntimo com as interações próprias da sociabilidade do ócio numa cidade em plena mudança como Buenos Aires. Termos como *rolar* (andar em companhia de um amigo), *timba, escabiar, escolazo, marcar* (ferir com arma branca), ou inclusive o vocabulário associado ao prostíbulo – tão profuso até os tardios anos 1930 –, designam realidades muito mais amplas e misturadas que um tecnoleto de ladrões.

Logo, o crescimento da escala dos dicionários policiais – que passaram de algumas dezenas de termos a vários milhares, para culminar no imponente *Lexicón de 16.500 voces y locuciones lunfardas, populares, jergales y extranjeras* do comissário Adolfo Rodríguez (1991) – não faz mais que lançar dúvidas sobre a especificidade e os propósitos de seu conteúdo, dúvidas que aumentam ao se comprovar o recorte e o tom desses estudos, amiúde dedicados a palavras que caíram em desuso. Esse interesse de longo prazo fala de uma vontade de afirmar credenciais identitárias, provas da virilidade das ruas e conhecimento do mundo popular, muito mais que de pedagogias da detecção. A rede policial de pescar palavras ultrapassa, sempre ultrapassou, o compêndio dos termos obscuros de quadrilhas[13].

A inespecificidade caótica dos dicionários mais "profissionais" coincide com o recente desenvolvimento de estudos do lunfardo, onde não há intenção repressiva, mas um tom francamente empático – até mesmo celebratório. Ao trabalho de policiais e criminologistas logo se somaram amplos glossários das idiossincrasias da fala portenha organizados por jornalistas e escritores populares. Entre setembro de 1913 e janeiro de 1915, o jornal *Crítica* dedicou uma seção de sua página 5 à publicação do *Novísimo diccionario lunfardo*, de José Antonio Saldías, conhecido jornalista e escritor, que assinava como Rubén Fastrás. O tom da seção era jocoso e plebeu, como o eram a mensagem implícita no recorte, a seleção de termos, o ponto de vista das definições – elas mesmas entretecidas de palavras do lunfardo, termos em *vesre* e fala coloquial:

Entripar: não poder dar gosto ao *garguero* [garganta]. Proibição. Aguentar em silêncio as ofensas de qualquer *bacán* [bacana]. Submeter-se aos caprichos da *nami medio cola y aspaventadora* [mulher meio cadeiruda e assustadora][14].

---

13. Desenvolvi este ponto em "Police, tango et argot: culture policière et culture populaire à Buenos Aires au XXe siècle", *Histoire, économie & société*, n. 4, dez. 2013, pp. 41-8.
14. J. Saldías, "Novísimo diccionario lunfardo", *Crítica*, 3 out. 1914, p. 5. [O destaque é meu.]

A tal ponto *não* era esse "dicionário" um empreendimento esclarecedor de termos herméticos que, por vezes, ele funcionava ao contrário: explicava, *apelando ao lunfardo*, o significado de palavras do castelhano comum:

> Suplício: é o que geralmente sente o *calavera* [malandro] empedernido quando não pode *piyar* [pilhar] o correspondente *copetín* [aperitivo], ou quebrar a *talerazca* [porretada] os ossos de sua mulherzinha idolatrada. [...] A *aguantada* [aguentada] *ou entripado de órdagos* [tumulto extraordinário][15].

Notícias de outro dicionário similar em espírito e concepção começaram a circular no início dos anos 1920. Seu autor era o popular jornalista Juan Vicente Palermo (Quico). Promovido em *Crítica* e na contracapa de seu livro *El corazón del arrabal* (1920), o trabalho nunca foi publicado como tal, e só a *Gaceta Policial* divulgou seus primeiros trechos. (Que uma revista de policiais abrigasse de um glossário sem nenhum viés utilitário, que ademais se confundia deliberadamente com seu objeto, é outro sintoma da mistura de registros já mencionada.)

O dicionário de Palermo iniciava-se com uma dedicatória a Natalio Botana, "que planta árvores, teve filhos e concebeu 'Crítica': base deste volume"[16]. Mesmo assim, misturava inadvertidamente a seleção lexical com os sobrenomes ou apelidos de falastrões e delinquentes conhecidos, *furqueros, madruguistas, escruschiantes*, distribuidores de cocaína. Dessas "personalidades rés" (desaparecidas, em muitos casos), ofereciam-se com gosto e graça – e recorrendo ao mesmo lunfardo que se "estudava" – breves biografias:

> AGABATTI, JULIO (A). "El Gordo Julio" ou Julio Carter ou Mariano Sosa ou Pantaleón "Me cacho en Dié" ou Fermín Lejarza. Contam os velhos lunfardos moradores do bairro desaparecido "Los Corrales" que o Gordo Julio foi um dos réus mais íntegros do populacho existente por aqueles tempos da Madona Imaculada[17].

Voltaremos ao viés retrospectivo dessa galeria de réus. No momento interessa assinalar que o prazeroso compêndio reclamava legitimidade etnográfica (como os estudos de policiais e criminologistas), mas também conhecimento da lírica e do jornalismo periféricos, dos quais Palermo era promotor. Por certo, o lunfardo tinha alcançado uma divulgação tal que suas fronteiras eram intangíveis, e seu *status* cada vez mais indiferenciável da fala comum de muitos. Mais que explicar o sentido de palavras estranhas ao leitor, esses "dicionários" procuravam chancelar uma cidadania das palavras. O empreendimento transcorria, além disso, num contexto de acelerada

---

15. *Ibid.*, 4 out. 1914, p. 5.
16. *Gaceta Policial*, 25 jul. 1926, p. 20.
17. *Ibid.*, 9 jul. 1926, p. 20. [Negrito no original.]

integração do lunfardo à escrita de circulação maciça – uma via de difusão que se agregava a outras, como a do sainete.

Por outro lado, a rapidez com que o lunfardo ingressa na imprensa é eloquente. O jornalismo da passagem de século já se mostrara muito atento às vozes babélicas da cidade, com seu registro de palavras e pronúncias. Os bem-sucedidos folhetins de Eduardo Gutiérrez incluíam termos como *descolgarse*, *crepar*, *espiantarse* ou *atorrante*, filtrados entre ruralismos e *cocolichismos*[18]. Nas revistas ilustradas, o auge do costumbrismo difundiu muitas cenas e diálogos da vida plebeia. De todos os autores que cultivaram esse gênero, José S. Álvarez (Fray Mocho) foi o melhor e mais sistemático "taquígrafo das ruas" da fala do Novecentos. Suas *Memorias de un vigilante* (1897) e suas vinhetas de personagens das ruas, publicadas em *Caras y Caretas* com o pseudônimo de Fabio Carrizo, podem ser lidas como um registro sonoro do experimento da integração – feito com tal *dom fonográfico* e espírito *ventriloquista* que requereu recursos estenográficos e tipográficos inéditos[19].

Com o jornalismo dos anos 1920 e 1930, o lunfardo passou da vinheta costumbrista – onde convivia com o *cocoliche* e outras interlínguas efêmeras – para a coluna policial, a tira humorística, o relato esportivo e a água-forte. O ar de insolência democrática que emana de tantos materiais da época deve muito à inserção de palavras tomadas do magma da fala coloquial, onde as conotações originais se diluíam e as fronteiras se desvaneciam.

O deslizamento é significativo: o lunfardo foi passando do retrato do "outro" das ruas para a crônica em primeira pessoa. Jornalistas conhecidos, como Roberto Arlt, e comentaristas de rádio, como o ultrapopular narrador de turfe "Last Reason" (Máximo Sáenz), cultivaram deliberadamente a familiaridade com léxicos e expressões das ruas. Sua exibição se mostrou cheia de conhecimento, adquiriu *status* de *credencial baqueana* [especializada].

Em "Nosso idioma réu e cosmopolita", dizia Arlt, "evoluíam as ruas, os bondes, os comércios, os costumes e até as palavras". Quem apreciava conhecer Buenos Aires devia conhecer o idioma que ali se usava e legitimá-lo mediante o uso escrito.

> E eu tenho esta fraqueza: a de acreditar que o idioma de nossas ruas, o idioma em que conversamos você e eu no café, no escritório, em nosso trato íntimo, é o verdadeiro. [...] Tenho andado um pouco pela rua, por estas ruas de Buenos Aires, e gosto muito delas,

---

18. Luis R. Furlan, "La dimensión lunfarda y su penetración en la literatura", *in:* Alfredo Rubione (dir.), *La crisis de las formas*, Buenos Aires: Emecé, 2006, p. 648 (vol. 5 de *Historia crítica de la literatura argentina*, dir. por Noé Jitrik); Martín Servelli, *A través de la República: la emergencia del reporterismo viajero en la prensa porteña de entre-siglos (XIX-XX)*, tese de doutorado, Buenos Aires: UBA, 2014, p. 78. [*Cocolichismo*: referente a *cocoliche*, fala híbrida utilizada por certos imigrantes italianos que misturava palavras italianas e espanholas. (N.T.)].
19. Pedro L. Barcia, "Fray Mocho, testemunho de Buenos Aires", *in:* P. L. Barcia, *Fray Mocho desconocido*, Buenos Aires: Ediciones del Mar de Solís, 1979, p. 63. Ricardo Rojas alude ao talento fonográfico de Álvarez em *Cosmópolis*, Paris: Garnier, 1907.

e lhe juro que não creio que ninguém possa se rebaixar nem rebaixar o idioma usando a linguagem da rua, mas que me dirijo aos que andam por essas mesmas ruas e o faço com agrado, com satisfação. Creiam-me. Nenhum escritor sincero pode se desonrar nem se rebaixar por tratar temas populares e com o léxico do povo. O que hoje é *caló* amanhã se transforma em idioma oficializado[20].

Declaração de uma política da escrita. E também sinal de um estado de coisas em que o viés defensivo do argumento era indício das objeções que essa decisão suscitava. É que esses anos são, também, os da defesa do castelhano "puro". Os rastros abundam no âmbito da escola pública, onde se estabelecem políticas ordenadoras e estabilizadoras da ortografia. Entre gramáticos e especialistas circulam livros prescritivos que transmitem o temor a um estado de caos: *Guía del buen decir*, de Juan Selva (1917); *Babel y el castellano*, de Arturo Capdevila (1928); *Barbaridades y disparates*, de Monner Sans (1933); *Defendamos nuestro hermoso idioma*, de J. Cantarell Dart (1944) etc. A tradição da queixa em relação ao mal falar e mal escrever na Argentina constitui-se em fundamento discursivo – é o resmungo e mau humor dos hispanistas, dirá Borges[21].

Desse conjunto de alertas, destaca-se a voz do observador mais interessado na variedade linguística rio-platense: o espanhol Amado Alonso, residente na Argentina entre 1927 e 1946, e diretor do Instituto de Filologia da Universidade de Buenos Aires. No primeiro capítulo de *El problema de la lengua en América* (1935) – título por si só expressivo –, Alonso dava conta de uma singularidade: em Buenos Aires, a minoria que falava a língua geral (correta) constituía, comparada à massa de portenhos, uma proporção menor que em outras cidades. Logo: "pessoas não pertencentes a ela [a essa minoria] estão profusamente em todos os postos de direção da sociedade". Mais ainda: "a minoria de fala correta tem sobre a massa de concidadãos uma influência menor". Pulverizada a tradição oral do castelhano culto ante o aluvião de

Bailes populares organizados pela prefeitura nos bairros, 1931.

---

20. Roberto Arlt, "¿Cómo quieren que les escriba?", *El Mundo*, 3 set. 1929.
21. Ángela Di Tullio, "Organizar la lengua, normalizar la escritura", *in:* A. Rubione (dir.), *La crisis de las formas, op. cit.*, pp. 543 ss.; Fernando Alfón, "Estudio liminar", *in:* Fernando Alfón (org.), *La querella de la lengua en Argentina*, Buenos Aires: Biblioteca Nacional/Museo del Libro y de la Lengua, 2013, p. 57.

portenhos novos, a debilidade da influência dos portadores daquela fala de qualidade era muito inquietante, observava Alonso[22].

Não é que faltassem iniciativas para reprimir a primazia do registro coloquial. A mais brutal sobreveio logo após o golpe de Estado de 1943. Na esteira de uma ampla ofensiva autoritária, proibiu-se o uso do lunfardo no rádio. Na verdade, a ordem de supressão de "modismos de *hampa*" e "arremedos de outros idiomas" existia desde 1933, mas nunca fora cumprida. Dez anos mais tarde, censurava-se "toda palavra do 'argot' ou submundo, assim como os modismos que o desvirtuam, tão comuns no falar corrente, como '*salí*', '*andá*' etc."[23]. Enquanto isso, empreendia-se o saneamento das letras de tango, aplicado aleatoriamente na década anterior. "El chamuyo" passou a ser "Conversando"; "El ciruja" ficou "El hurgador de basurales"; "Qué vachaché", "Qué vamos a hacerle"; "Amurado", "Abandonado" etc.[24]

Essas medidas revelam a essência pusilânime e autoritária do grupo governante, como já foi indicado algumas vezes. Sem dúvida. Mas não menos eloquente foi o atraso com que se implementou o projeto purificador, e seu resultado insustentável. Félix Luna lembra: "Essas puerilidades faziam todo o país rir. [...] [O povo argentino] tomava como brincadeira essas bobagens e acolheu com regozijo o arsenal de ironias e chistes que logo floresceram como revide às extravagâncias do regime militar"[25].

Em 1949, o presidente Perón voltava atrás no intento.

Mesclas puras

Ciudad,
te digo la frase guaranga del caló
para hacerte más mía, para hacerte más íntima...
CARLOS DE LA PÚA, *LA CRENCHA ENGRASADA*

Siempre fui así. Lisito y yano como caye recién asfaltada.
LA CANCIÓN MODERNA

Como sabemos, o gênero canção garantiu a sobrevivência de uma parte substantiva do lunfardo do entresséculos e o fixou num acervo estável. Com pinceladas que evocavam aqueles sons das ruas, o tango foi o grande veículo do canto à cidade

---

22. Amado Alonso, "El problema argentino de la lengua", *in:* A. Alonso, *El problema de la lengua en América*, Madrid: Espasa-Calpe, 1935, p. 41. Sobre a evolução das posições de Alonso com relação ao castelhano rio-platense, ver Elvira Arnoux; Roberto Bein, "La valoración de Amado Alonso de la variedad rioplatense del español", *Cauce. Revista de Filología y Didáctica*, n. 18-9, 1995-96, pp. 183-94.
23. O. Conde, *Lunfardo...*, op. cit., p. 402.
24. Arcángel Pascual Vardaro, *La censura radial del lunfardo, 1943-1949*, Buenos Aires: Dunken, 2007.
25. Félix Luna, *El 45: crónica de un año decisivo*, Buenos Aires: Sudamericana, 1981, p. 35.

que se modernizava: imigrantes ou argentinos de primeira geração, poetas e letristas construíram uma genealogia afetiva centrada no bairro.

Desnecessário dizer: a relação entre tango e bairro, e o viés profundamente nostálgico desse vínculo, não precisa de demonstração. Aí se expressou o leque de emoções produzidas pela perda desorientadora dos lugares da infância, com frequência entrelaçada à perda da mulher. Ambas as perdas – do bairro e da *papusa* [mulher bonita] – convergiram no tema da censura ao esquecimento das origens de classe, de afetos, de infância. Numa sociedade onde tudo muda, o tango trazia o mandado ético da lealdade. Em registro amoroso e melancólico, o tema do bairro – com suas constelações temáticas internas da *milonguita*, do regresso, da alma, do farol, do percal, da casinha, da lama etc. – lavrou uma inflexão definidora do gênero[26].

Junto ao lugar das origens, o tango-canção construiu o mito do centro, e não só como oposto moral. A populosa rua Corrientes incorporou-se muito depressa a um mapa emocional *próprio*, numa operação só posterior a sua consolidação efetiva como centro do espetáculo. *"Ascua de luces eléctricas. / Parecés el pecho de una bacana / por las muchas pedrerías / de tus lámparas"*[27], diz Dante Linyera em seu *"Chamuyo a la Calle Corrientes"*[28]. Com suas diversas caras – portuária, oficinal, teatral, boêmia –, aqui se erigiu a contrapartida adulta do bairro-berço.

Enquanto a cidade se modernizava e o lunfardo dava tom e colorido aos meios de comunicação e à cultura popular, um grupo de escritores apostava nos exercícios de exaltação ao léxico dos marginalizados. *Versos rantifusos*, de Yacaré (pseudônimo de Felipe Fernández, 1915), *Canciones grises*, de Enrique Cadícamo (1926), *La crencha engrasada*, de Carlos de la Púa (pseudônimo de Carlos Raúl Muñoz, 1928), *Chapaleando barro*, de Celedonio Flores (1929), e *Semos hermanos*, de Dante A. Linyera (pseudônimo de Francisco Bautista Rímoli, 1933) compunham uma lírica programática[29]. Escrita por autores que imitavam a fala lunfarda, a poesia *lunfardesca* procurava fixar uma espécie de essência idiomática, numa miscelânea lexical, fonética e ortográfica que por momentos beirava o ininteligível: *"Hoy todo se ha ido. Las grelas son grilas / Los púas, froilanes que yiran de atrapa. / La merza, chitrulos, mangueros de gilas. / ¡Los guapos de pogru la copan de yapa!"*[30].

---

26. Mario Sabugo, *Del centro al barrio: imaginarios del habitar en las letras del tango rioplatense*, Buenos Aires: Café de las Ciudades, 2013; Gustavo Varela, *Mal de tango: historia y genealogía moral de la música ciudadana*, Buenos Aires: Paidós, 2005.
27. "Braseiro de luzes elétricas. / Pareces o peito de uma bacana / pelas muitas pedrarias / de tuas lâmpadas." [N.T.]
28. *La Canción Moderna*, 9 abr. 1928, s.p. Como indica Carolina González Velasco em *Gente de teatro: ocio y espectáculos en la Buenos Aires de los años veinte* (Buenos Aires: Siglo XXI, 2012), teatros e cabarés alinharam-se nos anos 1920 ao longo dessa artéria, especialmente no trecho entre Maipú e Callao.
29. Ainda que mais compacto e deliberado, este *corpus* continuava uma difusa tradição literária prévia, que remonta à passagem de século. Soler Cañas, *Orígenes de la literatura lunfarda*, Buenos Aires: Siglo XXI, 1965.
30. "Hoje tudo se foi. As mulheres não são mulheres / Os espertos são tolos que vagam por aí para roubar sem cuidado. / Pessoas comuns são tontas, vivem de mulheres ingênuas. / Prevalecem os falsos

Partitura de "El chamuyo", tango de Francisco Canaro.

Os principais autores dessa vertente – Yacaré, De la Púa, Dante A. Linyera – escreveram quando o lunfardo já se espraiava generosamente pelo falar corrente, e por isso mesmo o transgressor necessitava fazer uso da impostação. A operação era de todo modo artificial, não menor que a fantasia da pureza do castelhano do interior. A velocidade da mudança urbana fez com que nomes de ruas e de lugares adquirissem rapidamente o viés do *ubi sunt*: "*Al barrio de Las Ranas / hizo temblar con sus macanas*"[31]. Também era explícita sua dimensão conservadora, ao propor defender Buenos Aires da dissolução identitária, dando-lhe uma voz indiscutível, característica.

Defender a identidade portenha de quem? Do "meridiano Madri", claro, e de seus empedernidos representantes locais. Mas também de novos hibridismos, como o que provinha da americanização, que ameaçava dissolver aquela hibridez própria, tornada agora essencial. Defendê-la, sobretudo, da escola pública, que normalizava ortografias e disciplinava modos. Um "Elogio del maleducado" atacava em *rante*[32] a ideologia falseadora da boa presença:

Ah, a gente mal-educada! Ah! Ah! Demos graças a Deus e às escolas do Estado que tiveram a boa ideia de criar gente mal-educada. [...] O bicharoco de duas patas que se chama "mal-educado" se diferencia dos demais homens no fato de que não é preciso dar voltas para dizer as coisas. Chamam o pão de pão, e o vinho, *vinagrillo*. É um indivíduo sincero. Bruto, isso sim, mas sincero. [...] A boa educação não serve para nada. Porque implica egoísmo, falta de genialidade, rotina e estupidez. Quase todos os bem-educados são uns medíocres[33].

Entre os estudiosos do lunfardo, procurou-se de muitas maneiras atenuar a hipótese do laço congênito do léxico popular portenho com o mundo do delito e o submundo[34]. Menos se disse que a associação não provém só dos críticos (reacionários, antipopulares) dessa expressão linguística, mas de seus maiores simpatizantes, e que

corajosos!" [N.T.] Carlos de la Púa, "Cacho de recuerdo", em C. de la Púa, *La crencha engrasada*, Buenos Aires: s.e., 1928, p. 15.
31. *Ibid.*, p. 18. "Ao bairro de Las Ranas / fez tremer com seus desatinos." [N.T.]
32. Em lunfardo, "rante" é apócope de *atorrante* (vadio). Neste caso, "rante" é usado como metáfora de lunfardo, o idioma dos vadios. [N.E.]
33. Dante A. Linyera, "Elogio del maleducado", LCM, 28 maio 1928.
34. Mario Teruggi, *Panorama del lunfardo*, Buenos Aires: Sudamericana, 1978, p. 2; O. Conde, *Lunfardo...*, *op. cit.*, pp. 123 ss.

A dinâmica da vida noturna da rua Corrientes, 1936. Fotografia: Horacio Coppola.

foi exaltada justamente quando o vínculo parecia estar em perigo. Enquanto o dicionário de Palermo difundia uma galeria de malandros e delinquentes de bairros em vias de desaparecer, De la Púa escrevia seus versos fraternos ao "Hermano chorro" ["Irmão ladrão"], o que sustentava dizendo: *"yo también / sé del escruche y de la lanza"*[35].

Uma portenhidade *rea* [ré] erigia-se, enfim, contra as forças dissolventes desse *reaje* [grupo de réus]. Longe de se defender inventando uma limpeza das origens, exaltava-se uma genealogia arisca da modernidade civilizatória, obstinadamente fiel ao *pedigree* cambalacheiro e de submundo:

> O talento popular portenho é tão inesgotável que quando não se acha na conversação uma palavra para designar um objeto, uma ideia ou uma emoção, *paft!*, aparece um Miguel de Cervantes do submundo e no ato inventa uma expressão tão argentina, e tão terminante e gráfica, que nem mesmo Calixto Oyuela tem remédio senão aceitá-la[36].

---

35. C. de la Púa, *La crencha engrasada, op. cit.*, p. 19. "Eu também / sei do escruncho e da punga." [N.T.]
36. Dante A. Linyera, "Elogio del lunfardo", LCM, 7 maio 1928.

A oposição entre os "Cervantes do submundo" e os defensores da normalização idiomática sobrevoa todo o projeto de *La Canción Moderna*, que impulsionou um programa celebrador da cultura do arrabalde. De ressonâncias populistas e anarquistas, *La Canción Moderna* nascia em 1928 sob a direção de Dante A. Linyera, associado ao jovem Julio Korn, futuro magnata dos meios de comunicação de massa. O projeto reuniu, por pouco tempo, o imigrante judeu interessado nas indústrias culturais e o filho de imigrantes italianos decidido a preservar uma cultura popular "pura" e espontânea.

A revista tinha seções fixas como "De la Gayola", que reproduzia cartas *lunfas* do apenado Pata Santa para seu comparsa El Fraile. Entre outros projetos, incluía um folhetim detetivesco (Brike A. Brake e seu secretário Jajuijua, "Episodio 1º: ¿Quién afanó las gallinas?") e a tradução de poesia culta para o *caló arrabalero*[37], numa seção a cargo de Rubén Trovato, "Hijo e'gringo pero criollo" ["filho de gringo, mas *criollo*"]. O mesmo pseudônimo do diretor da revista, Dante A. Linyera, era uma lunfardização do poeta Dante Alighieri. A revolta era liderada por "acadêmicos do *reaje*" e "eruditos do lunfardo".

> Vão nos ensinar, a nós, a falá-la! A nós, que somos os criadores de um idioma novo, de uma linguagem simples, gráfica, mais contundente que um soco de Campolo e mais florida que chapéu de velha. Nosso idioma é o *chamuyo* [palavreado] do porvir. [...] Porque não há vocabulário neste mundo porco que se aproxime do pródigo, amplo, picaresco e gracioso idioma do arrabalde portenho[38].

Ao contrário do que supunham aqueles que tratavam de reprimir o lunfardo, o projeto, longe de possuir aspirações expansionistas, expressava um exercício demarcador de fronteiras. Quem tinha o direito de narrar a cidade? Resposta: quem manejava esse código, árbitro das credenciais da Buenos Aires verdadeira: "Não basta dizer '*araca*', '*percantina*', '*escolazo*' e '*diquera*' para escrever em *arrabalero*. Além disso, é preciso espírito, inteligência"[39]. O lunfardo não era para todos, mas para aqueles que o mereciam.

Cultura de mescla e viagem das palavras

Do submundo para o arrabalde e do arrabalde para o centro; das margens semidelitivas ao magma da fala comum: por lugares reais ou imaginários, o caminho do lunfardo foi rápido, e seu impulso, resistente. A radical mistura de origem, a integração precoce no amplo caudal da fala de rua, a imediata permeabilidade da imprensa a

---

37. Linguagem dos arrabaldes. [N.T.]
38. Dante A. Linyera, "Elogio del lunfardo", *op. cit.*
39. *La Canción Moderna*, 2 abr. 1928, s.p.

essas locuções, a frustração reiterada dos controles, a fixação no gênero popular que cantava a cidade: esse caminho está repleto de chaves, pontes e conexões. Uma entrada possível, o projeto de essencialização e "purificação" das idiossincrasias linguísticas da sociedade de mistura revela, ao mesmo tempo, traços daquela cultura e vias próprias de uma reação antimoderna.

Breve e esquemático, este trabalho trata de dizer por que esse objeto merece ser interrogado para além das querelas eruditas sobre o idioma dos argentinos – elas mesmas carregadas de observações úteis para a história. Procura propor uma pista, incorporar um espaço de trabalho, imaginar os caminhos de um diálogo interdisciplinar. Esse diálogo implicaria assumir como própria a premissa básica dos estudos sociolinguísticos, a saber: que as derivações da linguagem estão intimamente ligadas aos traços de uma sociedade[40]. A investigação exigiria muito mais que familiaridade com os saberes específicos. Requereria, por exemplo, a intensificação do vínculo entre esses estudos e as hipóteses sobre a evolução da sociedade, vínculo que hoje se reduz à causalidade relativamente simples entre o âmbito demográfico-urbano e a hibridização idiomática. Além disso, deverá agregar a essa imbricação perguntas que vão na direção oposta às estabelecidas pelos estudos linguísticos e literários. Junto à saga da expansão do lunfardo, vai se delineando um mapa das zonas sociais vedadas a sua influência – um exercício muito diferente da história da censura, que deverá combinar o jogo de distinções *reas* aqui descritas com o das distinções associadas à ascensão de classes.

O espectro de interseções possíveis é amplo, por certo, e não é este o lugar para prescrever uma agenda de temas. E talvez essa agenda seja menos importante para o conhecimento da cultura portenha do que uma maior integração dos avatares do idioma ao estudo de objetos já conhecidos. Em outras palavras: que a história cultural tenha se encarregado da noção – aceita vagamente pelos historiadores, mas não totalmente integrada em suas implicâncias – de que as singularidades da fala e da escrita contêm uma promessa para auscultar aquele extraordinário experimento que foi Buenos Aires.

---

40. Peter Burke; Roy Porter (comps.), "Introducción", *in:* P. Burke; R. Porter, *The Social History of Language*, Cambridge: Cambridge University Press, 1987.

SÃO PAULO

O edifício Martinelli e a euforia vertical

FERNANDA ARÊAS PEIXOTO
ALEXANDRE ARAÚJO BISPO

Impossível circular pela São Paulo dos anos 1930 sem topar com a imponente massa cor-de-rosa erguida no triângulo histórico, definido pelas ruas São Bento, Direita e XV de Novembro, da então denominada "capital do café", em torno da qual gravitava a vida urbana no momento. A torre em concreto armado, duplicada em altura em função de sua posição geográfica, no alto de uma colina, era um "referencial e um símbolo", anota Claude Lévi-Strauss, jovem professor da Universidade de São Paulo, que não por acaso escolhe a imagem do Martinelli para abrir seu volume de fotografias da cidade que ele conhecera entre 1935 e 1938[1]. Presença incontornável em paisagem ainda horizontal, o arranha-céu é também marco temporal definidor de um "antes e de um depois" na vida da cidade[2], demarcando ainda alterações do ponto de vista de sua escala: projeta um *skyline* futuro e o desejo de converter a urbe no endereço da modernidade brasileira, que a economia cafeeira e o crescimento industrial chancelam.

Ao brotar, entre 1925 e 1929, sobre os escombros do casarão centenário onde se situava o Café Brandão, o edifício expressa o ritmo veloz e fraturado das transformações da cidade, exibindo em sua forma grandiosa a posição ascendente de São Paulo no cenário nacional e o lugar das novas elites urbanas de origem imigrante na definição dos contornos do espaço e da vida pública, em tempos de crescimento[3].

---

1. Claude Lévi-Strauss, *Saudades de São Paulo*, São Paulo: Companhia das Letras, 1996, p. 23.
2. Nas lembranças do Sr. Amadeu e Sr. Ariosto, que também conheceram São Paulo nos anos 1930, o edifício figura, diversas vezes, como baliza temporal: "Mais tarde iluminaram a avenida São João", diz o Sr. Amadeu, "isso foi depois do Martinelli". Cf. Éclea Bosi, *Memória e sociedade*, São Paulo: Companhia das Letras, 1995, p. 140.
3. A população da cidade de São Paulo dobra entre 1917 – quando tinha 500 mil habitantes – e 1933, momento em que atinge a casa de 1 milhão (Richard Morse, *Formação histórica de São Paulo*, São Paulo: Difel, 1970, p. 365); aumento alimentado de perto pela migração estrangeira, sobretudo italiana; 70% dos italianos vindos para o Brasil dirigem-se a São Paulo. Ver Zuleika Alvim, *Brava gente. Os italianos em São Paulo*, São Paulo: Brasiliense, 1986, p. 118.

Longe de ser "memória de um projeto moderno" – como o Edifício Esther que define uma estética nova afastada da linguagem eclética reinante[4] – e sem conhecer tampouco o aval da crítica internacional que em 1943 elege os *Brazil Builds*, o Martinelli oferece uma perspectiva outra sobre a São Paulo dos anos 1930, permitindo flagrar, em sua forma mesma, as ambivalências do moderno nessa arena cultural específica. Afinal, se do ponto de vista do gabarito ele se alinha às grandes torres que cortam os céus das cidades norte-americanas desde fins do século XIX, no que diz respeito ao estilo, aparta-se do vocabulário moderno ditado pelo *art déco*, reeditando o ecletismo e os modelos *beaux-arts*[5]. Fruto da tecnologia de uma época e da fantasia de um homem, o comendador Giuseppe Martinelli, o edifício é, desde a origem, novo e ultrapassado, sinal de tempos modernos e forma decadente[6]. Sua fisionomia revela assim modelos em confronto nessa cena específica: as cidades norte-americanas, que se apresentam como índices de modernidade, e a cultura europeia, que continua a tingir a paisagem física, social e cultural paulistana em suas diversas dimensões.

O arranha-céu condensa as tensões de um momento de transição, permitindo capturá-las de forma sintética. Do ponto de vista temporal, encontra-se no limiar entre uma década coroada pelo movimento modernista de 1922 – ímã a atrair a atenção nacional no plano das criações artísticas para a capital paulista – e os anos 1930, quando os ideais gestados nos anos 1920 se "rotinizam"[7] e a vida cultural e intelectual

---

4. Projetado por Vital Brasil e Adhemar Marinho, o Edifício Esther foi inaugurado oficialmente em 1938. Além de inovador do ponto de vista da história da arquitetura moderna no Brasil, cabe destacar o seu papel como referência cultural, já que habitado por vários intelectuais e artistas. Em seu subsolo funcionaram a seção paulista do Instituto de Arquitetos do Brasil e o Clube dos Amigos da Arte, além da boate Oásis, que alterou a fisionomia noturna de São Paulo. Cf. Fernando Atique, *Memória moderna: a trajetória do Edifício Esther*, São Paulo: Rima, 2004.
5. A pesquisa pioneira de Maria Cecília Naclério Homem sublinha as afinidades da arquitetura do Martinelli com a de hotéis norte-americanos, como o Astor, de Nova York, e o Hilton, de Chicago (*O prédio Martinelli: a ascensão do imigrante e a verticalização de São Paulo*, São Paulo: Projeto, 1984, p. 70). De fato, o programa acadêmico da École de Beaux Arts de Paris funciona como modelo para a arquitetura hoteleira nos anos 1910 e 1920, o que permite falar num tipo de edifício que associa linguagem acadêmica e "cultura da eficiência", nos termos de Lisa Pfueller Davidson ("Early Twentieth-Century Hotel Architects and the Origins of Standardization", *The Journal of Decorative and Propaganda Arts*, v. 25, The American Hotel, 2005). A combinação de uma base estrutural robusta com torres alinhadas e separadas por reentrâncias, utilizada no Hotel Pennsylvania (1919), de Nova York, é reeditada no arranha-céu paulistano. Suas "mansardas francesas com decoração italianizada", lembra Paulo Garcez, assemelham-se ainda aos hotéis St. Regis, Knickerbocker ou Martinique. Cf. Paulo C. Garcez Marins, "Diálogos verticais: arranha-céus na paisagem urbana brasileira", *in:* Paulo C. G. Marins; Zuleika Alvim (orgs.), *Os céus como fronteira: a verticalização no Brasil*, São Paulo: Grifo, 2013, p. 74.
6. Originário da Toscana, Giuseppi Martinelli (1870-1946) chega ao Brasil com a República, em 1889, desenhando trajetória ascendente; instala-se em Santos, São Paulo e, em seguida, Rio de Janeiro, tornando-se empresário, financista e armador. Após a Primeira Guerra, agraciado com o título de "comendador", constrói um império, que inclui indústrias e estaleiros. Detalhes sobre a biografia do personagem podem ser encontrados em Maria Cecília Naclério Homem, *op. cit.*, especialmente pp. 55-66.
7. Como assinala Antonio Candido, a década de 1930 assiste a transformações substantivas do ponto de vista da cultura. Além da difusão e normalização das conquistas estéticas de 1920, destacam-se: as sucessivas reformas do ensino que operam uma democratização do acesso à educação; o crescimento do mercado editorial, no interior do qual Monteiro Lobato e José Olympio assumem protagonismo; uma

Edifício Martinelli, vista a partir da avenida São João, c. 1937. Fotografia: Claude Lévi-Strauss/Acervo Instituto Moreira Salles.

paulista encontra novos solos de inscrição com a criação da Escola Livre de Sociologia e Política e da Universidade de São Paulo (em 1933 e 1934, respectivamente), e com a administração de Mário de Andrade à frente do Departamento de Cultura (1935-1938). Esses espaços institucionais são responsáveis por novas formas de reflexão e pesquisa sobre o país que os profissionais estrangeiros aí atuantes ajudam a promover, possibilitando que São Paulo comece a adquirir proeminência do ângulo da produção cultural e acadêmica.

A euforia que a forma vertical do Martinelli destaca encontra correlato em outras expressões culturais, por exemplo, em *São Paulo, sinfonia da metrópole*, documentário de Adalberto Kemeny e Rodolfo Rex Lustig, também de 1929, que propagandeia o progresso paulista, enfatizando o mesmo anseio de verticalidade da "capital bandeirante", outro epíteto desta que, se não é a capital do país, busca definir nova centralidade. Mas paradoxalmente o edifício, e também o filme, performatizam em suas retóricas grandiloquentes o nascimento da metrópole e a opulência econômica do estado no exato momento em que eclode a crise internacional deflagrada pela quebra da bolsa de Nova York, em 1929, que atinge a economia em geral e as construções em particular, evidente nos arranha-céus norte-americanos (no Martinelli, no Empire State Building e outros), nunca totalmente ocupados[8]. Se resta algum consolo, este parece ser a posição dianteira do edifício paulista na corrida travada entre as torres verticais que despontam nas Américas: inaugurado com 25 andares, o Palacete Martinelli bate os 22 andares do edifício A Noite, localizado na praça Mauá, Rio de Janeiro, deixando para trás também o Palácio Barolo, de Buenos Aires, e o Salvo, em Montevidéu[9].

A localização espacial da construção permite capturar a mesma combinação de apogeu e declínio que seus traços formais dramatizam: no exato momento em que vem à luz no triângulo central, o eixo da vida urbana começa a se deslocar em direção ao "centro novo", entre o vale do Anhangabaú e a praça da República, a própria cidade se expandindo a partir de 1938 em função dos anéis de circulação viários previstos pelo Plano Prestes Maia, que abrem a cidade na direção de zonas mais periféricas[10].

---

maior proximidade dos intelectuais do Estado, além de clara politização da produção artística. Antonio Candido, "A revolução de 30 e a cultura", *in*: A. Candido, *A educação pela noite & outros ensaios*, São Paulo: Ática, 1989, pp. 181-98.

8. Manfredo Tafuri assinala que, paradoxalmente, a crise de 1929 é contemporânea das últimas grandes operações construtivas nas cidades norte-americanas: o Rockefeller Center, o Philadelphia Saving Buildings, o Empire State Building. (Cf. Manfredo Tafuri, "La montaña desencantada: el rascacielos y la ciudad", *in*: Giorgio Ciucci *et al.*, *La ciudad americana*, Barcelona: Gustavo Gili, 1975, p. 82.) Lembremos ainda que, ao contrário dos arranha-céus norte-americanos, concebidos para abrigarem o setor terciário, os brasileiros destinam-se também à residência, funcionando muitas vezes como espaços plurifuncionais. No Martinelli, especificamente, além da moradia de seu proprietário (um palacete implantado na cobertura, a ocupar diversos andares) existiam 16 apartamentos de uso residencial, distribuídos entre o 23º e o 24º andar. Cf. Maria Cecília Naclério Homem, *op. cit.*, pp. 80 e 117.
9. Paulo C. Garcez Marins, *op. cit.*, p. 64-91.
10. Sobre o Plano Prestes Maia, cf., entre outros, Maria Cristina Leme, *Revisão do plano de avenidas: um*

Ele assiste assim ao primeiro de uma série de deslocamentos que o centro de São Paulo conhece em função das pressões expansionistas fomentadas pela industrialização.

Enraizado na colina histórica do que até os anos 1930 definia o núcleo da cidade, o Martinelli testemunha assim a expansão da área central na direção de zonas vizinhas que atraem o setor terciário e novos moradores. Se é verdade que segmentos das elites começam a trocar o centro pelos novos bairros-jardins projetados pela Companhia City desde fins do século XIX, alguns ousam experimentar formas de vida inéditas alardeadas pelos novos empreendimentos imobiliários: edifícios de apartamentos que nascem nas áreas centrais renovadas (como o Esther, que abrigaria escritórios da Usina de Açúcar Esther e unidades residenciais) e que vão ocupando bairros adjacentes, como Vila Buarque e Santa Cecília. Lembremos que as resistências à moradia coletiva se atenuam diante dos apelos dos novos edifícios de moradia arrematados por fino acabamento e, por isso mesmo, denominados "palacetes"[11].

Essa primeira transferência do centro paulistano marcaria a distinção entre o "velho" e o "novo" centro, sinalizando a decadência do primeiro sem que isso signifique uma cisão completa entre eles: o núcleo original e o expandido definem, juntos, o coração da cidade naquele período. O centro "velho" continua a abrigar bancos, comércio e indústrias, mantendo seu valor imobiliário a despeito da popularização do comércio e da presença crescente de cortiços[12]. Localizado na zona mais antiga em processo de descenso em função de sua paulatina vulgarização, o Martinelli (geográfica e simbolicamente no alto) atua como farol, alertando os transeuntes para a presença imperativa de um passado ainda presente.

Estamos assim diante de um objeto que concentra distintas temporalidades e sentidos: retrato de uma época determinada, ele é ao mesmo tempo flecha a indicar progresso futuro e ruína. Além disso, convertido em monumento desde a sua fundação, é também imagem pretérita, memória reproduzida em cartões-postais e fotografias. "Monumento paradoxal", o edifício oferece-se à imaginação e ao consumo cultural, apagando as fronteiras entre o cotidiano, o popular e os registros cultos[13]. Ele desenha

---

estudo sobre planejamento urbano, 1930, tese de doutorado, FAUUSP, 1990, e Benedito Toledo, *Prestes Maia e as origens do urbanismo moderno em São Paulo,* São Paulo: ABCP, 2005.

11. Cf. Paulo C. Garcez Marins, "Habitação e vizinhança: limites da privacidade no surgimento das metrópoles brasileiras", *in:* N. Sevcenko (org.), *História da vida privada no Brasil,* vol. 3, São Paulo: Companhia das Letras, 1998, pp. 187-9.
12. Sarah Feldman chama a atenção para como, até a década de 1950, o processo de deslocamento e expansão das centralidades em São Paulo vem acompanhado de uma distinção hierárquica entre "centro das elites" e "centro popular". Nos bairros instalam-se comércios, serviços e lazer dedicados aos estratos sociais superiores; as áreas industriais – o Brás, por exemplo –, por sua vez, definem subcentralidades separadas dos "centros de elites" pelas ferrovias e vão concentrar imigrantes e moradias operárias, assim como lazer e serviços destinados a esses segmentos. Cf. Sarah Feldman, "Mutações na centralidade da metrópole paulistana: da centralidade hierarquizada à centralidade difusa e polivalente", XI *Seminario Internacional de la Red de Investigadores sobre Globalización y Territorio,* Mendoza, 2010, vol. 28.
13. A expressão entre aspas é de Roland Barthes ao se referir à torre Eiffel, em ensaio que ilumina parte substantiva desta reflexão. Cf. Roland Barthes, "La tour Eiffel" [1964], *in:* Éric Marty (ed.), *Œuvres complètes – Roland Barthes,* tome I, 1942-1965, Paris: Seuil, 1993.

Nota de 500.000 cruzeiros que circulou na década de 1990. A imagem concentra elementos da São Paulo dos anos 1930: o Edifício Martinelli, as plantações de café (ao fundo) e Mário de Andrade, apresentado como o autor de *Macunaíma* (1928) – citado pela imagem da muiraquitã, à esquerda – e em função de sua militância cultural e pedagógica no Departamento de Cultura (à direita).

assim movimento correlato ao da própria palavra *moderno*, que se dissemina na vida ordinária ao mesmo tempo que funciona como "palavra-fetiche", isto é: "quando agregada a um objeto", anota Sevcenko, "o introduz num universo de evocações e reverberações prodigiosas, muito para além e para acima do cotidiano de homens e mulheres comuns"[14].

Como os arranha-céus em geral que desde o seu surgimento geram um conjunto profícuo de ideias e imagens, mobilizando debates acalorados por toda a parte, o Martinelli converte-se em "marco" e "símbolo", assim designado na imprensa diária, em crônicas, literatura, cartazes publicitários, canções populares e fotografias. Além disso, engendra nova experiência urbana, formas inéditas de experimentar a São Paulo dos anos 1930, na qual ele se mostra único: o "primeiro arranha-céu que rodou no céu" da cidade, nos termos de Oswald de Andrade[15]. E se ao longo dos anos 1930 e 1940, com o surgimento de outros edifícios altos que irão efetivamente fazer de São Paulo uma cidade vertical na década de 1950, o Martinelli tende a desaparecer na paisagem, perdendo o seu protagonismo, ele perdura no imaginário ligado à imagem de crescimento e opulência de uma época, como mostra a ilustração estampada numa nota que circulou entre 1993 e 1994, nos últimos anos do cruzeiro e um ano após o edifício ser tombado pelo Instituto do Patrimônio Histórico e Artístico Nacional.

Se na biografia do Martinelli, apogeu e decadência são processos concomitantes, parece difícil negar o seu progressivo abandono e encortiçamento, agudizados na década de 1970. Mesmo assim, ele continua a disparar novas criações. Em 1994, o cineasta Ugo Giorgetti – que em 1975, ano da desapropriação e início da reforma

---

14. N. Sevcenko, *Orfeu extático na metrópole: São Paulo, sociedade e cultura nos frementes anos 20*, São Paulo: Companhia das Letras, 2000, p. 227.
15. Cf. poema "Brinquedo", parte do *Primeiro caderno do aluno de poesia Oswald de Andrade* (1927). Cf. Oswald de Andrade, "Poesias reunidas", *Obras completas*, vol. 7, Rio de Janeiro: Civilização Brasileira, 1974, pp. 158-9.

do prédio, conclui um curta-metragem sobre o declínio do arranha-céu (*Rua São Bento, 405*) – realiza um filme de ficção, *Sábado*, no qual as referências ao Martinelli são evidentes. O prédio decaído do centro velho conserva vestígios materiais de um passado glorioso, mas a vida no seu interior mostra o lugar assombrado por fantasmas. Em 1995, o escritor Marcos Rey publica *O último mamífero do Martinelli*, novela que tem no edifício em ruínas o palco no qual se desenrola a ação dramática; aí, o arranha-céu no qual se refugia um militante perseguido pela ditadura militar mostra-se depósito de antigas histórias, atualizadas pela experiência do protagonista.

Retratos do Martinelli

Nos primeiros projetos, o Martinelli aparece às vezes com, às vezes sem, os quatro volumes que o caracterizariam, mostrando-se, de início, mais baixo que seu antecessor, o Edifício Sampaio Moreira (1924), embora mais avantajado horizontalmente, tomando o espaço constituído pelas ruas São Bento, Líbero Badaró e avenida São João[16]. A construção converte-se em cartão de visitas da cidade, ao mesmo tempo artefato inspirador de visões do progresso e nova plataforma de observação da paisagem urbana. Inescapável como objeto a celebrar o cosmopolitismo almejado, o edifício assiste ao movimento da urbe e de seus personagens, mobilizando as duas atividades – passiva e ativa – da visão. Vista pela primeira vez de tão alto, São Paulo apresenta-se panoramicamente, "superlativa" nas projeções e expectativas que a nova apreensão alimenta[17].

Mas o arranha-céu marca sua presença na cidade antes mesmo de sua efetiva existência, indicam os croquis e desenhos arquitetônicos iniciais, bem como as lembranças dos transeuntes: "Eu devia ter mais ou menos vinte anos quando começou o Martinelli", recorda o Sr. Amadeu[18]. A fotografia segue também a obra desde meados de 1925, quando ela se resume às fundações, documentando a abundância de materiais

---

16. O primeiro projeto do edifício, de 1923 (de autoria do engenheiro-arquiteto húngaro Willian Fillinger), previa uma torre de 12 andares; o mesmo Fillinger redesenha o anteprojeto para 18 andares. Em 1926, após uma série de contratempos, o comendador assume a obra, tornando-se ele próprio seu arquiteto. Em 1928, decide aumentá-lo para 20 (planta assinada pelo engenheiro José de Freitas) e 24 andares, quando então a obra é embargada, o que provoca estardalhaço na imprensa local, reforçado pela decisão do comendador de mudar-se para o 9º andar, em 1928, ano em que o edifício alcança 25 andares. A estrutura do prédio é concluída em 1929, mas os acabamentos são finalizados em 1934. Cf. Maria Cecília Naclério Homem, *op. cit.*, pp. 67-83. O Edifício Sampaio Moreira, de autoria de Christiano Stockler e Samuel das Neves, por sua vez, faz uso do concreto armado em 12 andares e uma cobertura, sendo considerado o primeiro arranha-céu da cidade.
17. Mais uma vez remetemos o leitor ao ensaio de Roland Barthes sobre a torre Eiffel, pp. 1384-7. Não devemos esquecer que os panoramas são experimentados nas visões perspectivas da cartografia, nas artes e na fotografia muito antes de se inscreverem nos novos horizontes de experiências abertos pelas invenções dos balões, aviões e arranha-céus, a partir dos quais eles se disseminam. Ver Christoph Asendorf, "La vue d'en haut: un nouveau mode de découverte du monde", *in:* Angela Lampe (ed.), *Vues d'en haut*, Metz: Centre Pompidou-Metz, 2013.
18. Écléa Bosi, *op. cit.*, p. 140.

São Paulo 153

Edifício Martinelli em construção, 1925-27. Fotografia: Aurélio Becherini/ Acervos Artísticos e Culturais da Prefeitura de São Paulo.

e trabalhadores que mobilizou, um verdadeiro desafio para os padrões construtivos da época[19]. Artigos veiculados nos jornais do período evidenciam as polêmicas e debates que cercaram a construção, cada vez mais alta em relação ao projeto original: "O prédio Martinelli não cai! O parecer da Comissão técnica do Rio não oferece dúvidas", anuncia manchete de *A Gazeta* de São Paulo de 16 de outubro de 1928. As *charges* tampouco se furtam às avaliações e críticas em relação às proporções do edifício: "... Piu' Alto, Piu' Robusto, Piu' Superbo dei Grattacieli", dizem os letreiros de uma delas, que se veem imediatamente contrariados pela imagem mesma que mostra o edifício apequenado diante da figura humana (esta sim gigantesca) a observá-lo[20].

    Fotógrafos acompanham o crescimento do Martinelli, driblando as limitações dos recursos técnicos disponíveis de modo a acentuar sua verticalidade. Tomadas de baixo para cima, aéreas, a longa ou a meia distância, frisam a onipresença da construção, fincada no horizonte de onde quer que a cidade seja olhada. É o que se vê em fotografia de Aurélio Becherini (1879-1939), na qual o prédio, em fase adiantada de construção, é registrado a partir do Colégio de São Bento. Aí, os telhados em primeiro plano conduzem o olho para o maior artefato que a cidade está prestes a

19. Os percalços que envolveram a construção do "Palácio Martinelli" são lembrados como um "drama" por Jorge Americano (*São Paulo nesse tempo [1915-1935]*, Rio de Janeiro: Melhoramentos, 1962, p. 28); drama alimentado por suas proporções, que exigia o fornecimento de materiais em larga escala (madeira, pedra britada, ferro, aço e concreto armado, além dos itens de acabamento), e pelos frequentes contratempos, frutos, entre outros, das condições do terreno. Também por essas razões, o plano da obra conheceu atrasos e alterações. Cf. M. Cecília Naclério Homem, *op. cit.*, pp. 69-72.
20. Este e outros exemplos se encontram em M. Cecília Naclério Homem, *op. cit.*, pp. 78-109.

ganhar. A posição do fotógrafo permite intensificar não apenas a altura do prédio, mas também sua volumetria, discrepante em relação ao entorno.

Emblema da cidade em transformação, o Martinelli associa-se a outros signos da modernização capitalista, sobretudo à publicidade, que o aproveita como metáfora de sucesso ao mesmo tempo que o utiliza como suporte de propaganda. Reclames publicitários são estampados sobre a superfície do edifício, em todas as suas faces, atingindo também o seu topo, onde figura o luminoso da Gessy, primeiro da cidade. A profusão de marcas coladas ao corpo da construção sublinha o seu caráter de mercadoria, uma entre outras[21].

A relação do edifício com as novas tecnologias pode ser aferida de diferentes ângulos. Antes de mais nada, a própria obra é fruto dos avanços técnicos que a associação do concreto armado e dos elevadores exemplifica, combinando-se imediatamente aos telefones automáticos com os quais o comendador manda equipar o prédio. Além disso, as novas mídias incorporam-no prontamente como matéria, fazendo dele suporte e tema, amplamente explorados; lembremos, nesse sentido, os diversos registros que captam o arranha-céu ao lado do Graf Zeppelin e do Hindenburg que sobrevoam São Paulo na década de 1930, ou ainda as associações entre o edifício, os luminosos publicitários que ele porta e a iluminação da zona central da cidade[22].

A propaganda vale-se dos arranha-céus desde o momento em que eles começam a rasgar os céus das cidades norte-americanas; suas imagens são produzidas e reproduzidas com a ajuda do cinema (lembremos, nesse sentido, o clássico *Metrópolis*, de Fritz Lang, 1927). Às novas cidades verticais associam-se projeções de rotas aéreas e objetos voadores (como no filme de Lang), bem como sentimentos ambivalentes de fascinação e terror, fundidos na imagem de King Kong escalando o Empire State Building no filme de 1933, que conheceu diversas apropriações posteriores. Filme,

Cartazes publicitários executados pelo pintor e decorador Bruno Sercelli para a empresa Patrizi (s/d), tendo como suporte uma das paredes do edifício Martinelli.

---

21. Beatriz Colomina examina os nexos fortes existentes entre arquitetura e *mass media*, defendendo que a arquitetura se faz moderna na medida em que se associa às novas mídias e à publicidade. Cf. B. Colomina, *Privacy and publicity: modern architecture as mass media*, Cambridge: The MIT Press, 1996.
22. Imagens com zepelins podem ser encontradas, por exemplo, em Alfredo Krausz, *Cadernos de fotografia brasileira: São Paulo 450 anos*, organização de Francesca Angiolillo, Instituto Moreira Salles, 2004, pp. 174-5, e nas fotografias de Aristodemo Becherini, disponíveis em: <www.acervosdacidade.prefeitura.sp.gov.br> (acesso em: 27 maio 2014). Sobre a iluminação, ver as imagens noturnas do centro da cidade à noite, de J. B. Duarte (1910-1995), disponíveis em: <www.acervosdacidade.prefeitura.sp.gov.br> (acesso em: 27 jun. 2014). Em 1929, a empresa canadense Light, que se instalara na cidade com a chegada do século XX, é a principal responsável pela iluminação elétrica pública.

é bom lembrar, exibido no luxuoso cine Rosário instalado no Martinelli, na torre que abrigara também o Hotel São Bento[23]. O Rosário é inaugurado na planta baixa do edifício em 1929, com o filme *O pagão* (W. S. Van Dyke, EUA, 1929), protagonizado pelo astro do cinema mudo mexicano Ramon Novarro. Em sua programação encontram-se películas exclusivas da Metro que fazem da sala um ponto de encontro das elites locais, indicando a presença cada vez maior da cultura cinematográfica norte-americana naquele período[24].

A publicidade das meias Visetti, que circulou na revista *A Cigarra* em dezembro de 1930, retoma o arranha-céu como motivo, fiel aos repertórios visuais engendrados pelas torres urbanas. Nesse caso, a forma encontra-se despida de qualquer atributo aterrorizador ou monstruoso, revelando-se em seu caráter fálico e erótico (também presente na imagem do King Kong). A figura feminina atiça com o olhar e com o dedo apontado para as pernas o desejo do observador; desejo que atinge voltagem superior, pois que potencializado pela "altura máxima" do edifício. As meias de seda denotam também claras mudanças na condição feminina: mostrando-se sob as saias na altura dos joelhos, elas conferem maior liberdade de movimentação corporal às mulheres que frequentam as recepções dos salões Verde e Mourisco do Martinelli, e a escola de danças do professor Patrizi, que funciona no 4º andar do edifício.

O arranha-céu encontra-se definitivamente incorporado às linguagens modernas de inícios do século XX, ajudando a qualificá-las e a redefini-las. Na paisagem paulistana dos anos 1930, de modo específico, ele anuncia uma São Paulo vertical futura que se mira nos modelos de Nova York e Chicago, expandindo-se ao sabor do mercado e da iniciativa privada. Se no Rio de Janeiro o crescimento urbano é fruto direto de intervenções urbanísticas a cargo da municipalidade, e a verticalização dirige-se para bairros como Copacabana, a expansão de São Paulo deve-se aos

Publicidade da revista *A Cigarra*, 1ª quinzena, dez. 1930.

---

23. "Revestido em mármore de Carrara, decorado com pó de ouro, cabeças de animais em bronze, leões em tamanho natural formando o braço do sofá em couro legítimo, cristais, lustres tchecos caríssimos, [o cine Rosário] foi dos primeiros a ter poltronas estofadas." Inimá Simões, *Salas de cinema de São Paulo*, São Paulo: PW/Secretaria Municipal de Cultura; Secretaria de Estado da Cultura, 1990, p. 18.

24. "A indústria cinematográfica, em prosperidade galopante, sobretudo os estúdios norte-americanos, beneficiários exclusivos dos transtornos que a Guerra impusera aos concorrentes europeus, supera os teatros e adquire um papel proeminente como forma popular de lazer nas grandes cidades." Nicolau Sevcenko, *Orfeu extático na metrópole, op. cit.*, p. 92.

empreendedores particulares, orienta-se pelos lucros rentistas, e os edifícios altos concentram-se na área central.

A história do Martinelli pode ser lida como uma caricatura desse feitio de crescimento. Afinal, a construção não apenas expressa o lugar decisivo da iniciativa privada na expansão e no desenho da cidade como é a própria assinatura de uma experiência individual em solo urbano, atestado do êxito de um *self made man*. Menos do que obra destinada ao lucro – embora também o seja –, o edifício celebra uma fortuna já consolidada. O "drama" que envolveu a construção tem a ver com isso: as demandas sucessivas do criador de aumentar o tamanho da criatura de modo a fazê-la expressar sua própria escalada pessoal. Pouco fiel a projetos prévios, permanentemente contrariados, o arranha-céu paulistano constitui uma individualidade que estabelece relativa distância em relação à cidade na qual se destaca. Mas ele é também "cidade dentro da cidade"; integra setor terciário, residência, espaços e equipamentos de lazer, concentrando múltiplos usos e funções nas quatro torres nunca completamente ocupadas[25]. Combina, desse modo, modelos distintos de arranha-céus, funcionando como "acontecimento espetacular" ao mesmo tempo que engloba diversas dimensões da vida urbana[26].

Ao longo das décadas de 1930, 1940 e 1950, a verticalização de São Paulo vai deixando de corresponder a exemplos isolados; edifícios de uso comercial e residencial sucedem-se, parte deles projetados por arquitetos modernos, muitos dos quais estrangeiros[27]. Na nova visualidade urbana que essas décadas definem, o Martinelli não é mais figura de proa, o que não quer dizer que tenha desaparecido da paisagem e do imaginário urbanos. Ao contrário, ele aparece ao lado do Altino Arantes (inaugurado em 1947) e do edifício do Banco do Brasil (concluído em 1954), compondo uma face

---

25. Entre 1931 e 1936, a *Folha da Manhã* e a *Folha da Noite* assinalam que no interior do edifício funcionam: escritórios de profissionais liberais (médicos e advogados); associações profissionais (Associação Paulista de Medicina e Associação dos Funcionários Públicos do Estado de São Paulo, por exemplo); sedes de partidos políticos (como o Partido Republicano Paulista); empresas comerciais (Empresa Limpadora Paulista); estúdios e clubes fotográficos (como o Foto Clube Bandeirantes, fundado em 29 de abril de 1939 no salão do Portugal Clube do Martinelli), além de um *night club* (no 26º andar) e do Hotel São Bento, com sessenta apartamentos. Naclério Homem (*op. cit.*, pp. 87-8), por sua vez, indica que, quando de sua inauguração, o edifício abriga sessenta salões; 960 salas, além de cassinos, barbearias, salões de chá, lojas e igreja.
26. Em sua análise do Rockefeller Center, Tafuri (*op. cit.*, pp. 491-2 e 512) defende que "ao apresentar-se como uma 'city within a city'", o modelo do *multiblock skyscraper* que o Rockefeller Center encarna "não tem a necessidade de criar efeitos de choque como o MacGraw, o Daily News ou mesmo o Chrysler Building", arranha-céus que funcionam como "acontecimentos únicos, multiplicados em altura".
27. Ainda que a verticalização da cidade comece a se orientar para bairros como Higienópolis, em 1940, o centro ainda conta com 40% dos edifícios altos da cidade. Cf. Nádia Somekh, "Verticalização em São Paulo: a produção da cidade difusa e excludente", *in:* Paulo C. G. Marins; Zuleika Alvim (orgs.), *op. cit.* Sobre a relação da arquitetura moderna com o mercado imobiliário e a presença expressiva dos estrangeiros na construção da cidade, ver Joana Mello, *O arquiteto e a produção da cidade*, São Paulo: Fapesp; AnnaBlume, 2012. Especificamente sobre a arquitetura vertical residencial, consultar Maria Lucia Bressan, "Arquitetura residencial verticalizada em São Paulo nas décadas de 1930 e 1940", *Anais do Museu Paulista*, v. 16, n. 1, 2008, pp. 109-49.

característica da cidade, sistematicamente explorada em imagens fotográficas, como na fotomontagem que o Fotolabor divulga por ocasião do Natal de 1980: atrás do trem-bala que corta o centro de São Paulo, avistam-se os edifícios Altino Arantes, o do Banco do Brasil e o Martinelli[28].

O percurso que o arranha-céu descreve ao longo de sua vida, equilibrado desde a origem entre apogeu e decadência, nos leva a pensá-lo como forma em permanente movimento, transformada por seus usuários, pelas modificações da cidade e pelos caminhos da imaginação[29]. Seria possível continuar a seguir as transformações do edifício até o presente, quando o vemos incorporar-se ao roteiro turístico da cidade como espaço de visitação e monumento que, se não possui valor sagrado ou artístico, opera simbolicamente ainda hoje como instantâneo da São Paulo "locomotiva da nação" – outra das designações forjadas na década de 1930.

Mas, ao dar forma à aspiração de modernidade de uma cidade de feições ainda provincianas, o arranha-céu não é apenas memória de uma época de ascensão, como deixam à mostra as fraturas do sonho e da legenda. E nesse sentido também alimenta a fantasia e a reflexão.

---

28. Bruna Callegari, *et al.*, *Fotolabor e a fotografia de Werner Haberkorn*, São Paulo: Espaço Líquido, 2014, p. 11.
29. Uma reflexão sugestiva sobre a arquitetura como "navegação através de uma paisagem de dados controversos" encontra-se em Bruno Latour e Albena Yaneva, "Donnez-moi un fusil et je te ferai bouger tous les batîments: le point de vue d'une fourmi sur l'architecture", *in:* Reto Geiser (ed.), *Explorations in Architecture: Teaching, Design, Research*, Basel: Birkhäuser, 2008, pp. 80-89. Agradecemos a Guilherme Giufrida a indicação desse texto.

PARTE III

Cenas de modernização (anos 1940-1970)

Bogotá

1948: da hipérbole ao mito

GERMÁN RODRIGO MEJÍA PAVONY

> *Mas Bogotá é uma cidade de* TERRA, *e essa consideração não deve limitar nosso entusiasmo quando iniciarmos seu arrasamento e sua demolição definitiva.*
> PROA, n. 1, ago. 1946

O assunto

Todos os anos, desde 1949, os bogotanos encontram uma ou várias coroas de flores colocadas no lugar onde Jorge Eliécer Gaitán foi assassinado. Esse gesto se repete, invariavelmente, a cada 9 de abril. A poucos metros do cruzamento da rua Séptima com a avenida Jiménez, a placa que recorda o lugar onde foi alvejado o líder liberal está incrustada na parede exterior de um estabelecimento de fast-food, um McDonald's. Velhos gaitanistas reúnem-se nesse dia e o recordam. Para isso, cumprem uma liturgia que chama a atenção, mas que pouco diz às centenas de transeuntes que se deparam com os arranjos florais e com os velhos gaitanistas. E as duas memórias, a dos que comemoram e a dos que circulam, dificilmente recordam a mesma coisa[1].

É inevitável: a lembrança dos primeiros provém do vivido, enquanto a dos segundos emana do aprendido[2]. Além disso, as testemunhas desse 9 de abril de 1948 são raras diante das sete décadas transcorridas, e os instrumentos sociais de recordação dos transeuntes, cada vez mais frágeis: a placa que mal pode ser vista, o monumento em ruínas ou algumas páginas dos textos escolares que pouco dizem da época[3]. Não obstante, a recordação de Gaitán nega-se a desaparecer completamente, perpetuada

---

1. Vladimir Melo Moreno, "La disputa por la efigie de Gaitán en los discursos conmemorativos del 9 de abril (1948-1998)", *in:* César Ayala; Oscar Casallas; Henry Cruz (comps.), *Mataron a Gaitán: 60 años*, Bogotá: Universidad Nacional, Faculdade de Ciências Humanas, 2009, p. 299.
2. Astrid Erll, *Memoria colectiva y culturas del recuerdo: estudio introductorio*, Bogotá: Ediciones Uniandes, 2012, pp. 137 e 139.
3. Gonzalo Sánchez, "El personaje, el evento y el legado", *in:* C. Ayala, O. Casallas; H. Cruz (comps.), *op. cit.*, p. 382.

como símbolo da irracionalidade da violência colombiana e da capacidade que um povo enfurecido tem de destruir uma cidade.

Cabe advertir que o que nos interessa examinar não é a memória das testemunhas oculares nem a da recordação aprendida, pois entre essas memórias encontramos outro lugar de referência, que é o que nos importa: a *destruição da cidade*. Isso porque a persistência das recordações vividas e das aprendidas se ampara na recordação do ocorrido em Bogotá nesse 9 de abril. De fato, os acontecimentos que se seguiram ao assassinato de Gaitán alcançaram dimensões aterrorizantes, tanto que deram lugar a uma nova palavra: o *bogotazo*[4]. Nesse sentido, de uma parte, os muitos testemunhos disponíveis sobre o ocorrido, tais como fotografias e gravações de áudio e vídeo, conferem autenticidade aos relatos e credibilidade às interpretações; de outra parte, a apresentação rotineira e fora de contexto de tais evidências terminou por criar uma versão dos fatos que adquire sentido em si mesma. Por essa razão, é na hipérbole trágica – nas mortes, nos incêndios e nos saques – que o *bogotazo* alcança seu valor máximo, ao mesmo tempo que o mito permanece estampado no fato que o configura – a fúria destruidora do povo exaltado –, que não exige nenhuma outra referência explicativa[5].

Ao perder contexto e adquirir significado autônomo, a recordação do *bogotazo* ganha força suficiente para simplificar as complexas dinâmicas urbanas e sociopolíticas nas quais ele se encontrava imerso. Dessa maneira, toma forma um antes e um depois a partir dos quais o evento, por suas características próprias, adquire valor fundante e, poderíamos arriscar, arquetípico. Não é outro o significado de interpretações que, como a seguinte, se encontram em livros, filmes, crônicas, textos escolares e em inúmeros suportes da recordação que hoje temos do *bogotazo*:

> E Bogotá iniciou uma nova vida. Mudaram radicalmente uma série de conceitos urbanísticos. Sob a onda de vandalismo, desapareceram numerosas construções antigas que ocupavam, com seus amplos espaços, solares muito valiosos que estimularam a cobiça de diversos urbanizadores e corretores de imóveis. Não foi preciso passar muito tempo para que o centro da capital experimentasse uma modificação total. Os incendiários de 9 de abril foram os parteiros de uma nova era: a da selva de concreto; a dos ingentes blocos de propriedade aérea, horizontal, sem contato algum com o solo[6].

---

4. Em um interessante dicionário de ciências sociais, preparado pela Clacso, foi incluído um ensaio sobre a palavra "*bogotazo*" que esclarece que "o conteúdo denotado pelo termo '*bogotazo*' – levante popular urbano – tem sido frequentemente deslocado para o sufixo 'azo', o que, agregado ao nome de uma cidade, indica um movimento de características iguais ou semelhantes, ocorrido nesse lugar". Raúl Ávila e Pedro T. Pírez, "Bogotazo", *in:* Grupo de Trabalho de Desenvolvimento Cultural, Juan Francisco Marsal (coord.), *Términos Latinoamericanos para el Diccionario de Ciencias Sociales*, Buenos Aires: Clacso, 1976, p. 20. É interessante destacar também que, ainda que essa palavra não apareça no Dicionário da Real Academia Espanhola (DRAE), é possível encontrá-la em alguns dicionários da rede.
5. Sven Schuster, "El 9 de abril como lugar de memoria: ¿último recuerdo de la violencia?", *in:* C. Ayala, O. Casallas; H. Cruz (comps.), *op. cit.*, pp. 276 e 280-1.
6. Alfredo Iriarte, *Breve historia de Bogotá*, Bogotá: Oveja Negra, Fundación Misión Colombia, 1988, p. 254.

Carrera Séptima, 11 de outubro de 1948. Fotografia: Sady González.

Dessa maneira, a hipérbole torna-se explicação e a ira popular exacerbada transforma-se em mito. O *bogotazo* adquire, portanto, dimensão causal, "parteira", diz o autor citado. Porém, se nos desprendemos da hipérbole e do mito, encontramos um imaginário de destruição que, embora adquira caráter incontestável nas ruínas e nos cadáveres, encontra seu significado nas fortes dinâmicas socioculturais que ocorrem na cidade, há muito tempo. De fato, sua destruição era não só desejada, mas já se encontrava em curso.

Nesse 9 de abril, deu-se o encontro entre o profundo desejo de demolição da cidade velha, veementemente promovido pelos defensores da urbe moderna, e a explosiva situação sociopolítica oriunda da perseguição político-partidária, da segregação social e da pobreza extrema a que estavam submetidos muitos habitantes de Bogotá. A mistura dessas duas realidades não foi casual; o que as reuniu foi o desenvolvimento do capitalismo no país e seu impacto sobre a urbe e sua gente. Mas na ordem urbana as consequências foram diferentes das que ocorreram na situação social dos habitantes e no exercício do poder. Ao mesmo tempo que se consolidava a cidade burguesa e cosmopolita, a permanência e o agravamento da desigualdade social, além da concentração do poder político e econômico tornaram crônica a violência no país. Por isso, hoje, o 9 de abril representa ao mesmo tempo o dia em que a cidade se tornou cosmopolita e o dia em que a violência adquiriu força para não mais acabar. É a partir desse lugar de produção de sentido que se dão as discussões contemporâneas sobre a modernidade na Colômbia.

A devastação

O dia 9 de abril em Bogotá reveste-se, então, do duplo significado atribuído ao ocorrido na cidade. Um, alarmista e exagerado, e outro, pragmático, pois o evento foi considerado propício a uma mudança urbana há muito tempo esperada. As duas perspectivas, todavia, partem de um mesmo raciocínio: o que sucedeu em 9 de abril de 1948 foi grave pelas mortes que ocorreram, pelo saque a lojas e armazéns e pelo incêndio de muitos edifícios. As testemunhas são inúmeras.

Nesse dia Fidel Castro estava em Bogotá. Castro era então um líder estudantil que participava ativamente da organização de uma reunião paralela à Nova Conferência Pan-Americana, a que deu forma à Organização dos Estados Americanos (OEA) nesse mesmo ano de 1948. De suas recordações do evento, Castro disse que viu

> pessoas carregando um refrigerador nas costas, carregando um piano. Infelizmente, a realidade é que muita gente, pela falta de organização, por um problema de cultura, por uma situação de pobreza muito grande, fosse pelo que fosse, o certo é que muita gente do povo naquela situação levou tudo o que havia. Realmente se produziu um saque, isso é indiscutível[7].

Na madrugada do dia seguinte, outra testemunha relatou que

> Às quatro da manhã a coisa era tremenda, porque se via Bogotá arder; San Victorino estava em chamas. Quando saímos da clínica [onde estava o cadáver de Gaitán], não podíamos caminhar senão quase por cima dos cadáveres, o espaço da clínica era muito pequeno, e estava tudo absolutamente abarrotado de cadáveres [...], a Séptima era uma ruazinha como a Octava e estava queimada de ponta a ponta, parecia uma praça desolada, e um cheiro nauseabundo de gente queimada, um cheiro de carne assada e cadáveres por toda parte, inúmeros mortos e feridos[8].

---

7. Arturo Alape, *El Bogotazo: memorias del olvido. 1948*, Bogotá: Círculo de Lectores, 1985, p. 452.
8. *Ibid.*, pp. 494 e 496.

Os acontecimentos que tiveram lugar em Bogotá nos dias 9 de abril e nos seguintes de 1948 resultaram em cerca de seiscentos mortos, ainda que não haja certezas sobre quantos morreram nessas datas; cerca de 450 feridos; 103 edifícios completamente destruídos e outros 50 seriamente danificados; perto de 640 armazéns e lojas afetados pelo saque[9]. É importante a advertência de Jacques Aprile-Gniset sobre essas datas e números:

As ruínas e a cidade logo após o *bogotazo* de 9 de abril de 1948.

> Há uma discrepância absoluta entre o quadro apocalíptico pintado pela imprensa e a realidade dos fatos. [...] Na realidade, os danos não foram numerosos e sua extensão superficial é muito reduzida, mas estiveram suficientemente dispersos no espaço urbano central para dar a impressão de uma destruição completa[10].

9. Ricardo Sánchez Ángel, "Gaitanismo y 9 de abril", *in*: C. Ayala; O. Casallas; H. Cruz (comps.), *op. cit.*, p. 249.
10. Jacques Aprile-Gniset, "A propósito del impacto urbanístico del 9 de abril en el centro de Bogotá", *in*: C. Ayala; O. Casallas; H. Cruz (comps.), *op. cit.*, pp. 217-8.

Bogotá 165

Os danos ocasionados pela fúria popular, além das medidas tomadas pelo governo para o restabelecimento da ordem pública e da continuidade institucional, levaram o presidente da República a editar o Decreto 1.255, de 15 de abril de 1948, pelo qual foi criada a Junta Informativa de Danos e Perdas, e o Decreto 1.260, de 16 de abril de 1948, que instituiu a Junta de Planejamento, em razão de que "o Governo necessita empreender sem demora o planejamento dos trabalhos requeridos para a reconstrução da cidade de Bogotá"[11].

A "cura" da cidade[12]

É significativo que, ao mesmo tempo que a crise política aprofundava o abismo da guerra civil de forma irremediável, um grupo de arquitetos em Bogotá tornava público um manifesto que advogava pela demolição da cidade. O primeiro número da revista *Proa*, publicado em agosto de 1946, começa afirmando que "Bogotá pode ser moderna", e uma cidade moderna, explica, "é aquela que acrescenta às solicitações anteriores o sentido de viver conforme os progressos de sua época"; logo, essa cidade deve ser arrasada e demolida, pois "o adobe e a taipa batida preenchem os 400 anos da história de sua construção". Além disso, "seu crescimento e seu desenvolvimento foram anormais", porque é "um extenso terreno baldio" e porque "a impressão que temos cada vez que meditamos sobre o mau humor de seus habitantes [...] se deve ao fato de que suas ruas são demasiado estreitas, o que faz com que os viajantes se estorvem, ocasionando contratempos"[13].

Esse manifesto antecedeu o convite que o governo nacional fez a Le Corbusier para que visitasse Bogotá em 1947. Os editores da revista saudaram a chegada à capital daquele que consideravam seu guia intelectual, mas nunca pensaram que Le Corbusier viesse a ser algo mais que um prestigioso assessor a quem eles, que se consideravam os verdadeiros líderes da renovação urbana da cidade, podiam consultar mas jamais obedecer[14]. Porém, aconteceu o que não esperavam: o governo nacional entendeu que era o momento adequado para que um urbanista de porte mundial dirigisse a tão esperada transformação da cidade. Dessa maneira, Le Corbusier foi contratado em março de 1949. O propósito era que ele formulasse um *plano diretor* que, a partir dos princípios dos Congressos Internacionais de Arquitetura Moderna

---

11. Banco de la República, "Creación de la Junta Informadora de Daños y Perjuicios", *Revista del Banco de la República*, Bogotá, v. 21, n. 246, 20 abr. 1948, pp. 425-6.
12. Tomamos este subtítulo de uma expressão que faz referência à mesma situação, utilizada por Carlos Eduardo Hernández Rodríguez, *Las ideas modernas del plan para Bogotá en 1950: el trabajo de Le Corbusier, Wiener y Sert*, Bogotá: Instituto Distrital de Cultura y Turismo, 2004, p. 70.
13. "Para que Bogotá sea una ciudad moderna", *Revista Proa, Urbanismo, Arquitectura, Industrias*, Bogotá, n. 1, ago. 1946.
14. Hugo Mondragón, "Le Corbusier y la revista *Proa* o la historia de un malentendido", *in*: María Cecilia O'Byrne Orozco (coord.), LC BOG. *Le Corbusier en Bogotá 1947-1951*, tomo II: *Precisiones en torno al Plan Director*, Bogotá: Universidad de los Andes; Pontificia Universidad Javeriana, 2010, pp. 102-9.

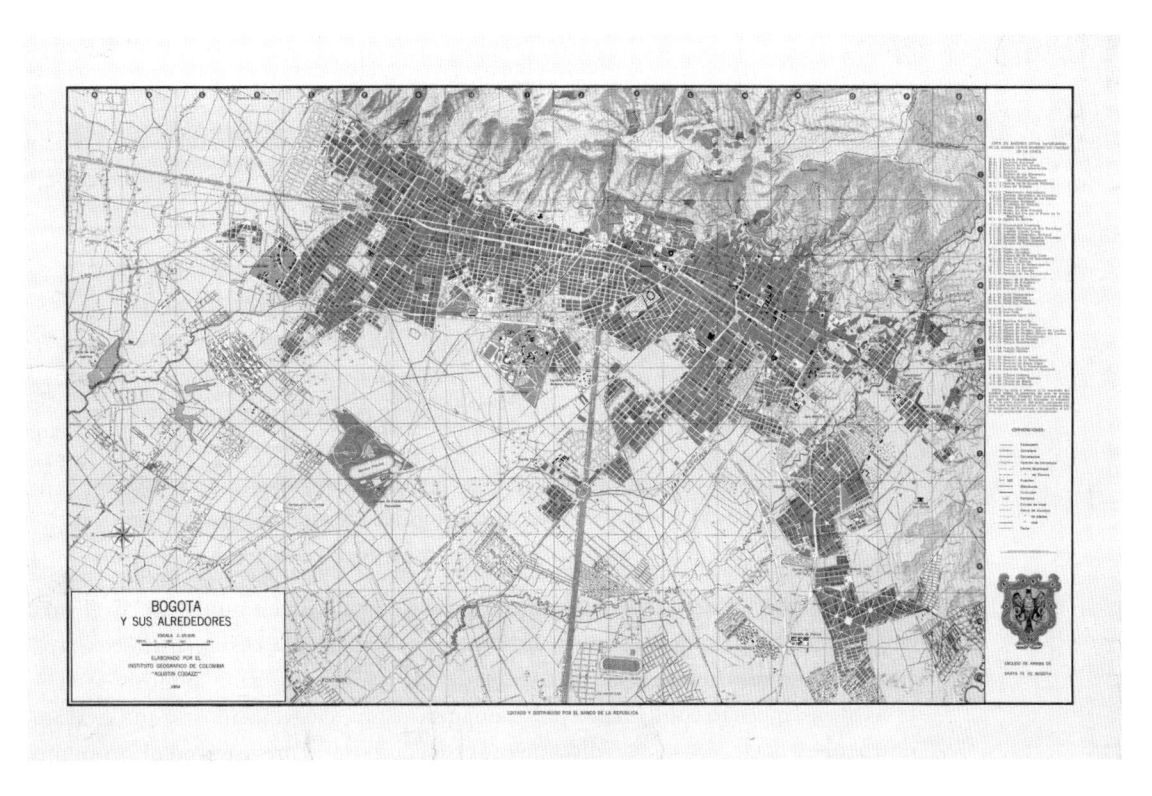

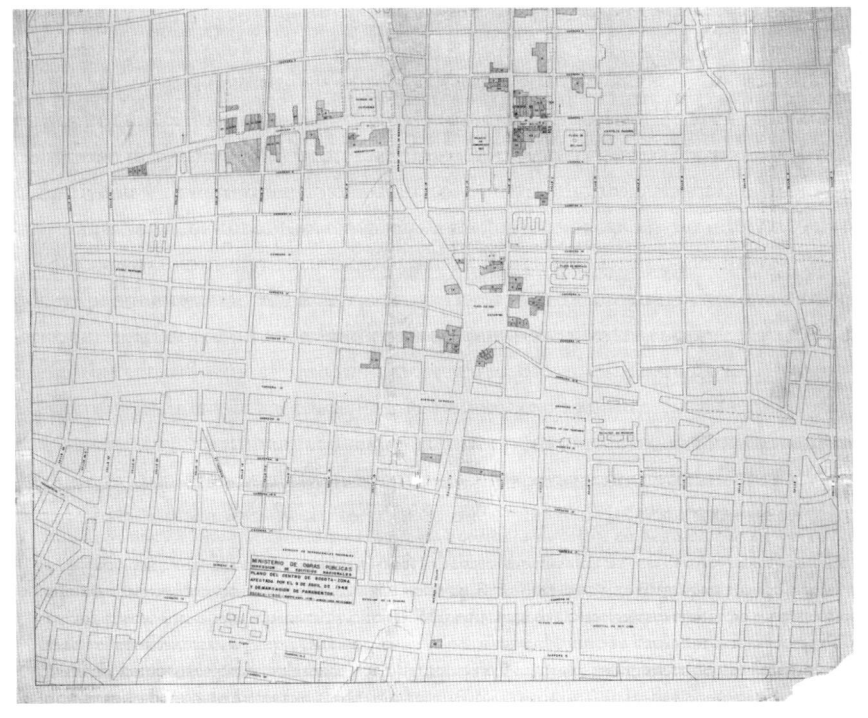

Mapa de Bogotá e arredores, 1954.

Mapa do centro de Bogotá. Zona afetada pelo "*bogotazo*" de 9 de abril de 1948.

Bogotá 167

(Ciam), conferisse fundamento ao plano regulador que devia ser elaborado pelo Escritório do Plano Regulador de Bogotá, criado em setembro de 1948. Os urbanistas Paul Lester Wiener e José Luis Sert, por sua vez, que nessa época adiantavam o planejamento de Cáli, Medellín e Tumaco na Colômbia, foram contratados para orientar a formulação do plano regulador e servir de intérpretes do ideário proposto por Le Corbusier para Bogotá[15].

Le Corbusier entregou seu plano em setembro de 1950. No preâmbulo, manifestou que

> o lado filosófico do projeto deve ser visto desta maneira: a obra revolucionária consiste essencialmente em recolocar em ordem o que a indiferença, a incapacidade, o egoísmo, a demagogia haviam perturbado, desnaturalizado, tornado grotesco e ineficaz, hostil ao bem público[16].

Em outras palavras, "recolocar em ordem", isto é, tornar a cidade moderna, tal e qual a entendia a Carta de Atenas, foi anunciado como o único futuro aceitável para Bogotá. Contudo, muitos se opuseram aberta ou veladamente a essa transformação[17]. Entre eles, os editores de *Proa*, porque perderam a oportunidade de impor suas próprias ideias, que não coincidiam com as do mestre; ou os urbanizadores, que estavam desenvolvendo dezenas de prédios imensos fora dos limites previstos no plano-piloto e em seu zoneamento; ou os especuladores, que pressionavam por liberar os preços da terra, congelados pelo governo da cidade, enquanto se dava forma no plano regulador ao formulado por Le Corbusier em seu plano-piloto. E triunfaram. A proposta sonhada por ele e convertida em plano regulador por Wiener e Sert desapareceu do horizonte renovador de Bogotá durante o decênio de 1950.

Não obstante, era necessário *curar* Bogotá. Isso porque para seus habitantes, em 1948, a cidade estava *destruída*, ao mesmo tempo que todos os projetos que haviam sido discutidos e colocados em andamento desde inícios do século XX não lograram os resultados esperados: a urbe moderna. Por isso, Fernando Mazuera Villegas, prefeito nomeado pelo presidente da República, Mariano Ospina Pérez, com o objetivo expresso de reconstruir a cidade após o 9 de abril, empreendeu vigorosas ações de renovação urbana e aceitou contratar Le Corbusier. A revista *Cromos*, numa entrevista com o referido prefeito, publicada em 15 de maio de 1948, introduz o texto afirmando que

> não é a ampliação da rua Séptima, pela qual circulam transeuntes frenéticos, nem a altura e o estilo das estruturas que se erguerão nos quarteirões destruídos o que interessa agora

---

15. C. E. Hernández Rodríguez, *op. cit.*, pp. 75-6.
16. "Anexos. Elaboración del Plan regulador de Bogotá. Establecimiento del Plan Director por Le Corbusier en París, 1949-1950", in: M. C. O'Byrne Orozco (coord.), *op. cit.*, p. 266.
17. H. Mondragón, *op. cit.*, pp. 102-9.

em Bogotá, primordialmente. São muitas outras coisas sempre novas e no entanto velhas – aqueduto, energia, higiene, tráfego, independência administrativa, polícia, abastecimento – o que realmente importa. E a reconstrução moral, antes da material e econômica. É possível que o prefeito esteja agora mais otimista do que nunca.

Mais adiante, na mesma publicação, citando o prefeito, diz o articulista que "a rua Séptima, desde San Agustín até a rua 26, se transformará num passeio, sem tráfego de veículos, apenas de pedestres. Por ora os bondes desapareceram do setor". E esclarece entre outras coisas que, segundo o prefeito,

> na reconstrução material das zonas incendiadas, a intervenção do Município será decisiva e técnica, ainda que por razões óbvias não possa ser direta; quanto aos demais problemas da cidade, que digam respeito ao seu harmonioso desenvolvimento e a sua transformação, tenho boas notícias para os cidadãos, diz o senhor Mazuera. O problema da água, por exemplo, será resolvido de forma definitiva[18].

Dessa maneira, os contratos realizados para que a desejada transformação de Bogotá fosse levada a cabo pelos *melhores arquitetos e urbanistas do mundo* acompanharam de perto o plano de obras desenhado para ornamentar a cidade em razão da IX Conferência Pan-Americana de 1948. Tudo isso, não há dúvida, fez pensar que essa era uma nova oportunidade para mudar definitivamente o rosto da cidade e torná-la habitável de acordo com os sinais dos tempos. Mas o mesmo havia acontecido em 1938, quando Bogotá celebrou os quatrocentos anos de sua fundação; ou em 1933, por motivo da contratação do urbanista vienense Karl Brunner, que deu à cidade o ar europeu que as elites progressistas burguesas capitalistas buscavam naquele momento; ou com a intensa atividade em infraestrutura e dotação pública proporcionada pelas centenas de milhares de dólares que fluíram pelos empréstimos contratados com bancos norte-americanos durante os frenéticos anos 1920; ou, em 1925, com a aprovação definitiva do plano "Bogotá Futuro", que não só devia pôr ordem no crescimento desordenado da urbe, mas colocar sob férreo controle todo o desenvolvimento futuro; e, por fim, com o plano de obras implementado em 1910 em função da comemoração do primeiro centenário da Independência. O denominador comum de todos esses projetos é sua expressa intenção de *proporcionar o progresso* de Bogotá, única "cura" possível para uma urbe na qual, segundo seus dirigentes e formadores de opinião pública, a ausência de modernidade se manifestava tanto na cidade física como na cidade habitada e pensada.

---

18. Ernesto Camacho Leyva, "Un reportaje con el alcalde Mazuera: la reconstrucción de Bogotá", *Cromos, Revista Semanal Ilustrada*, Bogotá, v. 65, n. 1.628, 15 maio 1948.

Cenários da oportunidade

Pelo que se viu antes, é evidente que, para 1948, a intenção de controlar o futuro da urbe e ao mesmo tempo de introduzir nela todos os benefícios da modernidade tinha uma trajetória de várias décadas em Bogotá. O que importa assinalar, entretanto, não é que o planejamento urbano, transformado em ferramenta do governo nas cidades do Ocidente desde as últimas décadas do século XIX, fosse também utilizado em Bogotá, mas que os objetivos perseguidos com esses planos fossem debatidos simultaneamente em vários cenários, alguns técnicos, outros políticos e governamentais, uns mais econômicos ou literários, mas todos eles culturais. Um desses cenários de debates referiu-se à discussão relacionada com a arquitetura da cidade. Nesse sentido, por exemplo, o engenheiro Alfredo Ortega escrevia na *Revista Contemporánea*, em 1904, que

> se organizaram companhias construtoras que abriram concursos nos quais competem numerosos projetos e se disputam, com o velho e rotineiro progresso santa-feense, o terreno demandado pelo novo elemento progressista[19].

O mesmo engenheiro, vinte anos mais tarde, já não era tão enfático em apresentar como disjuntivos esses dois progressos, um novo e outro rotineiro, esclarecendo que "não somos inimigos das obras modernas; unicamente queremos que as exigências do progresso se harmonizem com as conveniências do público, sem descuidar da estética nem da salubridade"; posição que o obriga a advertir que

> extremamente lamentável foi o erro que se cometeu ao incluir dentro de uma cidade antiga outra moderna, com seus serviços complicados de canalização de água, elétrica e de escoamento, e com seus meios de comunicação, que terminaram defeituosos, tornando a cidade imprópria para a vida ativa e para a segurança de seus habitantes[20].

O que podia ser uma solução de modernidade terminaria por arruinar ainda mais a cidade, se o novo não fosse bem associado à tradição. Por isso, quiseram resolver essa tensão recorrendo a um novo cenário de modernidade: a ciência da cidade, o urbanismo. O antioqueno Ricardo Olano, apóstolo do planejamento urbano na Colômbia, com seu incansável trabalho, foi quem conseguiu fazer com que os conselhos e prefeitos de cidades como Bogotá, Cáli, Medellín e Bucaramanga aprovassem o que ele chamou de "cidade futura". Para que esta ganhasse forma e solucionasse com isso

---

19. Alfredo Ortega Díaz, "La arquitectura de Bogotá", *in:* Baldomero Sanín Cano (dir.), *Revista Contemporánea 1904-1905*, Bogotá: Universidad Externado de Colombia, 2006, p. 186. A menção "santa-feense" é muito utilizada em Bogotá para se referir à cidade colonial, cujo nome espanhol era Santafé.
20. *Idem*, *Arquitectura de Bogotá*, Bogotá: Proa, 1988, p. 83.

todos os problemas que herdara do passado, devia ser implantado o City Planning, movimento do qual Díaz passou a ser firme propagandista, pois, para ele,

> sendo o nosso um país tão bonito, coube-nos, contudo, o azar de viver em cidades tristes, feias e sujas. As cidades são assim por falta de planejamento, por falta de previsão de nossos antepassados. Com um esforço consciente, conseguindo levantar o espírito público e infundindo-lhe um pouco de sadio idealismo, faremos uma revolução em nossas cidades, que chegarão a nos proporcionar *confort* [sic], alegria e saúde[21].

Com isso em mente, no I Congresso de Melhorias Nacionais, reunido em Bogotá de 12 a 20 de outubro de 1917, Olano definiu o City Planning como

> a arte ou ciência que guia o crescimento ou desenvolvimento de uma cidade em conformidade com um plano que atenda às necessidades do comércio e da indústria, e às comodidades, *confort* [sic] e saúde públicos[22].

A partir de então, e até o fracasso do mencionado plano diretor de Le Corbusier e do consequente plano regulador, esse cenário de oportunidade se tornou dominante em Bogotá: a ciência da cidade transformada em plano de desenvolvimento urbano.

Mas foi exigido outro cenário, pois não parecia suficiente que uns poucos iniciados, os arquitetos e engenheiros transformados em urbanistas, entendessem os mistérios da ciência da cidade e impusessem seus arcanos a todos os demais. O ensaio e a crítica, o debate público, a imprensa e as revistas eram necessários, já que era preciso banir o tradicionalismo se se quisesse transformar também o simples transeunte em um *urbanita* orgulhoso. As novas ideias necessitam de um lugar para serem construídas, e tal busca foi o que motivou o uso do café como ponto de reunião para as vanguardas, encarregadas de esvaziar de tradição o que devia ser exclusivamente novo. Com esse fim recorreu-se ao texto literário e ao jornalístico, à arte e sua crítica, ao ensaio e à tradução para divulgar os *mestres europeus*. As revistas e os jornais, é claro, foram os órgãos privilegiados de expressão desses grupos de rebeldes, mas os cafés e as livrarias foram espaços onde a conversação se materializou em fato urbano e pôde assim transgredir a norma, o cânone, a tradição. Sem pretender ser exaustivo, foi de vanguarda o grupo reunido em 1915 em torno da revista *Panida*, publicada en Medellín; e também o conjunto de jovens que em Barranquilla editou a revista *Vos*, entre 1917 e 1920; e curta, mas brilhante, foi a ação de um grupo de jovens chegados da província que se reuniu em Bogotá sob o nome de Los Arquilókidas, os quais, de 23 de junho a 19 de julho de 1922, escandalizaram a sociedade bogotana a partir das

---

21. Rafael Olano, "Estudio sobre City Planning presentado al Congreso de Mejoras Nacionales", *Primer Congreso de Mejoras Materiales reunido en Bogotá del 12 al 20 de octubre de 1917*, Bogotá: Imprenta Nacional, 1917, p. 25.
22. *Ibid.*, pp. 25-6.

páginas do jornal *La República*²³. Foram, de fato, Los Arquilókidas que fizeram do Café Windsor o lugar por excelência da vanguarda colombiana e, no início da censura, se transformaram no grupo Los Nuevos, vanguarda na qual foram defendidos "os poetas León de Greiff e Luis Vidales, o cronista Luis Tejada, o caricaturista Ricardo Rendón e o mesmo Germán Arciniegas em sua época de jovem estudante"²⁴.

Dentre os vários exemplos dignos de serem citados como sucessores do Windsor, lembremos o Café Victoria, onde se lia Neruda e Huidobro, e os que o fizeram se reuniram sob o nome de Piedra y Cielo; e o Café Asturias, que se transformou no mais característico desses espaços na cidade nos anos 1940. Fernando Arbeláez,

> um poeta do grupo Mito, constituído em 1955, recém-chegado a Bogotá para seus estudos universitários, lembra suas primeiras visitas ao Café Asturias: "foi no Café Asturias – estranhamente esquecido nas reminiscências da década de 1940 – que encontrei pela primeira vez alguns dos personagens de um olimpo literário que me parecia inalcançável"²⁵.

Com o desaparecimento do Café Asturias,

> em 9 de abril de 1948, que mudou tantas coisas na história, encerrou-se também a etapa romântica e nostálgica de meio século dos cafés bogotanos tradicionais, com suas tertúlias, cultas e agradáveis, transcendentais e irrelevantes, intelectuais e boêmias. Com o "Café Asturias" morreu meio século do clássico café bogotano que se imaginava nostalgicamente perdido e jamais recuperável. Porque a transição da época, a desumanização da metrópole, o deslocamento dos cidadãos em função de grandes distâncias, a inadaptação, a violência, a falta de comunicação, frutos da civilização e de mudança social, tornam impossível o renascimento do café e de suas tertúlias literárias, em seu conceito antigo²⁶.

Outro cenário de oportunidades foi, sem dúvida, o próprio desastre. O mencionado grupo de arquitetos reunidos na revista *Proa*, alguns dos quais estavam vinculados à administração municipal, declarou, sem rodeios, que os incêndios que afetaram locais de comércio e outros edifícios causaram a seus proprietários um

> fastidioso e lamentável revés. Em compensação, o problema urbanístico de Bogotá, estudado anos atrás, ficou francamente esclarecido e parcialmente resolvido. Os planos da nova cidade exigiam, justamente nas zonas que acabaram sendo afetadas, todo um

---

23. Gilberto Loaiza Cano, "La vanguardia en Colombia durante los primeros decenios del siglo xx", *Estudios de Literatura Colombiana*, n. 4, jan.-jun. 1999, pp. 13-4.
24. Brigitte König, "El café literario en Colombia: símbolo de la vanguardia en el siglo xx", *Procesos Históricos, Revista de Historia, Arte y Ciencias Sociales*, v. 1, n. 2, Universidad de los Andes, Venezuela, jul. 2002, p. 12.
25. *Ibid.*, p. 24.
26. Hernando Téllez, "Los cafés que murieron el 9 de abril", disponível em: <www.esferapública.org>, acesso em: 31 jul. 2014.

trabalho de ampliação e embelezamento. Os acontecimentos precipitaram as demolições [...]. As catástrofes trazem sempre corolários conhecidos: revisão de necessidades e reagrupamento de forças e valores. Em face das novas circunstâncias, interveio-se com prontidão[27].

Os registros da memória

Um novo café, El Automático, foi aberto depois do 9 de abril no mesmo lugar onde antes se situava La Fortaleza, conhecido café que, no térreo do então edifício do Ministério de Educação, serviu de local de reunião para seus funcionários por muitos anos. Pode-se afirmar que os dois, La Fortaleza e El Automático, mantiveram a natureza desses lugares como cenários de modernidade. Mas algo mudou. Hoje a memória vívida e evocada guarda referências do El Automático, mas enterrou por completo o Windsor, o Asturias, o La Fortaleza e muitos outros. Algumas pessoas passaram do Café Asturias para o El Automático, como León de Greiff, mas isso, hoje, mal é possível lembrar.

O que os estudiosos da modernidade em Bogotá afirmam, após uma rápida referência aos cafés e à vida intelectual da capital nas quatro primeiras décadas do século XX, é que pelo café El Automático, "desde 1949 e durante toda a década seguinte, passaram [...] os principais renovadores da cultura colombiana"; além disso, sublinham que "o período em que essas reuniões se realizaram é conhecido por haver forjado a expressão moderna tanto em pintura como em literatura"[28].

O que permanece como registro para a memória aprendida é, por um lado, que a história da cidade se separa em duas em 9 de abril de 1948 e, por outro, que o moderno é posterior, pois não existem registros imediatos que nos façam lembrar que a laboriosa busca da modernidade havia começado várias décadas antes. Por isso é compreensível que num artigo de opinião publicado em outubro de 2012, a propósito das conversações de paz entre o governo e as guerrilhas das Forças Armadas Revolucionárias da Colômbia (Farc) e de um romance sobre os fatos de 9 de abril de 1948 lançado nesses mesmos dias, o autor assinale que "aquele apocalíptico 9 de abril de 1948, dia do 'bogotazo', [...] foi o fim do que fomos mas abriu caminho ao

Vista do Centro Urbano Antonio Nariño e do noroeste de Bogotá ao redor de 1950. Saúl Orduz/Museo de Bogotá.

---

27. "Reconstrucción de Bogotá", *Proa*, n. 13, jun. 1948, p. 11.
28. Camilo Sarmiento Jaramillo, "El Automático: entre la literatura y el arte", *in:* Jaime Iregui *et al.* (comps.), *Café El Automático: arte, crítica y esfera pública*, Bogotá: Alcaldía de Bogotá; Universidad de los Andes; Cámara Colombiana del Libro, 2009, p. 105.

que somos"[29]. Mesmo assim, o historiador Jorge Orlando Melo declara que "desde muito cedo se consolidou a afirmação de que 'el bogotazo' tinha dividido em duas a história do país"[30]. Um conhecedor da cidade e de sua história, Carlos Niño Murcia, no entanto, não pode deixar de se perguntar: quanto da cidade de hoje "é consequência de 9 de abril? Muito e pouco, pouco e nada, pois ali o país não mudou, mas, ao contrário, foi impedido de mudar, para ratificar sobretudo a desregulação e a violência [...]. Quer dizer que aquele dia fatídico mudou tudo para ficar tudo igual. Ou pior"[31].

O que é evidente é que a transformação material de Bogotá, que haveria de ocorrer com ou sem o 9 de abril, pois era a solução para o *mal-estar moderno* sentido desde as décadas anteriores, terminou submetida pelo evento. Por isso o transformamos em um lugar de produção de sentido. E ele é tão dominante, desde épocas tão remotas que, em 1957, um cronista de Bogotá explicava que "o que sobrara do 9 de abril está desaparecendo de tal modo que o centro de Bogotá foi derrubado e daqui a poucos anos estará totalmente renovado e irreconhecível [...]. A histórica rua bogotana desapareceu definitivamente"[32].

---

29. Ricardo Silva Romero, "Bogotazos", *Eltiempo.com*, 25 out. 2012, disponível em: <www.eltiempo.com/archivo>, acesso em: 8 nov. 2013.
30. Jorge Orlando Melo, "Gaitán: el impacto y el síndrome del 9 de abril", disponível em: <www.jorgeorlandomelo.com>, acesso em: 8 nov. 2013.
31. Carlos Niño Murcia, "Levantar la ciudad moderna sobre los escombros del pasado", *in:* C. N. Murcia, *Arquitextos: escritos sobre arquitectura desde la Universidad Nacional de Colombia, 1976-2005*, Bogotá: Universidad Nacional de Colombia, 2006, p. 222.
32. Felipe González Toledo, "La vieja Calle Real murió para siempre", *in:* F. G. Toledo, *Crónicas bogotanas*, selección y prólogo de Maryluz Vallejo Mejía, Bogotá: Archivo de Bogotá, Sociedad de Amigos del Archivo de Bogotá, Planeta, 2008, p. 73.

CARACAS

Tempo e imagem: o ritmo da modernização acelerada

GUSTAVO GUERRERO

1. "Título: Modernização de Caracas / Canal de divulgação: Radiodifusão Televisão Francesa (RTF) / Data de divulgação: 11/12/1954 / Duração: 1h16 / Gênero: reportagem / Lugar: Caracas, Venezuela / Resumo: Vista aérea da cidade de Caracas; plano geral da avenida Bolívar em obras; plano geral de dois arranha-céus em construção junto a um grupo de pequenas casas antigas; plano geral do presidente Marcos Pérez Jiménez inaugurando uma longa avenida e cortando a faixa; vários planos gerais de amplas avenidas; plano geral de uma grande multidão assistindo à inauguração; plano de conjunto do presidente Jiménez e de seus oficiais percorrendo a avenida inaugurada; plano geral de vários edifícios e ruas em obras de diferentes perspectivas; vista geral de uma autoestrada e carros circulando, provavelmente a autoestrada que une Caracas ao porto de La Guaira; plano geral da passagem subterrânea de uma autoestrada, com carros que descem e sobem as rampas; vista geral de dois arranha-céus à noite com todos os andares iluminados e, ao fundo, carros circulando com as luzes acesas / Cinemateca 556 070 / Mudo / 35 mm."[1]

2. Para me aproximar da Caracas dos anos 1950, da capital do ditador Marcos Pérez Jiménez (1914-2001), quis tomar como ponto de partida essa tradução de uma ficha do arquivo do Institut National de l'Audiovisuel (INA), de Paris, e gostaria de acrescentar ainda outras palavras que procedem de um conhecido ensaio do escritor, historiador e diplomata venezuelano Mariano Picón Salas (1901-1965). Trata-se de um trecho frequentemente citado quando se alude à cronologia do século XX na Venezuela e no qual o autor evoca o momento de seu regresso ao país, vindo do Chile, após a morte do general Juan Vicente Gómez (1857-1935), o longevo autocrata que governou com mão de ferro durante 27 anos. Picón Salas escreve:

---

1. *Modernisation de Caracas*, Presse filmée, Radiodiffusion-Télévision Française, 1954. Inatheque, Institut National de l'Audiovisuel, Paris, n. AFE03 002 930.

Aula Magna da Cidade Universitária, Universidade Central da Venezuela, projeto arquitetônico de Carlos Raúl Villanueva com painéis acústicos de Alexander Calder, 1953. Fotografia: Paolo Gasparini/ Fundación Museo de Arquitectura.

Podemos dizer que só com o final da ditadura gomecista começa o século XX na Venezuela. Começa com trinta e cinco anos de atraso. Vivemos até 1935 como numa Shangri-La de generais e rentistas satisfeitos que podiam ir todo ano limpar ou intoxicar seus rins em termas e cassinos europeus; ou, por contraste, numa fortaleza de prisioneiros e no descampado mundo rural – planície, montanha, selva – onde o povo fazia as mesmas coisas que em 1860; semeava seu magro milho, comia sua broa e sua torta; perseguia ora o tigre ora a serpente, ou escapava das humilhações do Chefe Civil. Os desterrados, principalmente os jovens que regressam para a morte do tirano, trazem de sua expedição pelo mundo uma mensagem de pressa. Era necessário dar corda ao relógio parado...[2]

3. Não seria difícil encontrar em outras bibliografias latino-americanas, ou inclusive asiáticas e africanas, testemunhos parecidos com o de Picón Salas, pois a experiência de ficar relegado ante o veloz avanço da modernidade e/ou de chegar tarde a um

---

2. Mariano Picón Salas, *Viejos y nuevos mundos*, Caracas: Biblioteca Ayacucho, 1983, pp. 17-8.

encontro com a história é parte da hipoteca ideológica que, como é sabido, marca as periferias do Ocidente desde há alguns séculos. Vale recordar que Octavio Paz acusava de modo eloquente o impacto desse descompasso temporal naquela famosa frase de *O labirinto da solidão* (1950), na qual reivindicava, para os mexicanos, a possibilidade de serem por fim contemporâneos de todos os homens[3]. A Venezuela de meados do século não é uma exceção na América Latina no que diz respeito a esse sentimento de atraso, mas talvez a maneira como se vive e se interioriza o fato, o modo como ele é enfrentado e compensado por meio de diferentes projetos de modernização possam nos dar as chaves de uma peculiaridade venezuelana, ou essa é ao menos a hipótese que eu gostaria de explorar nas linhas que se seguem, baseando-me numa certa imagem da transformação de Caracas realizada sob a ditadura perez-jimenista (1952-58).

4. A experiência do tempo e a representação de seus imaginários expressam subjetividades que não são efetivamente idênticas em todas as sociedades latino-americanas e, no caso venezuelano, parecem adquirir, em meados do século passado, um perfil específico cujos traços maiores determinam aspectos importantes nas formas de conceber e construir um discurso sobre a cidade. Picón Salas fala em "pressa" e em pôr para funcionar "o relógio parado". Não são outras, no meu modo de ver, as exigências que impuseram um *tempo* bem particular ao programa de modernização de Caracas. E acontece que, à diferença do Rio Janeiro ou de Buenos Aires, para citar dois exemplos, a capital venezuelana sabia que chegava tarde a um processo que havia se iniciado várias décadas antes em outras urbes do continente e, é claro, na Europa e nos Estados Unidos. Além disso, a capital venezuelana sabia que se mostrava anacrônica diante da própria modernidade do aparato econômico petroleiro que foi remodelando o país desde os anos 1920. Daí a sensação de laboriosa busca de um tempo perdido que parece marcar a transformação de Caracas e cujos traços podem ser lidos entre linhas nos diferentes modos de representação da cidade, não só em âmbito nacional, mas também – e esta é a grande novidade – internacional.

5. Pérez Jiménez não estava entre os exilados que regressaram do estrangeiro após a morte do general Gómez, em 1935, mas era um contemporâneo de Picón Salas e da geração de jovens civis e militares que assumiu o desafio de recuperar o tempo perdido. Recordemos que um dos principais argumentos por eles levantados de modo a participar do golpe de Estado contra o presidente Isaías Medina Angarita (1897-1953), em outubro de 1945, foi justamente a lentidão com que estavam sendo implementadas as reformas políticas e econômicas julgadas necessárias para superar os anos do gomecismo. O capitão Pérez Jiménez e o líder do partido Ação Democrática, Rómulo Betancourt (1908-81), compartilhavam na ocasião do mesmo sentimento de urgência que os fez participar juntos nessa derrocada, levando-os depois

---

3. Octavio Paz, *Obras completas: El peregrino en su patria*, vol. 8, Ciudad de México: FCE, 1994, p. 189.

a apresentá-la ao país como uma "revolução", e inclusive a batizá-la como nossa "revolução de outubro"[4].

6. Não havia tempo para uma mudança progressiva e gradual. O atraso acumulado era demasiado importante e exigia rapidez e radicalidade para encurtar as distâncias que nos separavam do século XX. A Venezuela entrou na corrida contra o relógio global consciente de estar a reboque e de ter que se esforçar para imprimir à mudança uma velocidade superior. Quando, três anos depois, o próprio Pérez Jiménez, já promovido a tenente-coronel, formou parte do grupo de oficiais conjurados que depôs Rómulo Gallegos (1884-1969), o primeiro presidente eleito por sufrágio universal, direto e secreto, a justificação do novo golpe não apenas fez eco às acusações de improvisação e ineficiência contra o governo, mas recolheu as críticas à parcimônia do primeiro mandatário, espalhando, inclusive, o rumor de que ele costumava fazer a sesta em sua sala de trabalho no Palácio de Miraflores[5].

7. À diferença de Rómulo Betancourt e de outros políticos de sua geração – penso em figuras como Jóvito Villalba (1908-89) e Rafael Caldera (1916-2009) –, Pérez Jiménez nunca foi um orador de destaque nem um homem que se expressasse em público com naturalidade e eficácia. Mesmo seus mais fiéis partidários reconheciam a timidez e a incompetência que a duras penas conseguia disfarçar durante as longas cerimônias oficiais nas quais lia monotonamente seus discursos. Mas o que ele teve antes de muitos foi a clara consciência do poder da imagem e das possibilidades que ela representava como ferramenta eficaz para legitimar sua presidência, promovendo a ação de seu governo e sua própria liderança política. Assim, inclusive antes das eleições roubadas que o levaram ao poder em 1952, o tenente-coronel, que depois seria coronel e então general, mostrou-se, nos documentos da época, como o homem forte da Venezuela. Sob sua ditadura, deu-se especial atenção ao desenvolvimento da agência de propaganda governamental, o Escritório de Informação, e constituiu-se um arquivo visual sem precedentes na história do país. Este estava destinado a um público local, mas também, e sobretudo, insisto, a um público estrangeiro. Daí que os numerosos filmes, fotografias e resenhas que foram coordenados, financiados e/ou levados a efeito por meio do Escritório de Informação recriaram, em diferentes línguas, um vasto e atraente afresco entre cujos temas principais se destaca, sem dúvida, a galopante modernização de Caracas graças ao impulso de um homem providencial e incansável.

8. Não é certo que com Pérez Jiménez tenha se iniciado o processo de modernização da cidade, como quis fazer acreditar a propaganda do regime naquela época. Para

---

4. Manuel Caballero, *La Revolución de Octubre*, Caracas: Fundación Celarg, 1998.
5. Laureano Vallenilla-Lanz, *Escrito de memoria*, Paris: Lang, 1961, pp. 270-1.

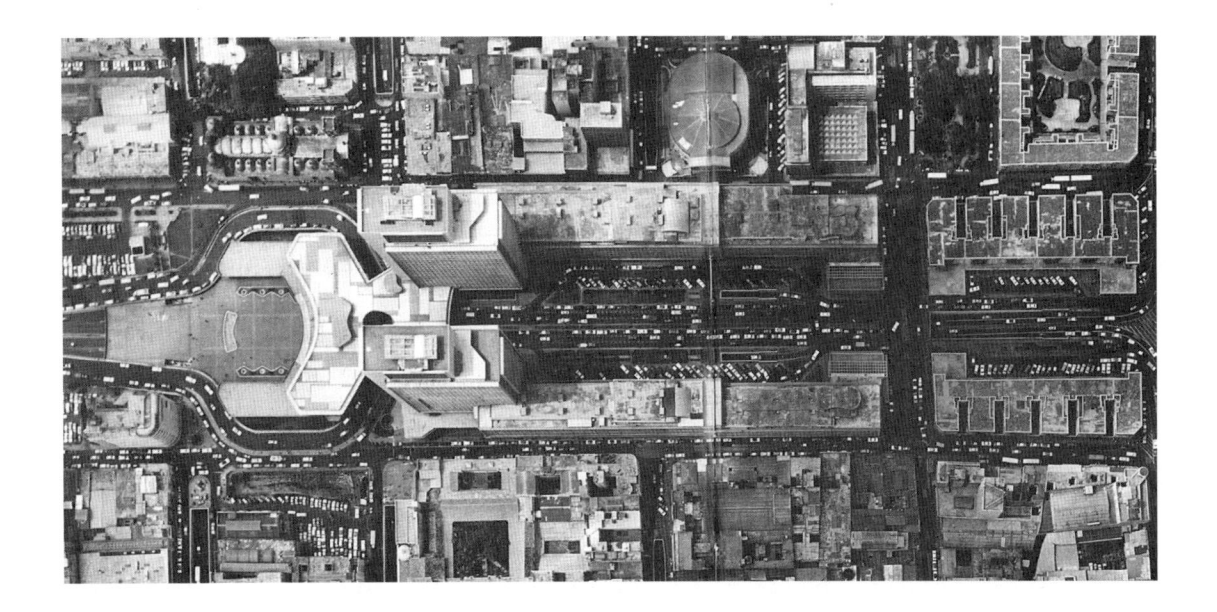

muitos historiadores, a reurbanização da zona de El Silencio, entre 1941 e 1945, por obra do arquiteto Carlos Raúl Villanueva (1900-75), constituiu o verdadeiro ponto de partida material da transformação de Caracas numa urbe moderna. Alguns anos antes, nos fins da década de 1930, o Ministério de Obras Públicas já tinha esboçado um primeiro projeto de urbanismo que contou com a assessoria do reconhecido arquiteto francês Maurice Rotival (1897-1980) e que desembocou no primeiro Plano Monumental de Caracas, mais tarde rebatizado como Plano Rotival. Como membro da Comissão Nacional de Urbanismo, criada em 1946, o mencionado arquiteto francês assinaria, em 1951, com Francis Violich (1911-2005) e José Luis Sert (1902-83), o Plano Regulador de Caracas, que estruturou e orientou boa parte do desenvolvimento da cidade durante os anos seguintes[6]. No momento em que Pérez Jiménez assumiu plenos poderes, a modernização da capital já estava em andamento, e obras como a Cidade Universitária, o Centro Simón Bolívar e a Autoestrada Caracas–La Guaira se encontravam bastante avançadas. Mas não é isso o que se mostrava nas imagens da imprensa e nas televisões estrangeiras.

9. "Título: Exposição de Urbanismo em Caracas / Canal de divulgação: Radiodifusão Televisão Francesa (RTF) / Data de divulgação: 1º/1/1952 / Duração: 1h30 / Gênero: reportagem / Lugar: Caracas, Venezuela / Resumo: Vista aérea da cidade de Caracas; grande plano geral da avenida Bolívar com circulação de automóveis e edifícios em

Avenida Simón Bolívar, implantada no plano de Maurice Rotival em 1939 e definida no Plano Viário de 1951. À esquerda distinguem-se as duas torres do Centro Simón Bolívar (Cipriano Domínguez, 1949-57).

---

6. Nancy Dembo; José Rozas; Iván González, "Caracas, modernidad y escala urbana: una aproximación interdisciplinaria", *Tharsis*, v. 5, n. 16, Caracas: Universidad Central de Venezuela, jul.-dez. 2004, pp. 93-115.

obras; plano de conjunto da estátua de Simón Bolívar numa praça de Caracas; plano geral e de conjunto dos visitantes da Exposição de Urbanismo; plano de conjunto dos visitantes olhando as maquetes das mudanças introduzidas no desenho da cidade; plano geral do presidente Jiménez, presidente da República da Venezuela, de uniforme, visitando a exposição; grande plano de uma maquete com o relevo do país e a cordilheira de Mérida; diferentes maquetes da cidade; diferentes explicações oferecidas por uma guia aos visitantes; outras vistas de Caracas / Cinemateca 525 964 / Mudo / 35 mm."[7]

10. Se a participação de arquitetos franceses nos novos planos de urbanismo podia explicar em boa medida a difusão de várias reportagens sobre Caracas na Televisão Francesa, a promoção da capital como vitrine do regime tinha também outros objetivos e destinatários. Tanto os breves documentários preparados para o público norte-americano como as reportagens fotográficas e filmadas realizadas para públicos europeus contribuíam para apoiar as políticas de imigração lançadas pelo governo e buscavam atrair, ao mesmo tempo, profissionais qualificados e braços para a agricultura e a construção. Subsidiariamente, é preciso reconhecer, aspirava-se também a "melhorar a raça", em conformidade com as ideias positivistas e racialistas que inspiravam o Novo Ideal Nacional, a doutrina oficial do perez-jimenismo[8]. Em meados da década de 1950, calcula-se que tenham entrado na Venezuela meio milhão de estrangeiros, a imensa maioria procedente da Itália, de Portugal e da Espanha, sem esquecer os quase 40 mil norte-americanos que trabalhavam no setor de serviços e na indústria petroleira[9].

11. Também para eles o Escritório de Informação financiava alguns curtas sobre a transformação de Caracas, em que não só se exaltava a exuberante modernidade das autoestradas e dos edifícios, mas se ofereciam possibilidades de investimentos e negócios no mercado venezuelano, e até se falava do crescimento do país com a linguagem de um novo *American dream*[10]. Ainda que o escritório participasse em outras operações de promoção internacional da ditadura, tão importantes como a encomenda do romance *La catira* ao escritor espanhol Camilo José Cela (1916-2002), é difícil saber quanto pôde influenciar ou orientar o conteúdo de reportagens e documentários estrangeiros[11]. Consta nos arquivos que houve um bom número de solicitações de

---

7. *Exposition d'urbanisme a Caracas*, Presse Filmée, Radiodiffusion-Télévision Française, 1952. Inatheque, Institut National de l'Audiovisuel, Paris, n. AFE03001534.
8. Joaquín Soler Serrano, *Pérez Jiménez se confiesa*, Barcelona: Ilario, 1983, p. 57.
9. Felicitas López-Portillo, *El perezjimenismo, génesis de una dictadura desarrollista*, Ciudad de México: Unam, 1989, p. 144.
10. *Un paseo por Caracas*, documentário, Archivo de Venezolana de Televisión, c. 1950, disponível em: <www.youtube.com/watch?v=aCuG5xPmaAo>, acesso em: 15 jul. 2014.
11. Gustavo Guerrero, *Historia de un encargo: "La catira" de Camilo José Cela*, Barcelona: Anagrama, 2008.

O general Pérez Jiménez na inauguração da Autoestrada do Leste. Autor desconhecido.

subsídios e apoio a vários projetos internacionais[12]. O certo é que as imagens que podemos descobrir hoje em revistas como *Mundo Hispánico* ou *Life*, ou nos arquivos da Televisão Francesa, da agência anglo-americana British-Pathé, da italiana Luce e dos noticiários cinematográficos espanhóis, oferecem, todas elas, um espetáculo de paz e de invejável progresso que reproduz sem muitos matizes o discurso oficial do perez-jimenismo. Nada se diz, assim, da censura nem dos presos políticos, nada da corrupção nem dos privilégios da elite militar.

12. O que se mostra, o que se quer exibir nessas imagens? Como já se pôde vislumbrar nas fichas das reportagens francesas, a maioria dos planos corresponde a tomadas da capital, onde se veem arranha-céus, avenidas, autoestradas, edifícios públicos ou conjuntos habitacionais que ostentam as marcas de seu recente acabamento, ou estão simplesmente em fase de construção. É verdade que as vistas aéreas e os planos em câmera baixa sublinham também o gigantismo de várias obras, como ocorre com as tomadas da autoestrada Caracas–La Guaira e das torres do Centro Simón Bolívar. Cabe apontar que existe uma corrente de interpretação bem arraigada em nossa historiografia que há décadas assinala a importância desse traço do urbanismo e da arquitetura perez-jimenista, classificando-a em geral de "faraônica" ou "monumental"[13]. Mas o que se oferece àquele que contempla com atenção as imagens é um discurso

---

12. Alejandro Cardozo Uzcátegui, "La propaganda política durante el perezjimenato: entre la búsqueda de legitimidad de ejercicio y la diplomacia velada, 1952-1957", *Tiempo y Espacio*, v. 19, n. 52, Caracas, dez. 2009, disponível em: <www.scielo.org.ve>, acesso em: 15 jul. 2014.
13. David Gouverneur, "Venezuela: Modernity Contextualized", *in:* Gustavo Luis Moré; Barry Bergdoll, *Caribbean Modernist Architecture*, New York: UTech Jamaica-MOMA, 2010, pp. 114-27.

um pouco diferente e que não só remete a uma questão de tamanho, ainda que o tamanho também conte. Digamos que o que se vê é a velocidade da transformação em curso, uma aceleração do processo de mudança ressaltada com a multiplicação dos fotogramas e com a dinâmica articulação dos planos sobre as diferentes obras que estão sendo executadas. O que se mostra, o que se quer exibir nessas imagens? Que há muito, muitíssimo que ver, e que falta tempo para mostrar tudo. Essa mensagem, que as reportagens mudas da Televisão Francesa anunciam com suas montagens, traduz-se em palavras, em outros filmes e reportagens fotográficas, como a incluída no número especial que a revista internacional espanhola *Mundo Hispánico* dedica em 1955 à Venezuela. Assim se pode ler num encarte:

> Nossas fotografias brindam o leitor de *Mundo Hispánico* com uma ideia aproximada do estado de transição e de crescimento avassalador que a capital da Venezuela experimenta na atualidade. Onde até há apenas um ano existia apenas a baixa vegetação dos terrenos desocupados surgem agora bairros modernos, núcleos operários ou conjuntos residenciais e do tipo comercial: teatros, hotéis e grandes armazéns. Caracas se encontra hoje a 17 minutos do litoral, de tal modo que os portos marítimos e aéreos, assim como as praias do Caribe, estão ao alcance de todos sem maior esforço. A capital da Venezuela é assim: uma cidade em perpétua transformação[14].

13. Em março de 1954, quando foi aberta a X Conferência Pan-Americana sob as vanguardistas "nuvens acústicas" de Alexander Calder no recém-inaugurado auditório Aula Magna, na Cidade Universitária, a imprensa internacional reteve uma frase do secretário-geral da OEA, o colombiano Alberto Lleras Restrepo: "Quem veio a Caracas há seis meses não vai reconhecê-la"[15].

14. O que se mostra, o que se quer exibir nessas imagens? Não só a mudança na magnitude do espaço, mas também, e sobretudo, a mudança na dimensão do tempo, que subitamente transformou a capital venezuelana no teatro urbano de uma formidável aceleração histórica. Com efeito, a transformação não só é extensa e profunda; é, ao mesmo tempo, rápida, rapidíssima. Tanto é assim que, em apenas alguns meses, a cidade ficou irreconhecível, mudou de pele e de corpo, tornando-se *outra*, já sem nada em comum com a velha quadrícula colonial. O que diz o secretário-geral da OEA é o que diz a propaganda oficial e o que se repete ademais, de mil maneiras diferentes, pois se é certo que o perez-jimenismo não inicia o processo de modernização de Caracas, é inegável que se elabora e se difunde um discurso da aceleração, que se mostra como o eixo central de sua visão moderna e de sua ideia de processo de mudança. Por isso

---

14. "Sinfonía de Caracas", *Mundo Hispánico*, n. 83, Madrid: fev. 1955, p. 26.
15. *Venezuela bajo el Nuevo Ideal Nacional, realizaciones durante el segundo año de gobierno del general Marcos Pérez Jiménez*, Caracas: Imprenta Nacional, 1955, p. 121.

penso que, para além do aspecto faraônico ou ciclópico de muitas edificações, para além do desenho estilizado e dos elementos vanguardistas da Cidade Universitária, a transformação de Caracas nos anos 1950 quis ser moderna na maneira como pretendeu alterar os tempos da cidade e imprimir um ritmo frenético à remodelação que nos tinha aproximado da contemporaneidade. A 17 minutos do litoral, a 17 minutos dos portos e aeroportos, a capital e o país inteiro aproximaram-se então do mundo e trataram de se colocar em sincronia com ele. Porque o que importava, para resumir, não eram só as dimensões dos arranha-céus nem o comprimento das avenidas, nem a presença de obras de Fernand Léger ou de Alexander Calder nos edifícios; o que importava, também, como sinal principal dessa sincronização, era o ritmo de execução das obras e a maneira como esse ritmo contagiava toda a cidade, fixando uma nova pauta temporal para a sociedade venezuelana.

15. Em seu pronunciamento à comunidade nacional em 2 de dezembro de 1953, quando se celebrou seu primeiro ano no poder, Pérez Jiménez declarou:

> Ao mesmo tempo as obras foram concluídas num ritmo acelerado em relação a seu prazo de execução, sem prejuízo de sua qualidade, como o atestam, para citar alguns casos da capital, a Aula Magna da Cidade Universitária, construída no prazo de um ano, quando obras similares em países de técnica mais especializada requeriam vários anos; a avenida Urdaneta, terminada no prazo de 110 dias, e o conjunto de 212 apartamentos no bairro de Ciudad Tablita, concluído em 45 dias[16].

16. O discurso da aceleração é o discurso de uma eficiência técnica e de uma racionalização modernas que combinam meios e fins; mas não se deve esquecer que é também o discurso de uma corrida contra o relógio que conferiu uma urgência particular ao *tempo* venezuelano e que, nos anos 1950, contagiou a nova capital com um ritmo trepidante, revolucionando a experiência do tempo de seus habitantes. Estes já não viviam o agora como o tinham vivido antes, nem o ontem nem o amanhã. Porque o que se produziu então em Caracas, para utilizar os termos de François Hartog, foi uma mutação do regime de historicidade que redefiniu as relações entre passado, presente e futuro e que deslocou, de forma brusca e incisiva, o eixo temporal para o futuro, desestabilizando o presente e reduzindo a sua mínima expressão a influência do passado[17]. Dele também nos falam as imagens das reportagens cinematográficas e fotográficas: no fugaz e vertiginoso presente de Caracas, a obsolescência do passado salta à vista, pois por toda parte se veem os escombros, as escavadeiras mecânicas, as esteiras e as pás das demolições que destroem sem cessar ruas e edifícios da velha

---

16. *Ibid.*, p. 26.
17. François Hartog, *Regimes de historicidade: presentismo e experiências do tempo*, Belo Horizonte: Autêntica, 2013.

cidade. A ditadura identifica-se com essas imagens, que expressam melhor que muitas palavras seu perfil rupturista, desenvolvimentista e inovador. Não por acaso, um dos melhores estudos feitos sobre a ideologia perez-jimenista, o de Ocarina Castillo, intitula-se *Los años del bulldozer* (1990)[18]. Como para confirmar essa vocação, numa das reportagens da British-Pathé afirma-se que foi preciso demolir até duzentas casas para construir a avenida Urdaneta; os noticiários cinematográficos espanhóis, por seu lado, contaram quadras inteiras[19]. Acelerar significou, nesse sentido, não só encurtar distâncias – os 17 minutos que graças à nova autoestrada separavam então Caracas dos portos e aeroportos do mundo; acelerar significou também deixar para trás um passado vivido como um lastro e com o qual se aspirava romper radical e definitivamente, para poder sincronizar a hora da Venezuela com a hora global e ser, por fim, contemporâneos de todos os homens.

17. Talvez por isso não haveria choro nem lamento pela cidade perdida. Caracas não é lugar para elegias. O dramaturgo José Ignacio Cabrujas (1937-95) escreve numa de suas crônicas caraquenhas:

> Lembro-me de mim mesmo presenciando a demolição do Majestic, o hotel de velhas memórias, onde se alojou Carlos Gardel ou onde Titta Ruffo vocalizou alguma bravura, antes de um comentado *Rigoletto*, para falar de dois portentos. Lembro-me do som daquela bola, quebrando as paredes perante o maravilhado júbilo de centenas de caraquenhos que comentavam e ponderavam o movimento pendular da pesada esfera. Em certo momento, a esfera metálica alcançou uma coluna e um andar inteiro foi abaixo, levantando nuvens de pó. O aplauso foi unânime e emocionado. Era como se nos encontrássemos num gesto coletivo que iniciasse uma esperança, e eu mentiria se dissesse que alguém expressou nostalgia[20].

18. Esse curioso traço da subjetividade caraquenha é tão natural, tão evidente para os habitantes da cidade que alguns de nossos especialistas em cultura urbana o tomam por um fenômeno generalizado e creem vê-lo em outras cidades latino-americanas, como se em todas elas tivesse acontecido o mesmo processo de aceleração, como se em todas tivesse existido a mesma política de demolições maciças levada a termo com a mesma anuência coletiva. Mas a realidade não é assim e a literatura é testemunha. Com efeito, várias das principais obras que escreveram e descreveram as cidades da

---

18. Ocarina Castillo d'Imperio, *Los años del bulldozer, ideología y política 1948-1958*, Caracas: Universidad Central de Venezuela, 1990.
19. *Venezuelan Capital opens Fifth Avenue*, Warner Pathé News, 1954, disponível em: <www.britishpathe.com>, acesso em: 15 jul. 2014; *Reformas en la capital de Venezuela*, NO+DO, 7 jul. 1952, disponível em: <www.rtve.es/filmoteca>, acesso em: 15 jul. 2014.
20. José Ignacio Cabrujas, "La ciudad escondida" (1988), *in:* Tulio Hernández (comp.), *Caracas en 25 afectos*, Caracas: Libros de El Nacional, 2012, p. 26.

América Latina ao longo do século XX o fazem, ao contrário, da perspectiva da nostalgia de uma urbe que se esfumaçou com a modernização, como a Havana das colunas de Alejo Carpentier (1904-80) ou o México de *La región más transparente* de Carlos Fuentes (1928-2012). Além disso, cabe recordar que esse olhar nostálgico, como assinalou Aníbal González, percorre um amplíssimo setor da literatura latino-americana do século XX e lhe proporciona uma certa identidade que a torna legível dentro da tradição do romantismo europeu, ao afirmar os sinais de uma relação conflituosa com a construção nacional e com o processo de modernização que esta acarreta[21]. Situada no extremo oposto, a literatura venezuelana nunca soube ver Caracas desse ponto de vista nem serviu de porta-voz para um sentimento de nostalgia porque, desde meados do século, a aceleração fulminante que impulsionou o processo de modernização não deixou lugar para a nostalgia e tampouco para o culto ao patrimônio e à memória[22].

19. "A cidade que construímos é um eterno regresso para o futuro", escreveu também Cabrujas na crônica já citada, legando-nos uma frase-chave para entender a cidade que se gesta em meados do século XX[23]. É que a outra face do desapego por um passado que desaparece entre a agitação e o estrondo dos buldôzeres constitui a vocação futurista de uma Caracas que a imprensa, o cinema e as televisões internacionais promovem como um exemplo assombroso, às vezes exagerado e inclusive às vezes caricaturesco, da urbe do amanhã. Em 1954, a British-Pathé batiza assim uma de suas reportagens com o título pomposo de *Venezuela's "Utopia" City* e em 53 segundos oferece um panorama das obras efetuadas pelo governo de Pérez Jiménez, dando ênfase à construção de quadras residenciais "supermodernas" e ao término do Hospital Universitário, "o maior da América do Sul"[24]. Um ano depois, em 1955, a Movietone intitula de *An Ultra-Modern City* os 35 segundos que dedica a filmar "uma das cidades modernas mais belas do planeta" e destaca a aplicação de quase metade dos investimentos orçamentários procedentes do petróleo na construção de residências e infraestrutura, sobretudo nas grandes quadras e nas autoestradas que esboçam no espaço urbano "o desenho de um viver ultramoderno". Em ambas as reportagens Pérez Jiménez aparece inaugurando as obras e rodeado de vastas multidões que, segundo a Movietone, "realizam assim seus sonhos de prosperidade"[25].

20. Seguindo essa mesma linha de interpretação, mas como que extremando e estilizando a imagem da cidade, os minutos que se dedicam a percorrer Caracas no filme

---

21. Aníbal González, "Adiós a la nostalgia, la narrativa latinoamericana después de la nación", *Revista de Estudios Hispánicos*, Washington University, XLVI-1, 2012, pp. 83-97.
22. Gustavo Guerrero, "Caracas, la ciudad invisible", *Inti*, n. 75-6, ago.-dez. 2013, pp. 13-20.
23. J. I. Cabrujas, *op. cit.*, p. 31.
24. *Venezuela's "Utopia" City*, Warner Pathé News, 1954, disponível em: <www.britishpathe.com/>, acesso em: 15 jul. 2014.
25. *An Ultra-Modern City*, Movietone News, 1955, disponível em: <www.youtube.com/watch?v=SJnfd_z00eo>, acesso em: 15 jul. 2014.

Autoestrada do Leste, c. 1953.

da Creole Petroleum Corporation, *Assignment: Venezuela* (1956), representam um dos melhores resumos da cidade perez-jimenista naquele momento: desde a autoestrada Caracas–La Guaira até a urbanização de Altamira, passando pelo Centro Simón Bolívar, pela autoestrada do Leste, Sabana Grande e, é claro, pelas novas quadras residenciais, a capital da Venezuela mostra sua face mais impetuosamente moderna. O protagonista, um jovem técnico petroleiro norte-americano que descobre o país e a cidade, deleita-se com edifícios que são "como mosaicos de seis a dez andares" em bairros residenciais que parecem "quase futuristas". Mas a surpresa maior o aguarda na Universidade Central da Venezuela: "Já lhe disseram o quanto Caracas é moderna. Pois bem, se o resto da cidade é moderno, vão ter que cunhar outra palavra para designar a Cidade Universitária"[26]. Não há dúvida de que, por ter sido inaugurado para o momento de realização do filme, o teleférico Caracas–Ávila–Macuto arrancaria do norte-americano algum comentário análogo, como mostra o exagero de celebrações sobre a dimensão futurista da obra que podem ser vistas em diferentes reportagens nacionais e estrangeiras[27]. Porém, no meu modo de ver, nenhuma das obras caraquenhas

26. *Assignment: Venezuela*, Kevin Murphy, Creole Petroleum Corporation, 1956, disponível em: <https://vimeo.com/86396329>, acesso em: 15 jul. 2014.
27. *Nuevo funicular en Venezuela*, NO+DO, 18 fev. 1957, disponível em: <www.rtve.es/filmoteca/>, acesso em: 15 jul. 2014.

El Helicoide, de Dirk Bornhorst, Pedro Neuberger e Jorge Romero Gutiérrez. Fotografia: Paolo Gasparini/Archivo Dirk Bornhorst.

do ditador encarnou com tanta eloquência a mudança temporal de uma sociedade que se volta para o futuro como o projeto inacabado de El Helicoide, uma gigantesca estrutura de múltiplo uso, desenhada pelos arquitetos Jorge Romero Gutiérrez (1924), Pedro Neuberger (1932-2011) e Dirk Bornhorst (1927), que ficaria abandonada com a queda do regime em 1958 e que alguns caraquenhos descreveriam mais tarde, por zombaria, como um estacionamento para discos voadores.

21. "Pode-se definir a aceleração da mudança social como um aumento do ritmo de obsolescência das experiências e expectativas que orientam nossas ações e como uma redução dos períodos que podem ser definidos como correspondentes ao presente", assinala Hartmut Rosa em seu conhecido livro[28]. A transformação de Caracas nos

---

28. Hartmut Rosa, *Accélération. Une critique sociale du temps*, Paris: La Découverte, 2010, p. 101.

anos 1950 não só modifica o aspecto da cidade como desorganiza a vivência do tempo entre seus habitantes, ressituando-os num presente reduzido, fugaz e frágil, e alijando-os de um passado que se perde para sempre em nome de um futuro promissor que exige todos os sacrifícios. O imaginário da capital da Venezuela é conjugado assim num futuro absoluto e perfeito que se expressa muito bem em sua promoção internacional como urbe do amanhã, mas que se traduz igualmente pelo ritmo que a aliança da tecnologia e da política impõe à sociedade: "Em Caracas o tempo anda mais depressa do que em outros lugares", constata um imigrante das ilhas Canárias que chegou à Venezuela naquele tempo[29]. A perda das referências culturais comuns e a renovação constante de discursos, práticas e valores circunscrevem o instável presente em que se encontram pessoas procedentes de lugares diferentes da Europa com outras que são como sobreviventes desmemoriados de uma cidade que não existe mais.

Primeiro Grande Prêmio Internacional da Venezuela, 6 de novembro de 1955. O presidente é retratado por um jornal levando Juan Manuel Fangio em seu automóvel Mercedes-Benz.

22. Pérez Jiménez nunca foi um bom orador, certamente, mas algumas imagens suas, como diz o senso comum, falam por si. Por exemplo, em novembro de 1955, quando inaugurou o Primeiro Grande Prêmio Internacional da Venezuela, ele apareceu no circuito Los Próceres com o campeão mundial Juan Manuel Fangio (1911-95), convidando-o, inclusive, para dar uma volta na pista, antes da corrida, em seu Mercedes-Benz 300SL, o "Bólido de Prata" ou "Asas de Gaivota", com o qual às vezes percorria, como um raio, as avenidas e autoestradas que seu governo construía[30]. Aficionado pelo automobilismo, o ditador mantém até o fim de seu mandato esse grande prêmio, que é disputado num extenso passeio desenhado pelo arquiteto Luis Malaussena (1900-62) como uma espécie de mausoléu ao ar livre para os heróis da pátria. De fato, Los Próceres era parte do sistema viário urbano conhecido como Sistema da Nacionalidade, integrado também pelos passeios Los Precursores, Los Símbolos e Los Ilustres. Ali se realizavam os desfiles militares e as cerimônias da Semana da Pátria, e não por acaso foi o lugar escolhido para o Grande Prêmio da Venezuela. O que se mostra, o que se quer exibir nas imagens? Que Pérez Jiménez trouxe ao coração simbólico da nação o corredor mais rápido do mundo, fazendo-o sentar a seu lado, como copiloto. Além disso, o ditador não teve dúvidas em se mostrar nessas imagens como o homem que organizou em Caracas um grande evento internacional em que os pilotos venezuelanos e pilotos do mundo inteiro disputariam a mesma

---

29. José Ferreira Jiménez, *Historia de la emigración clandestina a Venezuela*, Las Palmas de Gran Canaria: Gráficas Mercelo, 1989, p. 38.
30. Pode-se ver uma resenha do Grande Prêmio em: <www.pasionalavelocidad.com>, acesso em: 15 jul. 2014.

corrida em ritmos e velocidades comparáveis. Dono do poder do tempo, Pérez Jiménez se apresentava, assim, como nosso grande equalizador. Seu capital é esse espaço onde finalmente conseguimos compensar o atraso acumulado e sincronizar nossos relógios com a corrida global.

23. Ao longo dos anos 1950, a modernização de Caracas articula de forma distinta esse discurso da aceleração e, inclusive, o anuncia de modo tão radical e hiperbólico que não apenas reivindica por seu intermédio uma certa contemporaneidade, mas acaba projetando a imagem da cidade para um futuro utópico e indefinido, como se vê nas reportagens internacionais mencionadas. Quando a ditadura cai, em 1958, os restos dessa manhã ficam abandonados e, como assinalou Celeste Olalquiaga, vão representar uma nova memória, como nossas ruínas modernas[31]. Porém, daquela ficção, daquele sonho e/ou pesadelo desenvolvimentista, sobreviverão uma subjetividade e uma maneira de ver Caracas que, nas décadas seguintes, vão encontrar, na proliferação das autoestradas e nas intervenções urbanas de nossos artistas cinéticos, outras matrizes para continuar representando a aceleração através do movimento. O discurso do perez-jimenismo permanecerá assim vinculado a certa experiência do tempo moderno que desde então situa a cidade num presente no qual continua tendo lugar a eterna corrida de Aquiles e da tartaruga, mas agora no interior de um regime de historicidade específico. Digamos: entre um passado que só existe como obsolescência de um futuro que nunca chegou e um futuro que se transforma na dívida com que a imensa maioria dos habitantes tem que conviver diariamente, esperançosa ou desesperadamente.

---

31. Celeste Olalquiaga, "Las ruinas del futuro: arquitectura modernista y kitsch", *in:* Boris Muñoz; Silvia Spitta (comps.), *Más allá de la ciudad letrada: crónicas y espacios urbanos*, Pittsburgh: Biblioteca de América, 2003, p. 207.

Rio de Janeiro

"Um bom lugar para encontrar": cosmopolitismo, nação e modernidade em Copacabana

JULIA O'DONNELL

"Copacabana, princesinha do mar"

No verão de 1946 um novo sucesso tomava conta das rádios de todo o Brasil. A música "Copacabana" ganhava os salões e as ruas, levando milhares de pessoas a cantar as belezas da praia do bairro que era, já àquela altura, o mais conhecido do país:

Existem praias tão lindas, cheias de luz,
Nenhuma tem o encanto que tu possuis,
Tuas areias, teu céu tão lindo,
Tuas sereias sempre sorrindo.

Copacabana, princesinha do mar,
Pelas manhãs tu és a vida a cantar,
E, à tardinha, o sol poente
Deixa sempre uma saudade na gente.

Copacabana, o mar eterno cantor,
Ao te beijar, ficou perdido de amor,
E hoje vive a murmurar,
Só a ti, Copacabana, eu hei de amar.

Exaltando as belezas naturais da praia, a composição apresentava uma Copacabana saudada como a mais perfeita tradução de um cenário que reunia o bucolismo da paisagem, o frescor da juventude e a nobreza aristocrática. Copacabana passava a ser, para todos os efeitos, a "princesinha do mar".

Mas o estrondoso sucesso da música, repetida à exaustão pelas rádios ao longo de mais de um ano, não se baseava somente na letra. Composta por Braguinha[1] – um dos mais renomados compositores de marchinhas de carnaval do período – e cantada por Dick Farney – um jovem intérprete cuja carreira se fizera, até então, de sucessos cantados em inglês –, a música foi gravada na forma de um samba-canção, gênero que incorporava ao ritmo nacional influências estrangeiras como a balada norte-americana, o tango argentino e o bolero cubano[2]. Acrescendo a modernidade e o cosmopolitismo aos signos da nacionalidade, a música revelava ser, nos seus sentidos e no seu sucesso, bem mais que uma singela homenagem a um bairro[3]. Ali estavam os signos de um projeto de nação para o qual o Rio de Janeiro e, mais especificamente, Copacabana tinham inestimável valor simbólico.

Mas para compreendermos o sentido profundo dos significados veiculados pela canção é preciso fazer uma rápida incursão à paisagem de Copacabana no período em que a música foi lançada – expressa nas imagens orgulhosamente veiculadas por um periódico dedicado aos interesses dos moradores do bairro[4].

Ainda que pudessem ser motivo de satisfação para os redatores da folha pela imagem de progresso por elas representadas, as fotografias mostram-nos uma realidade muito distante do bucolismo cantado por Dick Farney. Com efeito, ao final da década de 1930 a paisagem construída já era majoritariamente composta por altos edifícios, fazendo de Copacabana um dos locais com maior concentração de arranha-céus de todo o país. É preciso, portanto, compreender o sucesso da canção a partir de uma análise das representações por ela veiculadas, de modo a encontrar, no plano da experiência, os elementos que ancoravam as imagens ali evocadas. O que interessa então compreender é o processo que, anunciado na distância entre a Copacabana cantada e a vivida, fez do bairro um espaço de condensação de diferentes culturas urbanas erigidas em torno de um mesmo repertório simbólico.

Surgida havia poucas décadas na malha urbana carioca (incorporada oficialmente em 1892, quando surge o primeiro bonde de passageiros), Copacabana desenvolvera-se sob o signo da promessa de um espaço marcado pela saúde, pela elegância e pela natureza exuberante. Quando, ao final do século XIX, a região central do Rio de

---

1. Carlos Alberto Ferreira Braga (29 mar. 1907 – 24 dez. 2006).
2. João Máximo, "Aquarela do Brasil: da era do rádio à bossa nova", *in:* Leonel Kaz (org.), *Brasil, rito e ritmo*, Rio de Janeiro: Aprazível Edições, 2004.
3. Entende-se "bairro" como categoria analítica nos termos de Cordeiro e Costa: os bairros são "unidades socioespaciais problemáticas em si próprias. Permeáveis e, contudo, identificáveis, não só nos ritmos de uma prática social quotidiana etnografável, como também nas imagens resultantes de uma *bricolage* coproduzida endógena e exogenamente; e, sobretudo, como participantes ativos na permanente construção cultural das variadas mitografias, imagens e narrativas que cada cidade escolhe para se vestir". Graça Cordeiro; António Firmino da Costa, "Bairros: contexto e intersecção", *in:* Gilberto Velho (org.), *Antropologia urbana*, Rio de Janeiro: Zahar, 1999, p. 60.
4. O *Beira-Mar* foi lançado em 1922, com o declarado objetivo de defender os interesses dos moradores de Copacabana. Falando em nome de uma "elite praiana", o periódico, feito por habitantes do bairro, circulou até o ano de 1945.

Praia de Copacabana, 1960. Fotografia: Marcel Gautherot/ Acervo Instituto Moreira Salles.

Janeiro sofria os efeitos das grandes aglomerações e da falta de planejamento urbano, o bairro surgia oferecendo aos seus moradores e visitantes as benesses do ar marítimo e, não menos importante, um "território do vazio", no qual se poderia erigir um novo modelo de ocupação do solo urbano e (por que não?) um novo modelo de civilização[5]. Não tardou para que a efetiva ocupação do bairro se tornasse realidade, atraindo para o areal famílias que, autointitulando-se uma "aristocracia praiana", buscavam fazer do bairro um novo marco no mapa do prestígio da capital. Apostando no crescimento da região, pessoas identificadas com diferentes setores da elite construíam seus palacetes, abriam ruas e investiam na implantação de infraestrutura básica (como saneamento e eletricidade), numa longa e profícua parceria com o poder público.

5. A expressão é emprestada do título do livro de Alain Corbin, *O território do vazio* (São Paulo: Companhia das Letras, 1998), em que o autor busca recuperar a história do desejo da beira-mar na Europa entre 1750 e 1840.

Fotografia publicada no jornal *Beira-Mar*, de Copacabana, em 29 de maio de 1942, com a legenda "Os arranha-céus que se esparramavam pelo bairro eram motivo de orgulho para seus moradores, que viam os edifícios como sinal de progresso e civilização".

Na década de 1910 já não havia dúvidas de que a assim chamada zona sul atlântica era a menina dos olhos da administração local. Enquanto a região central era progressivamente esvaziada de moradias e a zona norte sofria com a falta de investimentos, Copacabana crescia a olhos vistos. No início da década seguinte, o bairro já aparecia na imprensa carioca inequivocamente associado à elegância e à distinção, o que viria a se consolidar, em 1923, com a abertura do Copacabana Palace Hotel. Projetado pelo arquiteto Joseph Gire, o hotel foi resultado de uma solicitação feita em 1917 pelo então presidente Epitácio Pessoa, preocupado com a hospedagem das muitas autoridades que deveriam comparecer às comemorações do centenário da Independência o Brasil (a ser celebrado em 1922)[6]. Octavio Guinle (membro de uma das famílias mais tradicionais do país, que aliava grandes somas de capital e farta experiência no ramo hoteleiro) aceitou o desafio e escolheu um local pitoresco para

---

6. Joseph Gire (1872-1933) foi um importante arquiteto francês de grande circulação internacional, responsável por obras que marcaram os primeiros anos do século XX no Rio de Janeiro, como o Hotel Glória, o Palácio das Laranjeiras (atual sede do governo estadual) e o edifício do jornal *A Noite*, que por muitos anos foi considerado o maior arranha-céu da América Latina.

Copacabana Palace em construção, 1923. Fotografia: Augusto Malta/Coleção Augusto Malta.

seu empreendimento: um terreno na praia de Copacabana, que à época ainda não constava em nenhum dos guias turísticos dedicados à capital do país.

A proximidade do centenário da Independência criava um ambiente de intenso debate político-intelectual, marcado pelo questionamento dos contornos da identidade nacional. Pensadores ligados a diferentes vertentes buscavam articular presente, passado e futuro na construção de modelos que garantissem a criação de uma nação que fizesse jus ao rótulo de "moderna", sem com isso abrir mão de sua autenticidade. Nas palavras de Marly Motta, "a celebração de 1922 deveria ser caracterizada, pois, pela inequívoca disposição da 'jovem' nação em marcar seu lugar no século XX. Para tanto, penso que um dos requisitos indispensáveis seria a modernização da capital federal, cabeça da nação e seu cartão-postal"[7]. Era nesse cenário que o Copacabana Palace, feito à imagem e semelhança dos mais luxuosos hotéis europeus, emergia como um verdadeiro monumento à civilização em meio a um cenário marcado pela

---

7. Marly Motta, *A nação faz 100 anos: a questão nacional no centenário da Independência*, Rio de Janeiro: Editora da Fundação Getúlio Vargas, 1992, p. 7.

Fotografia, de autoria desconhecida, publicada no jornal de Copacabana *Beira-Mar*, em 13 de março de 1937, com a legenda: "Moradores de bairros distantes chegando a Copacabana em um domingo de sol a bordo de um *Taioba*" (bonde de segunda classe, também conhecido como "caradura", no qual era permitido viajar em traje de banho).

exuberância da paisagem tropical, encarnando os ideais de nacionalidade de um país sedento pela articulação entre o *moderno* e o *brasileiro*.

O impacto da abertura do hotel se fez sentir no bairro, que teve ao longo da década de 1920 um acelerado ritmo de crescimento. Para além das muitas construções que ocupavam o antigo areal, ganhava força um movimento que, capitaneado pelos moradores, fazia de Copacabana o epicentro de um verdadeiro "projeto praiano-civilizatório"[8]. Divulgando um estilo de vida baseado no binômio saúde/elegância, os copacabanenses faziam de sua praia um verdadeiro laboratório de novas práticas de experimentação urbana, levando à paisagem e ao vocabulário do carioca elementos como o *maillot*, o banhista e os esportes ao ar livre. Na visão dos ciosos fiadores daquele projeto, a vida em Copacabana representava o alinhamento definitivo com uma modernidade de teor cosmopolita, que tinha na Europa e nos Estados Unidos suas grandes inspirações. Cabia então aos brasileiros (e mais especificamente aos moradores da capital) aderir àquele projeto, sob pena de perder o bonde da civilização.

Ao que tudo indica, a insistente campanha pela incorporação da praia aos hábitos do carioca surtiu efeito. Sem demora, os banhos de mar, praticados até havia pouco somente por razões medicinais, entravam na rota do lazer; as areias das praias, antes vazias, enchiam-se a olhos vistos; a pele morena de sol, antes vista como sinal de pobreza, era agora sintoma de saúde e distinção[9]. Mais que um novo bairro, surgiam ali novas formas de sociabilidade, novos padrões de moralidade e, não menos importante, novas formas de viver e representar a vida urbana.

A década de 1930 veio consolidar a crescente centralidade da zona atlântica, ameaçando um dos pilares sobre os quais se sustentava a tão orgulhosa elegância de seus moradores: o exclusivismo. De tão propagandeado, o estilo Copacabana de viver passava a ser objeto de desejo de grupos sociais variados, que chegavam aos montes à região praiana. Assim, se de início a fama do antigo areal se ancorava na possibilidade de experimentação de um modo de vida diferenciado – em termos seja do espaço, seja

---

8. Julia O'Donnell, *A invenção de Copacabana*, Rio de Janeiro: Zahar, 2013.
9. A valorização da exposição ao sol se deu no início dos anos 1920, portanto, mais tarde que o gosto pelos banhos de mar. Em 1923, a estilista francesa Coco Chanel, já com 40 anos de idade e na posição de uma das maiores personalidades da moda internacional, adotava, no verão da Riviera francesa, a estética da pele tostada pelo sol. A partir dali não tardou para que balneários elegantes de todo o mundo aderissem à novidade, agora duplamente referendada pelos discursos da moda e da ciência.

da proximidade do mar, seja da distância da desordem urbana da região central –, seu crescimento fez com que ele passasse a representar projetos de outra ordem, num processo de clara complexificação sociocultural do bairro.

A década de 1940 assistiu à grande expansão vertical de Copacabana, ocorrida de forma tão rápida quanto desordenada. Os antigos palacetes já haviam desaparecido da orla praiana, e os luxuosos edifícios de grandes apartamentos começavam a conviver com construções mais modestas. Em qualquer jornal de grande circulação era possível encontrar um sem-número de lançamentos imobiliários no bairro, que buscavam atrair compradores com chamadas como "Venha ser feliz em Copacabana"; "More como gente de bem em Copacabana" ou "Não negue à sua família o direito de viver em Copacabana"[10]. Morar no bairro era, enfim, um "direito" do qual diferentes setores das camadas médias urbanas pareciam não estar dispostos a abrir mão.

Em 1948, um jornal saudava aquelas transformações atribuindo-as ao fato de que "as grandes organizações do Rio de Janeiro" haviam percebido que não poderiam mais "ficar limitadas ao centro da cidade", pois "a população de Copacabana possui mais capacidade aquisitiva, mais senso de progresso, mais realidade de civilização"[11]. A mensagem é tão clara quanto a complexidade do processo social a que ela se refere: mais que um novo bairro ou uma nova forma de experimentação do espaço urbano, Copacabana era também um polo de agregação e de produção de um novo perfil de camadas médias em meio ao cada vez mais complexo quadro sociocultural carioca.

A consolidação da zona sul oceânica como polo de atração de moradores e visitantes nacionais e estrangeiros (uma vez que o bairro já passava a figurar como um importante ponto turístico nos principais guias sobre a cidade) se fez acompanhar também de uma não menos drástica mudança nos sistemas de acesso que a ligavam ao restante da cidade. São dos anos 1940, por exemplo, a duplicação do Túnel Novo e a implantação de linhas de ônibus para os bairros da zona norte e os subúrbios, o que colaborava sobremaneira para o aumento da população flutuante que por ali passava diariamente. Progressivamente anunciada como uma verdadeira "cidade-bairro", Copacabana deixava de ter na distância um entrave à sua ocupação. Invertia-se o mapa comercial, simbólico e turístico da cidade, e os bairros atlânticos passavam ao centro da vida carioca, deixando para trás os tempos em que a Lapa e o centro da cidade concentravam os melhores restaurantes, casas noturnas e estabelecimentos comerciais. Não por acaso, em texto de 1948, o cronista Luis Martins afirmava, nostálgico, que "Copacabana vai aos poucos matando o Rio. Porque Copacabana pouco ou nada tem a ver com o Rio. Copacabana é alegre, é luminosa, é turística, cosmopolita, vitaminada, esportiva e incontestavelmente bela. Mas não é o Rio"[12].

---

10. Anúncios do *Jornal do Brasil* de 2 mar. 1945, 4 jun. 1945 e 9 out. 1947.
11. Elizabeth Dezouzart Cardoso *et al.*, *História dos bairros – Copacabana*, Rio de Janeiro: Index, 1986, p. 89.
12. Luis Martins, *Noturno da Lapa*, Rio de Janeiro: José Olympio, 2004, p. 255.

Percebemos, assim, que o samba-canção que balançava o país no ano de 1946 levava em seu nome bem mais que uma praia. Em "Copacabana" de Braguinha, o bucolismo evocado pela letra da música é apenas uma das muitas camadas de sentido que, no seu conjunto, fizeram da composição um sucesso imediato. Se a letra remetia ao capital simbólico original de Copacabana (a beleza da paisagem e a calmaria da vida à beira-mar), a melodia tentava dar ao samba uma roupagem moderna e cosmopolita, passível de ser consumida pelo público estrangeiro. A música expressava, desse modo, uma bem-sucedida articulação identitária que, a despeito da distância entre o bairro cantado e o bairro vivido, chegava ao público como um retrato legítimo da Copacabana dos anos 1940.

Vemos, assim, que a idealização fantasiosa de um mundo de sereias e princesinhas cantada ao ritmo do moderno samba-canção condensava as representações de uma Copacabana bucólica numa brasilidade tipo exportação. Não foi, portanto, por mero acaso que se chamou "Copacabana" o filme protagonizado por Carmen Miranda e Groucho Marx[13], produzido em Hollywood em 1947. Tampouco chega a ser surpreendente que a música de Braguinha (que é até hoje a mais conhecida canção sobre o bairro) tenha sido feita por encomenda de um empresário norte-americano que planejava abrir em Nova York um *nightclub* chamado... Copacabana[14].

"Um bom lugar para encontrar"

"A capital do país é uma cidade em que 130 mil copacabanenses se divertem e 2 milhões de pessoas aspiram a morar em Copacabana." A frase, destacada de uma matéria de jornal publicada em 1950, parecia expressar bem o sentimento de boa parte dos cariocas. Entre os anos 1940 e 1950, a população do bairro praiano cresceu impressionantes 74%, passando de 74.133 para 129.249 habitantes[15]. Mas as transformações não se restringiam à paisagem material ou ao número de moradores e visitantes que disputavam um lugar nas cada vez mais concorridas areias e calçadas do bairro. Também os padrões de experimentação do espaço ganhavam novos contornos, num processo de contínua ressignificação daquela região dentro do mapa simbólico da capital. Se até meados da década de 1940 a modernidade encarnada em Copacabana tinha na fruição diurna da beleza praiana um de seus principais pilares, alguns anos depois o repertório do moderno se deslocava, sem reservas, para o cenário noturno.

---

13. Para uma análise sobre a relação entre a trajetória de Carmen Miranda e o modelo de nacionalidade exportado pelo Brasil na década de 1940, ver Julia O'Donnell, "They Said I Came Back Americanized: Cosmopolitism and Mediation in the Trajectory of Carmem Miranda", *Ateliers d'Anthropologie* [on-line], v. 41, 2015, disponível em: <https://journals.openedition.org/ateliers/9759>.
14. A música foi encomendada em 1944 pelo cineasta norte-americano Wallace Downey, que planejava abrir em Nova York uma boate cujo nome e a temática homenageariam a já famosa praia brasileira, mas a casa nunca chegou a abrir.
15. Gilberto Velho, *A utopia urbana*, Rio de Janeiro: Zahar, 1982, p. 19.

A música "Sábado em Copacabana", composta por Dorival Caymmi e Carlos Guinle em 1951, deixa bem clara essa transformação:

> Depois de trabalhar toda a semana
> Meu sábado não vou desperdiçar
> Já fiz o meu programa pra esta noite
> E sei por onde começar
>
> Um bom lugar para encontrar: Copacabana
> Pra passear à beira-mar: Copacabana
> Depois num bar à meia-luz: Copacabana
> Eu esperei por essa noite uma semana
>
> Um bom jantar depois de dançar: Copacabana
> Um só lugar para se amar: Copacabana
> A noite passa tão depressa, mas vou voltar se pra semana
> Eu encontrar um novo amor: Copacabana

A música, também um samba-canção, homenageia o bairro a partir de elementos bastante diversos daqueles que exaltam a "Copacabana" de Braguinha. A composição apresenta um personagem que, morando em outra área da cidade, vê no bairro o destino certo para o desfrute de uma noite de lazer. Entre o passeio à beira-mar, os bares, os restaurantes e os salões de dança, Copacabana é retratada como um lugar de agito e de encontros, numa imagem bastante diferente daquela que, alguns anos antes, via no bairro um local de contemplação e desfrute da paisagem natural. Na Copacabana noturna, a princesinha se fazia dama da noite, reunindo uma massa cada vez mais heterogênea de pessoas cujas expectativas, por mais diferentes que pudessem ser, se entrecruzavam nas ruas do bairro.

Ao que parece, o personagem soube escolher bem o roteiro de sua noite de lazer. Afinal, no início da década de 1950 o bairro contava com nada menos que 16 salas de cinema, 4 teatros e 40 boates, não deixando qualquer dúvida sobre sua centralidade no circuito boêmio da capital brasileira[16]. As boates eram, sem dúvida, a principal atração da noite de Copacabana. Abriam as portas por volta de 22 horas, quando o público circulava pelas mesas e dançava na pista ao som de músicas gravadas, e tinham seu auge à meia-noite, quando começavam os shows, geralmente apresentados por artistas

---

16. E. Dezouzart Cardoso *et al.*, *op. cit.*, p. 101. A repressão do Estado Novo (1937-1945) fechou bares e clubes musicais na Lapa e arredores, levando os frequentadores da vida noturna a migrarem gradualmente para Copacabana, que já abrigava diversas boates e *nightclubs*. Essa migração boêmia foi potencializada pelo fechamento dos cassinos pelo presidente Eurico Gaspar Dutra, em abril de 1946, que levou músicos e intérpretes a buscarem trabalho nas emissoras de rádio e boates de Copacabana. Ver Lia Calabre, *A era do Rádio*, Rio de Janeiro: Zahar, 2004.

que gozavam de fama no mundo radiofônico. Em noites regadas a uísque, o público aglomerava-se em espaços nunca maiores que 100 metros quadrados, que costumavam receber de 100 a 150 pessoas. A exiguidade do espaço impunha ao ambiente um clima intimista, para o qual a melodia romântica do samba-canção parecia perfeita[17].

A consolidação da centralidade do bairro na vida cultural da capital caminhava *pari passu* com os índices de urbanização ali observados. Não é de estranhar, nesse sentido, que uma matéria de jornal publicada em 1955 tenha se referido a Copacabana como "uma espantosa cidade", palco da "maior densidade demográfica da América Latina" e moradia de uma população composta por "gente de todas as nacionalidades, gente de todos os estados da Federação":

> Nos seus bares ou nas antessalas de seus cinemas, costuma-se ouvir conversa em todos os idiomas, até português [...]. Segundo os últimos dados colhidos pelo IBGE, já havia ultimamente em Copacabana 2.140 estabelecimentos comerciais e 30.000 domicílios, fora outros 3.870 em 8 favelas. Com 72 estabelecimentos de ensino, 9 hospitais, casas de saúde e postos médicos, 11 clubes, 63 farmácias, 23 hotéis, 28 garagens, 17 agências de automóveis, 3 paróquias (com vários templos), 1 estação transmissora de televisão e 7 agências telegráficas e radiográficas, Copacabana é uma cidade independente. [...] Em seus ônibus e bondes viajam por mês mais de 10 milhões de pessoas. Somente uma das dezenas de empresas de ônibus que servem Copacabana – a linha 12 – transportou no ano passado 9.075.800 passageiros![18]

Os números impressionam. Já longe de ter no bucolismo uma de suas atrações, Copacabana fizera do mote balneário uma porta de entrada para a vida urbana, deixando definitivamente para trás os tempos do exclusivismo de teor aristocrático. Sem mencionar a praia ou o cenário natural, a reportagem apresenta um bairro cuja potência está justamente na paisagem construída e cujas marcas eram o cosmopolitismo e o dinamismo, numa fórmula já bem distante do discurso da higiene e da saúde sobre o qual se construíra o prestígio daquela região, que no início do século XX crescera como uma alternativa saudável ao ambiente agitado e pouco arejado do centro da cidade.

Mas aquelas transformações não eram, por certo, fruto de alguma espécie de espasmo sociocultural restrito a uma realidade insular. O adensamento de Copacabana dava-se em meio a um cenário mais amplo de otimismo marcado, no plano internacional, pelo fim da Segunda Guerra Mundial e, no plano nacional, por um contexto de grandes mudanças na estrutura produtiva do país, que vivia um ciclo de forte estímulo à industrialização e altas taxas de crescimento. Iniciado durante o governo de

---

17. Vicente Saul, *"Minha alma canta, vejo o Rio de Janeiro": a zona sul carioca entre crônicas e canções*, tese de doutorado em História (PPGHPBC/CPDOC-FGV), Rio de Janeiro, 2013, p. 124.
18. "Copacabana cidade vertical – Estão sendo arrasados os últimos sobrados e palacetes", *Manchete*, 30 jul. 1955.

Getúlio Vargas (1951-56) e intensificado na gestão de Juscelino Kubitschek (1956-61), o impulso desenvolvimentista transcendeu as esferas econômica e política, ecoando também no campo da cultura[19]. Paralelamente ao aumento da demanda de bens de consumo, a população dos grandes centros urbanos passou a ter acesso a um número crescente de filmes, peças de teatro e exposições, que se multiplicavam num momento de grande reflexão acerca das linguagens até então vigentes. Com um incisivo discurso de valorização do "novo", a economia, a paisagem construída e a produção cultural apostavam numa leitura renovada da influência estrangeira no Brasil, dando corpo a um nacionalismo que se fiava na crença de um futuro que parecia aproximar-se a passos largos.

Recorrentemente descrito como uma "idade de ouro", o governo de Juscelino Kubitschek tinha em Copacabana uma de suas principais vitrines. Afinal, reunindo o cenário tropical, a intensa vida cultural e um expressivo crescimento urbano, o bairro despontava como a síntese de um país que buscava se definir pelo "novo" sem abrir mão de seus atributos originais. Copacabana era o epicentro daqueles "anos dourados", reunindo em suas ruas e em suas boates muitos dos signos sobre os quais se sustentavam as representações do *glamour* e do otimismo que marcavam a época. Foi ainda naquele período que o bairro viveu seu principal *boom* imobiliário, o que se fez sentir, por exemplo, na construção de nada menos que 225 edifícios somente no ano da posse do novo presidente[20].

Mas os anos dourados tiveram também seus reveses. As novas construções alteravam a fisionomia do antigo arrabalde, agora profundamente marcado pela uniformidade da paisagem construída e, na mesma medida, pela crescente heterogeneidade social de seus habitantes. Majoritariamente compostos por pequenos apartamentos de quarto e sala e conjugados, os novos edifícios atraíam moradores de bairros distantes, muitas vezes dispostos a abrir mão de casas espaçosas para viver no bairro mais cobiçado do país. Ainda que, no plano da experiência vivida, a mudança para Copacabana representasse uma piora nas condições objetivas de moradia, tal escolha se baseava, conforme argumenta Gilberto Velho, num discurso de "satisfação autobiográfica"[21]. Fosse em termos de bens ou de moral, os moradores daqueles pequenos apartamentos buscavam legitimar seu pertencimento ao cenário copacabanense pautados no princípio de que a cidade correspondia a "um mapa social onde as pessoas se definem pelo lugar em que moram"[22]. Copacabana perdia assim os signos

---

19. Maria Victoria Benevides, "O governo Kubitschek: a esperança como fator de desenvolvimento", *in:* Ângela de Castro Gomes (org.), *O Brasil de JK*, Rio de Janeiro: Editora FGV, 1991.
20. J. O'Donnell, *op. cit.*
21. Gilberto Velho, *Individualismo e cultura*, Rio de Janeiro: Zahar, 1987, p. 135. Em livro anterior, *A utopia urbana*, fruto de pesquisa feita na década de 1960 num edifício de pequenos apartamentos em Copacabana, o antropólogo Gilberto Velho analisa a visão de mundo daquilo que identifica como uma "classe média *white collar*", que via no bairro a porta de entrada para todo um universo de *status* e prestígio relacionados, de forma mais ampla, à vida na zona sul da cidade.
22. *Idem*, *A utopia urbana*, Rio de Janeiro: Zahar, 1973, p. 80.

de um prestígio elaborado nos termos do exclusivismo e da distinção, na mesma medida em que passava a ser apropriada e ressignificada por outros setores sociais.

Um dos principais ícones do processo de abertura do bairro para esse novo perfil de moradia é o Edifício Richard, número 200 da rua Barata Ribeiro. Concluído em 1959, o prédio de 12 andares é composto por mais de quinhentos pequenos apartamentos (cerca de 45 por andar) que ainda hoje abrigam cerca de 1.300 moradores. O "Duzentão", como ficou conhecido, passou a frequentar as páginas policiais desde os primeiros meses de sua ocupação. Casos de prostituição, pedofilia, tráfico de drogas e roubo faziam parte do cotidiano do edifício, que foi rapidamente estigmatizado como a mais perfeita tradução dos perigos do crescimento vertiginoso para o bairro.

É evidente, porém, que os problemas de Copacabana não se resumiam ao "Duzentão". Ao lado da elegância das boates, dos bares e dos restaurantes, o bairro passou a conviver com toda sorte de problemas urbanos, além, é claro, de novos padrões de sociabilidade e novas fronteiras de moralidade. O cronista Antonio Maria, por exemplo, mesclava seu encantamento pelo bairro com momentos de profundo pessimismo. Se, por um lado, ele mantinha a coluna "Mesa de Pista" no jornal *O Globo*, documentando os nomes e as glórias das noites de Copacabana, também mostrava a outra face da experiência moderna copacabanense em crônicas como esta, em que desafia seus leitores a fazerem um passeio noturno à beira-mar: "Experimentem passear por Copacabana à noite. É uma procissão das mais tristes. [...] O desfile do meretrício acabou de uma vez com aquele hábito burguês de passear na praia. Vão ver Copacabana. A beleza acabou naquela praia"[23].

Em outro texto, escrito ao final da década, o cronista narra, com boa dose de melancolia, o amanhecer em Copacabana:

> [...] As pessoas e as coisas começaram a movimentar-se. A moça feia, com seu caniche de olhos ternos. [...] O bêbado que vem caminhando, com um esparadrapo na boca e a lapela suja de sangue. [...] O banhista gordo, de pernas brancas, vai ao mar cedinho, porque as pessoas da manhã são poucas e enfrentam, sem receios, o seu aspecto. Um automóvel deixou uma mulher à porta do prédio de apartamentos – pelo estado em que se encontra a maquiagem, andou fazendo o que não devia. Os ruídos crescem e se misturam. Bondes, lotações, lambretas e, do mar, que se vinha escutando algum rumor, já não se tem o que ouvir[24].

Os trechos mostram uma Copacabana bem distante do encanto e do *glamour* das boates de luxo. Entre o bêbado, o banhista gordo e a mulher de moral duvidosa, o bairro acordava mergulhado em imagens e ruídos que fazem da natureza (aqui representada pelo barulho do mar) uma lembrança remota. Frequentador assíduo da

---

23. Antonio Maria, *O Jornal*, 29 nov. 1950.
24. Idem, *Última Hora*, 12 set. 1959.

noite copacabanense, Antonio Maria soube, como poucos, captar as ambiguidades de um bairro que, aglutinando sotaques, classes sociais e estilos de vida diversos, tinha seu repertório simbólico ressignificado ao gosto das múltiplas possibilidades de experimentação a que se prestavam seu espaço e sua história. Ao revelar, a uma só vez, encanto e desprezo por aquele cenário, seus textos nos permitem pensar as muitas faces da Copacabana da década de 1950 não como realidades opostas, contraditórias, mas sim como elementos de uma mesma e complexa trama de pessoas e categorias em permanente processo de negociação.

"Não vou pra Brasília"

No dia 21 de abril de 1960, um gesto de Juscelino Kubitschek dava início a um novo capítulo na história da cidade. Ao fechar, simbolicamente, os portões do Palácio do Catete (até então sede do poder executivo federal), o presidente decretou a fundação de Brasília e a transferência da capital do país para a nova cidade[25]. Situada no planalto central, Brasília vinha responder a antigos anseios relacionados a temas como segurança, interiorização do povoamento e integração nacional. Em plena onda desenvolvimentista, a construção da nova capital visava unir "litoral e sertão para a construção de uma nacionalidade moderna integrada", criando uma espécie de centro irradiador capaz de levar os processos de industrialização e urbanização para os quatro cantos do Brasil[26].

O planejamento, marca maior de Brasília, evidenciava que o modelo urbanístico da antiga capital – e cuja principal expressão era o bairro de Copacabana – já não se prestava a um projeto nacional no qual a produção, a racionalidade e a eficiência ditavam as regras. Afinal, enquanto as ruas, as calçadas e os edifícios do Rio de Janeiro testemunhavam um crescimento desordenado, feito ao gosto da sua paulatina ocupação e com respeito às molduras naturais (praia e montanhas), a nova capital nascia de um projeto marcado pelas linhas retas de um plano diretor em plena sintonia com os princípios do nacional-desenvolvimentismo. Sua posição no território, a proporção do empreendimento envolvido, o caráter monumental dos traçados e dos edifícios bem como o ineditismo das formas procuravam atestar sua verdadeira vocação: constituir uma nova sociedade que, mirando o futuro, tinha no espaço racionalizado de Brasília um exemplo a ser seguido.

O impacto de transferência da capital foi, como era de esperar, enorme. A música "Não vou pra Brasília", composta por Billy Blanco em 1957, é um valioso registro do tipo de questões que a novidade vinha mobilizando antes mesmo do fechamento dos portões do Palácio do Catete:

---

25. Sobre o dia da transferência da capital para Brasília e uma análise mais ampla sobre seu impacto sobre a população carioca, ver Laurent Vidal, *As lágrimas do Rio*, São Paulo: Martins Fontes, 2012.
26. Adrián Gorelik, "Sobre a impossibilidade de (pensar) Brasília", *Serrote*, n. 10, Rio de Janeiro, 2012, p. 214.

Artigo da revista *Manchete* de 29 de abril de 1972, com fotografias de Claus Meyer.

Eu não sou índio nem nada
Não tenho orelha furada
Nem uso argola
Pendurada no nariz
Não uso tanga de pena
E a minha pele é morena
Do sol da praia onde nasci
E me criei feliz
Não vou, não vou pra Brasília
Nem eu nem minha família
Mesmo que seja
Pra ficar cheio da grana
A vida não se compara
Mesmo difícil, tão cara
Eu caio duro
Mas fico em Copacabana[27]

27. Para uma reflexão sobre diferentes formas artísticas de manifestação acerca da mudança do distrito federal, ver Wagner Cabral da Costa, "'Eu vou pra Maracangalha, eu vou...': JK e a *Distopia Brasiliæ* na música popular e nas charges da revista *Careta* (1956-1960)", *Varia Historia*, Belo Horizonte, v. 29, n. 49, jan.-abr. 2013.

A música, um samba gravado pelo grupo "Os Cariocas", partia de uma argumentação muito usual contra o novo distrito federal: a oposição entre o atraso de um interior pouco povoado e a civilização da cidade litorânea. Apresentada como *locus* autoevidente da civilização praiana, Copacabana aparece não apenas como um lugar, mas também como um estilo de vida do qual não se quer abrir mão, ainda que sob pena de viver em piores condições materiais.

A canção surgia num momento em que a perda da centralidade política fazia com que o Rio passasse a ser objeto da produção de novos repertórios que, recorrendo à história e à mobilização de imagens, buscavam preencher o vazio do poder com a "busca de uma identidade mais autêntica"[28]. Naquele contexto, Copacabana emergia como um poderoso símbolo da identidade local, reunindo em seu traçado, em seus bares e em sua história boa parte dos elementos com os quais os cariocas procuravam reinventar sua "capitalidade"[29]. Confundindo-se com a cidade e, em muitos sentidos, com determinada ideia de nação, o bairro condensava em suas ruas e nas suas representações um campo vivo de disputas que se deslocavam, sem cerimônia, do campo político para o campo cultural.

A transferência da capital para Brasília coincidiu, não por acaso, com um período de consolidação do movimento migratório que havia alguns anos levava as famílias mais abastadas de Copacabana a se fixarem em bairros vizinhos. Assim como o Rio parecia já não se prestar ao ideal da cidade moderna que habitava os sonhos desenvolvimentistas, a Copacabana de outrora também parecia caducar diante de novos territórios que, replicando o estilo de vida praiano, ofereciam um padrão urbanístico menos vulnerável à massificação. Já nos primeiros anos da década de 1960, bairros como Ipanema e Leblon se beneficiaram de regulamentos que coibiam a construção de grandes edifícios, atraindo copacabanenses já saudosos dos tempos da elegância de perfil exclusivista. Em 1961, o surgimento de uma nova musa praiana evidenciava que a princesinha do mar já não reinava soberana. A "Garota de Ipanema", tocada ao ritmo da moderna bossa nova, viajava o mundo como o novo símbolo de um Rio de Janeiro que, já desfeito de sua centralidade política, renovava os sentidos da sua centralidade cultural.

Entre 1960 e 1970 a população de Copacabana passou de 165 mil para 250 mil habitantes, numa mostra de que a valorização dos bairros vizinhos não abalou o fascínio que o antigo areal exercia sobre boa parte dos cariocas. Longe de ser uma contradição, tal dado revela a complexidade do processo que este texto buscou discutir: a progressiva associação de Copacabana a um determinado repertório de modernidade e cosmopolitismo, e seu consequente protagonismo nos embates sobre a nacionalidade travados no decorrer da década de 1950.

---

28. L. Vidal, *op. cit.*, p. 49.
29. Em *Brasil, acertai vossos ponteiros* (Rio de Janeiro: MAST, 1991), Margarida Souza Neves desenvolve o conceito de "capitalidade" para pensar a construção física e simbólica do Rio de Janeiro do início do século XX como capital que metonimicamente simboliza o país.

BRASÍLIA

Uma cidade modernista no sertão

NÍSIA TRINDADE LIMA
TAMARA RANGEL VIEIRA

> *Os dois arquitetos não pensaram em construir beleza, seria fácil;*
> *eles ergueram o espanto deles, e deixaram o espanto inexplicado.*
> *A criação não é uma compreensão, é um novo mistério.*
> CLARICE LISPECTOR

Cidade consagrada como ponto culminante da arquitetura moderna brasileira, Brasília, ao se situar na fronteira de uma época e "levar ao extremo as possibilidades do pensável para a cultura urbana do século xx", pode ser vista como uma experiência limite[1]. Concebida como monumento do projeto desenvolvimentista, ela representou também a atualização, na década de 1950, das propostas de mudança da capital para o centro geográfico do país. Durante as obras que viabilizaram a transferência, a ideia de que "se construía um novo Brasil" tornou-se recorrente em revistas de grande circulação, que destacavam, com frequência, a esperança representada pela interiorização da capital. O objetivo deste trabalho é a análise da imagem evocada nessas publicações: a de um Brasil cindido por suas diferenças internas, dividido entre o litoral urbano, que havia sido privilegiado pelas decisões governamentais, e o interior isolado, atrasado e abandonado. Propomo-nos a analisar de que modo o projeto de construir Brasília no planalto central, no contexto da década de 1950, implicou um consórcio especial entre tradição e modernismo, já que significou a atualização de uma dualidade recorrente do pensamento social no Brasil – a que opõe litoral e sertão – no âmbito de um projeto modernista. Com o objetivo de analisar uma importante tendência no debate desse projeto – a que privilegiou o tema da construção de uma capital moderna no sertão –, destacaremos artigos publicados por Gilberto Freyre e Rachel de Queiroz na revista *O Cruzeiro*[2].

1. Adrián Gorelik, "Sobre a impossibilidade de (pensar) Brasília", *Serrote*, n. 10, Rio de Janeiro, 2012, p. 213.
2. Lançada em 1928 por Assis Chateaubriand, *O Cruzeiro* estava entre as poucas revistas de consumo que circularam neste período. Com periodicidade semanal e ampla tiragem, tornou-se um dos meios de comunicação mais importantes do país, alcançando o interior do Brasil e possuindo inclusive sucursais no

O projeto de interiorização da capital e a construção de Brasília

A edificação de Brasília e a retórica de integração nacional que a acompanhou ressignificavam uma forma de interpretar o país de longa duração no pensamento social. Tal interpretação guarda estreita relação com o imaginário em torno dos sertões, que, sem definição geográfica precisa, foram abordados como categoria eminentemente política, tendo como denominador comum a distância em relação ao poder público e a projetos modernizadores. Nesse sentido, não soaram destoantes os debates em torno da transferência da capital da República para o interior do país.

Desde sua inclusão na Constituição de 1891, a ideia de mudança da capital passou por vários momentos de inflexão: de acordo com a época, ela às vezes se mostrava promissora, outras vezes inviável e, em outras, ainda, foi simplesmente ignorada. Tal oscilação está ligada a diferentes concepções sobre o Brasil central, registradas nos relatórios de cientistas, médicos e viajantes, que variaram de uma percepção da região como "paraíso", onde tudo era melhor e existia em abundância, ou como "inferno", caracterizado por atraso, miséria e doenças incontáveis. Nesse sentido, conforme nos distanciamos no tempo, a imagem de isolamento e vazio, associada à parte mais central do país e recorrente nos anos 1950, adquire significados novos e variados.

Brasília tornou-se símbolo do governo de Juscelino Kubitschek, que governou o Brasil entre 1956 e 1960, com ênfase no lema "cinquenta anos de progresso em cinco anos de governo". Considerado o primeiro presidente na história do país a fundamentar sua campanha eleitoral em torno do planejamento como solução para os problemas nacionais, ele lançou mão de um programa de metas que visava à modernização através da aceleração e do aprofundamento do desenvolvimento[3]. A meta da transferência da capital federal, incluída apenas posteriormente nesse programa, fez parte da proposta desenvolvimentista de seu governo e evidenciou sobretudo a construção simbólica do Estado nacional: foi a expressão de sua capacidade inventiva de projetar o futuro mediante a integração do território e a construção de um monumento modernista.

No momento em que foi proposto, e durante a fase heroica da construção da cidade, o projeto da nova capital foi objeto de muitas controvérsias. Críticas e defesas veementes a Brasília ocupavam o Congresso Nacional e as páginas dos principais periódicos. Em muitas delas apontavam-se problemas de gasto público, inclusive de corrupção[4]; em outras, atacava-se, por exemplo, o que era considerado um problema

---

exterior. Ver Cadernos da Comunicação, *O Cruzeiro – a maior e melhor revista da América Latina*, Série Memória, v. 3, Rio de Janeiro: Secretaria Especial de Comunicação Social, jun. 2002; Thomas Souto Corrêa, "A era das revistas de consumo", *in:* A. L. Martins; T. R. de Luca, *História da imprensa no Brasil*, São Paulo: Contexto, 2008.

3. Celso Lafer, *JK e o Programa de Metas (1956-1961): processo de planejamento e sistema político no Brasil*, Rio de Janeiro: Editora FGV, 2002, p. 27.

4. A questão da corrupção foi um dos principais centros de ataque ao governo Kubitschek, principalmente pelos políticos da União Democrática Nacional (UDN). Ver Maria Victória Benevides, *O governo*

Esplanada dos Ministérios em construção, Brasília, 1958. Fotografia: Marcel Gautherot/ Acervo Instituto Moreira Salles.

de difícil solução: as favelas do Rio de Janeiro. As vozes favoráveis, por sua vez, consideravam, sobretudo, que Brasília representaria o elemento essencial para a efetiva marcha para o oeste, alterando a geografia econômica e política do país.

Ao avaliarem as contradições que permeiam a história de Brasília, alguns estudos exacerbam a simbiose entre a cidade e a figura de Juscelino Kubitschek[5]. Conside-

Kubitschek: desenvolvimento econômico e estabilidade política, 1956-1961, Rio de Janeiro: Paz e Terra, 1976. É interessante observar que a mobilização contrária a Brasília durante o governo JK frequentemente levanta a crítica ao grande volume de recursos aplicados na construção da nova capital e a indiferença em relação ao problema representado pelas favelas do Rio de Janeiro. Tal visão teria motivado o jornal *O Estado de S. Paulo* a contratar a conceituada Sociedade de Análises Gráficas e Mecanográficas Aplicadas aos Complexos Sociais (Sagmacs) – criada pelo padre Lebret – para realizar uma extensa pesquisa sociológica nas favelas cariocas, que foi publicada como suplemento do jornal, alcançando grande repercussão. Ver Nísia Trindade Lima, *O movimento de favelados do Rio de Janeiro: políticas do Estado e lutas sociais (1954-1973)*, dissertação de mestrado em Ciência Política, Instituto Universitário de Pesquisas do Rio de Janeiro, Rio de Janeiro, 1989; Lícia do Prado Valladares, *A invenção da favela: do mito de origem a favela.com*, Rio de Janeiro: Editora FGV, 2005.

5. Viviane Gomes de Ceballos, *"E a história se fez cidade...": a construção histórica e historiográfica de Brasília*, dissertação de mestrado, Instituto de Filosofia e Ciências Humanas, Universidade Estadual de Campinas, Campinas, 2005.

rando a nova capital como um acontecimento controvertido no processo de desenvolvimento brasileiro, outras análises buscam perceber qual teria sido o pacto sociopolítico que prevaleceu em meio a tantos projetos sociais distintos, envolvidos em sua concretização. No trabalho de reconstituição desses projetos, recuperam o diálogo entre perspectivas de cunho desenvolvimentista, modernista, nacionalista e ruralista, ressaltando os pontos de conciliação que viabilizaram a mudança da capital federal[6].

Há ainda os trabalhos que se voltam para a cidade planejada, dedicando-se ao estudo de seus planos arquitetônico e urbanístico. Tomando como ponto de partida o caráter modernista dos projetos de Lúcio Costa e de Oscar Niemeyer, preocupam-se em buscar as raízes do pensamento que teria influenciado esses artistas, numa tentativa de identificar os estilos estéticos ou as vertentes políticas nele contidas. Além disso, apontam eventuais paradoxos existentes entre a intencionalidade e a realidade da obra, ou refletem sobre a descaracterização sofrida pelo plano original a partir do momento em que a densidade demográfica superou os números inicialmente pensados para o plano-piloto e as cidades-satélites começam a figurar como polos receptores de adventícios[7].

A experiência de planejar e construir a nova capital também envolvia a importância atribuída ao urbanismo e à arquitetura no contexto desenvolvimentista: tratava-se de uma aposta de redefinição do espaço social a partir do traçado das cidades. A relevância desse aspecto, ao lado da preocupação com as condições de salubridade, aproxima o projeto realizado pelo governo de Kubitschek de duas outras experiências urbanas fundacionais ocorridas no Brasil: a transferência da capital de Minas Gerais para Belo Horizonte, em 1897, e a construção de Goiânia, que se tornou capital de Goiás em 1937[8].

A comparação entre Belo Horizonte e Brasília motivou Helena Bomeny a considerá-las cidades-irmãs no modernismo, com seu apelo às largas avenidas, ao universalismo e ao cosmopolitismo[9]. Outra afinidade modernista entre elas decorre dos projetos urbanísticos e arquitetônicos realizados durante a gestão de Juscelino Kubitschek quando prefeito da primeira cidade, de 1940 a 1945; as relações entre as construções de Oscar Niemeyer no bairro da Pampulha e em Brasília indicam, para

---

6. Vânia Maria L. Moreira, *Brasília: a construção da nacionalidade – um meio para muitos fins*, Vitória: Edufes, 1998.
7. James Holston, *A cidade modernista. Uma crítica de Brasília e sua utopia*, São Paulo: Companhia das Letras, 1993; Aldo Paviani (org.), *Brasília, ideologia e realidade: espaço urbano em questão*, São Paulo: Projeto, 1985; J. O. de Meira Penna, *Quando mudam as capitais*, Brasília: Senado Federal, Conselho Editorial, 2002.
8. Outra discussão relevante sobre o tema refere-se às experiências de transferência de capitais e à construção de cidades planejadas em outros países, em particular a partir do século XIX. A propósito, a fundação de Washington e São Petersburgo é lembrada nas discussões sobre a mudança da capital no Brasil, entre outros autores, por Francisco Varnhagen, *A questão da capital: marítima ou no interior?*, Vienna D'Austria: Imp. do filho de Carlos Gerald, edição por conta do autor, 1877.
9. Helena Bomeny, "Utopias de cidade: as capitais do modernismo", in: A. M. C. Gomes (org.), *O Brasil de JK*, Rio de Janeiro: Editora da FGV, 2002.

"Marco Zero", 1957, retrata os dois eixos que formam o plano-piloto de Brasília. Fotografia: Mário Fontenelle/ Arquivo Público do Distrito Federal.

a autora, a expressão da "importância do modernismo mineiro no estabelecimento de políticas arquitetônicas no Brasil"[10]. Tal como Bomeny, Adrián Gorelik relaciona as duas fases do modernismo e compreende Brasília como um ponto de chegada, considerando que a "arquitetura moderna brasileira se situaria perfeitamente entre o nacionalismo dos anos de 1930 e o desenvolvimentismo dos anos de 1950"[11]. Segundo ele, a arquitetura desse período materializa a produção de uma "língua nacional", simbolizando a síntese "de todas as buscas dos anos de 1920, as do modernismo, do regionalismo e do neocolonial"[12].

Por sua vez, a experiência de Goiânia e suas afinidades com as escolhas políticas que antecederam a definição do sítio e a construção da nova capital estiveram muito presentes nos textos publicados de 1940 a 1960. Desde a época do *batismo cultural* da capital de Goiás, muitas páginas foram escritas sobre o significado de uma cidade planejada com o forte concurso das ciências – da higiene ao urbanismo. Monteiro Lobato foi um dos escritores a saudar aquele experimento urbano. Escrevendo na década de 1940, numa de suas obras de literatura infantil, manifestou o encanto com a nova capital e seu impacto para um estado que dava a impressão de um deserto: ao elogiar o seu plano urbanístico, no qual, em sua opinião, tudo estava previsto, afirmava que os que tiveram a "ideia de criar essas cidades certas" foram os verdadeiros estadistas[13].

10. *Ibid.*, p. 205.
11. Adrián Gorelik, "Brasília: museu da modernidade", *in:* A. Xavier; Julio Katinsky (orgs.), *op. cit.*, p. 414.
12. *Ibid.*
13. Monteiro Lobato, *Geografia de Dona Benta*, São Paulo: Brasiliense, 1957, p. 64.

Mas a característica comum aos dois projetos de cidade, também muito assinalada, é que ambos seriam expressão de um enclave artificial, sem densidade histórica, em meio ao vazio: a recorrente imagem do vazio referida aos sertões e aos trópicos. É o que se verifica nas observações de Claude Lévi-Strauss sobre sua visita a Goiânia em 1937:

> Visitei Goiânia em 1937. Uma planície sem fim, que lembrava um terreno baldio e um campo de batalha, espetada por postes de eletricidade e por fixas de agrimensura, deixava entrever uma centena de casas novas espalhadas pelos quatro cantos do horizonte. A mais importante era o hotel, paralelepípedo de concreto que, no meio daquela monotonia, evocava um aeródromo ou um fortim; de bom grado poder-se-ia aplicar-lhe a expressão "bastião da civilização", num sentido, não mais figurado mas próprio, que adquiria no caso um valor singularmente irônico. Pois nada podia ser tão bárbaro, tão desumano, quanto essa implantação no deserto. Essa construção sem graça era o contrário de Goiás; nenhuma história, nenhuma duração, nenhum hábito lhe saturara o vazio ou lhe suavizara a rigidez; ali nos sentíamos como numa estação de trem ou num hospital, sempre passageiros, e nunca residentes[14].

Essa visão de cidades sem história que surgem destituídas de laços com o passado seria um tema recorrente na crítica à transferência da capital para o planalto central e à construção de Brasília.

A nova capital nas páginas de *O Cruzeiro*

Objeto de críticas veementes no contexto do projeto de sua criação – muitas evocadas ainda hoje, tal como se verificou durante as comemorações do cinquentenário –, Brasília foi tema frequente na imprensa dos anos 1950 e 1960. A imagem de seus edifícios monumentais esteve estampada nas capas dos principais periódicos, e sobre a cidade escreveram os articulistas mais importantes daquele período, entre eles Rachel de Queiroz e Gilberto Freyre.

Representante do modernismo cearense, Rachel de Queiroz tecia críticas ao empreendimento mudancista e em suas crônicas na revista *O Cruzeiro* (periódico no qual atuava desde 1945) evidenciava que, enquanto Brasília era construída, havia outros problemas mais urgentes no país, como a fome. Em seus textos, a escritora destacava o dinamismo de Goiás e a importância das cidades que seriam vizinhas a Brasília. Além disso, chamou a atenção para a representação dos espaços vazios, aspecto, como salientamos antes, recorrente no imaginário sobre os sertões. Para a escritora, a imagem de isolamento e vazio era equivocada:

---

14. Claude Lévi-Strauss, *Tristes trópicos* (1955), São Paulo: Companhia das Letras, 2007, p. 118.

Quando se fala em mudança da capital brasileira para o planalto central em Goiás, são comuns as alusões à selvageria, à floresta virgem, ao sertão praticamente inviolado onde se irá situar a chamada Brasília. [...] Não, a futura capital do Brasil não vai ser como o pensam muitos, uma clareira aberta na mata. Vai ser a continuação da obra de povoamento que começou no século XVII com o fabuloso Anhanguera e jamais foi abandonada. Terá como vizinhas próximas as florescentes cidades de Santa Luzia, Planaltina, Formosa, sem falar na rica Anápolis, onde o progresso é uma febre, e na jovem e crescente Goiânia. Não serão índios os seus povoadores; mas goianos, tão quatrocentões quanto os paulistas, já que de bandeirantes paulistas foi que se gerou Goiás[15].

Desse modo, é como desdobramento da epopeia bandeirante, tema dos mais frequentes na historiografia paulista do século XX, que a escritora vai situar a construção de Brasília, ressaltando seus vínculos com a experiência goiana. Nesse caso, mais que a construção simbólica da nação implicada na transferência da capital, serão o contexto local e o dinamismo econômico urbano os aspectos enfatizados.

A relação com Goiânia seria retomada, de outra perspectiva, por Gilberto Freyre em sua coluna em *O Cruzeiro*. Durante as obras da nova capital, ele foi um dos autores a recuperar a experiência de Goiânia como modelo de cidade planejada que precedeu o projeto de Brasília. Ressaltando que a nova capital não seria "um valor messiânico que tenha aparecido intrusamente e de repente na paisagem brasileira e ante a imaginação nacional", afirmava:

Goiânia foi o primeiro grande arrojo no sentido de realizar-se o já velho desejo de muitos brasileiros de transferirem a capital do seu país, do litoral para um interior ecológica, econômica e sociologicamente estratégico. Porque já não é de inimigos que pretendam nos esmagar com suas armas de potências apenas militares que buscamos hoje, principalmente, nos defender, e sim da inércia ou do comodismo que nos vinha prendendo a cidades já feitas, a regiões já povoadas, a áreas já industrializadas, a relações com o exterior já caducas, a convenções já arcaicas de política e de economia, enquanto o interior da República, como até o século passado, o do Império e, antes, o do Reino, para não falar no da colônia, continuava quase de todo paisagem bruta, selva dificilmente penetrada pelos Rondons, lavoura trabalhada por caboclos heroicos mas, muitos deles doentes, impaludados, anêmicos, a agricultura, uma rotina, a pecuária, um desconchavo[16].

A referência aos caboclos heroicos, embora doentes, impaludados e anêmicos, está associada a um traço recorrente nos projetos de mudança da capital: o debate em torno da salubridade dos sertões, que se evidenciou desde a primeira expedição científica para a demarcação da nova capital, em 1892. Embora não haja referências explícitas

---

15. Rachel de Queiroz, "Goiás e a capital nova", *O Cruzeiro*, Rio de Janeiro, 20 abr. 1957, p. 130.
16. Gilberto Freyre, "O significado nacional de Goiânia", *O Cruzeiro*, Rio de Janeiro, 26 mar. 1960, p. 36.

à importância dos aspectos higiênico e sanitário no plano-piloto desenvolvido por Lúcio Costa, é nítida a sua preocupação com o bem-estar dos futuros moradores da cidade, que deveriam desfrutar de um ambiente arborizado e saudável, de amplos espaços de lazer, segurança e conforto[17]. Se as cidades, como sugere Helena Bomeny, revelam "estágios de modernidade"[18], Brasília, projetada como expressão do arrojo e da modernidade de uma época, não poderia prescindir de um planejamento que levasse em consideração as condições de salubridade do sítio onde seria instalada, principalmente tratando-se de sua localização no interior do país. Nesse sentido, uma das grandes preocupações do governo eram as endemias rurais.

Também chamadas de "doenças de massa", as endemias rurais eram consideradas um grande obstáculo ao desenvolvimento nacional pois acometiam os trabalhadores do interior, nas mãos dos quais estava depositado o futuro econômico do Brasil. Para combatê-las, o governo contou com a participação ativa dos médicos e sanitaristas desde o início da construção de Brasília, especialmente daqueles que atuavam em Goiás. Responsáveis pelas atividades de caráter preventivo e de atendimento aos operários no canteiro de obras, eles vinham com a missão de preparar a região que se tornaria símbolo de um país desenvolvido. Assim, apesar de tema pouco abordado pela historiografia sobre a transferência da capital federal, o aspecto sanitário constituía um elemento central, juntamente com outros aspectos dos projetos (arquitetônico, urbanístico, educacional etc.), para a construção da ideia de que a nova capital deveria espelhar uma nação, acima de tudo, moderna[19].

Ainda que, como salientou Gilberto Hochman, a saúde não fosse um ponto central do programa de governo de Kubitschek, a preocupação com as endemias rurais e sua relação com o desenvolvimento nortearam a sua plataforma para esse setor[20]. Nele afirmava-se que o Brasil não era mais "o vasto hospital da frase, que se tornou histórica porque verdadeira, da observação clarividente de Miguel Pereira"[21]. No caso específico de Brasília, o cuidado com as endemias rurais intensificava-se no que tangia à possibilidade de infestação por barbeiros. Discursos dos médicos que atuaram durante sua construção e informes publicados na própria revista *Brasília*, veículo de propaganda da nova capital editada pela Novacap, destacando a preocupação com a doença de Chagas, evidenciam esse aspecto[22].

---

17. Lúcio Costa, *Relatório do Plano Piloto de Brasília*, Brasília: GDF, 1991.
18. H. Bomeny, op. cit., p. 210.
19. Ver Tamara Rangel Vieira, "No coração do Brasil, uma capital saudável – a participação dos médicos e sanitaristas na construção de Brasília (1956-1960)", *História, Ciências, Saúde – Manguinhos*, v. 16, suplemento 1, 2009.
20. Gilberto Hochman, "'O Brasil não é só doença': o programa de saúde pública de Juscelino Kubitschek", *História, Ciências, Saúde – Manguinhos*, v. 16, suplemento 1, 2009, pp. 313-31.
21. Juscelino Kubitschek, *Programa de saúde pública do candidato Juscelino Kubitschek*, São Paulo: L. Nicollini s/a, 1955, p. 53.
22. T. Rangel Vieira, op. cit., pp. 289-312; Departamento de Educação e Saúde, *Brasília*, v. 1, n. 2, 1957, p. 11.

Congresso Nacional em construção, 1958. À direita, o Supremo Tribunal Federal.

Freyre coloca a discussão em termos de um contraste entre o urbanismo moderno e um país historicamente marcado por condições de doença e enfraquecimento de suas populações. Entre as representações dos sertões como grandes espaços vazios e sem história, descritos por Lévi-Strauss, e a percepção dos caboclos heroicos mas doentes, há interessantes pontos de contato, além da associação do projeto urbanístico às perspectivas higienistas e sociológicas. Embora enaltecendo o projeto de interiorização da capital federal, Freyre tecia críticas às cidades pensadas apenas do ponto de vista da arquitetura e do plano urbanístico, sem que fossem considerados os aspectos sociológicos. Nesse sentido, é interessante notar a semelhança entre as impressões de Lévi-Strauss em relação a Goiânia e as de Gilberto Freyre sobre Brasília anos depois:

> Casamento de amor, quase sem noivado; mas nem por isso malsucedido, tanta foi desde o início a afinidade de Goiânia com Goiás: a mesma afinidade que está havendo entre Brasília e o Brasil.
>
> Pois o que alguns de nós, estudantes já antigos e talvez um tanto caturras, de sociologia, estranhamos em cidades de repente encravadas pela técnica dos arquitetos no interior do Brasil, como arrojos os mais modernos de arte urbana, como ontem Goiânia e agora Brasília, não é o repentino desses enclaves arquitetônicos ou a intrusão dessas audácias urbanísticas que as técnicas de hoje permitem e as artes atuais facilitam; e sim o fato de essas cidades criadas para, da noite para o dia, se casarem com os sertões ásperos, viris, bravios, não se prepararem para tais núpcias senão fazendo-se embelezar pelos arquitetos e polir pelos urbanistas, e à revelia dos sociólogos, dos antropólogos, dos biólogos, dos psicólogos, dos geógrafos capazes de as dotarem de aptidões para seus deveres menos

ostensivos e mais terra a terra, porém tremendamente mais graves e mais sérios que os apenas urbanísticos, de futuras mães de brasileiros, filhos de cidades novas casadas com sertões antigos[23].

É possível compreender as reflexões de Freyre sobre Brasília e suas críticas à nova capital a partir da percepção do autor de que deveria existir uma coerência entre tradições e condições ambientais locais, de um lado, e expressões artística e arquitetônica, de outro. Numa recusa veemente ao mimetismo que trazia o modernismo universalista, Freyre apostava na tropicologia como ciência capaz de equilibrar essas variáveis[24]. Segundo ele, cidades novas como Goiânia e Brasília não eram um puro problema de arquitetura ou sequer de urbanismo, mas de ecologia tropical:

Deveriam, por isso, estar-se levantando, não apenas como obras de arquitetos, mas de arquitetos ligados a ecologistas e a cientistas sociais que juntos desenvolvessem uma sistemática de integração das novas cidades num espaço natural, social e cultural, caracteristicamente tropical[25].

A prioridade conferida à estética arquitetônica gerava inadequação, como era visível na nova capital:

O palácio presidencial da nova capital do Brasil é certamente uma dessas obras-primas. Parece uma joia sob o sol tropical, único em suas formas. Tão leve que dá a impressão de estar flutuando em ar tropical, embora sublimemente indiferente ao solo tropical, à vegetação tropical e até mesmo ao clima tropical. Sua falta de funcionalidade para os trópicos é evidente: não só absorve demasiado calor durante o dia – isto poderia ser superado por meio de dispositivos técnicos – como se torna extremamente desconfortável por causa da excessiva invasão de luz[26].

Para Freyre, o trópico seria o *locus* onde se cruzariam o tradicional e o moderno. No entanto, em Brasília isso não era perceptível. O modernismo de Freyre apostava nos valores regionais, locais, de modo a evitar a imitação pura e simples de modelos estrangeiros. Não se tratava de passadismo ou pura nostalgia, mas sim de promover "uma simbiose sincrética do especificamente brasileiro com a herança e a criatividade contemporânea de toda a humanidade"[27].

23. Gilberto Freyre, "Ainda sobre Goiânia", *O Cruzeiro*, Rio de Janeiro, 2 abr. 1960, p. 103.
24. Elide Rugai Bastos, "Gilberto Freyre, a diversidade e a extensão dos direitos políticos", mimeo, texto apresentado no XVIII Encontro Anual da Anpocs, 1994.
25. Gilberto Freyre, "A propósito de Brasília", *O Cruzeiro*, Rio de Janeiro, 19 abr. 1960, p. 112.
26. Idem, "Brasília – prós e contras", *in*: A. Xavier; Júlio Katinsky (orgs.), *op. cit.*, 2012, p. 50.
27. Mariza Veloso, "Gilberto Freyre e o horizonte do modernismo", *Sociedade e Estado*, v. 15, n. 2, 2000, p. 374. Ver também Ricardo Benzaquen de Araújo, "Chuvas de verão: 'antagonismos em equilíbrio' em

Digno de nota é o fato de que, no mesmo artigo em que defende a adequação da arquitetura ao trópico, Freyre alude ser Brasília uma cidade sem antevisão sociológica, fora do tempo, e, por essa razão, os arquitetos teriam descuidado dos espaços de lazer. A seu ver, teriam menosprezado alterações revolucionárias da organização social sob o impacto das mudanças tecnológicas no mundo do trabalho.

Expressão de um arrojo inventivo, a arquitetura da nova capital, ainda que não se desvinculasse do passado, apontava mais para o futuro, mesmo que nela estivessem presentes as ambiguidades características do pensamento social sobre o país. Nessa perspectiva, é interessante lembrar a resposta de Niemeyer diante das críticas à concepção social de Brasília formuladas nos anos 1980 e 1990: "e que outra coisa podemos fazer em um país como o Brasil, 'condenado ao moderno'?"[28]. Trata-se de uma ambiguidade diante da modernidade cujas raízes históricas remontam ao início do século XX; é, de fato, notável a semelhança entre a formulação de Niemeyer e a assertiva de Euclides da Cunha em Os sertões: "Estamos condenados à civilização"[29].

Ainda que mantivesse muitos laços com a tradição de pensamento sobre a integração territorial e política do país e apresentasse afinidades com as experiências anteriores de Belo Horizonte e Goiânia, era a imagem de um país que se desenvolvia em ritmo acelerado que mais de perto se associava ao projeto da nova capital. Brasília tornou-se a "meta síntese" da presidência de Juscelino Kubitschek e, se ele não participaria da decisão sobre o local onde deveria ser erguida a nova cidade, transformou-a num monumento do Brasil moderno que concebeu[30].

Passados mais de cinquenta anos de sua inauguração, Brasília permanece um desafio para a análise acadêmica e para a imaginação política. O legado de tantos projetos, dispositivos constitucionais e estudos, cujas origens remontam ao século XVIII, não poderia explicar as especificidades do processo de construção, afirmação e mudanças dessa cidade. Tampouco é possível dissociá-lo da história dos projetos de transferência da capital para o interior. E em particular da tradição de pensar o Brasil a partir do sertão, termo polissêmico, por vezes designando o lugar do atraso, por vezes a

"Chegada dos *candangos* à Cidade Livre", c. 1958. Candangos é como foram chamados os trabalhadores migrantes que chegaram para construir Brasília, e Cidade Livre foi o nome da primeira unidade habitacional temporária para trabalhadores que se tornou – graças à luta de seus habitantes – uma "cidade-satélite" permanente, hoje chamada Núcleo Bandeirante. Fotografia: Mário Fontenelle/ Arquivo Público do Distrito Federal.

Casa-grande & senzala de Gilberto Freyre", in: A. Botelho; L. M. Schwarcz, *Um enigma chamado Brasil: 29 intérpretes e um país*, São Paulo: Companhia das Letras, 2009.
28. A. Gorelik, "Brasília: museu da modernidade", *op. cit.*, p. 417.
29. Euclides da Cunha, *Os sertões* (1902), Rio de Janeiro: Livraria Francisco Alves, 1997, p. 84.
30. A. de C. Gomes (org.), *op. cit.*, 2002.

raiz de uma nação autêntica; ora paradisíaco, ora lugar da doença e do abandono. E tudo isso numa sociedade na qual, como advertiu Roger Bastide, a geografia não se separa da história[31].

Flor no deserto, nas palavras do filósofo Roland Corbisier[32], uma clareira no sertão, imagem corrente que mereceu a crítica de Rachel de Queiroz, Brasília ainda hoje divide opiniões. Difícil permanecer indiferente à cidade traçada por Lucio Costa e marcada pela arquitetura de Oscar Niemeyer. Sob seu traçado, camadas arqueológicas de uma história por vezes invisível podem levar a múltiplos caminhos e visões de seu presente, mas também de seu passado. Objeto de desejo da ciência, sonho aristocrático e irrealizável de uma cidade protegida de movimentos e demandas populares, utopia igualitária: cada uma dessas projeções não poderia determinar os rumos e a criação cotidiana de uma cidade. Brasília transformou-se, mas ainda hoje guarda um pouco da poesia da "Sinfonia da alvorada", canção de Vinicius de Moraes e Antônio Carlos Jobim de 1961, que, em sua referência ao Gênesis, faz pensar tanto na capital no sertão como na reinvenção permanente de um país:

> No princípio era o ermo
> Eram antigas solidões sem mágoa.
> O altiplano, o infinito descampado
> No princípio era o agreste:
> O céu azul, a terra vermelho-pungente
> E o verde triste do cerrado.
> Eram antigas solidões banhadas
> De mansos rios inocentes
> Por entre as matas recortadas
> Não havia ninguém.

---

31. Roger Bastide, *Brasil, terra de contrastes* (1957), São Paulo, Rio de Janeiro: Difel, 1978.
32. Roland Corbisier, *Brasília e o desenvolvimento nacional*, Rio de Janeiro: MEC, 1960, p. 178.

SALVADOR

O renascimento baiano

SILVANA RUBINO

Onde estará mesmo a verdade quando ela se refere a esta cidade da Bahia?
JORGE AMADO

Bahia se escreve com h. É questão de lei e de tradição.
JOSÉ VALLADARES

Existe uma Cidade da Bahia – modo como muitos chamam Salvador, subsumindo assim o estado à sua capital – que todo brasileiro conhece, ou pensa conhecer mesmo antes de lá pisar. Praias como Itapoã, ruas, casarões, Cidade Baixa e Cidade Alta, o elevador Lacerda e certa sociabilidade popular, mestiça e sensual que remete a uma tradição negra e portuguesa, e que talvez indique algo inovador. Essa cidade da Bahia foi representada nas canções de Dorival Caymmi, Caetano Veloso e Gilberto Gil; narrada nos livros de Jorge Amado, retomada em filmes e telenovelas feitos a partir de seus livros. Para seus habitantes e visitantes, essa "Bahia que não me sai do pensamento" se inscreve, ainda hoje, numa temporalidade própria que retoma datas, feitos e eras de modo circular[1]. Se isso faz sentido, a cidade parece se ajustar como poucas à hipótese da força da representação que produz realidades num movimento mútuo e recíproco.

Em 1988, em livro escrito a quatro mãos com o conhecido músico Gilberto Gil (naquele momento, secretário de Cultura de Salvador), o poeta Antonio Risério apresentou uma curiosa interpretação dos destinos da capital da Bahia. Segundo ele, foi o Império que, a partir de 1822, com a "meridionalização" da economia e da cultura brasileira, condenou a Bahia a mais de cem anos de isolamento e solidão. Nesses anos insulares, acompanhados de seu declínio, desenvolveu-se a trama de uma nova cultura nascida das experiências da gente lusa, banto e iorubana (o que

---

1. A frase entre aspas é da canção "Na baixa do sapateiro", de Ary Barroso, de 1938. Foi gravada por Carmen Miranda e fez parte da trilha do filme de Walt Disney *Você já foi à Bahia?*

Rampa do mercado, Salvador, c. 1960. Fotografia: Marcel Gautherot/ Acervo Instituto Moreira Salles.

hoje chamamos de cultura baiana). Uma Bahia pré-industrial, da lassidão social e estagnação econômica: a que Dorival Caymmi estetizou; a que está presente nos romances de Jorge Amado, na antropologia visual de Pierre Verger e nos desenhos de Caribé. Ternos brancos e sobrados coloridos: é esta, diz Risério, a Bahia anterior à estrada que liga o estado ao Rio de Janeiro, antes do centro industrial de Aratu, do turismo e do polo petroquímico[2].

O que merece destaque nessa passagem é que o autor descreve a cidade de Salvador construída no imaginário baiano nacional após 1945; anos de redemocratização do país e de retomada do desenvolvimento para a Bahia, momento em que o isolamento (se levarmos a sério essa premissa) pode ser narrado retrospectivamente como virtude. Risério escreveu seu manifesto em 1988, também um momento de

2. Antônio Risério; Gilberto Gil, *O poético e o político e outros ensaios*, Rio de Janeiro: Paz e Terra, 1988, p. 175.

redemocratização. Mais tarde ele próprio se encarregaria de interpretar os anos do pós-guerra em livro um tanto sedutor e laudatório intitulado *Avant-garde na Bahia* (1995): uma Bahia da "retomada" que se fazia representar, não nas conquistas do estado, e sim na vida cultural e educacional da cidade.

Esse tipo de narrativa produziu quatro representações temporais da cidade. Em primeiro lugar, o momento da colonização, o descobrimento e uma visão de que o Brasil começou na Bahia, de que Salvador foi a primeira capital do país, com seu primeiro colégio jesuíta, a primeira faculdade de medicina. Um momento inaugural que traz explícitas as ideias de primazia e anterioridade, que seriam retomadas nos anos 1950 quase como uma reivindicação.

O segundo momento seria o da derrocada, do declínio e do isolamento: ele se inicia com a transferência da família real portuguesa para o Rio de Janeiro, em 1808, e com a escolha dessa cidade para ser a capital do Brasil; prossegue com o declínio do cacau na economia nacional; e termina durante o governo de Getúlio Vargas, por conta de desavenças políticas que relegaram a Bahia ao isolamento justamente num período em que políticas federais modernizavam o Brasil.

O terceiro momento é o do renascimento: teria Salvador dado um salto do atraso para a vanguarda? Esse foi o período da criação da universidade, de museus e clubes de cinema, definindo uma movimentação cultural até então inédita.

E o quarto momento coincide com a reverberação desses anos dourados, com a retomada do período 1945-64, narrado como a época gloriosa de uma Salvador para a qual se deseja voltar[3]. Não por acaso foi em 1988, ano importante para a redemocratização do país, que Risério esboçou a interpretação acima, quando se tratava de recuperar ativamente os anos de Edgar Santos, de "dona Lina" (como era chamada a arquiteta Lina Bo Bardi), do clube de cinema, do teatro da universidade etc.

Se o petróleo, a indústria, as estradas e a universidade são fatos concretos que incidem sobre a Salvador de meados do século XX, alterando a fisionomia da cidade com novos planos urbanos, a abertura de avenidas como a do Contorno e o tombamento de edifícios que migraram simbolicamente da condição de "antigos" para "históricos", o que interessa aqui é verificar como essa cidade, antes isolada, passa a ser narrada no período em que voltou a ter laços políticos com o governo central. Aos condicionantes concretos, acrescentamos uma nova configuração nacional que parecia deixar vacante o posto de centro simbólico do país como consequência do anúncio da construção de Brasília. Ao final dos anos 1950, a mudança da capital do país alterou o frágil equilíbrio entre a centralidade política do Rio de Janeiro e

---

3. Exemplo eloquente desse período áureo encontra-se na canção "Bahia, minha preta", de Caetano Veloso (1993), que, cantando uma cidade destinada a ser a "rainha do Atlântico austral", proclama: "Te chamo de senhora/ Opô Afonjá/ Eros, Dona Lina, Agostinho e Edgar/ Te chamo Menininha do Gantois", mesclando uma conhecida personagem do candomblé com Eros Martim Gonçalves, Lina Bo Bardi, Agostinho da Silva e Edgar Santos, líderes desses anos dourados de renovação cultural e educacional, como veremos ao longo do texto.

a centralidade política de São Paulo, abrindo uma expectativa que também alimentou o renascimento baiano.

Desses anos me interessa enfatizar: as representações letradas projetadas por alguns guias e livros sobre a cidade, gênero literário peculiar ao qual escritores e jornalistas se dedicaram; a "efervescência cultural", isto é, as diversas atividades promovidas pela universidade e pelos novos museus; e também os artistas estrangeiros que viviam e se relacionavam com a cidade. Em suma, uma cena cultural e as sociabilidades que ela acolhia.

Paradoxos de uma cidade em transformação: três narrativas

A Salvador do "meio de século" era uma cidade em transformação; iniciou o século XX com 205 mil habitantes, chegou a 1920 com 283 mil, a 1940 com 290 mil e em 1950 contava com 417 mil. O geógrafo Milton Santos registrou em 1959 que os postos de trabalho mais comuns na capital baiana eram bicheiro, encanador, lavadeira, cozinheiro, bombeiro, pequeno funcionário, porteiro, engraxate, encerador, viajante, tipógrafo, empregado doméstico, vendedor ambulante, chofer, condutor de ônibus, camelô etc.: "são pequenos empregados ou pessoas sem uma ocupação permanente ou bem definida, seu local de trabalho era, de preferência, no centro da cidade", o que evidencia uma paisagem ocupacional em mutação[4]. Com o estabelecimento da Petrobras (1953), do novo polo industrial e das novas estradas, as ocupações passaram gradativamente a ser a construção civil e o trabalho na indústria de tabaco.

Nesse período, Milton Santos publicou seus primeiros estudos sobre a cidade de Salvador e sua região metropolitana, como *Estudos da geografia da Bahia* (1958) e *O centro da cidade do Salvador* (1959); o antropólogo Thales de Azevedo divulgou seu *Povoamento da cidade de Salvador* em 1949; o economista Rômulo de Almeida lançou seu *Traços da história econômica da Bahia no último século e meio* (1951), que explicava o declínio da Bahia em função da conjuntura econômica; o advogado Manoel Pinto de Aguiar publicou *Notas sobre o enigma baiano* (1958), comparando-o ao desenvolvimento econômico do Rio de Janeiro, de São Paulo e de Minas Gerais. "Enigma baiano": a expressão do título espelha bem as representações do meio intelectual e político do período.

Os textos escritos sobre Salvador foram centrais para sua construção simbólica: Pierre Verger e Roger Bastide afirmaram diversas vezes que a leitura de *Jubiabá*, de Jorge Amado, romance de 1935 publicado em francês pela Gallimard, em 1938, com o título de *Bahia de Tous les Saints*, foi determinante para que desejassem conhecer não apenas o Brasil, mas sobretudo a Bahia. Mas foi em *Bahia de Todos os Santos* (em francês, *L'invitation à Bahia*), de 1945 – um guia da cidade, suas "ruas e mistérios" –,

---

4. Milton Santos, *O centro da cidade do Salvador: estudo de geografia urbana*, Salvador: Publicações da Universidade da Bahia, 1959, p. 166.

que Jorge Amado lançou uma visão plena de nuances de Salvador, talvez a mais interessante como representação dos dilemas da cidade que rompia seu isolamento. Amado, que entre 1933 e 1954 foi um importante quadro do Partido Comunista e chegou a ser eleito deputado em 1945, iniciou seu guia contando um fato real ou imaginário, que apresenta e condensa os paradoxos da cidade:

> Em certo comício, realizado quando da invasão da Abissínia pelas forças fascistas de Mussolini, um orador, solene na sua roupa preta e no seu português castiço, afirmou que os baianos, como latinos dos melhores e mais puros, estavam ligados à Roma Imperial que o Duce queria reviver à custa dos negros abexins. Foi aí que subiu à tribuna um majestoso mulato e declarou que os baianos como descendentes dos africanos, mestiços dos melhores, estavam ligados sentimentalmente à sorte da Etiópia[5].

Para Amado, a Bahia era tanto a de Castro Alves como a de Rui Barbosa: fascista e revolucionária, e não apenas uma Bahia insurgente e afirmativa. Sob seu olhar, Salvador vivia o choque dos espíritos díspares: cultuava o passado e sonhava o futuro. Cidade dividida em partes conciliáveis posto que complementares: Cidade Alta e Baixa. E que tinha a política como vocação e uma cultura fundadora, originária do seu povo: "Cultura baiana que influencia toda a cultura brasileira da qual é a célula *mater*"[6]. Além disso, cidade negra onde ele ressaltava haver o menor grau de preconceito racial do país: "A mistura de sangue é muito grande e em sã consciência pouca gente poderá negar o avô negro mais ou menos remoto"[7]. Roma negra, como muitos a chamavam, mas sobretudo cidade misteriosa que requisitava ajuda do país sem subserviência, reivindicando sua inclusão nos projetos políticos e econômicos da nação. O livro de Jorge Amado aposta todo o tempo nesse registro dual. Onde estaria o terceiro termo? Escrito em tempos de guerra e final de ditadura, ele apontava para o futuro, que talvez fosse a revolução. Se Salvador não era mais a capital, tampouco se apresentava como periferia, e o texto de Amado clama por uma compreensão não benevolente.

É possível cotejar *Bahia de todos os santos* com a narrativa de José Valladares – crítico de arte e jornalista – em outro guia para a cidade, *Beabá da Bahia* (1951), onde Salvador é celebrada por ter a maior baía do país, por possuir uma integração harmoniosa entre natureza e construções, por sua índole musical e composição humana singular:

> Negros e escravos a Bahia já importava desde 1538. Índios, portugueses, africanos; africanos, portugueses, índios. Um que outro francês desgarrado. Um que outro alemão aventureiro. Italianos. Judeus. Com a chegada das moças de boa linhagem, completava-se

---

5. Jorge Amado, *op. cit.*, p. 19.
6. *Ibid.*, p. 23.
7. *Ibid.*, p. 28.

o quadro. Daí em diante era só procriar. A raça baiana, iniciada com Caramuru e suas caboclas, estava com o futuro garantido[8].

Em artigo de 1952, Valladares estabeleceu a relação entre os encantos de sua cidade e as possibilidades de um arranque na área da cultura, uma vez que a ideia de criar um museu de arte mais uma vez tinha vindo à tona. De um lado, revelava um certo temor: de que outras instituições baianas deixassem de receber apoio; além disso, indagava-se se Salvador poderia assumir esse papel. A cidade, contudo, merecia a novidade:

> Presumir que se deva criar museus nos moldes do Museu de Arte de São Paulo a nosso ver parece estar fora de cogitação. Seria querer passar na frente da Capital da República que, embora possua o Museu Nacional de Belas Artes, não conta todavia com um estabelecimento como o da capital paulista. [...] o que se pretende organizar na Bahia é um museu de arte cujo principal interesse esteja nas *coisas que fazem de Salvador uma cidade sem igual no Brasil*, e que por isso pode receber atenções especiais[9].

Temos uma terceira narrativa, a de Odorico Tavares, que apresenta a cidade da Bahia como o que havia de melhor no país: a cidade mais bonita e mais profundamente brasileira, onde aconteciam as mais belas festas populares, nas quais povo e cidade fundiam-se num só organismo, um único ser, em perfeita comunhão[10]. Tavares retrata a alegria de festas como as de Nossa Senhora de Conceição da Praia e Nosso Senhor dos Navegantes, enfatizando a vitalidade que o africano legou ao povo baiano. Nessa "perfeita comunhão", a beleza de um lugar descrito – uma praia, um forte, uma igreja – seria complementada pela beleza dos usos que o povo dele faz. É o xaréu, com seus cantos, com a saída e chegada dos saveiros, que torna a praia mais do que bela: ela se converte num espetáculo único. Uma vez que o baiano, mais africano do que português, não tende para o trágico, mesmo as tarefas extenuantes revelam sua beleza. O costume de carregar coisas na cabeça tem seu lado cruel na concepção de que, pela ótica senhorial, a cabeça do escravo não servia para pensar, mas para carregar pesados fardos. São os Atlas da Bahia, que ainda chamavam a atenção de pesquisadores como o sociólogo Donald Pierson, escreveu Tavares. Essa sobrevivência podia ser creditada ao atraso econômico, à falta de motorização, à dificuldade de se subir e descer ruas tão estreitas e íngremes, mas Tavares a atribui à falta de pressa em agarrar o progresso, ao sentimento compartilhado por aqueles que amam a cidade[11].

O elemento dissonante, que perturba a Bahia de seu texto, é o progresso que mostra um arranha-céu despontando na barra, os automóveis dos grã-finos, as moças de

---

8. José Valladares, *Beabá da Bahia: guia turístico*, Salvador: Livraria Turista, 1951, p. 27.
9. José Valladares, *Artes maiores e menores – seleção de crônicas de arte 1951-1956*, Salvador: Livraria Progresso, 1957.
10. Odorico Tavares, *Bahia – imagens da terra e do povo*, Rio de Janeiro: José Olympio, 1951.
11. *Ibid.*, p. 156.

biquíni que o Forte de Santo Antônio da Barra, impávido, ignora. O povo é associado à manutenção da tradição enquanto o desenvolvimento (ou a modernidade?) seria obra dos novos-ricos e de uma classe média emergente. E dentre as tradições mantidas pelo povo, algumas podem ser compradas, caso o visitante aceite se misturar a ele na feira de Água dos Meninos:

> Brilham sobre a toalha branca do botequim ao ar livre as joias do caruru, do vatapá, do efó, do acarajé, da galinha de xinxim ou do abará. E numa imensidade de modelos e de formas a cerâmica de panelas, tigelas, pratos, brilham. Vejam suas linhas, seus desenhos. Por esta feira dos mil produtos, vem toda uma população pobre da cidade para em grande parte se abastecer[12].

Mais do que festejar a vida popular, Tavares apostava na inventividade do povo baiano e afirma sua possível contribuição ao mundo: sua arte popular e negra. Se nos primeiros anos do século XX centros artísticos como Paris, Roma e Berlim descobriram tesouros nos carregamentos de mercados, iniciando a voga da arte negra, e se o patrimônio da humanidade se beneficiou com tais descobertas, era preciso lembrar com orgulho que:

> um cientista brasileiro radicado na Bahia e aqui estudando os costumes dos negros, em longo ensaio publicado em agosto de 1904 – isto quando não estava em moda, ainda, na Europa a arte negra –, salientava a importância das belas artes nos colonos pretos da Bahia. Era Nina Rodrigues abrindo os largos caminhos nos estudos da formação do negro na formação brasileira. [...] Sem prever que, logo em seguida ao ensaio, a Europa inteira iria maravilhar-se com a revelação soberba da escultura africana, oriunda das mesmas regiões de onde haviam vindo os escravos que constituíram as populações negras do Brasil[13].

Havia um único traço solitário de modernização saudado no texto de Tavares: aquele que trazia divisas e possibilitava o desejo de hegemonia cultural e política. O visitante deveria ir também até Mataripe e se deter um pouco na Igreja de Nossa Senhora das Candeias, pois dali se descortinava um panorama maravilhoso: a planície dos campos petrolíferos.

> Jamais se poderia suspeitar que aquelas terras dominadas pela Virgem das Candeias eram terras predestinadas, trazendo nas suas entranhas o óleo negro. Outra "luz para iluminar as nações", luz terrena que, quatrocentos anos depois, alumia as lâmpadas do templo sagrado da Virgem que presenteou o solo baiano com a graça e a generosidade de sua riqueza. [...] E para todas as partes do Brasil, vão, não somente a ação milagrosa da Virgem

---

12. *Ibid.*, p. 168.
13. *Ibid.*, p. 198.

das Candeias, mas o petróleo que gerou no seio de suas terras, para torná-las mais grandiosas, como uma benção dos céus, como uma dádiva ao povo que a reverencia[14].

Pelos dutos do petróleo recentemente descoberto corria a possibilidade de um projeto hegemônico; aspecto também saudado pelas crônicas de José Valladares, ainda que com um olhar mais crítico ou ambivalente para o progresso fraturado por edifícios com bom elevador numa cidade que ainda não possuía telefones decentes, como "qualquer centro civilizado do Ocidente". Ou seja, um avanço que, em virtude da especulação e da falta de gabarito, trazia novos edifícios que escondiam os símbolos tradicionais da capital:

> E lá está o Farol da Barra, símbolo eloquente do priapismo baiano, mais eloquente ainda quando ainda não sofria a concorrência do edifício Oceania, que substitui o elevador Lacerda na qualidade de "dente de ouro" da Bahia, desde que os novos edifícios da Cidade Baixa lhe tiraram o destaque [...][15].

E mais adiante, sobre os arranha-céus:

> O navio está em frente aos edifícios modernos da Cidade Baixa. Lá está Caramuru, prato obrigatório de toda a publicação acerca da arquitetura contemporânea no Brasil. O Cidade de Salvador, Belo Horizonte, o Aliança, o Paraguaçu, o Banco da Bahia e outros: nem todos são obras d'arte, mas todos revelam uma preocupação de beleza que é característica de nossa gente, da mais humilde à mais sofisticada. Infelizmente, enquanto o gabarito não se alterar por completo, esta parte da cidade ficará cheia de desarmonias[16].

Era necessário então que esse surto de urbanização e industrialização trouxesse uma contrapartida: a modernização deveria aportar alguma experiência de modernidade, ao menos para a parcela da população que viria a frequentar museus, teatro e ensino superior.

Cidade e universidade

O mito fundador da modernidade baiana repousa na criação da universidade e na ação cultural do governo de Juracy Magalhães (1959-64): uma época de ouro que foi denominada "era Edgar Santos", numa menção ao seu criador e primeiro reitor, oriundo das elites políticas da Bahia. A universidade foi fundada em 1946, no período do governador Otávio Mangabeira (1946-51), no momento em que Anísio Teixeira

---

14. *Ibid.*, p. 217.
15. José Valladares, "Retorno à casa paterna II", *Diário de Notícias*, Salvador, 5 out. 1958.
16. *Ibid.*

Recriação da Via-Sacra nas ruas de Salvador, organizada pela Escola de Teatro da Universidade. Fotografia: Silvio Robatto e Ennes Mello.

ocupou a pasta estadual da Educação, o que conferiu um enorme dinamismo às políticas educacionais[17].

Antes desses anos de redemocratização do país, as tentativas de modernização da cena artística e cultural da Bahia foram esparsas e rechaçadas pelo público pela crítica local. Em 1949, ano do quarto centenário de Salvador, realizou-se o I Salão Baiano de Belas Artes, no moderno Hotel da Bahia, então em obras. No mesmo ano, o Instituto Histórico e Geográfico da Bahia promoveu a exposição *Novos artistas baianos*, com obras de Mário Cravo Jr., Jenner Augusto da Silveira, Lygia da Silva Sampaio e Rubem Valentim. É notável a observação de José Valladares a respeito, em texto publicado no *Diário de Notícias*: "É de fato bastante significativo que a primeira exposição coletiva de artistas modernos da Bahia tenha lugar exatamente no meio do século. A principal significação – a nosso ver – está na constatação do atraso que na Bahia se vive em matéria de arte, distância de muitos anos do mundo civilizado"[18].

17. Anísio Teixeira formou-se em Colúmbia, para onde seguiu em 1928, influenciado pelas ideias de John Dewey. Como ministro, implementou medidas contra o analfabetismo e o baixo nível de escolarização do estado, renovando os métodos pedagógicos de acordo com os preceitos do movimento Escola Nova. Promoveu também a associação da Bahia com diversos estados brasileiros e projetos de cooperação com os Estados Unidos.
18. Citado em Sante Scaldaferri, *Os primórdios da arte moderna na Bahia: depoimentos, textos e considerações em torno de José Tertuliano Guimarães e outros artistas*, Salvador: Fundação Casa de Jorge Amado; Museu de Arte da Bahia, 1997, p. 73.

Com quem Salvador se media? Com a capital, o Rio de Janeiro? Com São Paulo e Recife? Com cidades estrangeiras? Mas, fosse qual fosse a medida de comparação, Salvador começava a se mover: ainda em 1949, a convite de Anísio Teixeira, o crítico Mário Barata ministrou seis conferências sob o título "História e Crítica da Arte Moderna" na Secretaria da Educação; e o arquiteto carioca Alcides da Rocha Miranda chegou para realizar os estudos iniciais para o futuro Teatro Castro Alves. A universidade, que fundou e privilegiou cursos nas áreas de artes, também alterava as relações nesse campo, até então dominado pela Escola de Belas Artes, fundada no século XIX. Parcialmente renovada, a academia passou a conviver, ainda que com conflitos, com os seminários de música e as escolas de teatro e dança, dirigidos por não baianos: o diretor de teatro e pernambucano Martim Gonçalves, o músico alemão Joachim Kollreuter e a bailarina polonesa Yanka Rudzka.

Nesse cenário povoado por forasteiros e ideias novas, a iniciativa de maior envergadura foi a criação da escola de teatro financiada pela Fundação Rockefeller[19]. Projeto bem-sucedido, mas que criou inimigos em próprio seio: anos mais tarde, Martim Gonçalves foi perseguido por estudantes de esquerda, com o apoio de alunos das áreas de exatas que afirmavam ter o reitor Edgar Santos privilegiado as artes em detrimento da ciência[20]. O fato de boa parte dos recursos recebidos ter sido usada nas produções de Gonçalves para que fossem encenadas obras de Bertolt Brecht, em que os atores se apresentavam em farrapos – nesses anos em que todos pareciam ser "de esquerda" –, talvez tenha obscurecido as outras frentes nas quais o reitor também investia: por exemplo, iniciativas que eram certamente prioritárias, tanto para a universidade quanto para o governo do estado, como o apoio às ciências ligadas ao petróleo.

Ao formar a primeira turma de geólogos da universidade, Santos celebrou a ligação entre esta e a Petrobras, paralelo de forças "que se completam e em sintonia se dirigem no sentido de levar esse país à recuperação do tempo e dos valores econômicos que vínhamos perdendo, por certo, inadvertidamente"[21]. Num momento no qual o estado expandia sua indústria, a Universidade da Bahia – em plena sintonia com a ideologia desenvolvimentista – projetou formar mão de obra especializada com a criação de um Instituto de Geociências e de uma Escola de Administração Pública e de Empresas.

Contudo, o petróleo e o desenvolvimento por ele produzido trariam outras alterações à capital baiana, como os arranha-céus construídos na região do porto, que levaram à aniquilação da Cidade Baixa. A Cidade Alta, onde se concentrava a maioria dos imóveis preservados pelo Serviço do Patrimônio Histórico e Artístico Nacional

---

19. Não se tratava de uma ação isolada, tampouco de um olhar especialmente voltado para Salvador. Rockefeller financiou também o Museu de Arte Moderna e o Museu de Arte de São Paulo.
20. Cf. Antonio Risério, *Avant-garde na Bahia*, São Paulo: Instituto Lina Bo e P. M. Bardi, 1996; Maria do Socorro Carvalho, *Imagens de um tempo em movimento. Cinema e cultura na Bahia nos anos JK (1956- -1961)*, mestrado em Ciências Sociais, UFBA, Salvador, 1992.
21. Citado por A. Risério, *op. cit.*, pp. 39-40.

Construção da Avenida do Contorno, de acordo com plano urbano de 1949. À esquerda da avenida, na parte baixa da cidade, vê-se o Solar do Unhão, onde se pode ver o início de reformas.

(Sphan), foi menos afetada[22]. Ainda assim, havia anos pensava-se numa série de alterações para a cidade, o que só acabou acontecendo com o plano urbano elaborado por Diógenes Rebouças, adotado a partir de 1949[23].

Segundo Yves Bruand, o plano de Rebouças, elaborado entre 1945 e 1949, tinha três preocupações essenciais: a preservação da riqueza do passado, a circulação e o zoneamento. Bruand argumenta que o plano estabeleceu uma distinção inteligente entre os verdadeiros valores históricos e aqueles pitorescos – o que na verdade nada mais era do que uma leitura atenta da "Carta de Atenas", publicada em 1943: estes últimos deveriam ser destruídos em nome da higiene. Cabe lembrar, no entanto, que essa seleção tivera início em 1938 e fora empreendida por um órgão federal ao qual a prefeitura não poderia se opor: o Sphan, que até 1949 havia inscrito dez áreas como conjuntos arquitetônicos e paisagísticos a serem preservados, e o novo plano urbano tinha de lidar com eles.

22. O Serviço do Patrimônio Histórico e Artístico Nacional (Sphan, atual Iphan), criado em 1937, dedicou especial atenção ao estado da Bahia em seus tombamentos – foi o terceiro estado mais preservado durante os "anos heroicos" da instituição, até 1968 –, sobretudo à capital, Salvador.
23. Entre 1934 e 1937, funcionou uma Comissão do Plano da Cidade, convertida, entre 1939 e 1943, na Oficina do Plano de Urbanismo da Cidade de Salvador. Devido à morte prematura de seu diretor, Mário Leal Ferreira, substituído por Diógenes Rebouças, o plano geral de reorganização da cidade foi aplicado em 1949. Ver Yves Bruand, *Arquitetura contemporânea no Brasil*, São Paulo: Perspectiva, p. 341.

Solar do Unhão, após as obras de Lina Bo Bardi, c. 1960. Fotografia: Armin Guthmann.

A realização mais destacada desse plano urbanístico para Salvador foi sua finalização: a avenida do Contorno, que liga a Cidade Baixa aos bairros novos, estrada inteiramente artificial, cujas estruturas de concreto se adequaram a bens do patrimônio colonial – que inclui o Solar do Unhão, conjunto setecentista à beira da Baía de Todos os Santos. A construção dessa avenida, somada ao zoneamento, visava conferir à cidade o caráter de sede regional de comércio e orientar a implantação da indústria em seus arredores. Para Yves Bruand, o plano logrou ganhar uma aposta impossível: "colocar Salvador em condições de absorver a civilização contemporânea e de enfrentar suas necessidades sem destruir seu caráter de testemunha de outra época, suas maravilhas arquitetônicas e sua localização admirável"[24]. Com efeito, malgrado os impedimentos que a cidade antiga colocava, ou graças a estes, a cidade modernizou

24. Y. Bruand, *op. cit.*, p. 344.

seu espaço físico mantendo sua originalidade: moderna o suficiente para apagar um século de isolamento econômico; antiga o bastante para não deixar esquecer que foi a primeira cidade importante do país. O fato de não haver nela fortes marcas do final do século XIX e início do XX apenas acentuava essa continuidade entre a cidade que foi capital e a que pretendia, em alguma medida, voltar a ser central para o país.

Em 1951 o poeta Carlos Eduardo da Rocha fundou a Galeria Oxumaré, primeira galeria comercial da cidade, que funcionou até 1961. Esta realizou mostras coletivas como *Artistas modernos da Bahia* e a *I Exposição de arte popular*, além de receber exposições do Ministério da Educação e Saúde Pública, como *Retrospectiva da pintura no Brasil* e *Um século de pintura brasileira*, e pode ser considerada a culminação da vontade de possuir esse aspecto de vida urbana moderna que setores da elite baiana demandavam havia algum tempo.

Tamanha movimentação implicou o surgimento de uma nova sociabilidade urbana. Grupos de jovens assistiam aos encontros do Clube de Cinema, organizado por Walter da Silveira, e depois iam tomar sorvete no centro, enquanto, no final da tarde, políticos e intelectuais se reuniam em frente à Livraria Civilização Brasileira, na rua Chile. Enquanto isso, a centralidade da cidade começava a dar sinais de deslocamento em direção ao Campo Grande, onde em 1961 foi inaugurado o Hotel Plaza, projetado por Bina Fonyat, arquiteto que projetou o Teatro Castro Alves, situado no mesmo bairro. Ali foi instalado provisoriamente o Museu de Arte Moderna da Bahia, dirigido por mais uma forasteira, a arquiteta italiana – radicada em São Paulo – Lina Bo Bardi (1914-92).

Para os grupos que circulavam entre o museu, a livraria, o cineclube e as peças de teatro dirigidas por Martim Gonçalves, diante dos milhares de quilômetros que separavam a cidade da capital pela recém-construída rodovia Rio–Bahia, restavam duas alternativas: olhar mais ao norte e ao leste, direto para a Europa, ou inventar sua própria modernidade. Uma modernidade pobre, que alguns europeus recém-chegados identificaram com exotismo; mas a partir desse encontro, nessa *contact zone*, deu-se uma troca simbólica cujos frutos se fazem sentir ainda hoje na cidade. Os estrangeiros eram atraídos por um campo acadêmico pouco institucionalizado (onde eles poderiam ter posições difíceis de alcançar alhures) e também pela natureza vigorosa; pela extensão da orla; pelo que restava de pré-urbano, de anterior ao moderno; pelos remanescentes físico-territoriais e sociais de Salvador. Isso lhes dava a sensação de que aqui poderiam retomar posições de vanguarda, algo que parecia impossível numa Europa ocupada em sua reconstrução após a Segunda Guerra.

Essas presenças forasteiras marcaram a ferro a "era Edgar Santos", que atingiu seu apogeu em 1959, quando Juracy Magalhães tomou posse do governo do estado, com os olhos voltados para a presidência do país, contando desde logo com o apoio do presidente Juscelino Kubitschek, e quando Heitor Dias assumiu a prefeitura com a promessa de levar adiante uma revolução urbanística na cidade.

Vida popular e vanguarda patrimonial

A intensa vida popular de Salvador, com seus mercados, festas e terreiros, alimentava manifestações culturais, mas era também um ponto de tensão. Se o patrimônio construído da velha Cidade da Bahia testemunhava a pujança da primeira capital do país – pujança a ser pelo menos simbolicamente recuperada –, a vitalidade dos mercados, do comércio informal, das feiras e da pobreza altiva de que nos falou Amado pareciam empecilhos à cidade que se queria moderna.

Desse modo, desde 1955 – sob a batuta do prefeito Helio Machado – tiveram início as propostas para o fechamento definitivo da feira permanente de Água de Meninos, o que só se concretizaria em 1964: vista pela imprensa local como um lugar desprovido de higiene, estigmatizada como terra de malandros, a feira era apresentada como um obstáculo para a conversão de Salvador em polo turístico. Curiosamente, Odorico Tavares, antigo *habitué* e defensor do caráter exótico e popular desta e outras feiras e mercados da Bahia, alterou seu discurso, passando a atacá-la por sua falta de higiene e fedor, e defendendo seu fechamento com o argumento de que espantava os turistas. Valladares, de seu lado, discordava da preocupação oficial com o turismo e pedia que os baianos não agissem com servilismo, sustentando que as reformas urbanas pensadas para o turismo terminariam por deixar a cidade sem caráter, igual a tantas outras mundo afora.

O filme *A grande feira* (1961), do cineasta baiano Roberto Pires, começa com um cantor cego, desses que pedem esmolas e distribuem folhetos, anunciando que "a grande feira de Água de Meninos vai se acabar, engolida pelos tubarões". As cenas do filme mostram, em meio à trama social, policial e amorosa que se desenrola, objetos de uso popular expostos aos montes – cerâmica, palha – ao lado de alimentos e uma profusão de pessoas circulando numa cidade em modernização, com dutos de gasolina à beira-mar. "O progresso virá, desgraçando 4 mil feirantes", diz um personagem que se encontra bebendo num bar.

Descrita por Jorge Amado como uma "festa noturna e semanal", a feira de Água de Meninos funcionava nas noites de sábado e manhãs de domingo: era colorida e barulhenta, com cantores cegos, capoeiristas e cozinheiras, onde também gente distinta ia fazer compras; no filme podemos ver as mulheres burguesas que frequentavam o espaço em busca de objetos e aventuras. Mesmo não sendo a única feira da cidade, pois havia também a Feira do Sete e o Mercado de Santa Bárbara, Água de Meninos era conhecida como o centro da malandragem da capital baiana.

Nesse mesmo ano de 1961, Lina Bo Bardi iniciou as obras no Solar do Unhão, de modo a torná-lo um museu de arte popular e uma escola de artesanato. O desafio não era pequeno: como trazer as obras das feiras e dos mercados do Nordeste para o museu? Como realizar essa mediação sem indulgência ou exotismo? A exposição que o inaugurou em 1963 chamava-se simplesmente "Nordeste" e expunha os mesmos objetos que poderiam ser encontrados na grande feira: potes e gamelas, objetos populares utilitários. O que aproximava a feira (suja e fétida) da exposição (limpa e ordenada) era seu texto de apresentação, uma acusação.

> Matéria-prima: o lixo.
>
> Lâmpadas queimadas, recortes de tecidos, latas de lubrificantes, caixas velhas e jornais. Cada objeto risca o limite do "nada" da miséria. Esse limite, a contínua e martelada presença do "útil e necessário" é que constituem o valor desta produção, sua poética das coisas humanas não gratuitas, não criadas pela mera fantasia. É neste sentido de moderna realidade que apresentamos criticamente esta exposição. Como exemplo de simplificação direta de formas cheias de eletricidade vital. Formas de desenho artesanal e industrial. [...]
>
> Esta exposição quer ser um convite para os jovens considerarem o problema da simplificação (não da indigência) no mundo de hoje; caminho necessário para encontrar dentro do humanismo técnico uma poética.
>
> Esta exposição é uma acusação.
>
> Acusação de um mundo que não quer renunciar à condição humana apesar do esquecimento e da indiferença. É uma acusação não humilde, que contrapõe às degradadoras condições impostas pelos homens um esforço desesperado de cultura[25].

Lina Bo Bardi, cartaz do filme de Trigueirinho Neto, *Bahia de Todos os Santos*, 1960 (filmado nas ruas de Salvador).

Se a exposição era asséptica se comparada à feira insalubre, a violência desta última estava presente nessa "acusação não humilde", mesmo mote do livro de Amado e dos textos de Valladares. Por paradoxal que possa parecer, talvez Jorge Amado, seu guia de mistérios, concordasse com Lina Bo Bardi, que, ao expor o belo e pobre artesanato popular nordestino e baiano em 1963, alertava o visitante que havia algo a ser decifrado e corrigido por detrás de potes, tecidos e cestas. Algo que, a julgar pela recepção da imprensa, não foi compreendido em sua dimensão política e crítica... ou sim, foi: o Museu de Arte Popular fecha suas portas em 1964, mesmo ano em que a feira Água de Meninos ardeu. Terminava assim o renascimento baiano.

A ditadura interrompeu as atividades dos museus de Lina Bo Bardi, colocou um freio nas atividades da universidade e obrigou alguns jovens a se mudarem para o Rio de Janeiro e São Paulo[26]. Mas o fim abrupto não foi causado apenas por forças

---

25. Lina Bo Bardi, "Nordeste". Catálogo da exposição inaugural do Museu de Arte Popular do Unhão, 1963, Reproduzido em *Lina por escrito*, São Paulo: Cosac Naify, 2009, pp. 117-8.
26. Caetano Veloso foi para o Rio de Janeiro em 1965; Gilberto Gil mudou-se para São Paulo em 1964.

externas, por maior que tenha sido o estrago. Houve também um realinhamento de forças internas e uma presença menor de forasteiros, *outsiders*. Vale a pena observar quem saiu e quem ficou na Bahia, ou quem ocupou os postos deixados vagos pelos estrangeiros, como Mário Cravo, que assumiu a direção do Museu de Arte Moderna, transferido para o Solar do Unhão.

A Bahia que todos conhecem pelas músicas de Caetano Veloso e Gilberto Gil teve sua identidade moderna-tradicional, vanguardista-popular, forjada nesses anos de renascimento, em meio aos acontecimentos aqui esboçados. Os jovens, como os músicos citados, além do cineasta Glauber Rocha – que em seguida se destacariam como os expoentes da geração seguinte –, eram o *público* consumidor de todas essas iniciativas. Uma geração que, fora da Bahia, a tornou ainda mais conhecida. No entanto, para se consolidar, se reproduzir e se fixar nos ouvidos e nas retinas de todo o país, o sopro de renovação que vibrou na Bahia entre 1946 e 1964 dependeu de centros como Rio de Janeiro e São Paulo, cidades com uma imprensa e indústria cultural mais consolidadas, para relampejar em outros céus (inclusive nos piores momentos da ditadura).

Nos anos 1980, com o país redemocratizado, houve uma série de iniciativas da política cultural, sob a batuta de Gilberto Gil como secretário da Cultura, com vistas a fazer reviver esses anos dourados. E nos anos 2000, quando da comemoração dos quinhentos anos do Brasil, essa recuperação foi reinscrita sob o *slogan*: "o Brasil começou na Bahia".

PARTE IV

Cenas partidas (anos 1940-1970)

Quito

Comércio ambulante e ofícios de rua: cidade, modernidade e mundo popular nos Andes

EDUARDO KINGMAN GARCÉS

Até meados do século XX, Quito era uma cidade pouco industrializada, mas nem por isso menos ativa, estreitamente relacionada à economia agrária e atravessada pelo campo. Sua dinâmica se devia ao comércio de bens agrícolas e manufaturados, a um incipiente sistema bancário e aos aparelhos do Estado. Ainda que, para muitos, ela continuasse uma "cidade conventual", na realidade estava mudando: não apenas a população aumentara, como novas camadas sociais encontravam-se em formação. Além de uma importante presença indígena, a meio caminho entre a cidade e o campo, constituíam-se setores populares e médios propriamente urbanos (artesãos do calçado, metalmecânicos, costureiras, transportadores, operários fabris e manufatureiros, pequenos e médios comerciantes) com seus próprios bairros. Tratava-se de um processo complexo de formação de novas identidades no qual as antigas eram ainda dominantes. Um operário, além de sua situação de classe, continuava sendo percebido a partir de classificações raciais. E algo parecido sucedia com as camadas médias ligadas a atividades como o magistério, interessadas em obter algum nível de reconhecimento social[1].

Tudo isso estava relacionado com o peso da Hacienda na vida das pessoas, já que nos anos anteriores à lei de reforma agrária – um verdadeiro marco na vida social –, a Hacienda tradicional como estrutura, ainda que estivesse em crise e seus intelectuais tivessem perdido a hegemonia, continuava funcionando como um dos referenciais simbólicos a partir dos quais se construíam percepções e relações cotidianas[2]. Fazer parte do sistema de Hacienda ou das linhagens principais continuava a ser uma fonte de rendas e privilégios; além disso, a Hacienda, com seu sistema de favores, prebendas, esquemas classificatórios e parâmetros de comportamento, permeava as relações cotidianas entre diferentes classes e estamentos, urbanos e rurais. E as camadas

1. Ana María Goetschel, *Educación de las mujeres, maestras y esferas públicas: Quito en la primera mitad del siglo XX*, Quito: Flacso, 2007.
2. Os intelectuais conservadores, pertencentes em sua maioria às grandes famílias proprietárias de terras, foram perdendo importância com o surgimento do indigenismo e do realismo social, a partir de 1947; ver Rafael Polo, *Los intelectuales y la narrativa mestiza en el Ecuador*, Quito: Abya-Yala, 2002.

sociais que emergiam disputando espaços de reconhecimento e poder dependiam dos significados produzidos por uma sociedade tacanha e provinciana, cujas raízes se encontravam na Hacienda – o que o escritor indigenista Fernando Chaves chamava "cultura do privilégio".

Ainda que a modernidade se desenvolvesse sobretudo nas cidades, via-se enredada pela Hacienda e por todo um sistema de violências cotidianas que marcavam as relações de gênero, classe, raça, inclusive as próprias relações entre os cidadãos[3]. Quer dizer, de nossa perspectiva de análise, foram as ações populares, mais do que as das elites, que permitiram instituir espaços públicos de relação diametralmente diferentes, em alguns sentidos modernos, ainda que de caráter subalterno e por isso pouco evidentes. É claro que para fazer tal afirmação seria preciso assumir uma posição heterodoxa com relação ao que significava e significa ser moderno.

Se a modernidade se caracteriza pela incorporação de novos sentidos, formas de percepção e de relação com os outros, assim como por novas formas de administração dos gostos, as experiências vividas no Equador até as décadas de 1940 e 1950 podem ser interpretadas tanto como sinal de desenvolvimento quanto como uma armadilha. Naqueles anos assistia-se aos efeitos de um acúmulo histórico que acarretara a separação entre a cultura de elite, concebida como cultura moderna, e a cultura popular, mestiça e indígena, tida como arcaica. Ao mesmo tempo, desde a vida popular abriu-se a possibilidade de construção de certa autonomia no interior do que poderíamos chamar de política da vida cotidiana.

Para as elites, a modernidade expressava-se fundamentalmente nas cidades: nas reformas urbanísticas e arquitetônicas e na diferenciação social dos espaços, assim como na introdução de "limites imaginados" entre cidade e campo, entre âmbito civilizado e não civilizado[4]. Para os setores populares, indígenas e mestiços, ao contrário, a cidade passava a ser percebida como um espaço de oportunidades, mesmo sob condições de marginalização nos centros históricos e nos bairros populares. José María Arguedas foi sensível a essa dinâmica de mudanças no Peru, mas em Quito, mesmo entre os intelectuais de esquerda, essa sensibilidade mostrou-se muito menor.

O dormitório indígena

Há alguns anos, o historiador Guillermo Bustos assinalava que, por volta de 1950, ocorrera em Quito uma explosão demográfica que não podia ser resultado

---

3. Nesses anos, ao chegar a Quito, o que mais chamou a atenção da escritora Luce DePeron (*Una luz sin sombras*, Barcelona: Circe, 2002) foi o céu limpo e o cheiro de cal. Mas, ao mesmo tempo, ela sentiu a violência das relações cotidianas, uma estética particular que permeava o conjunto de relações entre os indivíduos e as classes.
4. Ver Eduardo Kingman Garcés, *La ciudad y los otros. Quito 1860-1940: higienismo, ornato, policía*, Quito: Flacso, 2006; e Fiona Wilson, "Indians and Mestizos: Identity and Urban Popular Culture in Andean Peru", *Journal of Southern African Studies*, v. 26, n. 2, jun. 2000.

Plaza de San Francisco com o monumento a González Suárez, 1948. Fotógrafo: Rolf Blomberg/ Arquivo Blomberg.

unicamente do crescimento vegetativo, mas que era um efeito da migração; ele admitia, porém, não ter encontrado nenhum dado que ratificasse a afirmação[5]. De acordo com o censo de 1950, a população da província de Pichincha (cuja cidade principal é Quito) havia passado de 101.668 habitantes em 1933 para 209.932, e sua área deixara de ser predominantemente rural. Não obstante, muitos bairros considerados urbanos apresentavam traços de ruralidade, enquanto os povoados e as comunas circundantes,

---

5. Guillermo Bustos, "Quito en la transición, actores colectivos e identidades culturales", *in:* Paúl Aguilar et al., *Enfoques y estudios historicos: Quito a través de la Historia 1*, Quito: Municipio de Quito-Junta de Andalucía, 1992. Yves Saint-Geours situa esse momento de migração, alguns anos antes, como resultado da maior mobilidade camponesa e do melhoramento das estradas; ver Y. Saint-Geours, "La Sierra Centro y Norte (1830-1925)", *in:* Juan Maiguashca (ed.), *Historia y región en el Ecuador: 1830-1930*, Quito: Corporación Editora Nacional, 1994.

sem deixar de ser rurais, se encontravam incorporados à dinâmica urbana. Além disso, mudanças muitas vezes imperceptíveis na estrutura agrária provocaram a expulsão de populações de outras províncias, em particular indígenas (como cotopaxis e chimborazos), em direção à cidade de Quito; mas essa população, recém-incorporada, era percebida como não moderna, sendo rejeitada e submetida a diferentes formas de violência simbólica.

> Os portais da praça da Independencia, já há algum tempo, converteram-se em dormitórios públicos para a população indígena que, por uma ou outra razão, chega à capital. Desde as nove da noite, dezenas de indígenas creem encontrar abrigo seguro para passar a noite estendidos sob os portais[6].

Como resposta à crescente presença indígena pernoitando nos alpendres das casas e portais das praças, foi instituído, em período mais recente, o Dormitório Indígena Municipal, cuja documentação fornece a informação ausente no censo de 1950, e permite recuperar uma imagem dessa população itinerante, enriquecendo as reflexões de Bustos[7]. Longe da imagem estática e de conjunto que o censo oferece sobre as pessoas que estavam na cidade no dia referido no trecho acima, que não alude ao seu lugar de procedência nem ao porquê de sua estada, essa série documental registra uma população cambiante, em movimento.

Uma rápida revisão desses dados mostra-nos que boa parte dos indígenas iam para Quito por razões de trabalho ou para trocar produtos, seja individualmente, seja como parte de comunidades e grupos de parentesco. Muitos dos abrigados no Dormitório haviam sido recrutados por arregimentadores (que também pernoitavam no Dormitório e que eram, portanto, indígenas ou percebidos como tais). Outras vezes os recém-chegados vinham procurar parentes (pais ou filhos), ou estavam de passagem para zonas de colonização como Santo Domingo ou ainda a caminho dos santuários do Quinche e Las Lajas. Muitos chegavam à cidade para apresentar queixas ou fazer pedidos às autoridades.

Estamos falando, então, de diferentes fluxos entre a cidade, o campo e as localidades, que não obedeciam somente a razões econômicas ou a deslocamentos forçados, mas que se deviam a outros fatores como conhecer a cidade, procurar os centros de saúde ou visitar os santuários. É possível que essa mobilidade esteja relacionada à intensificação da organização e das lutas das comunidades, assim como à ampliação de suas demandas ao Estado; ao lado disso, a documentação do Dormitório oferece pistas sobre a política desenvolvida pelos governos municipais nesses anos, em função da gestão da população indígena que chegava à cidade. A questão dos modos de

---

6. *El Comercio*, Quito, 20 fev. 1955.
7. Erika Bedón; Ana María Falconí; Eduardo Kingman Garcés, "El Dormitorio Indígena Municipal, movilidad social y administración de poblaciones", documento em processo de elaboração.

normatização dessa presença era respondida em termos raciais, de limpeza e de aparato, partindo do pressuposto de que os indígenas eram potencialmente perigosos[8].

Ainda que separada de forma temporária ou permanente da Hacienda, a população indígena na cidade via-se submetida à ação da polícia e à violência contra os cidadãos, outro lado da modernidade levada a cabo pelas elites. Assim, aqueles que não conseguiam algum trabalho estável ou dormiam com frequência nos alpendres das casas eram considerados "vagabundos" e podiam ser presos: uma notícia de janeiro de 1952 fala de quatrocentos homens na cadeia municipal, dos quais só 38% "têm alguma ocupação", e que foram destinados a trabalhar em serviços precários, como sapateiros ou carpinteiros, ou na cozinha da prisão, ou em "qualquer atividade que permita erradicar a miséria e a ociosidade"[9]. A notícia é acompanhada de uma fotografia com o título "os que nada têm para fazer", em que aparecem dois dos presos, "que passam a vida em meio à mais horrenda miséria e ociosidade, esperando eternamente que chegue a justiça tardia" – e, ainda que não faça alusão à porcentagem de indígenas na população presa, os homens da fotografia são indígenas.

Modernidade urbana e polícia

A cena cultural cidadã, na primeira metade do século XX, esteve marcada por uma série de disputas acerca das formas de representação da nação e da vida social. Tratava-se de disputas relacionadas à partilha do sensível, nas palavras de Rancière, nas quais intervieram tanto hispanistas como indigenistas. Não fazemos referência às disputas relacionadas à forma como se organizava o campo social e à participação de novos setores, particularmente dos setores médios, na distribuição de recursos sobretudo culturais, mas àquelas que foram naturalizadas e que opunham o conjunto de cidadãos aos não cidadãos.

Para os cidadãos de plenos direitos, a modernidade era algo imposto do alto e expressava-se em termos de urbanização dos costumes, universalização e desprovincianização dos gostos, algo que devia ser inculcado não apenas nas escolas e nas famílias, mas também mediante uma regulamentação das práticas cotidianas. Uma cidade moderna era uma cidade limpa e ordenada, que não podia funcionar sem uma vigilância permanente; nesse sentido era preciso educar a própria polícia, cujos membros provinham em sua maioria do campo[10]. O paradoxo da polícia era que, sendo uma corporação profundamente depreciada pelos cidadãos em virtude de sua "origem racial", ela deveria participar da elevação moral da comunidade. Esperava-se que sua

---

8. Ver E. Kingman Garcés, *La ciudad y los otros. [...], op. cit.*, e Mercedes Prieto, *Liberalismo y temor: imaginando los sujetos indígenas en el Ecuador postcolonial, 1895-1950,* Quito: Flacso; Abya-Yala, 2004.
9. *El Comercio*, Quito, 14 jan. 1952.
10. Arquivo Biblioteca Espinoza Pólit (Abep), *Boletín Sanitario, Órgano de la Dirección de Sanidad del Distrito Norte*, Quito: Imprenta Nacional, 1952, n. 139, p. 73.

ação fosse coercitiva mas também pedagógica, enquanto o trabalho do sistema escolar e de saúde pública deveria ser pedagógico e, ao mesmo tempo, disciplinar. Uma das coisas que preocupavam a Direção de Higiene era que tanto a polícia municipal como a nacional interviessem de maneira eficaz nas visitas domiciliares, no controle do comércio de rua em espaços emblemáticos da cidade, e na substituição das praças abertas por mercados fechados, devidamente organizados[11].

A tarefa não era simples, já que a própria cidade tendia a incorporar o não urbano. O problema da incorporação dos recém-chegados agudizara-se em virtude das mudanças em curso no campo e da debilidade da economia formal. Assim, embora a necessidade de regular o abastecimento estivesse em pauta, existia uma clara consciência de seu caráter popular e, portanto, bastante disperso. Ao contrário do que ocorre hoje, quando a rede de supermercados consegue controlar boa parte da comercialização, na época o comércio varejista de alimentos e de outros produtos de primeira necessidade continuava nas mãos de pequenos e médios vendedores. Não podemos perder de vista a presença de alguns atacadistas nem o peso dos proprietários na produção e distribuição de alimentos, mas o abastecimento da cidade em seu conjunto não teria sido possível sem a presença de uma imensa rede de intermediários, alguns dos quais provinham do campo. Por isso, não se cogitava a possibilidade de deslocar o comércio popular, como sucede na atualidade, mas se tratava antes de urbanizá-lo, modernizando-o e mudando os costumes de seus protagonistas. É possível dizer que se tratava de "formalizar" a informalidade, mais do que de eliminá-la.

O reordenamento urbano impulsionado pelas elites datava de algum tempo e tinha como um de seus eixos a separação. Nesse sentido, os planejadores urbanos começaram a conceber a colina El Panecillo, no centro urbano, como umbral ou marco entre dois tipos de cidade. Em seu cume levantava-se um monumento religioso que funcionaria como referência simbólica de uma ordem moral baseada na estratificação e na invisibilização dos mais pobres. Como parte desse plano, previa-se a necessidade de despovoar El Panecillo e realocar seus habitantes em espaços institucionais, espaços fechados que permitiriam controlá-los e evitar epidemias, como a do tifo, que eram atribuídas às condições de vida do povo:

> Ainda que eu já tenha falado disso em outras ocasiões, volto a insistir na urgente necessidade de despovoar El Panecillo. Essas moradias constituem um constante foco produtor de tifo. [...] Em Quito faz falta uma hospedaria para o que se chama "Dormitórios Públicos". É constante a chegada de gente infeliz, indígenas especialmente, que se alojam onde conseguem, sem possibilidades de controle. [...] Temos falado sobre a imperiosa necessidade de construir em alguns bairros de Quito um pequeno equipamento que constaria de um pequeno forno para, com seu calor seco, matar os piolhos que se encontram nas

---

11. *El Comercio*, Quito, 6 jan. 1945, p. 8.

roupas das pessoas, a instalação de uma ou duas duchas, um tanque para colocar o líquido piolhicida para lavar a cabeça dos infestados; uma instalação de serviços higiênicos[12].

Como se vê, foi a partir dessas lógicas que foi sugerida a criação da "hospedaria de índios", que depois assumiria o nome de Dormitório Indígena Municipal.

Comércio ambulante e ofícios de rua

À diferença da imagem da cidade estratificada, na qual a modernidade funciona pelo paradigma da separação, o comércio ambulante e os trabalhos na rua contribuíam para gerar espaços abertos de relação pública. Os ofícios de rua haviam aumentado, assim como as vendas em praças e mercados, das quais participavam sobretudo mulheres. Muitas vendedoras de frutas, legumes e leite arrendavam os alpendres das casas do centro para seus negócios.

Para a população indígena incorporada à cidade, assim como para os setores populares urbanos, o comércio de rua constituía tanto uma oportunidade econômica como um meio de vida. A dinâmica desse comércio não deve ser medida apenas em termos quantitativos, de ampliação da demanda, mas também qualitativos, de diversificação dos *consumos populares,* isto é, consumos que, sem deixar de estar vinculados ao mercado, possuíam seus próprios canais de produção e circulação, remetendo a outras formas de organização dos sentidos. Estamos falando de demandas urbanas em cidades com forte presença indígena e de mestiçagem indígena, com uma vida de bairros e vizinhanças urbano-rurais, e de um manejo do tempo e do espaço que não correspondia aos da modernidade capitalista, ainda que se articulasse a ela. Por um lado, assistimos à incorporação de novas necessidades, geradas pelo mercado (o que Benjamin chamou *cultura de vitrines*); por outro, à sobrevivência de necessidades de outra ordem, relacionadas à religiosidade ou à reprodução de laços originados nas comunidades e nos bairros rurais no meio urbano. Arguedas mostra como, com o passar dos anos, surgiram associações de residentes provenientes das províncias, que organizavam encontros e festivais folclóricos. Tudo isso produzia novos consumos, relacionados ao espetáculo, mas que não conduziam a uma homogeneização ou a um empobrecimento cultural, pois funcionavam como sobrevivências; nas palavras de Didi-Huberman: não eram resquícios do passado, mas atualizações de uma tradição camponesa e indígena, e também popular urbana, que se misturava a outras tradições, como a produzida pelos meios de comunicação e pela cultura de massas[13].

---

12. Arquivo Histórico Metropolitano (AHM), Quito: Secretaria Municipal, Comissão de Higiene e Mercados, 1944.
13. Georges Didi-Huberman, *La imagen superviviente: historia del arte y tiempo de los fantasmas según Aby Warburg*, Madrid: Abada, 2002 (ed. brasileira: *A imagem sobrevivente: história da arte e tempo dos fantasmas segundo Aby Warburg,* Rio de Janeiro: Contraponto, 2013).

Venda de móveis, louças e utensílios domésticos, avenida 24 de Mayo, 1948. Fotografia: Rolf Blomberg/Arquivo Blomberg.

Nossa hipótese é que os ambulantes e trabalhadores das ruas ofereciam a possibilidade de produzir sentido, consumo e publicidade subalternos em meio à discriminação e à exclusão. O comércio permitia a circulação de uma produção artesanal e manufatureira destinada à população indígena e mestiça, ou a incorporação de uma produção vinda de outras esferas de circulação, mas adaptada a um sentido próprio do gosto: fitas, pentes, baralhos, brinquedos, lenços baratos, calçados, imagens religiosas feitas artesanalmente mas destinadas ao consumo de massa. A comercialização de alimentos, em particular, funcionava a partir de uma rede de vendedoras indígenas e mestiças (*cholas*) que tinham lugares nas praças ou trabalhavam nas ruas. Também havia venda de esteiras, utensílios de barro, lenços, vestidos de manufatura popular, artefatos de madeira e latão. Os testemunhos de habitantes naqueles anos mostram o peso do comércio popular na vida da cidade: "Todos éramos negociantes, saíamos para buscar gado nos campos para então desmembrá-lo e vendê-lo na cidade. Ou comprávamos vestidos para revendê-los nos povoados"[14]. Esses mesmos testemunhos falam da "pompa" com que se celebravam as festas dos santos padroeiros dos mercados: festas que incluíam bailes e banquetes populares, e funcionavam como o melhor meio de reprodução das "esferas baixas da cultura", gerando vínculos de reciprocidade entre os vendedores das praças, os clientes, os pequenos agricultores e os camponeses que chegavam com seus produtos.

O comércio popular contribuía para a circulação de todo tipo de gente pelo centro da cidade, cujas ruas, praças e edificações haviam sido parcialmente abandonadas pelas elites. O mercado gerava vínculos ocasionais entre o comprador e o vendedor, o vendedor e o fornecedor, nos quais, apesar dos abusos, dos enganos, da imposição de preços e do despojo de produtos, se abria a possibilidade de recriar formas de relação face a face, produzindo identificações que iam além do ato do intercâmbio ou do regateio. A rua e, de maneira particular, o comércio mantinham vivas as relações entre os habitantes da urbe em torno de uma cultura comum ancorada em tratos e intercâmbios permanentes, também entre o mundo da cidade e o do campo. Mas, além disso, na rua rompiam-se as separações entre ocupações dignas e indignas, morais e imorais. Isso não significava que as fronteiras étnicas nem a violência cotidiana tivessem sido diluídas, mas que se constituíam espaços liminares de comunicação entre classes, sobretudo entre as classes populares, o que inclui artesãos, médios e pequenos comerciantes, professores das escolas primárias, funcionários públicos. Trata-se de uma cultura intersticial ou de um outro lado das fronteiras; concretamente, de um tipo de relação diferente daquelas da Hacienda ou dos "espaços fechados" urbanos (casas de família, colégios, internatos).

O mercado não eliminava as diferenças, mas permitia a existência de um espaço relativamente aberto de intercâmbios cotidianos relacionados aos novos consumos maciços, pensados para o conjunto da população. Referimo-nos, em primeiro lugar, ao rádio, e em particular às radionovelas ouvidas com prazer nos ateliês e nas pequenas manufaturas, nas lojas de bairros e pensões, assim como em alguns lares populares e de classe média; às sessões de teatro promovidas pelas organizações católicas, ao cinema, ao futebol de bairro, aos espetáculos de boxe e luta livre, às rifas, roletas e feiras, aos desfiles cívicos, às sabatinas e aos blocos carnavalescos. Ainda que se tratasse de formas modernas, tudo isso se dava num contexto de crenças e formas de sociabilidade que acabavam por não ser modernas, ou eram modernas de outro modo.

Esses espaços algumas vezes se relacionavam à religiosidade, outras à recreação e à festa, onde a tradição era renovada e atualizada. A possibilidade de hibridação baseava-se na participação num espaço comum de comunicação de imagens, integrado por uma grande diversidade de atores provenientes da cidade e de pequenas localidades: a modernidade urbana a que nos referimos funciona precisamente por meio da

---

14. Testemunho de Nicolás Pichucho, mestre de obras, 6 abr. 2005.

incorporação de amplos setores da população a esses espaços abertos para diferentes públicos; pela dinamização das trocas cotidianas e pela proliferação de atividades autônomas e semiautônomas, quando grandes processos de acumulação e concentração de capital ainda não se verificavam no comércio e na indústria. O fato de tais espaços de socialização não terem sido apontados pela literatura e pela sociologia não significa que não existissem. Sua invisibilidade deve-se a que boa parte das necessidades populares e dos setores médios eram satisfeitas internamente e "de modo modesto", diferentemente do que acontecia com as elites sociais, que dependiam de um sistema de valores e de um imaginário internacional. Embora se observasse a ampliação do intercâmbio, inclusive com a incorporação de pequenas localidades, não se produzira um desenvolvimento pleno do fetichismo da mercadoria, a ponto de ainda não se poder falar de uma sociedade consumista e globalizada.

A força da cultura popular explicava-se em boa medida por uma economia semiautônoma que a sustentava. Ainda que não seja possível mencionar uma autonomia plena, diante da longa tradição de hegemonia das elites, os próprios cidadãos estabelecidos haviam se tornado dependentes da iniciativa popular e da interação com esses setores. Seria possível continuar falando de uma cultura *barroca,* mas própria da modernidade, isto é, como formas populares de fazer, representar-se e interagir, suficientemente fortes para se refletir sobre diferentes setores sociais, ainda que não necessariamente da mesma maneira. A urbanização "como modo de vida" não conduz tanto à homogeneização social mas sobretudo ao enriquecimento de uma tradição popular em função de elementos provenientes do mundo mercantil, o que produziu mesclas e sobrevivências, elementos ativos do passado que atuavam no presente.

Os consumos populares

O Dormitório Indígena Municipal foi uma das formas pelas quais as elites enfrentaram o problema da migração, mas ele não teria se convertido num dos recursos dos indígenas para se aproximar da cidade? A cidade enchia-se de índios que se mostravam dispostos a realizar qualquer ocupação a eles destinada, resignavam-se a dormir nos pórticos das praças e alpendres das casas ou, nas ruas, eram vítimas da fumigação, ao mesmo tempo que descobriam na cidade novas possibilidades que o campo não lhes oferecia. Nos albergues, encontravam um refúgio, mas sua entrada nesses espaços significava que aceitavam sua condição de párias (no sentido político que Hannah Arendt dá a esse termo); além disso, perdiam em parte o contato com a comunidade e com o mundo rural do qual provinham, mas nos bairros e nas vizinhanças, nas praças dos mercados, nos santuários e mostruários encontravam novas possibilidades e referências de vida[15].

15. Víctor Bretón vem estudando as mudanças no sistema de Hacienda nos últimos anos. Temos compartilhado referências sobre as repercussões dessas mudanças no mundo urbano.

Entretenimento público, avenida 24 de Mayo, 1948. Fotografia: Rolf Blomberg/Arquivo Blomberg.

O Dormitório Municipal foi substituído por outros albergues organizados pela Igreja, como o das Irmãs Lauritas. Dom Mario Tambo conta que chegou a Quito vindo de Guamote, província de Chimborazo; no início dormia nas entradas das casas, mas logo encontrou refúgio numa dessas hospedarias camponesas:

> Nos primeiros dias, com um grupo de amigos, fomos à praça de Santo Domingo [...], na frente existem umas casas grandes que têm corredor, aí acomodávamos os sacos e papelões para dormir [...], havia ocasiões em que dormíamos de oito a dez pessoas, e todos nos solidarizávamos, brindávamos o apoio. [...] Depois nos tornamos amigos do pessoal de Cotopaxi e eles nos disseram que havia uma casa para camponeses e indígenas em La Tola, onde, além do mais, aprendia-se um ofício[16].

16. Entrevista com Mario Tambo, realizada por Luis Alberto Tuaza em Guamote, em 14 set. 2011.

Boa parte dessa população itinerante, que dava a tônica da urbanização, se instalou nos bairros populares já existentes, contribuindo para enriquecê-los em termos de inter-relações socioculturais[17]. Assim se daria, mais tarde, a expansão dos bairros e a mistura de novas e antigas camadas populares. San Roque, El Panecillo, Aguarico tornaram-se referências no imaginário migratório, já que neles foram se consolidando, ao longo dos anos, redes sociais de acolhimento[18]. Ainda que continuassem a ser considerados migrantes, e nesse sentido não cidadãos, os indígenas foram criando seus próprios espaços e suas próprias formas de viver a cidade. Muitos ofícios continuaram sendo chamados de "próprios de índios" e, nesse sentido, submetidos a uma lógica diferente da do resto das atividades; mas a população vinculada a eles desenvolveu estratégias organizativas próprias da modernidade, como sindicatos, comitês e associações destinados a formalizar os empreendimentos da rua. Desse modo, o Estado via-se obrigado a assumir não somente o comércio e os trabalhos informais, mas uma população organizada que se manifestava publicamente, defendendo seus interesses. Além disso, essas associações tomaram a iniciativa na modernização dos mercados e na melhoria dos sistemas de produção de doces e alimentos, sem renunciar ao seu caráter popular.

A cidade estendia seu raio de ação sobre o campo, produzindo uma mudança nas atividades, incluindo-as numa rede urbana, ao mesmo tempo que uma dinâmica originada no campo contribuía para colocar em crise a ordem urbana. Muito antes das reformas urbanísticas do racionalismo, a cidade sofrera uma repartição dos espaços num sentido estético, de uma *estética racializada*, mas isso não impediu que os setores populares, como naturais do lugar, e os indígenas migrantes, como forasteiros, desenvolvessem sua própria política da vida cotidiana. Ainda que as *chicherías*[19] e outros espaços populares tenham ficado separados do centro da cidade e proibido o sistema de festas – os festejos de Inocentes na praça da Independencia e mais tarde na de Santo Domingo –, eles foram retomados com força em locais fechados, como as praças Belmonte e Arenas. Tratava-se de mascaradas populares, organizadas por pequenas empresas do mundo do espetáculo, às quais compareciam famílias e grupos de amigos disfarçados de palhaços, varredores, arlequins, macacos, "carlitos", que se encostavam nos gradis, não tanto como espectadores, mas como coparticipantes.

Além disso, não se pode perder de vista a abertura de outros tipos de espetáculos, propriamente modernos, como o cinema, a rádio, as rifas, os encontros esportivos e os torneios de boxe, nos quais os setores populares e médios buscavam meios

---

17. Também na direção inversa, da cidade para o campo: de acordo com o relato de Luis Alberto Tuaza, muitos desses migrantes que chegaram a Quito até os anos 1960 e depois voltaram a seus povoados utilizaram a experiência da cidade para se tornar dirigentes que lutavam pela instalação de escolas e de serviços como água e eletricidade para suas comunidades (comunicação pessoal).
18. El Panecillo foi reconhecido como bairro de pedreiros, enquanto San Roque desenvolveu uma dinâmica em torno do mercado, do comércio popular e do abastecimento de alimentos; ver E. Kingman Garcés (coord.), *San Roque: indígenas urbanos, seguridad y patrimonio*, Quito: Flacso-Heifer, 2012.
19. Locais de venda de *chichas*: petiscos e bebidas, alcoólicas ou não. [N.T.]

Os espectadores na rua Tarqui em frente ao estádio El Arbolito, 1949. Fotografia: Rolf Blomberg/Arquivo Blomberg.

engenhosos de tomar parte – como mostra a fotografia acima, de um grupo furtivo de espectadores de futebol fora do estádio El Arbolito.

O cinema constituiu um dos primeiros espetáculos abertos a diferentes públicos, embora houvesse salas exclusivas ou com espaços interiores planejados para garantir a separação social e racial[20]. O fundo documental da Comissão de Espetáculos de Quito guarda uma boa quantidade de solicitações feitas pelos grêmios para que se isentem de impostos os eventos organizados em benefício de seus membros. Esses novos espaços pareciam atrair a atenção popular, além de ajudarem a desenvolver o mutualismo: eram "obras de cultura, sociais e de apoio mútuo", como assinalava a Comissão de Espetáculos, que permitiam reunir fundos e tornavam visível o que para ela se chamava a "cultura do operário"[21].

Existia uma crescente oferta de eventos culturais destinados ao povo: além do cinema (sobretudo mexicano), festivais de música e sessões de teatro, em cenários improvisados nos bairros, em sindicatos e algumas escolas, mas também em salas e teatros convencionais, que deviam ser frequentados "corretamente vestidos"[22].

20. Como em Quito, na cidade de Guayaquil foram criadas algumas salas de cinema que, ao mesmo tempo que permitiam o acesso de todos ao espetáculo, garantiam a separação social mediante a alocação diferenciada, na frente, atrás e na galeria. Além disso, eram oferecidos outros tipos de espetáculos: no Cine Victoria, por exemplo, organizavam-se combates de boxe e bailes. Cf. "Memoria. La marquesina en ruinas sobre los cines de barrio en Guayaquil", testemunho de Luis Carlos Mussó, jornal *El Telégrafo*, 4 nov. 2013.
21. AHM, Quito, Comissão de Espetáculos, 1943.
22. Testemunho de dom Nicolás Pichucho, jan. 2002.

A modernidade das elites: primeiro campo de golfe, La Vicentina, 1949. Fotografia: Rolf Blomberg/ Arquivo Blomberg.

Muitas das sessões de cinema de bairro eram concebidas como meio para educar o povo; algumas eram organizadas pela Comissão de Higiene Municipal, às vezes as embaixadas promoviam sessões de cinema para mostrar outras culturas, mas em todos os casos elas contavam com organizações populares como interlocutoras.

À medida que essas esferas culturais populares proliferavam, surgia a preocupação de normatizá-las. Com a ideia de civilizar o desfile de carnaval, em 1955, iniciou-se uma "campanha pela decência do carnaval em Quito", com o objetivo de "celebrá-lo de forma culta". Além da ação da polícia, ocupada em perseguir os participantes nas ruas, ofereciam-se bailes populares na praça Arenas, projeções de filmes nas praças de San Francisco e España, retretas nas praças da Alameda e da Independencia, assim como um desfile alegórico. Essas medidas se repetiram nos anos seguintes sem que o velho costume de brincar com água e farinha durante o carnaval fosse erradicado. Outra preocupação da municipalidade era organizar as festas, particularmente as operárias: não se tratava de proibir, e sim de "tornar decente e, pode-se dizer, moralizar esses tipos de espetáculos que por sua própria essência são educativos"[23].

As *galleras* e os campos de futebol, a *pelota nacional* e o *ecua-vóley*[24] foram outros desses espaços populares, bem masculinos. As *galleras* não funcionavam em locais especiais, mas em casas e lugares improvisados, assim como ocorria com os bilhares e cassinos: como se vê, trata-se de um momento, embora incipiente, dos consumos urbanos. Boa parte do orçamento municipal dependia dos espetáculos e das festividades populares, inclusive as religiosas, de modo que a introdução de licores estrangeiros e nacionais, os botecos, o funcionamento de *galleras*, os bilhares, as cervejarias, as rifas e os carrosséis eram objeto de controle e de tributo. Certos clubes, como o Pichincha, eram lugares exclusivos nos quais só eram comercializados licores estrangeiros, mas os maiores lucros possivelmente provinham das bebidas vendidas ao público em temporadas como a de Inocentes.

Os setores populares desenvolveram uma religiosidade festiva na qual eram frequentes as mascaradas, o uso de bebidas e a licenciosidade sexual, constituindo momentos de forte estreitamento de laços sociais. Apesar de as autoridades se queixarem dos excessos, muitas vezes patrocinavam essas celebrações que, longe de diminuir, conheciam um incremento com a modernidade de meados do século XX e com o surgimento da multidão urbana. Também os salões de baile se popularizaram: as senhoras do mercado San Francisco, em entrevistas, fazem referência a salões situados na rua 24 de Mayo como lugares de socialização, onde eram celebradas as festas do mercado ou, simplesmente, onde elas podiam se encontrar com amigas.

Pelos parâmetros populares, esses espaços eram vistos como lugares exclusivos: para frequentá-los era preciso estar bem penteado e bem-vestido. "Nesse tempo, podia-se andar bem elegante e frequentar os bailes nos salões da rua 24 de Mayo, onde agora fica a delegacia de polícia."[25] De uma perspectiva histórica, deve-se afirmar que se tratava de lugares modernos (apesar de sua precariedade), que promoviam uma sociabilidade de novo tipo, popular e urbana. Mas eram, além disso, espaços de legitimação de trabalhos como os do mercado, onde ter uma colocação permitia "não só sobreviver, mas viver bem". De fato assistia-se à proliferação de lugares de encontro populares, muitas vezes frequentados por membros das classes médias: espaços radicalmente diferentes dos lugares exclusivos das elites, tanto pelo tipo de usuários como pelo modo de relações e afetos que neles se desenvolviam.

---

23. *El Comercio*, Quito, 8 maio 1941.
24. *Gallera* é o espaço onde se disputam rinhas de galo; *pelota nacional* e *ecua-vóley* são esportes típicos apenas do Equador. [N.T.]
25. Entrevista grupal realizada no mercado San Francisco de Quito, maio de 2014.

Final

Este ensaio procurou mostrar em que medida os *agenciamentos populares* constituíram outra forma de desenvolvimento da modernidade, diferente da modernidade excludente impulsionada pelas elites, mas nem por isso alheia a seus interesses. Partimos da ideia de que, assim como a modernização do campo foi tanto uma iniciativa camponesa como dos proprietários de terras, em cidades como Quito é preciso procurar outras vertentes de desenvolvimento da modernidade urbana, impulsionadas pelos setores populares e pelos setores médios[26].

Referimo-nos concretamente ao comércio ambulante de rua, concebido como formas de fazer, estar e pensar particulares, relacionadas com o intercâmbio e os trabalhos na rua, mostrando, ao mesmo tempo e como contrapartida, as ações civilizatórias do Estado e dos cidadãos orientadas para controlá-los, normatizando as maneiras de ser e fazer das pessoas, urbanizando-as e civilizando-as. De acordo com nossa perspectiva, a presença de novos setores populares urbanos, a maior parte proveniente do campo, permitiu não apenas uma diversificação dos trabalhos, mas também a criação de arenas culturais populares, ligadas à tradição e à "cultura das vitrines". Só que as vitrines não eram aquelas das "grandes lojas de departamentos" da modernidade benjaminiana, mas as bancas das lojas, os bazares de bairro, os salões de baile, as feiras e as praças.

---

26. Sobre esses processos na modernização do campo, ver Osvaldo Barsky, *Iniciativa terrateniente en el pasaje de hacienda a empresa capitalista: el caso de la sierra ecuatoriana (1959-1964)*, Quito: Clacso, 1978; e Andrés Guerrero, *Haciendas, capital y lucha de clases: disoluciones de la hacienda serrana y luchas políticas en los años 1960-1964*, Quito: El Conejo, 1983.

MONTEVIDÉU

A cidade e o campo

XIMENA ESPECHE

Em 1950, o Uruguai parecia demonstrar sua natureza *excepcional*: um pequeno país, democrático e em paz (num mundo que tinha acabado de sair de uma guerra feroz), cuja balança de pagamentos estava em ordem; um país que mantinha a continuidade e a manutenção de suas conquistas; economicamente estável, socialmente calmo, institucionalmente previsível, democrático e cosmopolita. País que, além disso, vencera o time considerado favorito na Copa do Mundo de Futebol nesse mesmo ano. Porém, em meados da década, essa *avis rara* foi objeto de numerosas críticas, e a imagem de um país "não latino-americano" já não se sustentava. A "crise estrutural" chegara para ficar[1]. E se a capital Montevidéu tinha sido o centro dessa exceção, tornava-se agora objeto de diagnósticos que explicavam a crise e a capacidade, ou não, de vencê-la com sucesso (e o que importava, então, era o caráter urbano e cosmopolita da cidade, entrelaçado ao do país)[2]. O campo, essa outra face, também começava a ser pensado como problema ou como solução (significava o atraso ou a capacidade de uma modernização "verdadeira"). O tópico campo/cidade foi ganhando espaço e constituiu uma agenda para disciplinas diferentes, para as perspectivas políticas, para as discussões sobre o que significava renovar a literatura do país. A relação entre o campo e a cidade foi a chave de uma esperança: a continuidade do "país-modelo", e inclusive se tal condição deveria ser questionada. Entre os anos 1950 e 1960, a cidade foi a Roma à qual todos os caminhos levavam[3].

---

1. Sobre a "crise estrutural", ver, entre outros, Enrique Iglesias, *Uruguay: una propuesta de cambio*, Montevideo: Alfa, 1966; Carlos Demasi; Rosa Alonso Eloy, *Uruguay 1958-1968. Crisis y estancamiento*, Montevideo: EBO, 1986; Adolfo Garcé, *Ideas y competencia política en Uruguay (1960-1973): revisando el "fracaso" de la CIDE*, Montevideo: Trilce, 2002.
2. Para um estudo que define o Uruguai como um "país urbano", ver Jaime Klaczko; Juan Rial, *Uruguay, el "país urbano"*, Montevideo: EBO, 1981.
3. Neste trabalho, reelaboro, focalizando mais especificamente o tópico campo/cidade, algumas análises realizadas em *La paradoja uruguaya: intelectuales, latinoamericanismo y nación a mediados de siglo XX*, Bernal: Editorial da la Universidad Nacional de Quilmes, 2017.

Montevidéu, Uruguai e batllismo: entre a exceção e a crise

Durante anos, Montevidéu foi o bastião do batllismo, como ficou conhecida a facção hegemônica de um dos partidos tradicionais no Uruguai, o Colorado (o outro é o Partido Blanco ou Nacional), liderada por José Batlle y Ordóñez, que governou o país em princípios do século XX[4]. "Montevidéu e exceção", "Uruguai e exceção" e/ou "batllismo e exceção" surgiram muitas vezes como termos intercambiáveis. Tratava-se de um país que havia assumido, desde o Estado batllista, a melhoria de direitos sociais e políticos da população (a defesa do direito de greve, a redução da jornada de trabalho para oito horas, a criação de um sistema de aposentadoria e pensões, a lei do divórcio, a abolição da pena de morte e a democratização da educação). O Estado foi concebido como criador da cidadania: uma espécie de religião civil e laica que tinha como santuário a cidade de Montevidéu. Se a estratégia de integração dos contingentes de imigrantes foi a do cosmopolitismo, esta reforçava a imagem de uma sociedade que, heterogênea e não amalgamada, era harmonicamente incorporada por um Estado mediador de interesses em conflito. Ao mito do Uruguai "benfeitor", "feliz" e "ilha", mas também de "classes médias" e "culto", somou-se a imagem de um país sem indígenas; e a ausência de conflitos étnicos contribuía para o virtuosismo de um país harmonioso, adicionando um componente essencial à imagem do Uruguai "fora" da América Latina[5].

Além disso, sob o batllismo terminaram definitivamente as guerras civis que foram moeda corrente no século XIX. Em 1904, as forças do Estado nas mãos de Batlle y Ordóñez se opuseram à ascensão de Aparicio Saravia, um "*caudillo blanco*", motivo pelo qual, tanto em sua literalidade como em sua capacidade metafórica, a cidade parecia ter-se imposto ao campo. E como as tentativas de reforma fiscal e melhorias na exportação rural durante o primeiro batllismo careciam de eficácia, trinta anos depois era possível afirmar que se vivia melhor na cidade que no campo[6]. Desse modo, pelo menos no campo, era possível colocar sob suspeição a felicidade do Uruguai batllista, voltando-se para um interior rural muito parecido com outras paisagens rurais latino-americanas, o que alimentou durante os anos 1940 um tipo de análise que ressaltava a assimetria entre os termos da equação[7]. Ao contrário da cidade, o campo não contava

---

4. Para efeitos de economia de texto, uso aqui Partido Blanco e Partido Nacional como sinônimos.
5. Sobre o "Uruguai feliz" como construção do batllismo, ver Francisco Panizza, *Uruguay, batllismo y después: Pacheco, militares y tupamaros*, Montevideo: Ediciones Banda Oriental, 1990, pp. 79-82; Gustavo Verdesio, "An Amnesia Nation: The Erasure of Indigenous Pasts by Uruguayan Expert Knowledges", *in:* Sara Castro-Klarén; John Charles Chasteen, *Beyond Imagined Communities. Reading and Writing the Nation in Nineteenth-Century Latin America*, Washington DC; London: Woodrow Wilson Center Press; The Johns Hopkins University Press, pp. 196-224.
6. Ana Frega, "La formulación de un modelo", *in:* Ana Frega *et al.*, *Historia del Uruguay en el siglo XX*, Montevideo: EBO, p. 35; Pablo Rocca, "El campo y la ciudad en la narrativa uruguaya (1920-1950)", *Revista Fragmentos*, n. 19, Florianópolis, jul. 2000, p. 17.
7. Wilson González Demuro, "Izquierda, artiguismo y cuestión agraria en el Uruguay (1950-1973)", *Anuario de Estudios Americanos*, v. 60, n. 2, 2003, p. 640.

Avenida 18 de Julio, Montevidéu, c. 1950.

com obras de infraestrutura que detivessem e invertessem o processo de isolamento entre seus habitantes e entre estes e Montevidéu; a incorporação de novas tecnologias propiciava o êxodo, transformando a mão de obra rural em mão de obra desocupada ou semiocupada nas cidades, no marco generalizado das migrações internas que vinham ocorrendo em toda a América Latina pelo menos desde fins dos anos 1930.

Durante os governos de Luis Batlle Berres – sobrinho de Batlle y Ordóñez, que se dizia continuador de seu legado –, em fins dos anos 1940 e meados dos anos 1950, teve lugar uma política de desenvolvimento da agricultura que aumentou a área cultivada e estimulou o crescimento da população rural. Mas omitindo essas melhorias, a Liga Federal de Acción Ruralista impulsionou, desde meados dos anos 1950, uma campanha contra o governo, que colocava o acento na imagem de um batllismo inoperante, o que vinha a ressuscitar o pior dessa herança, acusando-o de ser uma fachada que esgotava a verdadeira riqueza do campo (que no período constituía uma fonte de divisas para o processo de substituição de importações e o desenvolvimento industrial). Nesses discursos, o batllismo e seu legado, "o regime", eram os principais responsáveis pela crise, e o país já não podia ser mais um "país de exceção" – invertendo os termos do próprio Batlle Berres dez anos antes[8]. Como se a excepcionalidade passasse de uma à outra das correntes em luta, os ruralistas assumiram serem eles os atores necessários para sustentá-la.

Encabeçada pelo colorado Domingo Bordaberry – ex-líder da Federação Rural – desde sua fundação, em 1951, e, pouco depois, por Benito Nardone diante da morte do primeiro, a Liga definiu suas funções como representante dos interesses de pequenos e médios produtores, colocando-se contra o avanço da indústria; contra o poder dos intermediários; contra comunistas, sindicalistas e agentes financeiros; e também contra a falta de respostas de outras associações (como a Associação Rural e a Federação Rural)[9]. A Liga flertou com expoentes do Partido Colorado, mas terminou por fechar um acordo com a facção majoritária do Partido Nacional, aquela liderada por Luis Alberto Herrera – facção e partido associados por tradição ao meio rural[10]. A emergência ruralista, que deu a vitória a este último nas eleições de 1958 – após 93 anos de primazia colorada –, reativou um tópico recorrente na cena político-intelectual uruguaia: o da relação entre Montevidéu e o resto do país, entendido como a campanha[11], remetendo a momentos frequentes do século XIX em que a cidade fora sitiada pelo campo ou por forças militares com apoio no mundo rural. Tal emergência colocou em primeiríssimo plano o fato de que a crise era uma questão do campo e da cidade: do domínio ou da ameaça que um representava para o outro, da ignorância da cidade em relação ao campo, ou de sua integração.

Conservar e modernizar: retóricas do passado e do futuro

Para as interpretações contemporâneas sobre os motivos da crise e seu alcance, foi central a releitura do passado uruguaio e de como os vínculos campo/cidade tinham afetado o desenvolvimento do país. Há uma espécie de marca de origem de Montevidéu, que durante a colônia e inícios da revolução nas Províncias Unidas do Rio da Prata começou como uma cidade-forte mais vinculada à metrópole espanhola do que à campanha: a marca do perpétuo desacordo entre a cidade e seu campo, como se não fosse possível que Montevidéu tivesse seu *hinterland*[12]. Esta, mais do que

---

8. "Tenhamos clara consciência de que o Uruguai é um país de exceção", editorial do primeiro número do jornal *Acción* de 1948, citado em Benjamín Nahum *et al.*, *Crisis política y recuperación económica: 1930--1958*, Montevideo: EBO, 1998, pp. 77-8.
9. Raúl Jacob, *Benito Nardone: el ruralismo hacia el poder (1945-1958)*, Montevideo: EBO, 1981.
10. Sob sua liderança, em 1958 o Partido Nacional voltaria a se unir para as eleições. O herrerismo foi muitas vezes pensado como o "outro lado" do batllismo: uma corrente de pensamento nacionalista e conservadora ante outra, cosmopolita e progressista. Ver Laura Reali, "Usos políticos del pasado. Dos proyectos históricos para un proyecto político en Uruguay, en la primera mitad del siglo XX", *in*: Antonio Gutiérrez Escudero; María Luisa Laviana Cuetos (coords.), *Estudios sobre América, siglos XVI-XX*, Sevilha: AEA, 2005, p. 1.675.
11. No sul do Brasil, no Uruguai e na Argentina, campanha é o nome que se dá aos campos e planícies da região dos pampas. [N.T.]
12. Tulio Halperín Donghi, *Revolución y guerra*, Buenos Aires: Siglo XXI, 1972.

uma imagem da cidade, é a imagem de um vínculo recorrente entre campo e cidade: constitui um tópico que encontrou ancoragem móvel, mas ainda assim muito forte, no século XIX, retornando sempre a ele para definir, em cada momento, seu estado *presente*[13]. Podemos pensar em diferentes motivos, como o da *ameaça* e o de *dar as costas*, que evidenciam essa ancoragem móvel.

A ameaça

No século XIX, Montevidéu sofreu diferentes cercos que marcaram profundamente as representações da cidade. Detenho-me em dois deles: o das forças revolucionárias contra a Montevidéu realista, primeiro em 1811 e depois em 1812-14, liderado pela incômoda aliança entre as autoridades de Buenos Aires e o líder revolucionário José Artigas; e aquele que aconteceu entre 1843 e 1852 no marco da Guerra Grande, quando as tropas sitiadoras de Manuel Oribe, líder da divisa *blanca*, não conseguiram romper a defesa da cidade, nas mãos dos colorados. A história do cerco de Artigas a Montevidéu confirmava retrospectivamente a identidade de uma Montevidéu sem seu *hinterland*, porque a campanha estivera sob jurisdição do governo de Buenos Aires e, sob esse comando nas lutas revolucionárias, ameaçara a cidade realista. No segundo caso, o cerco definiu duas identidades contrapostas: os colorados, encerrados na cidade-porto, fortaleceram seus laços com a Europa, enquanto os blancos de Oribe, instalados no Cerrito (colina fora da cidade na época, hoje um bairro da capital), se vincularam a esse ambiente rural, ao qual posteriormente atribuiriam um lugar preponderante para o desenvolvimento do país. Tudo isso identificava os blancos com o "*criollo*" e o "americano", enquanto os colorados se definiam pelo particular anseio da cidade cosmopolita, com a qual faziam coincidir o desenvolvimento do caráter uruguaio.

É preciso considerar duas questões em função de uma perspectiva capaz de explicar essa espécie de divisão territorial que instituía outra, político-ideológica e militar. O Cerrito era um centro político, administrativo, cultural, religioso e residencial com funções que duplicavam as de Montevidéu (por exemplo, porto com equipamentos, cais de embarque, edifício da aduana, galpões de armazenamento, edifício do Tribunal do Comércio) e que, uma vez terminada a guerra, a Montevidéu outrora sitiada incorporou[14]. Os limites da cidade ampliaram-se, o que a levou à expansão de seu espaço (compreensível em parte pelas vicissitudes da migração europeia e, depois, interna). Mas a própria ideia da cidade como um território ameaçado por uma campanha, sempre capaz de voltar a se sublevar (como de fato sucedeu até 1910, na infrutífera sublevação de Basilio Muñoz), refletiu-se numa cultura urbana que

---

13. Raymond Williams, *El campo y la ciudad*, Buenos Aires: Paidós, 2001.
14. Hugo Baracchini; Carlos Altezor, *Historia urbanística de la ciudad de Montevideo. Desde sus orígenes coloniales hasta nuestros días*, Montevideo: Trilce, pp. 62-3. Sobre os cercos, ver também Ezequiel de Rosso, "Prólogo", *Relatos de Montevideo*, Buenos Aires: Cántaro, 2005.

decidiu esquecer que carregava em seu seio a jurisdição do Cerrito, ou seja, esquecer que havia incorporado o campo responsável pelo cerco à cidade.

As representações do "sítio" integraram a luta política de fins da década de 1950, no momento em que, para muitos, a aliança do Partido Nacional com os ruralistas de Nardone reeditava a ameaça do século XIX. Para os candidatos da facção do coloradismo oposta à de Batlle Berres na eleição do Concelho Departamental, por exemplo, a integração do campo e da cidade era inviável por constituir o tipo de integração proposta pela aliança herrero-ruralista. O passado repetia-se porque "*no pasarán jamás los blancos*. Porque Montevidéu continua sendo a Nova Troia do Partido Colorado, que por sê-lo transformou o país numa República civilizada e democrática"[15]. Essa referência recuperava o cerco da Guerra Grande: ali Melchor Pacheco y Obes – representando o Governo da Defesa – conseguira que um autor do sucesso e da relevância do francês Alexandre Dumas escrevesse "A nova Troia" (1850), texto antirrosista, antifederal e antioribista, a favor da Montevidéu sitiada. Nesse mesmo diapasão, o jornal *Acción* afirmava que qualquer facção do Partido Nacional tinha "a mesma raiz oribista, motineira e arrivista que fizera do herrerismo um colaborador submisso à ditadura" (quer dizer, da ditadura de Gabriel Terra, em 1933). O herrerismo era um perigo "latente", "hoje como há cem anos"[16]. Para o herrerismo, ao contrário, era preciso "reconquistar Montevidéu", o único e "último baluarte" da "oligarquia". Por isso, "todos os esforços atuais devem se unificar" e assim "desalojar os maus administradores"[17]. E, ao mesmo tempo, propunha uma espécie de integração entre campo e cidade, um "abraço" (entre Herrera e Nardone, entre campo e cidade), como indicava o título com que o jornal expôs algumas fotos da chegada da "volta da vitória" a Montevidéu, percurso que a aliança herrero-ruralista fazia por todo o interior, terminando em Montevidéu, e que era um clássico da política partidária desde, pelo menos, os anos 1920.

A cidade como problema foi crucial na disputa eleitoral de 1958, a partir da qual os diferentes partidos e facções mostraram as falhas alheias e as próprias virtudes, que estavam, por sua vez, vinculadas a tradições político-partidárias específicas; tratava-se, além disso, de uma cidade que escolhia novas autoridades[18]. Nessa conjuntura, os problemas do ordenamento urbano colocaram-se de modo particular: como fazer frente às transformações da cidade, e quais seriam as perspectivas urbanísticas mais adequadas. E isso no âmbito do debate planificador dos anos 1950: em oposição às grandes concentrações urbanas – contra uma espécie de crescimento

---

15. "La nueva Troya", *El Día*, n. 27.310, primeira época, ano LXXIII – segunda época, ano LXX, 28 nov. 1958, p. 7.
16. "Identidad total", *Acción*, n. 3.536, 4 nov. 1958, p. 3.
17. "Reconquistar Montevideo", *El Debate*, n. 9.755, 18 nov. 1958, p. 3.
18. Até fevereiro de 1959, a maior parte do Concelho Departamental de Montevidéu esteve sob uma maioria do Partido Colorado, que depois das eleições passaria para o Partido Nacional.

"atrofiado" –, a proposta era a da "descentralização". Tratava-se de um problema de núcleos concêntricos: Montevidéu como centro do país, que convergia sobre outro, o da cidade-forte. Para a esquerda, o problema de Montevidéu era que a cidade recolocava, a seu modo, um problema rural: o jornal comunista (*El Popular*) e o socialista (*El Sol*) sustentavam que nem o batllismo de princípios do século nem o da metade do século haviam dado uma resposta ao acesso à propriedade da terra. Na cidade, os habitantes não podiam comprar nem alugar; no campo, a estrutura era o latifúndio. Dessa perspectiva, o Uruguai "excepcional" possuía várias facetas que colocavam em suspeição esse caráter[19].

Se era necessário atentar para a divisão/separação entre o centro (a cidade) e o resto (em gradações que vão do suburbano ao rural), a metáfora de "integração" foi útil ao ruralismo para explicar sua posição liminar. Para Alberto Methol Ferré, um dos mais importantes intelectuais do herrero-ruralismo, este conseguira unir o disperso. Por um lado, fizera-o tecnicamente: pela capacidade de comunicação irradiante de Nardone e também pelas "assembleias abertas" (reuniões periódicas e públicas de tradição artiguista). Por outro, simbolicamente: o ruralismo viria a mostrar que a divisão entre campo e cidade, blancos e colorados, caudilhos e doutores (própria da narrativa de Juan Pivel Devoto, cuja centralidade na historiografia sobre os partidos políticos pode ser vista ainda hoje) devia ser questionada ou pelo menos revista sob a égide ruralista[20]. Dessa perspectiva, para Methol, a Liga representava os interesses da campanha, mas necessitava da "inteligência" que era "eminentemente cidadã", o que repetia uma velha concepção sobre o assentamento da razão e do progresso, de longa permanência desde o século XIX; para refutar a imagem da ameaça do ruralismo (por exemplo, do campo), ele explicava que, na realidade: "O movimento futuro do país será num duplo sentido: a urbanização das massas rurais e a ruralização da 'inteligência urbana'"[21].

As relações de ameaça, separação ou a possível integração de Montevidéu e da campanha reativavam aquela série de afirmações que, desde os primeiros estudos sobre a situação da campanha dos anos 1930 até a literatura que fazia do campo tema e protagonista principal, consideravam que nele residia uma condição *sine qua non*, entretanto esquecida, do que na verdade era (tinha sido) o país[22]. O campo podia ser o reservatório de uma modernidade "verdadeira", a conservação de um *passado perdido*. Não se devia *dar-lhe as costas*.

---

19. *El Sol*, 1º ago. 1958, capa e p. 4; "Los Más padecen miseria y desocupación; los Menos nadan en el lujo y la opulencia" e "César: el gran casero", *El Popular*, n. 632, 21 nov. 1958, p. 7 e capa, respectivamente.
20. Alberto Methol Ferré, "¿A dónde va el Uruguay?", *Tribuna Universitaria*, n. 6-7, nov. 1958. Ensaísta e historiador, Methol militou no herrerismo, fez parte da coalizão de esquerda Unidade Popular e Frente Ampla, e rompeu com o nardonismo acusando-o de imperialista.
21. *Ibid.*, pp. 144-8 e p. 172.
22. P. Rocca, *op. cit.*

Dar as costas e/ou estar de costas

Um dos primeiros estudos que analisou a relação assimétrica entre campo e cidade foi publicado em 1944 sob o título *Detrás de la ciudad: ensayo de síntesis de los olvidados problemas campesinos*, de Juan Vicente Chiarino e Miguel Saralegui, ambos jornalistas, políticos e católicos militantes[23]. Um ano depois, Julio Castro – pedagogo e um dos fundadores do mítico semanário *Marcha* – asseguraria, contra a crença difundida pelo país, que "no campo há gente que morre de fome"[24]. E ele o comprovara como assessor em algumas missões sociopedagógicas daquele mesmo ano. Pouco tempo depois, em 1953, o renomado jurista Eduardo J. Couture publicou uma compilação de algumas notas de viagem nas quais assegurava que, de suas andanças pela América Latina, obtivera uma certeza: "O uruguaio tem uma inépcia natural para compreender esse problema [o da pobreza]. O Uruguai se encontra virtualmente de costas para esta América"[25]. A "inépcia" com a qual caracterizou o país funcionava como garantia de uma estranha virtude: a prosperidade uruguaia era a confirmação de que ser pobre era ser "desta América". Pobreza latino-americana da qual o campo uruguaio era sim uma parte, poderia ter afirmado Castro. Pobreza rural como condição latino-americana. E se diante dessa pobreza o Uruguai era uma exceção, só o era olhando-se apenas para Montevidéu. Dessa pobreza rural sobressaíam também os assentamentos precários, os *rancheríos*[26], que seriam objeto de estudo[27].

A perspectiva de Couture foi acusada de "infiel". Pouco antes de seu livro ser publicado, o diretor da revista *Asir*, Washington Lockhart, definiu que esse modo de olhar estava preso a "uma enternecida visão da comarca", um modo de se referir a uma visão do excepcional[28]. *Asir* era nessa época uma das representantes do "*entrañavivismo*" diante dos "*lúcidos*", uma polêmica que entre 1948 e 1949 opôs duas formas de pensar o que deveriam ser a cultura e a literatura uruguaias. Exagerando um pouco as diferenças, para os primeiros o que importava era o significado do torrão natal como vaso comunicante com o "universal", resgatar e exaltar a narrativa *criollista* que recuperava uma verdade nacional; para os segundos, geralmente reunidos no semanário *Marcha* e na revista *Número*, tratava-se de valorizar – seguindo o

---

23. R. Jacob (*op. cit.*) menciona, entre outros trabalhos pioneiros sobre o problema do atraso e da pobreza na campanha, o de Julio Martínez Lamas, *Riqueza y pobreza del Uruguay*, Montevideo: Palacio del Libro, 1930.
24. Julio Castro, "En el campo hay gente que se muere de hambre", *Marcha*, n. 291, 20 jul. 1945, contracapa.
25. E. J. Couture, *La comarca y el mundo*, Montevideo: Alfar, 1953. As notas foram publicadas no diário *El País*.
26. *Rancheríos*, no Uruguai, são espécies de favelas na zona rural. [N.E.]
27. Ver, entre outros, "El problema de los rancheríos", *Revista del Centro de Estudiantes de Arquitectura*, n. 19-20, out. 1949-mar. 1950, e Renzo Pi Hugarte; Germán Wettstein, *Rasgos actuales de un ranchero uruguayo: El rancherío de Cañas del Tacuarembó en el panorama general de nuestros rancheríos*, Montevideo: UdelaR, 1955.
28. Washington Lockhart, "Dos formas de la infidelidad", *Asir*, n. 34, abr. 1954, pp. 22-8.

faro do romancista e jornalista Juan Carlos Onetti – uma literatura cidadã, cosmopolita e tecnicamente *aggiornada*.

O exemplo mais conspícuo dessa reflexão foi, em 1951, o de Mario Benedetti, jornalista e escritor, colaborador de *Marcha* e *Número*, e figura central da "geração de 45", para quem, na literatura, Montevidéu era uma cidade por acontecer[29]. Era preciso, assim, desbancar o "lastro" de um tipo de literatura que pouco podia fazer pela cultura nacional, pela busca do uruguaio original, se permanecesse presa a uma "ideia" de campo, que era uma nostalgia enganosa. A literatura devia dar *testemunho* da cidade – uma maneira de dizer que os escritores até esse momento tinham voltado as costas para a cidade[30].

Cartaz da Compañía Uruguaya de Cemento Portland, publicado em *La Propaganda Rural*, maio de 1935.

Não parece menos importante ter sido esse o motivo também utilizado na arena político-partidária de 1958, para explicar a reação da campanha e da cidade, nos apoios que cada um dos partidos e/ou suas facções poderiam obter na disputa eleitoral. O jornal herrerista *El Debate* esclareceu, como forma de comunicar o que acontecia na "volta da vitória", que Montevidéu não deixaria os uruguaios sozinhos, não continuaria sendo essa cidade portuária sem *hinterland*. Já no *Diario Rural* o esclarecimento era simetricamente oposto e, citando um discurso de Nardone, informava que o campo não deixaria de produzir divisas para a prosperidade do país. Essa era a "mensagem da campanha para depois da vitória" ao "povo de Montevidéu"[31].

Por volta de 1962, as séries "Uruguay/Montevideo" e "América Latina/campo" consolidaram-se completamente, e Benedetti pôde voltar a seu escrito de 1951 afirmando que Montevidéu era uma cidade "sem caráter latino-americano destacado", questão que não era apresentada nesses termos em seu ensaio anterior porque, claramente, as consequências do que significou a Revolução Cubana para a reconfiguração de uma "ideia" de América Latina foram centrais para definir um "caráter". E insistiu

---

29. Mario Benedetti, "Arraigo y evasión en la literatura hispanoamericana", *in*: M. Benedetti, *Marcel Proust y otros ensayos*, Montevideo: Número, 1951. O nome "geração de 45" deve-se a Emir Rodríguez Monegal, crítico e professor uruguaio que foi diretor da seção "Literarias" da revista *Marcha* (1945-58).
30. Sobre as "outras" representações da cidade que Onetti decidiu ignorar, ver De Rosso, "Prólogo", *op. cit.*, p. 13; P. Rocca, *op. cit.* Fundada por Carlos Quijano em 1939, *Marcha* foi uma das publicações mais relevantes do circuito cultural rio-pratense e latino-americano de que participaram – e fizeram carreira – muitos dos quais seriam os mais importantes intelectuais, críticos e políticos, que ultrapassaram amplamente o contexto uruguaio. Depois de 35 anos de trabalho, o semanário foi censurado e fechado pela ditadura uruguaia, em 1974. *Número* foi uma das revistas que, sob a direção de Emir Rodríguez Monegal, se propôs essa tarefa de modernização cultural que ele depois levaria para a *Marcha*, como diretor da seção "Literarias".
31. "Una multitud vibrante de entusiasmo aclama a Herrera-Nardone al regreso de su Jira", *Diario Rural*, n. 1429, 29 nov. 1958, pp. 6-7.

que, "de costas para a América e também de costas para o resto do país", Montevidéu só "olha para o mar, ou seja, para isso que chamamos mar; mas esse mar não é outra coisa senão rio"; ou seja, tratava-se de espelhamentos[32]. Naquele momento, tanto o país como sua capital tinham *dado as costas* para aquilo que, como veremos, o Uruguai deveria recuperar para continuar sendo viável.

"Unanimidade moderna" e a volta ao passado

É certo que a retórica usada por Nardone, especialmente a partir dos meios de propaganda da liga ruralista (o *Diario Rural* e o programa radiofônico "Progreso, verdad y trabajo", por ele dirigido sob o pseudônimo de "Chicotazo"), poderia ser considerada "criollo-nativista"[33]. Mas as advertências e informações sobre a lógica do mercado agropecuário, dos intermediários e, sobretudo, da culpabilização do governo de Batlle Berres e sua linhagem pelas dificuldades de seus ouvintes não representavam apenas uma nostalgia romântica pelo campo. Tratava-se de se apoderar da modernização, que não podia ser propriedade de Montevidéu ou somente uma propriedade do batllismo no poder, como se disséssemos que a disputa também estava assentada em quem agora representaria a harmonia entre tradição e modernização. Batlle Berres convertera sua linhagem parental-política numa ponte entre o mais moderno e o mais tradicional, no sentido em que seu governo e sua herança representavam tanto a modernidade – associada a uma estética da máquina e da indústria – como a excepcionalidade do país, esse oásis no mundo do pós-guerra.

Tratava-se, porém, de uma retórica do moderno e da modernização que ultrapassava o ruralismo ou o batllismo. Como dizia uma propaganda de 1935: "O concreto no campo é ouro"[34]. Assim, um jornal de Bella Unión (no noroeste do país) afirmava, em 1957, que Montevidéu "exportava" a crise ou um "progresso atrofiado": como se a modernização de Montevidéu se baseasse num engano, já que o progresso e o avanço da agroindústria se deviam a outro esforço, nesse caso regional[35]. A crise era, nesses termos, um problema que devia ser atribuído a Montevidéu, caracterizada como "uma republiqueta à parte que sempre menosprezou a campanha" e cujos habitantes

---

32. Mario Benedetti, "La literatura uruguaya cambia de voz", *Literatura de siglo xx*, Montevideo: Arca, 1963, p. 12. O texto está datado de 1962. Nesse mesmo ano, o Centro Latino-Americano de Economia Humana (Claeh) e a francesa Companhia de Investigações Sociais (CINAM) realizaram um estudo em que demostraram que a pobreza rural estava concentrada em três grupos: os assalariados rurais, os minifúndios e o rancherío. O relatório foi publicado em 1963, e no ano seguinte editaram *Situación económica y social del Uruguay rural*.
33. R. Jacob, *op. cit.*; Esther Ruiz, "El Uruguay próspero y su crisis: 1946-1964", *in:* Ana Frega *et al.*, *op. cit.*, pp. 143-4.
34. Citado por Jorge Nudelman, "Ranchismo", *in:* Martín Craciun *et al.* (orgs.), *La aldea feliz. Episodios de la modernización en Uruguay*, 14ª Mostra Internacional de Arquitetura, Bienal de Veneza, 2014, p. 88.
35. *Guión*, 30 jul. 1955, citado por Silvina Merenson, *A mí me llaman peludo: cultura, política y nación en los márgenes del Uruguay*, dissertação de doutorado, IDES/UNGS, 2010.

compartilhavam uma "ignorância crescente sobre seu país"³⁶. Tratava-se de verificar que essa "ignorância crescente [da cidade] sobre seu país" significava muito mais do que negar o campo; era negar também que a modernização tivesse chegado até esse ponto sem perder os vínculos com o cerne da essência do país, imutável e muito ligada ao século XIX. Quero dizer que a volta ao campo oscila entre conservação – como tradição – e modernização. Podemos dizer o mesmo da celebração da cidade.

Um arquiteto e urbanista como Mauricio Cravotto, fundamental na tradição planificadora do país, em seus projetos e aulas universitárias entre 1925 e sua renúncia (em face da mudança de perspectiva urbanística na Faculdade de Arquitetura após a reforma do plano de estudos de 1952), pensou e defendeu uma "Aldeia feliz" que restringiria a capacidade fagocitadora da cidade sobre o campo; uma mancha urbana sempre temida que, *mutatis mutandis*, se transformaria em ganhos para ambas as partes: uma "utopia conciliadora entre o campo e a cidade", mudando o sentido de ameaça da cidade ao potencializar as virtudes do campo³⁷. Desde meados dos anos 1930, o planejamento urbano tivera uma "sensibilidade ruralista" que pensava essa harmonia: a criação do Instituto de Urbanismo em 1937 pelo mesmo Cravotto valorizou o planejamento como harmonia, mas também como recuperação. Em 1942, ele incorporaria ao instituto figuras "notáveis" como Eduardo Couture, o diretor da *Marcha*, Carlos Quijano, e um representante da família ruralista, José Antonio Gallinal.

A volta ao campo implicava a revisão de um legado de construções que, por sua própria situação, pareciam definir uma identidade entre camponesa e popular: o rancho. O que mostram os esboços de Carlos Gómez Gavazzo, urbanista e arquiteto que também participou do Instituto de Urbanismo e que seria uma das principais figuras na reforma do Plano de Estudos em 1952 e planejador reconhecido internacionalmente, é o que as construções do campo tinham a ensinar para a cidade: o valor de uma tradição que podia ser a base para uma nova forma de experimentação, e não apenas se identificar com a pobreza rural (como no projeto com Teófilo Herrera de um "rancho experimental" em 1934, ou no estudo para Cerro Chato, no departamento

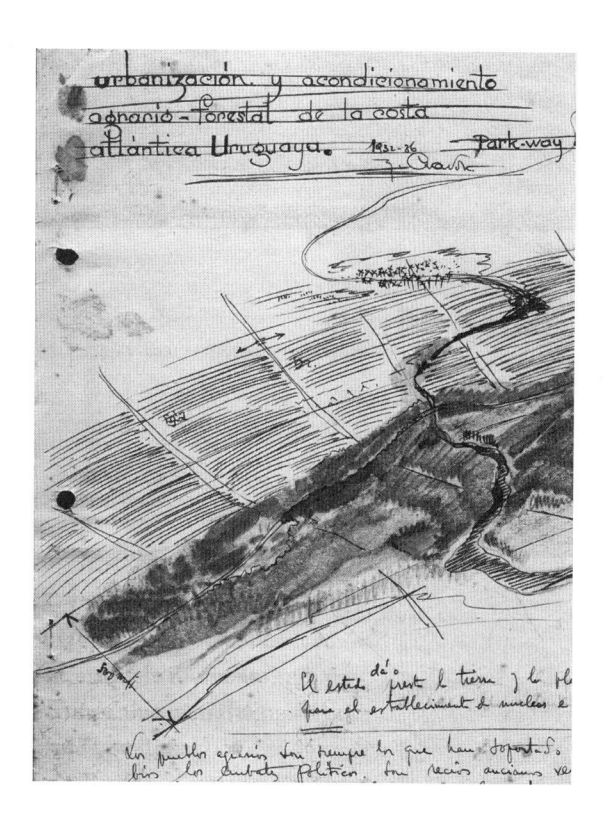

Mauricio Cravotto, croquis do Park-way Atlántico, que uniria, mediante pequenos povoados, Montevidéu a Piriápolis, impedindo a conglomeração urbana, c. 1932-6.

---

36. *La Hora*, 14 maio 1957, e *Guión*, 31 ago. 1956, cit. por S. Merenson, *op. cit.*
37. Mary Méndez, "Aldea feliz", in: Martín Craciun *et al.* (orgs.), *La aldea feliz...*, *op. cit.*, pp. 64-75.

Carlos Gómez Gavazzo e Teófilo Herrán, projeto para rancho experimental, publicado em *La Propaganda Rural*, maio 1935.

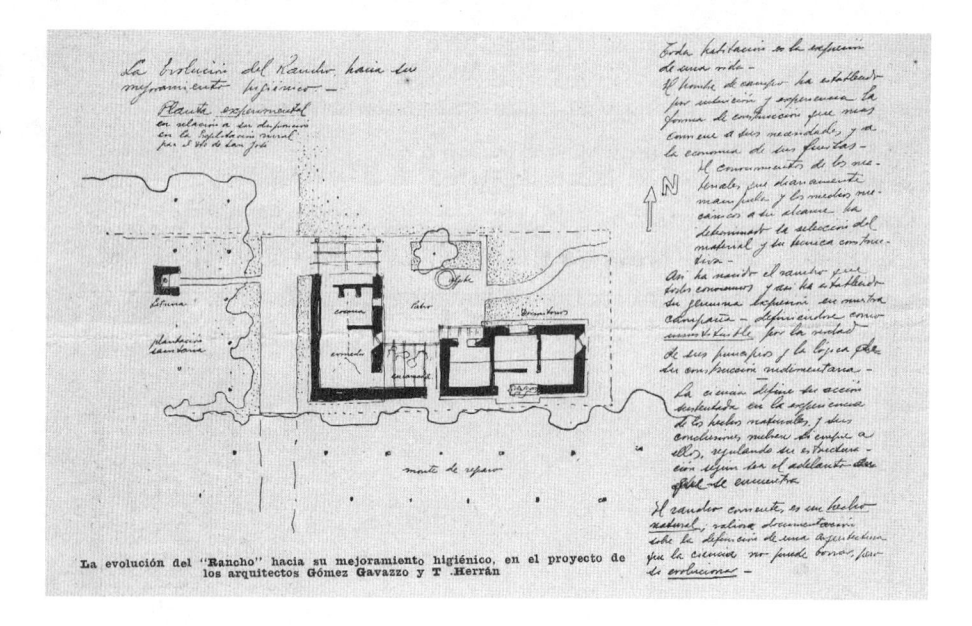

de Paysandú, entre 1953 e 1955, onde se colocava à prova a importância de investigar e propor soluções para os problemas rurais)[38].

Os anos 1950 figuram como aqueles em que a retórica de um urbanismo militante, cuja romantização do campo produzira um "experimento" mais tradicional do que experimental, declina. Mas se é verdade que foram anos que primaram pela "unanimidade moderna" (tanto no planejamento urbano como na política de governo), a volta ao campo como um salto para o futuro também se fez presente, em especial nos debates sobre os modos de expansão da cidade[39]. Esses foram anos também marcados por outro tema recorrente: a nostalgia ou a *ameaça* de um campo já passado, a imagem de que o país ou a cidade haviam lhe *voltado as costas*. Neste último sentido, de uma perspectiva diferente da enunciada pelo ruralismo, para a esquerda partidária e não partidária entre os anos 1950 e 1960, o campo foi se constituindo como uma síntese do que poderia ter sido alcançado com a continuidade de um programa que *na* campanha fora condição da independência do país e de sua identidade essencial, e que a Revolução Cubana aprofundaria: o projeto de Artigas para a divisão e redistribuição

---

38. J. Nudelman, "Ranchismo", *op. cit.*
39. Sobre a "unanimidade moderna", ver J. Nudelman, *op. cit*. Sobre os debates urbanos, poderiam ser analisadas a reavaliação do Plano Regulador de 1939 e a polêmica em torno do Plano Diretor de 1956. Isto é, entendendo que já não era possível dominar o crescimento das cidades enfrentando o "caos" urbano a partir de princípios generalizáveis para qualquer cidade e qualquer entorno. Para Laura Alemán, ambos os planos deveriam ser englobados num "período" específico do desenvolvimento do planejamento urbano – o de "controle" – que teve lugar no Uruguai entre 1930 e 1980. Tratar-se-ia de um período centrado na presunção de que havia leis imutáveis e inerentes ao progresso urbano. Cf. Laura Alemán, *Hilos rotos. Ideas de ciudad en el Uruguay del siglo veinte*, Montevideo: HUM, 2012.

de terras rurais, a heroicidade de seus combatentes, seu confederacionismo, que parecia revelar uma "pátria grande" formada por "pátrias pequenas" (ou seja, a defesa da autonomia dos povos numa entidade maior)[40]. O Uruguai era, assim, viável porque no programa artiguista já estava presente a defesa de sua autonomia como "povo" soberano mas contido numa integração de outros povos soberanos, e também porque na campanha havia renascido a potência revolucionária.

A primeira marcha canavieira até Montevidéu em 1962, realizada por trabalhadores do setor canavieiro do norte do país – liderados por quem viria a ser uma figura central na guerrilha urbana do Movimento de Libertação Nacional-Tupamaros, Raúl Sendic –, permitiria avaliar o modo como o vínculo campo/cidade, América Latina/Uruguai foi revisado, sob que critérios e em função de quais objetivos[41]. Os jornais comunistas e socialistas apresentavam os *"peludos"* – os trabalhadores do setor canavieiro – como expoentes desse "outro" Uruguai ao qual a capital tinha *voltado as costas*. Embora, segundo *El Sol*, o importante era demonstrar que não era à oposição

Marcha canavieira para Montevidéu, organizada pela União de Trabalhadores Açucareiros de Artigas (UTAA), 1º maio 1964 (na fotografia a marcha avança pela avenida Agraciada). Fotografia: Aurelio González Salcedo/ Acervo do jornal *El Popular*. Archivo CdF, Intendencia de Montevideo.

40. W. González Demuro, *op. cit.*
41. A plataforma inicial da União de Trabalhadores Açucareiros de Artigas incluía o cumprimento efetivo da legislação social e trabalhista vigente no país. Entre 1962 e 1971 foram realizadas cinco marchas canavieiras.

campo/cidade que se devia dar atenção, mas, ao contrário, à de "ricos/pobres", a metáfora que validava essa diferença fundamentava-se no próprio tópico que se desejava desmontar: com as "marchas, as muralhas foram definitivamente derrubadas" porque "em Montevidéu já se fala dos trabalhadores do setor açucareiro e suas famílias"[42]. Se o caráter excepcional do país tinha sido, entre outras coisas, identificado com o caráter urbano de Montevidéu, agora a exceção passava para o campo. E isso não era apenas uma afirmação uruguaia: a Revolução Cubana colocara-o em primeiríssimo plano.

A relação entre campo e cidade forneceu um espelho para o passado e para o futuro do país, espelho do que havia sido, e do que devia ou não devia ser. Os anos 1960 potencializam essa ideia do *passado perdido*, mas criam também dois paradoxos complementares entre si e que serão muito importantes nos anos seguintes. O primeiro é que para sustentar a excepcionalidade uruguaia, seu *não ser* latino-americano, o país deveria ser considerado parte da América Latina. Tinha que *se integrar* economicamente, e, sobretudo, deveria ser pensado do ponto de vista político na tradição artiguista. Era uma "pátria pequena" que integrava a "Pátria Grande". O segundo paradoxo refere-se à clivagem rural/urbano: a urbanização crescente da América Latina desprezava factualmente a identificação com o rural. E, por isso mesmo, caducaria parte da excepcionalidade uruguaia centrada no urbano.

---

42. *El Sol*, 16 fev. 1962, citado em Silvina Merenson, "Las marchas de la Unión de Trabajadores Azucareros de Artigas: la producción ritual de una formación discursiva", *in:* Sonnia Romero Gorski (ed.), *Anuario. Antropología social y cultural en Uruguay, 2009-2010,* Montevideo: Departamento de Antropologia Social, FHCE, UdelaR, p. 76.

BUENOS AIRES

A cidade e a *villa*: vida intelectual e representações urbanas

ADRIÁN GORELIK

Uma montagem

Em março de 1964, a revista milanesa *Casabella* dedicou o número a Buenos Aires, com uma capa expressiva das representações que a capital argentina então gerava. Trata-se de uma montagem onde as linhas sintéticas do plano para a cidade, realizado em 1938 por Le Corbusier (com Juan Kurchan e Jorge Ferrari Hardoy), se justapõem, em cor berrante, à fotografia em branco e preto de uma cena cotidiana em uma *villa miseria*: a modernidade abstrata do plano contra o neorrealismo da *villa*. Uma das chaves da montagem encontra-se no prólogo do jovem Aldo Rossi – membro de *Casabella* – ao dossiê: "Entre as majestosas *avenidas* da cidade burguesa e a extensão indiferenciada das *villas miseria*, parece impossível preencher as brechas"[1]. É a denúncia de Buenos Aires como *cidade dual*, traço estrutural da urbanização do subdesenvolvimento que vinha sendo observado há uma década, quando na América Latina começam a ser realizados estudos sistemáticos sobre o surgimento desses assentamentos precários em suas principais cidades – e que permitia distingui-los dos casebres similares vistos nas cidades europeias, sobretudo na Itália.

De todo o modo, a chave mais evidente que o tom do dossiê permite depreender responde literalmente aos elementos em jogo na montagem: a *villa miseria* não é confrontada à cidade burguesa, mas ao plano que – inclusive quando a interpretação desenvolvimentista rebaixava seus ângulos mais utópicos – pretendia acabar com ambas. É o combate do planejamento contra o caos, das linhas firmes e racionais do urbanismo moderno contra a desordem de um capitalismo cuja irracionalidade se expressa por antonomásia na excrescência urbana da *villa*, mas que não se limita a ela. Nesse sentido, o plano de Le Corbusier, Kurchan e Ferrari Hardoy conectava-se ao que havia de mais desenvolvido na tradição urbanística local, já que seus princípios

---

1. Aldo Rossi, prólogo do dossiê "Argentina. Buenos Aires", *Casabella*, n. 285, Milão, mar. 1964, p. 5 [a tradução é minha; destaques do original].

Número da revista *Casabella* dedicado a Buenos Aires. No original, os títulos e as linhas do plano de Le Corbusier, Kurchan e Ferrari Hardoy estão em laranja.

serviram de base à formação do Estudo do Plano de Buenos Aires (EPBA) em 1947 – dirigido por Ferrari Hardoy em pleno peronismo –, e suas equipes continuaram trabalhando em diversos organismos públicos até desembocar no Plano Regulador desenvolvimentista iniciado em 1958, que em 1964 completava sua etapa de estudos e propostas rodeada de grande expectativa; e, ao mesmo tempo, conectava-se com *Casabella*, já que Ernesto Rogers, seu diretor, membro de um dos grupos mais comprometidos estética e politicamente da Itália – o estúdio BBPR –, integrara a equipe de assessores do EPBA durante sua estada na Argentina, em 1948 e 1949.

Mas essa conexão italiana permite, ainda, uma terceira leitura da capa de *Casabella*, esclarecendo uma faceta do pensamento urbano em Buenos Aires nos anos 1950 e 1960: se reconstituirmos o clima neorrealista da fotografia em branco e preto, poderemos ver que a denúncia da miséria convive com uma vertente mais assertiva sobre a *villa*, um vanguardismo populista que celebra a montagem iluminadora do mais arcaico com o mais moderno, a capacidade de ruptura contracultural dos produtos espontâneos do mundo popular. De fato, poucos anos antes, em 1956, *Casabella* dedicara um texto a Buenos Aires, "*Prefabbricazione popolaresca*", no qual eram ressaltadas, com admiração, as qualidades arquitetônicas das construções precárias de madeira e lata que se elevavam sobre pilotis nas duas margens do Riachuelo, na Boca e Dock Sud, coração do trabalho portuário e da indústria ao sul da cidade, com suas diversas camadas de populações miseráveis[2]. Aquele primeiro texto foi escrito no momento exato em que a questão da *villa miseria* começava a recentralizar o debate social e cultural de Buenos Aires e, especialmente, quando o núcleo mais precário do Dock Sud, Isla Maciel, se convertia em laboratório para uma série de operações intelectuais após a instalação da primeira sede do programa de extensão da Universidade de Buenos Aires (UBA).

De fato, em 1955, a UBA começava a se interessar por essas periferias internas da metrópole como parte do intenso processo de renovação experimentado após a queda do peronismo, criando em Isla Maciel um programa de apoio social e educativo que confiava à pesquisa acadêmica uma zona de grande tensão social e urbana (identificada com o regime deposto). Assim se organizaria, em 1957, a primeira análise sociológica numa *villa miseria*, conduzida por Gino Germani, outro italiano – emigrado

---

2. *Casabella*, n. 213, nov.-dez. 1956, texto de E. Katzenstein, F. Ortiz, G. L. Peani, G. Puppo e J. Santos.

Isla Maciel; fotografia publicada no "Plano de Emergência" elaborado pela Comissão Nacional de Moradia em 1956.

muito jovem – que desde o Instituto de Sociologia da UBA recriava a disciplina na Argentina de acordo com as novas orientações internacionais. Encomendado pela Unesco como parte de uma série de estudos em cidades latino-americanas, o trabalho de campo em Isla Maciel foi o início da pesquisa sociourbana no país e deu origem a um celeiro de cientistas sociais[3]. Wladimiro Acosta, por sua vez, arquiteto russo que integrou a primeira geração vanguardista na Buenos Aires nos anos 1930 com uma preocupação social e política sintonizada às gerações seguintes, desenvolvia em Isla Maciel, com seu Atelier de Arquitetura da UBA, protótipos de casas que mostravam o que uma longa tradição de experimentação arquitetônica podia oferecer ao debate sobre as populações marginais.

Como se vê, o texto de *Casabella*, de 1956, tocava na medula do problema, mas com uma preocupação diferente. Porque se todas aquelas intervenções sobre a Isla Maciel constituíam uma parte mais ou menos orgânica do espírito reformista do plano, o grupo de jovens que se lançou ao estudo das construções da *villa* explorava a direção neorrealista, de acordo com as transformações próprias do debate disciplinar: a reivindicação dos recursos populares como fonte para a renovação da arquitetura moderna. A conhecida sensibilidade vanguardista para a produção anônima encontrava, nos anos 1950-60, um novo impulso na crise dos princípios modernistas que se aprofundava desde o pós-guerra. E a contribuição italiana foi decisiva: o mesmo

3. Ver G. Germani, "Investigación sobre los efectos sociales de la urbanización en un área obrera del Gran Buenos Aires", *in:* Philip Hauser (ed.), *La urbanización en América Latina*, Buenos Aires: Solar, 1967. Analisei essa pesquisa de Germani em "La aldea en la ciudad. Ecos urbanos de un debate antropológico", *Revista del Museo de Antropología*, n. 1, Córdoba, Universidad Nacional de Córdoba, dez. 2008.

Rogers, com o BBPR, realizaria em 1958 a Torre Velasca em Milão, um dos primeiros exemplos a combinar historicismo e populismo numa linha de revisão do modernismo que teria em Aldo Rossi uma figura central na década seguinte. O fato é que em 1964, quando sai o número de *Casabella* sobre Buenos Aires com a *villa miseria* na capa, o lugar da arquitetura vernácula mostrava-se sólido: este é o ano da mostra "Arquitetura sem arquitetos" de Bernard Rudofsky no MOMA de Nova York, apenas um ano depois de John Turner começar a difundir suas experiências nas *barriadas* de Lima, com uma perspectiva epifânica sobre a autoconstrução que no decurso da década daria lugar a uma completa inversão da ideia do Plano: a *villa miseria* apareceria não como excrescência, mas como alternativa verdadeira, tanto para a cidade burguesa como para as ilusões desenvolvimentistas do planejamento.

A fotomontagem de *Casabella* esclarece, em 1964, um cruzamento muito especial do pensamento sobre a cidade. E, mais especificamente, mostra os dois territórios em que se desenvolveu a cultura urbana de Buenos Aires nesses anos: a *villa miseria* como objeto de denúncia ou fascínio, que eclode nos mais diversos âmbitos culturais desde 1955 – início efetivo da longa década de 1960 –, e o centro da cidade – valorizado pelo plano de Corbusier como núcleo para a recuperação de uma figura urbana esgarçada na expansão metropolitana –, a arena cultural na qual se desenvolverá toda a vida intelectual de Buenos Aires.

A volta ao centro

Desde os primeiros esboços realizados durante sua visita a Buenos Aires em 1929, estava claro que Le Corbusier apostava num recolhimento da cidade que rechaçava a expansão metropolitana, tanto aquela favorecida pela ampliação dos limites municipais de 1887 – que definiram a capital federal – como a que se insinuava em três eixos além deles. Mas se nos anos 1920 tal proposta estava sintonizada à reação do *establishment* ao crescimento dos bairros populares da capital, nos anos 1930 e 1940, quando esses bairros recentes já tinham sido absorvidos pela cidade central, o plano de Le Corbusier foi entendido, de forma mais metafórica, como um alerta para a necessidade de planejamento dos novos subúrbios, que continuavam a se multiplicar fora do território da capital federal, essa "Grande Buenos Aires" que se revelava a região mais dinâmica da metrópole[4]. De fato, enquanto no final da década de 1940 a capital atingira o seu máximo de população (3 milhões), todo o crescimento da metrópole desde então se deu fora, na Grande Buenos Aires, que passou de 1,8 milhão em 1947 para quase 4 milhões em 1960 e 5,5 milhões em 1970, quase duplicando a capital, chegando aos 65% da população metropolitana. Nesse novo contexto, o plano de Le Corbusier obriga-nos a prestar atenção à maneira como, contrariando todas

---

4. E a anomalia de usar a palavra "Grande" para nomear apenas um fragmento da metrópole – a parte que cresceu fora do distrito da capital – é muito expressiva da cultura urbana de Buenos Aires.

Em primeiro plano vê-se, a partir do porto, Catalinas Norte, um dos projetos-chave do plano de 1958 para concentrar o setor terciário, com seus dois primeiros edifícios, o Conurban (Kocourek, Katzenstein e Llorens, 1968) e a sede da UIA ainda em construção (Manteola, Sánchez Gómez, Santos, Solsona, Viñoly, 1968). A foto mostra, além disso, ao fundo, sobre o setor direito, outro dos edifícios icônicos dos anos 1960 que modernizaram a avenida 9 de Julio, o Olivetti (Pantoff e Fracchia, 1961). Fotografia: Alejandro Leveratto.

as previsões, o centro, vértice desse leque de crescimento e foco histórico da vida pública de Buenos Aires, conviveu com a expansão, consolidando seu papel diretor e renovando, de forma vital, seu caráter de núcleo simbólico para todo o conjunto.

Nos anos 1960, o centro estava consolidando seu caráter terciário, com uma verticalização que começava a justificar, no âmbito da edificação, a hierarquia que Buenos Aires possuía no populacional (em 1967, com uma área metropolitana de mais de 8 milhões de habitantes, ela compartilhava com Paris o terceiro lugar entre as metrópoles mundiais, atrás de Nova York e Tóquio e à frente de Londres). Mas essa concentração dos papéis econômicos e políticos não arrefeceu a dinâmica habitacional do centro nem sua ativa vida sociocultural. O planejamento desenvolvimentista não ficou alheio a essa reafirmação multifuncional do centro tradicional; longe de estimular uma dinâmica descentralizadora (habitual na maioria das cidades latino-americanas), procurou redensificar o centro, favorecendo seu crescimento em altura em dois sentidos: canalizando o *boom* administrativo para áreas centrais especializadas em arranha-céus para escritórios (Catalinas Norte, a avenida 9 de Julio) e promovendo o *boom* construtivo de altos edifícios residenciais em toda a capital[5]. Uma busca de concentração inspirada tanto num princípio de racionalização urbanística como num imperativo histórico-cultural, como se observa na proposta para um grande parque metropolitano no próprio vértice do centro histórico – mediante um aterro do rio que emulava o plano de Le Corbusier –, a poucas quadras de dois dos maiores focos de recreação popular dos anos 1960, o Balneário Municipal, na costa Sul, e o corredor de cinemas da rua Lavalle.

O certo é que por volta de 1960 pode-se ver que o centro recuperou a iniciativa que durante as primeiras décadas do século lhe havia sido arrebatada pelos bairros populares da capital: Boedo, Almagro, Villa Crespo, parque Patricios, primeira periferia na qual tinham nascido o futebol e o tango e que, desde então, parecia encarnar "a identidade" de Buenos Aires. De todo o modo, tal descentralização social e cultural durou pouco, uma vez que na segunda metade dos anos 1930 uma série de ações públicas voltaria a valorizar a máxima densidade simbólica da metrópole. Um dos sinais mais evidentes desse processo foi a construção do Obelisco, em 1936, no cruzamento da rua Corrientes recém-alargada com outras duas avenidas novíssimas, 9 de Julio e Diagonal Norte. Cabe esclarecer que durante o ciclo de predomínio da cultura do bairro a rua Corrientes não perdera seu poder atrativo como epicentro da cultura popular (vitrine da boemia teatral e da consagração do tango como espetáculo de massas), mas um novo equipamento urbano e cultural transformava o centro no receptáculo excludente do lazer da multidão.

Na verdade, a perda de relevância cultural do bairro popular poderia ser entendida como o resultado paradoxal de sua bem-sucedida integração sociourbana: no final dos anos 1930, completou-se a infraestrutura viária e sanitária em toda a capital, no momento em que os novos subúrbios fora da capital se desenvolviam em condições mais precárias, de modo que o limite entre o que se considerava "cidade" e "periferia" se deslocou para fora, para a avenida General Paz, limite jurisdicional da capital também materializado em fins da década de 1930. Assim, tanto por integração como por contraste, os bairros da capital perdem seu caráter fronteiriço e são assimilados ao centro, reservando sua identidade marginal à legenda tangueira. Por exemplo, um fenômeno como o de Boedo, o bairro que nos anos 1920 abrigou um movimento literário de grande importância na cena cultural, protagonista do enfrentamento estético-ideológico do período – "Boedo *versus* Florida": o realismo social que se atribuía ao bairro *versus* o experimentalismo das vanguardas da revista *Martín Fierro* –, não voltará a se repetir. E não porque o equipamento dos bairros da capital tivesse sido desmantelado, ao contrário: os subcentros dos bairros continuaram consolidando uma vida muito intensa, com uma variedade de funções culturais, sociais e econômicas, mas a

---

5. Isso também diferencia Buenos Aires de políticas como as que começavam a ser implementadas em Paris com La Défense, que para preservar o caráter dos centros históricos propunham descentralizar o trabalho administrativo.

integração plena na cidade reduziu-os a episódios locais, dependentes da irradiação simbólica do centro.

Circuitos intelectuais

Enquanto essa recentralização afetava a cultura urbana, o mundo intelectual ratificava o império de umas poucas quadras centrais em torno da esquina nevrálgica de Florida com Viamonte. "Murena e eu vivíamos em Constitución, a poucas quadras de distância um do outro, mas quando tínhamos que nos ver nunca nos ocorria marcar encontro nesse bairro. Preferíamos nos encontrar em Viamonte, aonde chegávamos de bonde, cada um por seu lado", recorda Juan José Sebreli, mostrando o papel que esse centro desempenhava no começo dos anos 1950: a cena neutra que dissociava a prática intelectual da origem do bairro (social)[6]. Ali ficavam a revista *Sur*, as galerias de arte, os teatros, a constelação cultural que orbitava em torno da Faculdade de Filosofia e Letras da UBA, na rua Viamonte – as livrarias, os bares, as agremiações literárias –, aos quais se juntaria em 1963 a sede do Instituto Di Tella na Florida, concentrando toda a vida intelectual.

Mas essa enumeração evidencia a reunião, num espaço urbano exíguo, de pelo menos três formações culturais diferentes, que funcionam como estratos que, num mesmo lugar, assinalam recortes e atritos do mundo intelectual nessas décadas: o alto modernismo e o espiritualismo orteguiano em *Sur*; os novos realismos e o existencialismo sartriano nos jovens universitários das revistas *Centro* e *Contorno*; o pop, o estruturalismo e a profissionalização das ciências sociais no Instituto Di Tella. Não se trata de substituições: ainda que seja indubitável que o foco da vida intelectual nesses anos tenha passado de uma formação a outra, as ressignificações e as continuidades foram também notáveis. E se o exemplo habitual para mostrar tal processo é o de Oscar Masotta, que passa da *Contorno* ao Di Tella transformando-se em sumo sacerdote do pop e do lacanismo, não devemos esquecer que das fontes de *Sur* – cuja sintonia com o novo humor cultural parece praticamente esgotada desde 1955 – viria um dos escritores que melhor encarnou o clima sessentista, Julio Cortázar.

Essa colisão de mundos culturais numa mesma vizinhança talvez não seja tão surpreendente se observarmos uma tendência de longa duração: um século antes, toda a atividade cultural se reunia a muito poucas quadras dali, sobre o mesmo eixo da rua Florida mas ao sul da praça de Mayo, em torno da Manzana de las Luces, onde se encontravam a universidade, o Colégio Nacional, a biblioteca, todos os ambientes de sociabilidade político-cultural (como o clube do Progresso), a poucos passos dos principais teatros e jornais. Uma tendência centralizadora, fortemente sustentada em

---

6. Ver Juan José Sebreli, *Las señales de la memoria*, Buenos Aires: Sudamericana, 1987, p. 164. Héctor A. Murena defendia uma renovação geracional na revista *Sur*, como parte da qual introduziu Sebreli, que chegou a publicar vários artigos. Desenvolvi as relações de Sebreli com Buenos Aires em "El camino que lleva a la ciudad", *Políticas de la Memoria*, n. 13, Buenos Aires: CeDInCI, verão 2012-13.

iniciativas públicas – como a abertura da avenida de Mayo –, que competia com o que até 1900 mais se fazia e de modo mais evidente: o deslocamento da alta sociedade para o norte, que primeiro se mudou do Barrio Sur para o norte da praça de Mayo, nas imediações da *city* financeira, e depois seguiu ao longo da rua Florida para a praça San Martín e dali para a Recoleta, num avanço que já no Centenário consolidava todo esse norte como o novo bairro aristocrático de Buenos Aires.

O deslocamento social oferece algumas explicações para a mudança da arena cultural desde inícios do século xx (quando a galeria de arte Van Riel, na Florida 659, onde funcionariam a Associação Amigos da Arte e a revista *Martín Fierro*, se transformou em centro de reuniões intelectuais): a ratificação da Florida como epicentro da vida elegante. Assim também se explica que o foco da renovação cultural dos anos 1950 e 1960 se encontrasse no mesmo bairro que o Jockey Club, a loja Harrods e boa parte do patrimônio edilício produzido pelas classes poderosas – como o edifício de esquina da San Martín com a Viamonte, da família Ocampo, onde funcionava a revista *Sur*. Mas o que definiu essa zona urbana como uma arena cultural tão variada e transgeracional em nosso período não foi o caráter social da Florida, mas a presença da Faculdade de Filosofia e Letras na rua Viamonte; ela estava ali desde começos do século xx, mas é a partir dos anos 1950, primeiro com a agitação estudantil contra o peronismo, depois com a renovação da universidade, que a rua se transformará num polo de atração de toda a atividade intelectual. Isso porque entre os anos 1920-1930 e os anos 1950-1960, produziram-se duas mudanças fundamentais na Florida e em suas instituições culturais: por um lado, a zona norte do centro foi colonizada por atividades administrativas, com a expansão natural da *city*, contaminando os entornos da vida elegante com os típicos traços dos escritórios dos centros terciários; e, por outro lado, como testemunhava a citação de Sebreli, ocorreu a entrada definitiva das classes médias na vida universitária e intelectual, reforçando a transformação da paisagem social.

Por todas essas razões, a principal explicação para a localização da arena intelectual em Florida e Viamonte não se baseia tanto na atração do norte social (que a rigor se afastou mais para a Recoleta), mas sobretudo na persistente gravitação do centro histórico, cujo foco intelectual não se distanciou mais de oito quadras num século (uns 900 metros), numa metrópole que nos últimos cinquenta anos multiplicara mais de quatro vezes a sua população e mais de vinte vezes o seu território. Gravitação do centro histórico referendada pelo deslocamento seguinte da arena intelectual, já que ao longo da mesma década de 1960 esse polo sofrerá perdas devido às mudanças das atividades universitárias: em 1963 a Faculdade de Filosofia e Letras transferiu-se para a avenida Independencia, a poucas quadras do bairro de Boedo, embora os institutos continuassem por mais um tempo em Viamonte. Mas assim como a universidade explicava a concentração de toda a dinâmica intelectual em Florida e Viamonte, a mudança não a conduziu para o bairro afastado: a cultura intelectual sequer pareceu notar que o traslado recolocava em cena a antiga oposição da geografia cultural portenha, Florida e Boedo, e tampouco se formou nesse bairro algum cenáculo

Rua Florida, 1963. Fotografia: Saamer Makarius.

intelectual. A vida intelectual foi se deslocando da Florida para outra área igualmente central e também, como vimos, de longa tradição cultural: a rua Corrientes, em seu trecho entre Libertad e Callao. Ou seja, a universidade, assim como anteriormente a alta sociedade, tampouco conseguiu fazer com que a arena intelectual se distanciasse do raio central.

Corrientes reunia a boemia artística e tangueira, e isso lhe conferia uma dinâmica noturna que a rua Florida – fiel aos hábitos comerciais – não possuía. De fato, a sociabilidade política dos jovens universitários realizava-se em seus bares e restaurantes: além do atrativo tradicional de suas livrarias de obras antigas, começam a aparecer em Corrientes, desde finais dos anos 1950, livrarias mais sofisticadas, como a Hernández ou a Lorraine, e se desenvolve também o circuito cinéfilo, estabelecendo uma diferença com o corredor maciço de cinemas na Lavalle. Não surpreende então que, em

Gráfico do circuito cultural de Buenos Aires. Estão assinalados os diferentes focos culturais que se alternaram desde o século XIX e ao menos até a década de 1970. Mapa: Fernanda Lobeto.

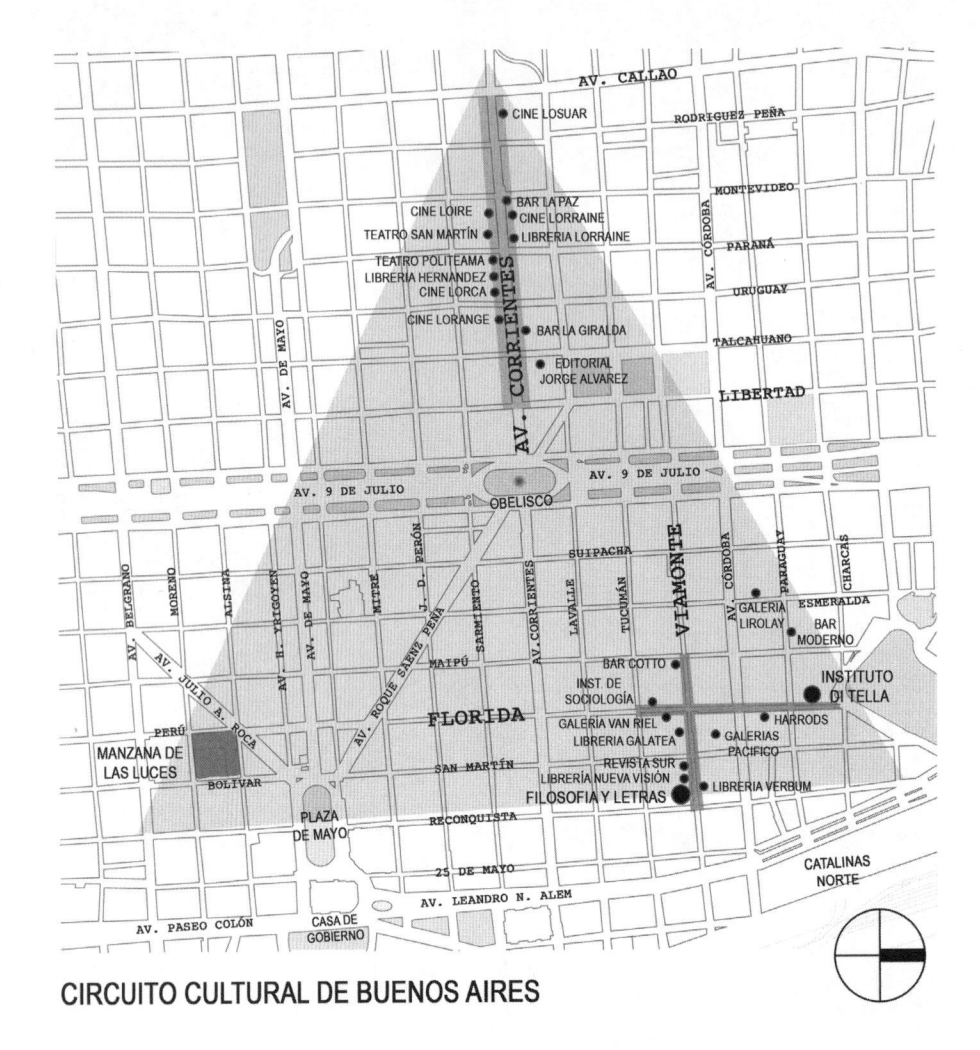

CIRCUITO CULTURAL DE BUENOS AIRES

1963, a editora Jorge Álvarez estivesse estabelecida em Talcahuano, a poucos metros de Corrientes, convertendo-se num núcleo de agregação intelectual. Para um de seus membros, o escritor e crítico Miguel Briante, em meados da década de 1960, podiam ser reconhecidos "dois mundos": "a literatura passava por Corrientes e a pintura, as artes plásticas e até o teatro de vanguarda passavam pelo Di Tella"; uma divisão que para ele também distanciava a esquerda política da vanguarda experimental, ainda que a própria editora Jorge Álvarez fosse o melhor exemplo de que os pontos de interseção e contato eram numerosos[7].

7. Ver o testemunho de Briante em Analía García; Marcela Fernández Vidal, *Pirí*, Buenos Aires: UTPBA, 1995, p. 44. Devo o conhecimento dessa fonte a Ana Sánchez Trolliet, que estuda os contatos entre os circuitos intelectuais e os do movimento *rock,* também exemplificados por Jorge Álvarez.

Assim, a dinâmica político-intelectual foi se estabelecendo cada vez mais na rua Corrientes: o abandono progressivo da rua Viamonte pela Faculdade de Filosofia e Letras foi pautando a mudança do foco intelectual ao longo da década, mas seu final simbólico ocorreu em 1970 com o fechamento dos centros de arte do Di Tella. A densidade da Florida não se reproduz de uma hora para outra na Corrientes; para mencionar dois aspectos, por um lado, as galerias de arte continuaram a orbitar entre a praça San Martín e a Recoleta, ligadas ao padrão da alta sociedade; por outro lado, as livrarias da Corrientes não conseguiram substituir a especialização erudita das que circundavam a rua Viamonte[8]. Seja como for, ambos os aspectos reforçam certa condição social do traslado, uma vez que o caráter originariamente plebeu do tecido cultural da rua Corrientes aderiu, sem ambiguidades, à definitiva colonização do mundo intelectual pelas classes médias, e no novo circuito voltaram a coincidir – como no século XIX em torno da praça de Mayo – a arena especificamente intelectual e as representações culturais do mundo popular.

A cidade dual

Porém, se eram essas as arenas intelectuais de Buenos Aires, que Buenos Aires era representada a partir delas? Que formas assumiu a cidade dos intelectuais na longa década de 1960? Quando se revisa a produção cultural do período, chama atenção a naturalidade com que se estabilizou certa ideia de cidade moderna. Para alguém como Cayetano Córdova Iturburu – crítico martin-fierrista e militante comunista na juventude –, em 1960 não havia dúvida de que Buenos Aires era "uma cidade atual, de nosso tempo [...], em permanente estado de transformação e crescimento", com uma personalidade definida por sua paisagem urbana e por uma população de origem europeia[9]. É uma visão que deixou para trás a ansiedade cultural sobre a identidade de Buenos Aires e sobre o destino de seu experimento social, que alimentara os intensos debates dos anos 1920 e 1930 – tão bem conhecidos por Córdova Iturburu. E essa mesma confiança na sincronização da cidade com a cultura contemporânea pode ser percebida em fontes bem diferentes: no modo irreverente como a literatura de Cortázar confunde tempos e lugares – "Em Paris tudo para ele era Buenos Aires e vice-versa", diz em *O jogo da amarelinha*, em 1963, pouco antes dos saltos da Pasaje Güemes à Galerie Vivienne em "O outro céu" –; e na segurança com que o meio artístico acreditava poder "fazer de Buenos Aires um centro internacional de arte e obter, ao mesmo tempo, o reconhecimento internacional da 'nova' arte argentina" – de acordo com Andrea Giunta[10]. Isso não pressupõe necessariamente o tom celebratório de um Córdova Iturburu: é muito claro que ele não é promovido pela

---

8. Devo essa observação a Jorge Lafforgue, entrevista pessoal, Buenos Aires, 4 jan. 2014.
9. Texto introdutório ao álbum fotográfico de Sameer Makarius, *Buenos Aires y su gente*, Buenos Aires: Compañía Fabril Editora, 1960.
10. Andrea Giunta, *Vanguardia, internacionalismo y política: arte argentino en los años sesenta*, Buenos Aires:

ironia surrealista com que Cortázar mistura a cidade cosmopolita com a localidade bastarda; mas, inclusive nesse caso, o que confere o novo matiz a esse tema crucial para uma cultura periférica como a portenha é que Buenos Aires já não é comparada com Paris, mas justaposta a ela.

Na verdade, esse consenso que estabiliza um caráter moderno-cosmopolita de Buenos Aires, longe de transbordar de otimismo, dá lugar a uma nova plataforma de críticas sobre suas tensões e fraturas, cuja formulação predileta – de acordo com o debate internacional sobre a sociedade de massas – residirá na noção de *alienação*. Seja porque denunciava a falta de comunicação entre as classes, tema recorrente do cinema argentino da década que, com inspiração *nouvelle vague*, saía para descobrir Buenos Aires para se encontrar em cada esquina com o conflito existencial de uma juventude pequeno-burguesa apegada a rígidos moldes sociais (*Los de la mesa 10*, de Simón Feldman; *Breve cielo*, de David José Kohon); seja porque criticava o papel dos meios de comunicação na construção da realidade, como faziam em 1966 artistas do Di Tella reunidos em torno de Masotta (Roberto Jacoby, Eduardo Costa e Raúl Escari), criando falsos eventos artísticos na cidade que eram "infiltrados" no fluxo midiático, onde ganhavam existência (o que foi denominado "arte dos meios").

Sintonizar esse clima de tensões foi, sem dúvida, o grande acerto do livro mais importante escrito sobre a cidade no período, *Buenos Aires, vida cotidiana y alienación*, o *best-seller* de 1964 que tornou Sebreli conhecido do grande público. Isso porque teve a capacidade de oferecer um novo mapa da cidade, abundante em zonas "ecológicas" sem comunicação, nas quais cada classe social se ajustava a um território específico e a uma representação distorcida de si. Um mapa fraturado que vinha evocar o imaginário da "invasão" plebeia do peronismo, ainda que em negativo: aquela invasão das multidões mestiças contra a cidade europeia não se consumou, sugere o livro, e deixou uma Buenos Aires alienada e espectral – o triunfo, poderíamos dizer, da cidade de Córdova Iturburu. É o mapa da afirmação de um peronismo antissistema, para consumo de uma classe média que, como mostrou Carlos Altamirano, tinha que pagar pela falta de ter sido antiperonista[11]. Uma cidade fraturada por uma ordem moderna da qual a melhor expressão era o público que convertera o livro num sucesso e que se via convocado agora como o agente capaz de subvertê-lo.

Tudo isso talvez ajude a entender, de um novo ponto de vista, a presença central da *villa miseria* na cultura urbana. Vimos no começo que a cultura arquitetônica oscilava entre duas imagens da *villa*: como excrescência que devia ser superada na cidade moderna ou como alternativa transgressora à modernidade urbana, posições que mostram dois polos entre os quais se moverá o arco ideológico sobre o tema (do

---

Paidós, 2001, p. 21. A citação de Cortázar está em *Rayuela* [*O jogo da amarelinha*] (1963), Buenos Aires: Seix Barral, 1985, p. 30.

11. Carlos Altamirano, "La pequeña burguesía, una clase en el purgatorio", *Prismas*, n. 1, Buenos Aires: UNQ, 1997.

reformismo, desenvolvimentista ou comunista, ao radicalismo estético e político, seja marxista ou nacional-populista). Mas o que interessa assinalar aqui é que o próprio surgimento do tema deve ser compreendido como oposto daquele novo consenso sobre a modernidade urbana: porque o problema (tanto de modernizadores como de revolucionários) é sua falha, a brecha de que falava Rossi. E a *villa* é o antagonista que vem explicitá-lo: sua radical alteridade.

Vejamos duas representações: *Villa miseria también es América*, o livro de 1957 de Bernardo Verbitsky (com posições próximas do comunismo), e *Buenos Aires*, o curta de 1958 de David José Kohon (com posições próximas à esquerda radical). O livro apresenta uma *villa* idealizada, na qual sobressai a solidariedade dos laços coletivos, negada pela cidade indiferente: a reivindicação dos marginalizados de Verbitsky é uma aposta política por sua integração à modernidade, à aceitação da América profunda na Buenos Aires europeia. O curta, por sua vez, estabelece um áspero contraponto entre a jubilosa produtividade da cidade moderna e uma *villa miseria* sombriamente neorrealista; mas, pouco antes de continuar nesse contraste, descobre-se que entre ambas vai se enlaçando um dia na vida de três *villeros* – uma operária têxtil, um metalúrgico e um carteiro – que são absorvidos pelo ritmo febril da cidade e devolvidos toda noite para suas moradias miseráveis, de modo que se denuncia simultaneamente a abjeção a que a cidade condena aqueles que a produzem e a própria ideia de "marginalidade", que os nega pela segunda vez. Mas, apesar das diferenças, em ambas as obras a "cidade moderna" mostra-se um dado compacto: olhando-a de longe no primeiro caso, ou identificando-a com exclusividade com seus setores mais dinâmicos no segundo, a estilização dessa modernidade urbana é um passo necessário para definir Buenos Aires como cidade dual.

É possível observar que, contra a opinião habitual de que a *villa miseria* é o tema negado da modernidade sessentista, estamos diante de uma verdadeira proliferação de suas imagens: a representação da *villa miseria* não foi apenas um terreno em disputa no período, mas é difícil encontrar outro tema da cultura urbana que tenha despertado tanta energia criativa. Incluídas aí as representações produzidas pelas políticas públicas, que, se partiram em 1955 de uma visão condenatória da *villa* que indicava com exclusividade sua "erradicação", foram se tornando mais complexas ao longo da década, no compasso da expansão organizativa do movimento *villero*, que se transformava num ator político de peso. Além das obras mencionadas do pensamento sociológico e da arquitetura, da literatura e do cinema, devem-se acrescentar outros filmes (como *Detrás de un largo muro*, de Lucas Demare, ou *El secuestrador*, de Leopoldo Torre Nilsson, ambos de 1958) e a operação artística extraordinária que Antonio Berni começou a realizar em 1959 com materiais recolhidos na *villa* do Bañado de Flores, a série de Juanito Laguna, num *crescendo* que continua década adentro com ensaios como *Villeros y villa miseria*, de Hugo Ratier (1971).

Estamos diante de um tema de ressonância internacional, como vimos, com especial acolhida na América Latina – a marca distintiva com que suas cidades adquirem um lugar no pensamento urbano da época –, por isso não deve surpreender encontrá-lo na agenda das novas ciências sociais da região, tanto como na produção literária ou artística de suas diferentes cidades. Por isso mesmo, é importante identificar os significados específicos que seu aparecimento como tema da cultura urbana assume em cada caso: nesse sentido, vamos tentar fazê-lo voltando ao livro de Sebreli, já que, ao inserir a *villa miseria* numa análise geral de Buenos Aires, ele permite ver sua função mais abrangente nos imaginários urbanos.

Sebreli aborda o tema no capítulo sobre a ecologia operária de Buenos Aires, em que se propõe descrever uma classe trabalhadora alienada entre a produção fordista e a indústria cultural de massas, que o peronismo incorporou com pleno direito à sociedade, ainda que dificultando o surgimento de sua consciência autônoma. Mas é na descrição dos ambientes operários que toma forma o que Sebreli chama "a outra cidade". E o que surpreende aí é que as características da *villa miseria* colorem o conjunto do mundo operário. O que ocorria no livro de Verbitsky e no curta de Kohon por omissão, já que não há nada neles que realize a mediação entre a *villa* e a "cidade moderna", no livro de Sebreli ocorre por homologação: o bairro operário fica subsumido na descrição da *villa*. Essa "outra cidade" que se vai formando ao longo do século XX, às costas da cidade burguesa, é apresentada em três etapas: a do amontoamento nos cortiços de começos de século e a das moradias autoconstruídas do primeiro subúrbio da capital nos anos 1920 e 1930, ambas protagonizadas pela imigração europeia, e a da *villa miseria*, produto da chegada à cidade das migrações internas durante o peronismo, que oferece a Sebreli os traços para o "círculo mágico" do bairro operário ("mundo irracional, mágico, inconsciente, caótico, desagregador, imanente, passivo, psicológico, individual, autoritário, feminino")[12]. Desse modo, desaparecem da ecologia operária os bairros populares e de trabalhadores propriamente ditos, esses bairros que se expandiram durante o peronismo e que continuavam a se expandir com o desenvolvimento na zona característica da industrialização metropolitana, que é a Grande Buenos Aires. Sebreli apenas os menciona de forma genérica, o que é muito representativo, já que, em contraste com a *villa miseria*, essa conurbação, em crescimento ostensivo desde os anos 1940, não vai ser objeto de representação durante toda a longa década de 1960[13].

Já mencionamos que a conurbação externa à capital chegou nesses anos a abrigar mais de 60% da população metropolitana. Enquanto isso, as *villas miseria* passaram de 2% do total metropolitano em 1955 para cerca de 10% em 1970; uma cifra considerável, sem dúvida, mas difícil de equiparar com as da Grande Buenos Aires, esse setor

---

12. Juan José Sebreli, *Buenos Aires, vida cotidiana y alienación* (1964), Buenos Aires: Siglo Veinte, 1990, p. 152. Cabe mencionar como exceção a essa tendência o estudo de Germani em Isla Maciel, cujo objeto é justamente comparar a *villa miseria* e o bairro operário: medir a transição (em termos funcionalistas) que a primeira tem que percorrer para chegar à modernidade, onde já se encontra o segundo.
13. Ver A. Gorelik, "*Terra incognita*. Para una comprensión del Gran Buenos Aires como Gran Buenos Aires", *in:* Gabriel Kessler (dir.), *El Gran Buenos Aires*, Buenos Aires: Edhasa; Unipe, 2015.

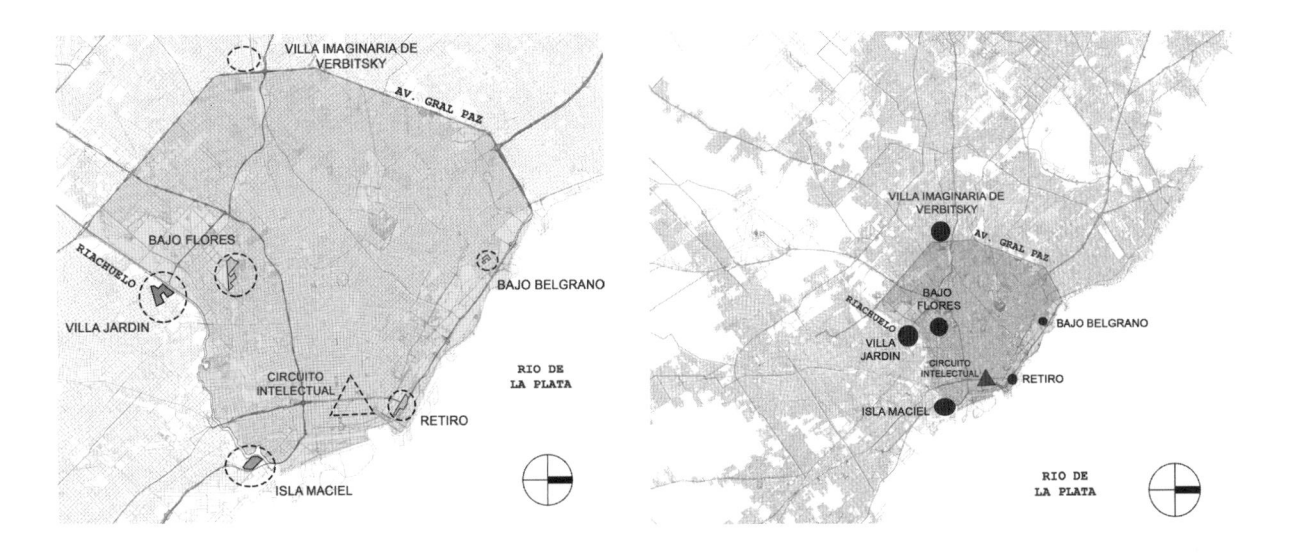

Mapas da capital (primeira ilustração) e da capital com a Grande Buenos Aires, mostrando a relação entre a localização do circuito intelectual, as *villas miseria* que apareciam nas representações culturais e a Grande Buenos Aires. Mapas: Fernanda Lobeto.

dinâmico, heterogêneo e desigual no qual, sobre a base de uma primeira expansão de classes médias nos corredores ferroviários, as classes populares e trabalhadoras vinham estabelecendo seus bairros autoconstruídos, como acontecera antes na capital. Sem as vantagens que esta oferecia em termos de infraestrutura implantada, de espaços públicos consolidados e de um tecido urbano homogêneo, mas graças à inércia de certas políticas públicas (créditos para moradia, transporte subsidiado, educação e saúde) que favoreciam a inclusão dessas novas regiões nos benefícios potenciais da expansão, os novos subúrbios continuaram a se integrar à sociedade metropolitana. E à diferença do que sustentava o imaginário da "invasão", esse tinha sido também um dos sucessos do peronismo: ao mesmo tempo que contribuiu para a expansão da Grande Buenos Aires e de sua identidade trabalhadora, propôs-se democratizar o vértice da cidade, ampliando o acesso às novas multidões suburbanas e confirmando-o como o centro simbólico de toda a metrópole (confirmando, portanto, a hierarquia centro-periferia tradicional).

O certo é que, diante da efusão intelectual e artística sobre a *villa miseria*, é quase impossível encontrar vestígios da Grande Buenos Aires na cultura da época. O crescimento silencioso de seus bairros precários, ansiosos por se acoplar a uma expansão que prometia a reprodução do processo de mobilidade social cumprido com êxito nos bairros populares da capital, aparecia ao olhar do mundo intelectual como uma confirmação depreciada dos valores conformistas da modernização, enquanto a *villa miseria* vinha a questioná-los na raiz. Isso porque, na verdade, a *villa miseria* chega para assinalar em Buenos Aires que o avanço sem fim da expansão integradora se tornara uma ficção: a instalação das *villas* às portas da capital evidencia que, para os setores populares, começavam a ser maiores os custos que os benefícios da conquista de uma fronteira cada vez mais distante.

A ausência dessa Grande Buenos Aires, heterogênea e confusa, nas representações é o resultado do desgaste ideológico e sociourbano da expansão integradora. Mas talvez também resulte do modo como a arena intelectual ficou restrita ao perímetro da cidade moderna "europeia". É fácil notar que as *villas miseria* das representações culturais formam um cinturão que rodeia a capital e confirma suas bordas: começa em Isla Maciel no ângulo sul da cidade (Germani, Acosta, *El secuestrador*), sobe pela margem provincial do Riachuelo até Villa Jardín (*Detrás de un largo muro*), que encontra, do lado da capital, com o Bajo Flores (Berni), toma a General Paz (onde se situa a *villa* imaginária de Verbitsky) e desce pela margem do rio da Prata, pelo Bajo Belgrano, até Retiro (em ambas as *villas*, Kohon filma *Buenos Aires*). Um cinturão que reproduz o efeito da General Paz na cultura urbana: fechar-se sobre a Buenos Aires moderna consolidada na segunda metade da década de 1930, aquela que nos anos 1960 Córdova Iturburu celebrava ou Sebreli denunciava.

Como se ampliam os limites do que é observável na cidade para a cultura de cada período? Como se constroem os horizontes urbanos do visível? A arena intelectual identificou na *villa miseria* o grande desafio à modernidade de Buenos Aires, mas para isso precisou realizar uma redução dualista que, se tornava mais clara a denúncia, ratificava a incapacidade de ver além da avenida General Paz. Confirmou-se assim um novo recolhimento da capital sobre si mesma, como desejara o *establishment* dos anos 1930, definindo aquela avenida como fronteira: como se, para além das posições ideológicas, essa posição geográfico-cultural da arena intelectual no vértice tivesse garantido sua circunferência, o ângulo máximo de visão. A realidade metropolitana que crescia incontrolada mais além, de modos sem dúvida precários e desiguais, mas muito mais complexos que os da cidade dual, ainda teria que esperar por suas representações.

Lima

Hora zero: olhares, ações e projetos numa cidade transbordada

ANAHI BALLENT

Em 1984, Carlos Eduardo Zavaleta dedicava o conto "Uma nova era" ao antropólogo "Pepe" Matos Mar. Ambientado no centro histórico de Lima, o relato tinha como protagonista Jaime, peruano recém-chegado de Londres que percorria esse setor da cidade, congestionado e deteriorado pela presença de uma multidão popular. "Entre tantos corpos indígenas e suados, a manhã perdera seu frescor, cheirava mal, inclusive a urina, e incrivelmente em cada vão havia um pequeno charco podre."[1]

O forte crescimento da cidade, que se registrava desde os anos 1950 pela afluência de migrantes provenientes das províncias e estabelecidos em *barriadas* – assentamentos de ocupação periféricos –, mostrava suas consequências negativas sobre o centro. O final do conto, porém, apresentava uma mudança de perspectiva, com Jaime assistindo a uma epifania: "um casal de índios talvez autênticos subindo para a praça de armas".

> Jamais antes, que ele soubesse, tinham ousado chegar a essa praça, santuário do poder. [...] O índio e sua mulher entraram lentamente na praça, como depois de uma viagem de séculos. Chegaram à luz intensa do recinto e olharam impassíveis para a catedral e o Palácio de Pizarro, e continuaram avançando, lentos mas indestrutíveis, enquanto Jaime [...] os seguia observando-os como seres notáveis que fundaram outra etapa da história, numa cena tão importante como quando os reis da Inglaterra, depois de serem coroados em Westminster, voltavam majestosos para o Palácio de Buckingham[2].

Nos anos 1980, não havia dúvida de que a ocupação popular da cidade era um processo consolidado e em vias de se aprofundar: Lima era o que tinham feito dela suas *barriadas* e seus assentamentos populares, legitimados desde os anos 1970 pela

---

1. Carlos Eduardo Zavaleta, "Una nueva era", *in:* C. E. Zavaleta, *Cuentos completos: un herido de guerra*, Lima: Talleres Gráficos del Centro de Proyección Cristiana, 1985, p. 37.
2. *Ibid.*, p. 68.

expressão "povos jovens". Sua área metropolitana de 1984 abrigava cerca de 6 milhões de habitantes; quase 80% viviam em assentamentos urbanos populares, enquanto pouco mais de 20% residiam em bairros de classe média e alta[3].

Retomando José Carlos Mariátegui, Zavaleta concentrava sua exposição de maneira radical no indígena (e não no mestiço, no *cholo* ou no camponês, categorias com as quais as ciências sociais procuraram definir as complexas e conflituosas transformações sociais que percorriam o Peru do século XX), vinculando diretamente os processos migratórios a uma história de cinco séculos. Celebrava assim o investimento da Conquista e apostava no advento de "uma nova era", que dedicava a quem, do campo das ciências sociais, desde cedo se constituíra em analista e intérprete das *barriadas*. Em fins de 1984, um ano antes de se encerrar a segunda presidência do arquiteto Fernando Belaúnde Terry, Matos Mar publicava *Desborde popular y crisis del Estado* com uma nova leitura dos processos sociais, sua preocupação por mais de trinta anos. Assinalava a conclusão de um processo no qual a explosão de massas, a informalidade e a indianização marcavam a totalidade da cidade, suas instituições, as práticas cotidianas de seus habitantes e sua própria identidade. Da mesma maneira que Zavaleta, e como fazia desde a década de 1950, longe de lamentar esses processos, Matos Mar apostava em sua potencialidade.

Em termos políticos, é relevante observar que essas imagens eram consequência tanto dos acertos como dos fracassos de ações públicas variáveis, mas sustentadas por décadas em favor da consolidação das *barriadas*. Por um lado, a ditadura instaurada por Juan Velasco Alvarado (1968-80) marcou o ponto alto da legitimação política das invasões. Por outro, nas duas presidências de Belaúnde (1963-68 e 1980-85) consolidaram-se os instrumentos de gestão de tais assentamentos. Tais políticas e seus contextos de produção deixaram marcas não apenas na materialidade da cidade, mas nas formas de representá-la e de experimentar a vida urbana. Pela análise de uma série de episódios que articulam olhares e propostas para a cidade provenientes da literatura, das ciências sociais e das políticas urbanas e de habitação, este trabalho propõe reconhecer dois momentos de mudanças nas representações urbanas: os anos 1940 e 1950, quando imperava a percepção de uma cidade dividida, e os anos 1960 e 1970, quando surgiram imagens que propunham novas e conflituosas interseções entre cidade tradicional e periferia popular; entre a ideia de *barriada* como problema e a ideia de *barriada* como solução.

---

3. José Matos Mar, *Desborde popular y crisis del Estado: el nuevo rostro del Perú en la década de 1980 (1984)*, Lima: José Matos Mar Editor, 1988, p. 71.

Barriada El Agustino.

A *barriada* como problema (1940-60)

Lima e os morros

Em 1954, Enrique Congrains Martin publicava a coleção de novelas *Lima, hora cero*, inaugurando um inusitado interesse ficcional por temas do mundo urbano, no interior de uma literatura até então caracterizada pela evocação do mundo rural. A presença da cidade constituiu uma constante na obra da geração dos anos 1950, mas Congrains se reveste aqui de um interesse particular, já que toma como protagonistas as novas *barriadas* num tom do que a crítica literária denominou *realismo urbano*[4]. A

---

4. Há uma notável produção sobre as relações entre literatura e cidade em Lima, com foco no protagonismo das *barriadas*; ver, entre outros, Miguel Gutiérrez, *La generación del 50: un mundo dividido* (1988), Lima:

referência às migrações na literatura não era nova: José María Arguedas a incorporara em *Yawar Fiesta* (1941), ainda que da perspectiva do mundo rural. Tematizava assim os inícios do fenômeno, enquanto o registro de um olhar urbano chegaria uns quinze anos mais tarde, à medida que os deslocamentos se intensificavam.

Os relatos de *Lima, hora cero* – como outras obras do período – eram narrados da perspectiva dos habitantes das *barriadas*, transitavam seus espaços e pretendiam recriar suas experiências do habitar doméstico e urbano. Reiteravam-se assim cenários precisos mostrados em tom de miséria e desespero que não poucas vezes faziam com que seus protagonistas mergulhassem no crime. Entre outros, a *barriada* de San Cosme (símbolo desses assentamentos, estabelecida em 1946 pela primeira vez mediante uma invasão violenta de grande impacto na opinião pública), o morro El Agustino (continuação de San Cosme a partir de 1947), as margens do rio Rímac (cenário de lixo, chiqueiros e estabelecimentos industriais) ou a Parada (zona de mercados estabelecida em 1946 em torno do Mercado Mayorista, particular atrativo para quem chegava à cidade em busca de trabalho).

O último relato transcorria em Matute, assentamento habitacional recém-construído no distrito de La Victoria e símbolo das novas políticas públicas que prometiam uma intervenção enérgica do Estado na construção de casas e no planejamento da cidade tradicional. La Victoria era um setor da trama urbana ainda pouco edificado que fazia fronteira com os morros San Cosme e El Agustino, e abrigava várias das ocupações mencionadas. As narrativas opunham ali dois mundos: os excluídos da *barriada* estabelecida na área (o assentamento Matute formara-se prematuramente em várias etapas, entre 1927 e 1940) e os ocupantes das novas moradias públicas. O texto terminava interpelando o leitor com uma espécie de advertência muito perturbadora por ser enunciada pela ingenuidade de um menino: "Papai – disse com essa voz cristalina e pura [...] – e se a velhinha das galinhas, uma noite, depois de muita fome, frio, chuva, doenças, entra aqui e, devagarinho, mata todos nós...?"[5].

Nessa advertência parecia residir o sentido do título: *hora zero* não aludia ao início de uma nova cidade integrada, mas a um momento de ruptura, uma mudança de direção que prenunciava um futuro violento. Essas narrativas impossibilitavam vislumbrar uma "nova Lima": ali, antes que realidades urbanas, o morro e a cidade eram categorias socioculturais mutuamente excludentes. E, enquanto as experiências de vida dos protagonistas mostravam o fracasso na busca de integração, essa divisão se acentuava. Por mais críticos a essa situação que fossem os relatos, a polarização ficava consolidada em suas representações, que retomavam imagens divulgadas pela imprensa, generalizando a percepção de uma cidade sitiada pela miséria e pela informalidade.

Arteidea, 2008, e Peter Elmore, *Los muros invisibles: Lima y la modernidad en la novela del siglo xx*, Lima: Mosca Azul, 1993.

5. Enrique Congrains Martin, *Lima, hora cero*, Lima: Círculo de Novelistas Peruanos, 1954, p. 155.

Texturas urbanas da diversidade social

Em 1958, Arguedas criticava o que considerava a "desafortunada falsificação" da *barriada* produzida por *La tierra prometida*, romance do jornalista Luis Felipe Angell que exacerbava as coordenadas miserabilistas mencionadas. Arguedas discutia-as como antropólogo, afirmando que "as *barriadas* não são obra da derrota nem da delinquência [...], (mas) um mundo vivo, terrível, forte, cruel e vitorioso"[6].

As ciências sociais contestavam assim as imagens forjadas pela literatura de cunho urbano e pela imprensa. Matos Mar ocupou um lugar central nessa nova aproximação. A partir de 1955, depois de completar sua formação em Paris, passou a dirigir uma ampla equipe no Instituto de Etnologia da Universidade de San Marcos com o objetivo de estudar as *barriadas* de Lima. Como no caso de Arguedas, sua percepção das migrações começara durante seu trabalho de campo na serra em meados dos anos 1940. E também como Arguedas, e como Zavaleta, embora sua posição social o distanciasse das populações das *barriadas*, o fato de se sentir provinciano em Lima facilitava sua aproximação empática com a experiência migratória.

Em 1956, encarregado por um organismo oficial, a Comissão para a Reforma Agrária e a Moradia, Matos Mar realizou o Censo Geral das *Barriadas* de Lima, Arequipa e Chimbote. Essas iniciativas estatais eram claros indicadores da importância que o Estado atribuía ao fenômeno e também do desenvolvimento dos órgãos de planejamento urbano e territorial no interior do aparato estatal. Como explicava Matos Mar, as *barriadas* tinham se transformado num problema nacional. Entre 1940 e 1956, Lima dobrara sua população, passando de 645.172 habitantes para mais de 1,2 milhão; 9,5% da população vivia em *barriadas*[7]. Ainda que o *Estudio de las barriadas limeñas* tenha sido publicado parcialmente em 1966, seu conteúdo circulou nos organismos estatais e se difundiu, também de maneira parcial, na imprensa e em eventos acadêmicos, iniciando um caminho de enorme ressonância futura nas ciências sociais latino-americanas.

A obra era produto de um olhar disciplinar treinado para detectar matizes, preocupado em registrar variações e mudanças sob um fenômeno que aparentava unidade e constância. Dessa forma, a análise registrava etapas, diferentes localizações urbanas, métodos de construção, morfologias, organizações internas e também diferenças na qualidade de vida. A Lima implícita na obra não é dual como a da literatura, mas plural. Em 1954 – quando o livro de Congrains foi publicado –, já existiam 56 *barriadas* na cidade, e começava uma nova etapa, inaugurada por Ciudad de Dios, uma ocupação cuidadosamente planejada, protagonizada por 5 mil pessoas em 24 de dezembro daquele ano, primeiro estabelecimento nas terras áridas dos areais, fora da

---

6. José María Arguedas, "¿Una novela sobre las barriadas?", *La Prensa*, 4 dez. 1958, p. 10. Citado por Françoise Aubès, "*La tierra prometida* de Luis Felipe Angell", *América. Cahiers du CRICCAL*, n. 21, Presses de la Sorbonne Nouvelle, 1998.
7. José Matos Mar, *Las barriadas de Lima: 1957* (1966), Lima: Instituto de Estudios Peruanos, 1977, p. 24.

Fernando Belaúnde Terry diante da Unidade Habitacional nº 3 em construção.

área urbana de Lima – o que permitia a Matos Mar afirmar que estava surgindo um tipo de *barriada* que podia se transformar no primeiro grupo de um centro-satélite da Grande Lima. Para o antropólogo estava se configurando uma nova cidade, cuja ordem futura podia ser encontrada auscultando-se os dados do presente.

Com respeito aos povoadores, advertia que não se devia confundir a condição periférica na estrutura urbana com marginalidade em termos sociais: as *barriadas* estavam ocupadas por uma "população integrada estavelmente à economia metropolitana, com salários e soldos equivalentes aos do resto da população trabalhadora da capital"[8]. E, sem deixar de assinalar penúrias e carências, também mostrava casos de sucesso e integração, além de valores sociais positivos. Dinamismo, heterogeneidade, capacidade de ação e organização e sentido comunitário eram características que construíam uma nova representação das *barriadas*.

Essa obra é apenas um indício do impacto que a transformação da cidade produzia em acadêmicos, intelectuais e artistas, interpelados pelas mudanças na periferia e pelos processos de crescimento, modernização e complexificação da cidade tradicional. Ela gerava uma tensão cultural particular que convidava a construir e articular reflexões e propostas tanto intelectuais como estéticas e políticas: a multiplicação, entre 1950 e 1965, de companhias de teatro, galerias de arte e editoras mostra o dinamismo da produção cultural da cidade alentada por setores médios em expansão[9]. O próprio Matos Mar integrou os grupos renovadores da recente

8. *Ibid.*, p. 147.
9. Ver Gérald Hirschhorn, *Sebastián Salazar Bondy: pasión por la cultura*, Lima: Fondo Editorial Universidad Nacional Mayor de San Marcos, 2005.

constituição, um estético e o outro político, compartilhado por alguns de seus membros: o Agrupamento Espaço e o Movimento Social Progressista. O primeiro, criado em 1947 e promovido pelo arquiteto Luis Miró Quesada, incluía arquitetos, artistas plásticos e literatos que impulsionavam uma modernização estética radical. O segundo, formado por um grupo de intelectuais com vistas às eleições de 1956, apoiava, à esquerda, a candidatura do arquiteto Belaúnde, que liderava o partido por ele fundado naquele mesmo ano, Ação Popular. Num período de ampliação do aparato estatal no planejamento urbano e da habitação, membros desses grupos constituíram uma elite técnica de alta formação e amplos vínculos internacionais que liderou burocracias estatais na matéria.

Política desenvolvimentista e arquitetura moderna

Na campanha eleitoral de 1956, o candidato da Ação Popular aplicou uma estratégia surpreendente: acompanhado de uma comitiva, passou a percorrer o país, "povoado por povoado", desafiando sua dura geografia e a falta de infraestrutura capaz de superá-la. Num discurso pronunciado em Iquitos, fazia referência às *barriadas* de Lima:

> Trago da beira do Rímac uma saudação aos que vivem nas margens do Amazonas [...]. Ali, na encosta de San Cristóbal, peruanos puseram em sua dor o nome inesquecível de Leticia: aqui, com a mesma pobreza franciscana, deram a sua esperança o nome cristão de Belén. Leticia e Belén: patriotismo e fé. Entramos em seus lares para compartilhar a dor e para colher a esperança[10].

Do Rímac ao Amazonas: o caminho que Belaúnde propunha seguir invertia o percorrido pelos migrantes, porque a esperança residia na transformação produtiva do território, enquanto as *barriadas* urbanas só podiam gerar dor. Como anunciava a capa do livro *La conquista del Perú por los peruanos*, ilustrada com um estilizado Machu Picchu do pintor Sabino Springett, as bases ideológicas do programa desenvolvimentista de Belaúnde tentavam arraigar ideias econômicas e políticas modernas de ampla circulação internacional no passado incaico. Resgate de organizações ancestrais, planejamento, promoção da obra pública baseada na aplicação da tecnologia moderna e financiamento outorgado pelos novos organismos internacionais de crédito eram as bases de sua construção técnico-política fortemente modernizadora, fundada numa visão pacificada da história nacional.

Belaúnde foi uma figura central tanto da política como do campo técnico da arquitetura e do planejamento físico. Ao voltar do seu período de formação nos

---

10. Fernando Belaúnde Terry, "Discurso en Iquitos, mayo de 1956", *Pueblo por pueblo*, Lima: Minerva, 1995, p. 31.

Estados Unidos, em 1936, impulsionou a constituição de espaços e instituições-chave do campo disciplinar, como a revista *El Arquitecto Peruano* (1937). Ingressou na política em 1944 e foi eleito deputado por Lima entre 1945 e 1948, contribuindo de sua bancada para a criação de instituições estatais dedicadas ao planejamento e à habitação de massa. Foi o inspirador de um plano de habitação em 1945, composto por sete "unidades habitacionais", criações do planejamento anglo-saxão dos anos 1930, dentro da tradição mais extensa da cidade-jardim, que vinculavam moradia, espaços verdes e equipamento coletivo numa nova unidade urbana de tamanho controlado que estimulava os vínculos comunitários entre seus habitantes.

Matute, a unidade do relato de Congrains, é uma delas: um conjunto destinado a novecentas famílias de classe média ou trabalhadores especializados, com importante equipamento de serviços coletivos, sobretudo educativos e recreativos. Foi a segunda unidade habitacional construída, composta por diferentes tipologias de moradia moderna, embora os elementos predominantes no conjunto fossem os blocos de apartamentos mínimos de quatro andares. Seu projeto, de 1952, é de autoria de Santiago Agurto, diretor de arquitetura da Corporação da Habitação e membro do Agrupamento Espaço, cujas ideias sobre o que devia ser a arquitetura moderna no pós-guerra estavam claramente expostas no conjunto: uma arquitetura internacional em seu espírito e atualizada em suas referências, mas local em suas formas concretas, perfeita articulação de "modernidade e peruanidade". Para isso, os abstratos prismas modernistas de blocos e unidades combinavam-se com a aplicação de cores coloniais (planos de ocres, amarelos e azuis) e com o uso de materiais locais, como o canto arredondado ou o tijolo à vista. Modernismo e arcaísmo: os volumes cúbicos procuravam falar tanto da arte moderna como de uma tradição pré-hispânica necessariamente estilizada, em sintonia com as tendências arquitetônicas do debate internacional do pós-guerra, mas também com o discurso político de Belaúnde[11].

Ainda que avançadas como projetos arquitetônicos, as unidades constituíam propostas clássicas quanto à resolução do problema da moradia. *El Arquitecto Peruano* permite analisar como era a proposta das unidades em meados dos anos 1940: novas formas de casas domésticas e comunitárias destinadas sobretudo à classe média baixa, que, como intervenções urbanísticas, tentavam descentralizar para a periferia os setores empobrecidos da cidade tradicional. Seguindo a linha de pensamento do diretor, o problema das crescentes *barriadas* não recebia propostas específicas, já que considerava inconveniente consolidar o que chamava uma "praga", clara mostra da "incultura das cidades"[12].

Em meados dos anos 1950, entretanto, a revista começava a expressar a necessidade de pensar propostas que enfrentassem a relação cada vez mais intensa entre

---

11. Sharif S. Kahatt, *Utopías construidas: las unidades vecinales de Lima*, Lima: Fondo Editorial, Pontificia Universidad Católica del Perú, 2015.
12. Editorial "La incultura de las ciudades", *El Arquitecto Peruano*, n. 193, jul.-ago. 1953.

Unidade Habitacional Matute.

barriadas e cidade. Em 1955, Eduardo Neira Alva (outro integrante do Agrupamento Espaço) referia-se às "cruelmente chamadas urbanizações clandestinas" e lhes atribuía um lugar central no "problema da moradia"[13]. Agurto, o projetista de Matute, encarregado da direção estatal, começava a implementar propostas de autoconstrução e assistência técnica sistemática às *barriadas*, seguindo as diretrizes do governo de Manuel Prado (1956-62), que formulou as "Normas para a solução dos problemas das *barriadas* periféricas" em 1958 e a Lei Orgânica de Bairros Periféricos de 1961. O peso dos processos sociais sobre a cidade impunha-se nas políticas públicas, ainda que, sem dúvida, os olhares positivos sobre as *barriadas*, como os elaborados pelas ciências sociais, tenham contribuído também para erguê-las como soluções para as aporias do controle da urbanização popular e seus efeitos sobre a cidade.

A *barriada* como solução (1960-1970)

Como és?

Em 1960, Sebastián Salazar Bondy – figura destacada da intensa atividade cultural do período, subscritor do manifesto do Agrupamento Espaço e fundador do Movimento Social Progressista – interpelava a cidade em seu poema "Lugar de nascimento":

13. Eduardo Neira Alva, "El problema de la vivienda en el Perú", *El Arquitecto Peruano*, n. 224-5, mar.-abr. 1955.

Lima, ar que tem uma leve pátina de mofo cortesão,
tempo que é uma cicatriz no doce olhar popular,
lâmpada antiga que reconheço nas trevas, como és?

Sou, como ontem, rainha de hortos e baldios
porque meu orgulho ainda repousa num travesseiro de plumas,
e no ocaso, gentes, árvores e orações
descem até os balneários do sul como uma onda de fantasmas,
enquanto nos bares de adobe dos morros
o violão umedece com a melancolia da valsa
a pálida luxúria que costuma pintar de cinza a madrugada.

Lima, rosto que talhou na névoa seu gesto menos glorioso,
cor que se dissolve no céu como um açúcar mortiço,
paz que se estende entre uma nuvem e uma lágrima, como és?[14]

Uma cidade em transformação formulava essa pergunta a um espectador tão agudo como sutil que percebia uma mudança constante, uma identidade urbana questionada e a necessidade de pensar a cidade como totalidade. Sem esgotar a pergunta, o poema resgatava a imagem de uma Lima dual: uma cidade dividida entre a costa e os morros, assim como entre passado e presente. Mas a voz com a qual Lima respondia no poema era uma voz única; o que permanecia atuando como identidade, como o orgulho da cidade, se sustentava num passado secular.

Quatro anos mais tarde, Salazar Bondy retomava esses temas sob a forma de ensaio em *Lima la horrible*, um livro provocador e polêmico, cuja composição justificava os mal-entendidos gerados por sua leitura. Podemos defini-lo como um ensaio sobre a identidade nacional, que, como no caso de *La cabeza de Goliat* de Ezequiel Martínez Estrada, inspirado em outro país com uma forte cidade principal, tomava a capital para questionar formas de organização nacional. É possível que essa e outras semelhanças com o autor argentino não sejam coincidências, dado que Salazar Bondy morou cinco anos em Buenos Aires a partir de 1947, quando foi publicada a obra de Martínez Estrada, e recordava a partir dali ter "descoberto" o Peru, não o dos "hinos" e dos "símbolos", mas o "real": "um dos países mais famintos do mundo, um dos países mais colonizados, semicolonizados da América Latina, um dos países de

---

14. Sebastián Salazar Bondy, *Confidencia en alta voz*, Lima: Vida y Palabra, 1960, p. 59. [Lima, aire que tiene una leve pátina de moho cortesano,/ tiempo que es una cicatriz en la dulce mirada popular,/ lámpara antigua que reconozco en las tinieblas, ¿cómo eres?// Soy, como ayer, reina de huertos y baldíos/ porque mi orgullo todavía reposa en una almohada de plumas,/ y en el ocaso, gentes, árboles y oraciones/ descienden hasta los balnearios del sur como una ola de fantasmas,/ en tanto en las chinganas de adobe de los cerros/ la guitarra humedece con la melancolía del vals/ la pálida lujuria que suele pintar de gris la madrugada.// Lima, rostro que ha tallado en la niebla su gesto menos glorioso,/ color que se disuelve en el cielo como un azúcar mortecino,/ paz que se extiende entre una nube y una lágrima, ¿cómo eres?]

mortalidade infantil mais alta, um dos países mais tristes do mundo"[15].

Dali em diante, o "Peru real" o preocuparia cada vez mais à medida que suas ideias políticas foram se radicalizando, como ocorreu a boa parte da esquerda depois da Revolução Cubana, posição que ele tornou pública enfaticamente após sua visita à ilha em 1962. Sua resposta a "como és?" também se radicalizaria considerando "nossa cidade e sua atmosfera atual como sede de uma crise"[16].

Lima la horrible era uma expressão surrealista tomada de uma coleção de poemas de César Moro. A cidade, afirmava o ensaio, não era horrível no sentido estético como parecia sugerir seu título, mas causava horror do ponto de vista moral. Aludia a sua classe dirigente, apegada a imagens de um passado glorioso e idealizado, a "Arcádia colonial", da qual só restaram ruínas, mas que impregnava a cultura urbana e a produção cultural legitimada, constituindo um obstáculo para pensar uma cidade e uma sociedade novas capazes de incluir outras realidades sociais e culturais.

A série de imagens que acompanhava a publicação original traçava um percurso que ia da cidade dos séculos XVIII e XIX ao presente do habitar popular, com as áreas centrais empobrecidas ou as *barriadas* periféricas onde "se refuja mais de meio milhão de limenhos"[17]. As imagens reiteravam a ideia da cidade dual, cindida entre passado e presente, entre riqueza e pobreza, enquanto o texto constituía uma crítica radical à ideologia da "Arcádia colonial". Em ambos os casos, a cidade plural de Matos Mar ou a cidade moderna sonhada por Belaúnde não se faziam presentes. Além disso, diante dessas realidades urbanas que a obra não abordava frontalmente, o que restava em 1964 do passado colonial? Por que lhe atribuir tal centralidade? As inúmeras discussões geradas pela obra indicam que, nesse sentido, ela era obscura; revelava a necessidade e as dificuldades de pensar a cidade como totalidade num momento de mudança substancial. Contudo, podemos encontrar justificações da perspectiva escolhida por seu autor no próprio texto: Lima requeria uma nova utopia, e para poder construí-la ele devia antes destruir o arquétipo

Primeira publicação de John Turner sobre as *barriadas* limenhas numa revista de arquitetura. Capa da revista *Architectural Design*, agosto de 1963.

---

15. *Idem*, "Texto de la improvisación", 1965 (reproduzido em Alonso Alegría *et al.*, *Sebastián Salazar Bondy: homenaje 90 años*, Lima: Vallejo & Co, e-book, 2015, p. 25).
16. *Idem*, *Proceso*, n. 0, jan.-fev. 1964, citado por Gérald Hirschhorn, *op. cit.*, p. 118.
17. *Idem*, *Lima la horrible*, Ciudad de México: Editorial Era, 1964 (esta primeira edição foi a única que incluiu as ilustrações). Foi publicado em Lima nesse mesmo ano.

que a sustentava; o presente era o momento exato para isso, em razão das mudanças sociais e urbanas: "Em Lima, como romeiros de todo o Peru, as províncias se uniram e, graças a sua presença frequentemente desagregadora, reproduzem agora em multicolorida imagem urbana o duelo da nação: sua cisão abissal em duas sinas contrárias, em dois lados opostos e, dir-se-ia, inimigos"[18].

Dessa forma evidencia-se que o ensaio não ignorava as mudanças urbanas e sociais, mas pensava a partir delas. Para esse agudo conhecedor da história cultural de seu país, ainda que a política, a ciência e a cultura tematizassem as mudanças sociais e urbanas, estavam longe de configurar uma construção cultural capaz de fundar uma nova identidade urbana, tão sólida como a que Lima sustentara no passado.

Ao mesmo tempo, é necessário considerar que a obra não apostava na análise sociológica nem numa proposta futura, mas escolhia a crítica à ideologia, operação de contestação radical do caminho adotado pelas ideias de Salazar Bondy, desconsiderando opções de mudança gradual ou reformista. Quanto à política nacional, pouco antes das eleições de 1963 que levariam Belaúnde à sua primeira presidência, como outros membros do Movimento Social Progressista, manifestava seu ceticismo. *Lima la horrible* emerge, então, de um novo clima de ideias políticas que animou a reflexão cultural nos anos 1960, rompendo ou atenuando os vínculos e as alianças tecidos entre intelectuais, artistas e política na década anterior.

"Uma arquitetura que funciona"[19]

Em princípios dos anos 1960, construíam-se outros olhares sobre Lima a partir de novos climas de ideias, como o do debate arquitetônico internacional sobre arquitetura e sobre políticas habitacionais. Esse é o caso do arquiteto inglês John Turner, que trabalhou no Peru entre 1957 e 1965 e apresentou suas observações sobre as *barriadas* pela primeira vez em agosto de 1963, na revista norte-americana *Architectural Design*, com o título de "Dwelling Resources in South America" [Recursos habitacionais na América do Sul]. A partir dessa exposição, ampliada e refinada nas que se seguiram, Turner foi considerado um revolucionário nas formas de ver as relações entre moradia, gestão da habitação e usuários, levando os valores da autoconstrução ao centro do debate e desafiando as formas de intervenção tradicional por meio da ação estatal. Mas, se por um lado Turner se insere no cenário peruano que constituía um laboratório de ideias e propostas de moradias por vias não tradicionais, por outro, observa-se que sua originalidade não foi tão grande[20].

---

18. *Ibid.*, p. 8.
19. John Turner, "The Squatter Settlement: An Architecture that Works", *Architectural Design*, n. 8, 1968.
20. Ver Richard Harris, "A Double Irony: The Originality and Influence of John F. C. Turner", *Habitat International*, n. 27, 2003; Ray Bromley, "Perú 1957-1977: How Time and Place Influenced John Turner's Ideas on Housing Policy", *Habitat International*, n. 27, 2003.

A rigor, ele aprendeu com Lima, com suas *barriadas*, com a experiência estatal e com a produção acadêmica peruana: Turner foi um extraordinário comunicador – criou fórmulas de grande poder condensador, como *Housing is a Verb, Freedom to Build*, entre outras – e um fotógrafo agudo, capaz de "captar a imaginação dos arquitetos", mostrando as *barriadas* em termos de "drama visual", que difundiu suas ideias em revistas de arquitetura de língua inglesa, num momento em que a reflexão sobre a construção popular ou tradicional ganhava lugar como fonte de renovação da arquitetura moderna[21].

Chegou ao Peru convidado por Neira – a quem conhecera em 1950, no encontro dos Congressos Internacionais de Arquitetura Moderna (CIAM) em Veneza – para se incorporar ao escritório de Assistência Técnica às Urbanizações Populares que Neira formara em Arequipa, e foi ali que Turner teve seu primeiro contato com o tema da autoconstrução. Posteriormente, trabalhou nas *barriadas* limenhas com o antropólogo norte-americano William Mangin, diretor do programa de ajuda Peace Corps, que cunhou a expressão "a *barriada* como solução", consolidando em termos teóricos a orientação que técnicos e o Estado peruano estavam colocando em prática. Essa orientação tinha sido proposta havia mais de uma década pelas instituições pan-americanas com o exemplo porto-riquenho, e agora era avalizada pelas políticas da Aliança para o Progresso, que encontravam na autoconstrução assistida uma solução econômica para a casa popular nos países da região.

No caso de Turner, o mundo popular por ele reivindicado, em vez de um universo de formas, tipos e imagens, consistia numa série de ideias, processos e ações: era mais conceitual que objetual. Arquiteto, aproximava-se das *barriadas* com olhar de antropólogo e, como seus colegas peruanos, ali onde os analistas tradicionais só encontraram um vazio cultural, ele descobriria um mundo repleto de significado, governado por uma lógica própria e com uma capacidade de resposta notavelmente superior à que o Estado ou os técnicos podiam oferecer. *Housing for people* à frente de *housing by people*: assim ele resumia a alternativa oferecida pela *barriada*, que alcançava

> um nível mais elevado que o de numerosos distritos de Lima que se desenvolveram legalmente [...]. Isso significa [...] que os governos só podem dar uma contribuição efetiva apoiando os desamparados a fim de poderem fazer por si mesmos o que são capazes de fazer muito melhor [...] que as instituições públicas ou privadas[22].

Mas, a certa altura, seu discurso distanciava-se do debate peruano para estabelecer uma discussão sobre a habitação dos pobres nos países desenvolvidos: a experiência nas *barriadas* servia-lhe para mostrar que nos países subdesenvolvidos os pobres tinham maior liberdade – de autoescolha comunitária, de manejo de seus recursos e

---

21. A citação entre aspas é de R. Bromley, *op. cit.*, p. 275. Tradução da autora.
22. John Turner, "Problemas del hábitat", *Cuadernos Summa-Nueva Visión*, n. 29, jun. 1969, p. 9.

de configuração de seu entorno. O interesse por Kropótkin, pela veia anarquista de Patrick Geddes e pela defesa do trabalho manual de William Morris sustentava uma visão idealizada do mundo popular que destacava os componentes comunitários, libertários e autônomos, que Turner considerava o núcleo vital de toda ação de configuração do espaço para a vida humana. E, ainda que não fosse esse o setor de suas ideias que teve mais influência, contribuiu para sustentar o fascínio suscitado por seus textos. Para nosso tema, ele é relevante como leitura recortada e idealizada das *barriadas* de Lima, na qual a pobreza era reivindicada como crítica à riqueza, como um resgate das experiências da periferia capazes de corroer o centro.

Interseções e radicalizações

Em abril de 1970, a revista *Architectural Design* apresentava os resultados do concurso internacional Previ/Lima, projeto experimental de casas de baixo custo empreendido pelo Estado peruano e apoiado pelo Programa das Nações Unidas para o Desenvolvimento (PNUD) entre 1966 e 1968, durante a presidência de Belaúnde. O evento é bem conhecido entre os arquitetos como um marco na história das políticas e da arquitetura de moradias do segundo pós-guerra; as ideias difundidas por Turner o inspiravam.

Operação sofisticada e complexa, envolvia três projetos-piloto que deviam se desenvolver simultaneamente em Lima: desenho e construção de uma comunidade de 1.500 casas por meio de um concurso internacional do qual participavam arquitetos de ponta; desenvolvimento de técnicas de recuperação de unidades existentes; e planejamento racional de assentamentos espontâneos. Embora a prática só tenha sido realizada parcialmente no primeiro projeto, o conjunto apoiava-se no ensino da experiência das *barriadas*: a casa não era pensada como um objeto único e acabado, mas como uma série heterogênea de subproblemas.

O artigo da *Architectural Design* abria a publicação com uma imagem condensadora: uma fotomontagem que sobrepunha uma reunião dos participantes do concurso internacional com a *barriada* El Agustino, retirada de uma obra de Turner. A imagem mostra bem o modo como o Previ era pensado pela imprensa arquitetônica norte-americana, como uma operação de montagem cultural: sobreposição de centro e periferia, de instituições internacionais e governos locais, de saberes elevados e cultura popular. Nessa representação, o centro encarregava-se dos problemas da periferia, mas, apesar das ideias de Turner, ao mesmo tempo a dominava.

Vista a partir das políticas habitacionais peruanas, essa operação constituía um ponto de interesse particularmente para Belaúnde, que ao assumir a presidência em 1963 tinha voltado a manifestar sua preferência pelas unidades habitacionais, retomando sua execução. Enrique Ciriani, representante de uma nova geração de arquitetos modernistas formada na esteira do Espaço, projetou uma segunda etapa da unidade Matute e a primeira versão do exemplo de maior envergadura que

Previ. Fotomontagem publicada na revista *Architectural Design*.

monumentalizava a tipologia e suas imagens de uma moradia moderna para as classes médias: o Residencial San Felipe[23].

Entretanto, as *barriadas* continuavam sendo a modalidade principal de crescimento de Lima – consolidando as urbanizações periféricas ao norte e ao sul –, o tema portanto não podia deixar de receber atenção. E de fato o Previ procurava se encarregar dos problemas e das estratégias traçados pelas *barriadas*: os projetos resultantes configuravam uma unidade habitacional de novo tipo que, como as anteriores, se definia por seu tamanho controlado e pela presença de equipamentos coletivos, mas que incorporava traços-chave da habitação popular, como a moradia individual, a grande densidade (combinando baixa altura com alta ocupação do solo), usos flexíveis e possibilidades de crescimento e construção em etapas, materiais locais. Essas características eram a contrapartida das propostas modernistas concebidas entre os anos 1920 e 1950, ao mesmo tempo que discutiam a imagem arquitetônica ligada à política desenvolvimentista: podemos caracterizar o Previ como uma unidade habitacional terceiro-mundista – e assim foi entendida não só no Peru, como em amplos setores do debate internacional.

23. S. Kahatt, *op. cit*.

Num clima cultural de agitação terceiro-mundista, com seus conhecidos valores populistas, a referência positiva às *barriadas* produzia no Previ uma radicalização técnica e estética. Pouco depois, o veio político desse mesmo clima animado por um novo ator, as Forças Armadas, que sob a condução de Velasco Alvarado derrubaram Belaúnde em 1968, promovia uma radicalização política das estratégias estatais para as *barriadas*. As contínuas invasões pareciam demonstrar que os tempos das burocracias internacionais e os da realidade social eram claramente diferentes, o que colocava em dúvida operações sofisticadas como a do Previ.

Com efeito, a ditadura procurou no que denominou *pueblos jóvenes* um dos baluartes da revolução política e social que ela impulsionava, sobretudo tentando canalizar a ação política de massas no Sistema Nacional de Apoio à Mobilização Social (Sinamos). Ela promoveu assim as *barriadas* planificadas, como foi o caso de Villa El Salvador, que, a partir de uma planificação estatal hierarquizada e complexa, estabelecia uma base espacial para a organização autogerenciada da vida social. Dos 10 mil habitantes iniciais, abrigou 105 mil em 1973 e 160 mil em 1984, uma vez que também previa captar e concentrar ocupações futuras[24].

Nesses dois episódios (Previ e Villa El Salvador), a *barriada* era vista como uma solução: técnica e cultural, num caso; social e política, no outro. Ambos podem ser considerados condensadores do final de um ciclo iniciado nos anos 1950, mas também testemunhas da abertura de um novo ciclo que chega até o presente: o desenvolvimento da cultura urbana a que se referia Matos Mar em 1984, uma cultura na qual a ocupação se tornara um estilo.

---

24. Jean-Claude Driant, *Las barriadas de Lima: historia e interpretación*, Lima: Ifea; Desco, 1991, pp. 60-2.

São Paulo

A cidade encenada: teatro e culturas urbanas dissidentes

HELOISA PONTES

O artigo visa entrelaçar o pressuposto de que "as cidades e suas representações se produzem mutuamente", defendido por Adrián Gorelik, com a perspectiva de Richard Morse centrada na maneira pela qual o ambiente urbano é vivido e significado pelos agentes sociais[1]. Para tanto, vou me deter na cena teatral paulista entre os anos de 1958 e 1969 com o propósito de mostrar como a cidade de São Paulo foi descrita e experimentada na pena de alguns dos dramaturgos mais inventivos do período e nos personagens que eles criaram. Partilhando o argumento de Adorno, "a forma como um conteúdo social sedimentado", defendo a ideia de que essa dramaturgia foi um agente de produção de mudanças e uma caixa de ressonância das transformações que estavam ocorrendo em ritmo acelerado em São Paulo.

Arte social, arte coletiva, arte da representação, inseparável da vida urbana e da sociabilidade multifacetada, o teatro converteu-se, na metrópole paulista, em laboratório voluntário e compulsório dos sonhos acalentados pelas camadas médias e pelas elites. Ele deu forma a assuntos que pulsavam, antecipou comportamentos que se tornaram emblemáticos, construiu um repertório para enquadrar as transformações em curso. Quando a censura e a perseguição política aos setores de esquerda tornaram-se mais violentas com a ditadura militar instaurada em 1964, o palco virou um reduto da resistência, comprovando, assim, a tese de Schorske de que a dramaturgia é "a forma literária mais adequada à esfera da ação e, portanto, à ética e à política"[2].

---

1. Ver Adrián Gorelik, *Correspondencias: arquitectura, ciudad, cultura*, Buenos Aires: Nobuko, 2011, p. 138, e Richard Morse, "Ciudades 'periféricas' como arenas culturales (Rusia, Áustria, América Latina)", *in:* R. Morse; José E. Hardoy, *Cultura urbana latinoamericana*, Buenos Aires: Clacso, 1985.
2. Cf. Carl Schorske, *Viena fin-de-siècle: política e cultura*, São Paulo: Companhia das Letras, 1993, p. 40. A tese de Schorske ganha maior potência na análise de Christophe Charle sobre o alcance do teatro nas grandes cidades europeias do século XIX, nas quais as peças de sucesso difundiram novas representações sociais muito além das camadas que tinham acesso à literatura. Cf. Christophe Charle, *A gênese da sociedade do espetáculo: teatro em Paris, Berlim, Londres e Viena*, São Paulo: Companhia das Letras, 2012. Ver também o prefácio que escrevi para esse livro, "Introdução à edição brasileira: Sociedade em cena".

Vale do Anhangabaú. Região da zona central que era local de encontro dos estudantes no período, com o palacete Prates (à direita da foto), diante do qual localizavam-se o Theatro Municipal e a loja de departamentos Mappin. Fotografia: Domingos de Miranda Ribeiro/Acervo Instituto Moreira Salles.

Assim, não é aleatório que a sociedade (e a cidade) encenada nos palcos da metrópole encontrasse tamanha ressonância na sociedade real do público[3].

A mescla de condições objetivas e subjetivas criava um contexto propício para a expansão da cena teatral e para as atrizes, os atores e os escritores que sonhavam em fazer da dramaturgia uma profissão. Entre as condições objetivas, sobressaem os novos espaços de sociabilidade e de profissionalização que se abriam em São Paulo, as novas linguagens que se firmavam e as alterações profundas que se produziam na estrutura social e demográfica da cidade[4]. Em menos de três décadas, a população de São Paulo quintuplicara, passando dos 579 mil, cifra registrada em 1920, para 2,198 milhões habitantes na década de 1950.

A consequência da urbanização acelerada era a crença partilhada no futuro e não a percepção dilacerada de um universo social fenecente[5], como dá a ver a dramaturgia de maior fôlego levada à cena nas décadas de 1950 e 1960. Entre as estreias de *Eles não usam black-tie* (1958), *Os ossos do barão* (1963), *À flor da pele* (1969) e *Fala baixo senão eu grito* (1969), transcorreram apenas onze anos. Mas do ponto de vista das relações entre cultura e sociedade, das representações sobre a cidade e do aquecimento da conjuntura política, esse curto período tem uma temporalidade alargada e incandescente. Antenada com as transformações em curso, a cena teatral paulista abrigou o adeus à civilização do café e exaltou a sociedade urbano-industrial. Nos palcos da cidade, ganharam tratamento renovado as vicissitudes dos setores médios, o impacto da vida urbana nos costumes e nas relações familiares, a experiência da classe operária, a ascensão dos imigrantes, as alterações nas relações de gênero.

Eles não usam black-tie, de Gianfrancesco Guarnieri (1934-2006), e *Os ossos do barão*, de Jorge Andrade (1922-80), sintetizam representações inquietantes de uma sociedade em fogo morto sobre a qual sobrevinha a lufada de energia dos grupos emergentes. Enquanto Jorge Andrade remexeu as feridas dos abastados de ontem e encenou, em registro cômico, as relações ambivalentes das famílias de elite com os imigrantes enriquecidos, Guarnieri fabricou uma classe operária povoada pelo ideário dos setores médios em ascensão. A expansão da metrópole espicaçou a imaginação social, criou linguagens, produziu novas utopias.

---

3. Para o aprofundamento desse pressuposto, enfeixado pela relação entre cidade, teatro, público e sociedade, ver Erich Auerbach, "La cour et la ville", *in:* E. Auerbach, *Ensaios de literatura ocidental*, São Paulo: Duas Cidades; Editora 34, 2007; Carl Schorske, "Grace and the Word: Austria's Two Cultures and Their Modern Fate", *in:* C. Schorske, *Thinking with History*, Princeton: Princeton University Press, 1998; Christophe Charle, *Théâtres en capitales*, Paris: Albin Michel, 2008, e *A gênese da sociedade do espetáculo, op. cit.*, e Heloisa Pontes, *Intérpretes da metrópole*, São Paulo: Edusp/Fapesp, 2010.
4. Para uma análise densa das novas linguagens gestadas em São Paulo nesse período, ver Maria Arminda do Nascimento Arruda, *Metrópole e cultura, São Paulo no meio século xx*, Bauru: Edusc, 2001.
5. Cf. Gilda de Mello e Souza, "Teatro ao sul", *in:* G. M. e Souza, *Exercícios de leitura*, São Paulo: Duas Cidades, 1980, p. 110.

O morro do Rio de Janeiro como espaço da utopia paulista de esquerda

Eles não usam black-tie, encenada pelo Teatro de Arena em 1958, alude à indumentária de gala dos espectadores que frequentavam a companhia de maior projeção no período, o paulistano Teatro Brasileiro de Comédia[6]. No *smoking* sobressaíam as insígnias vistosas da ostentação burguesa, rechaçada pelo público jovem, levemente desalinhado e afinado com o polo mais à esquerda do campo teatral: o Teatro de Arena e o Teatro Oficina. Sucesso estrondoso de público, a peça de Guarnieri ficou um ano em cartaz e alimentou os sonhos de uma geração sobre o potencial da cultura na transformação e reordenação das relações sociais. Por seu intermédio, a classe operária entrou pela primeira vez na cena teatral paulista, com o forte do drama de uma família tensionada pela greve, pelo conflito de gerações e pela luta de classes. Seu eixo dramático gira em torno do embate entre o pai operário (Otávio), convicto de sua lealdade à classe trabalhadora, e o filho (Tião), que vive a greve como um entrave às suas expectativas de mobilidade social. A narrativa cortante transita entre o ambiente doméstico e as vicissitudes do embate político-sindical, permeada pelo enfrentamento entre os operários, o patronato e a polícia. Enquanto a armação e o desfecho da greve alicerçam o andaime narrativo, o conflito entre pai e filho rompe a solidariedade do grupo e fisga a emoção do espectador. O fio da tensão em cena, escorado na resistência do filho à greve, fortalece-se no plano cênico pelo fato de que a mulher dele (Maria) está grávida. Tal circunstância matiza e quase justifica sua conduta, como se a paternidade virtual se sobrepusesse aos deveres filiais do jovem operário. A adesão do público às razões invocadas pelo filho encontra, assim, um respaldo no caráter multifacetado do conflito.

O confronto entre a ética coletivista e a atitude individualista é o combustível que move tanto os mais velhos – identificados por inteiro com a greve – quanto os jovens que vislumbram a chance de se livrar das servidões da classe operária. Na verdade, o desfecho dilacerante da disputa não salva ninguém e faz os protagonistas pagarem de algum modo. A intolerância paterna sinaliza a rigidez da integridade; a insubordinação filial traz respiro a constrições até então inquestionáveis. Instado a deixar a casa da família e o microcosmo social onde se encontram os pais, os amigos e a mulher, o filho experimenta a condenação e o sacrifício que desarrumam as expectativas de correção política, ao mesmo tempo que mostram, pelo tamanho do desacerto de sua conduta, que não há salvação fora do destino coletivo. O projeto de mobilidade está condenado à solidão e ao rechaço dos iguais, embora o risco de agir de modo voluntarista acenda um pavio de esperança. As cenas coloquiais, na intimidade doméstica, alternam-se com os piques de tensão entre os personagens, registros que garantem a fluência do relato e conferem verdade ao drama.

Para dar verossimilhança à experiência social de uma classe que não era a sua, o dramaturgo Gianfrancesco Guarnieri mesclou o imaginário de sua geração, alimentado

---

6. Ver Gianfrancesco Guarnieri, *Eles não usam black-tie*, Rio de Janeiro: Civilização Brasileira, 2001.

pela militância política no Partido Comunista, à memória por procuração. E fixou o drama da família operária no morro de Rio Janeiro, símbolo e reduto, na época, do "autenticamente" popular, alimentado pela música e pelo cinema novo. Ao atiçar as disposições messiânicas de um público universitário, a ressonância política da peça é eloquente também em relação ao imaginário que circunscrevia o poder de contestação das metrópoles brasileiras. Que a utopia política do polo cultural mais à esquerda, no final dos anos 1950, tenha projetado o drama da classe operária no morro carioca redobra o alcance da formulação de Gorelik, citada no início do artigo: "as cidades e suas representações se produzem mutuamente".

Assim, mais importante que conferir a exatidão da correspondência das representações simbólicas com o substrato material de onde derivam, parece ser entender as razões e o modo como os grupos sociais projetam e inscrevem suas utopias nas cidades reais e imaginárias. Vinte anos depois da estreia da peça, o cenário das lutas operárias migrou do morro carioca para a região do ABC paulista – palco das greves metalúrgicas do final dos anos 1970 e espaço de formação das lideranças sindicais, entre elas, Luiz Inácio Lula da Silva. Ancorada no protagonismo da classe operária, a força do real deu lastro renovado ao conjunto das representações simbólicas que enfeixaram a produção cultural, como atesta o filme *Eles não usam black-tie*, lançado em 1981. Ao trasladar o ambiente da trama para um bairro operário da região do ABC, o cineasta Leon Hirzsman revigorou a força da peça de Guarnieri, a crueza dos personagens, a ferocidade dos conflitos. Enquanto a peça se passa inteira num barraco do morro carioca, o filme alterna cenas no interior da casa com tomadas externas no bairro operário, ora envolvendo os grevistas e a repressão, ora a conversa amorosa de Tião e Maria na rua, ora o rompimento final entre pai e filho.

Imigração e imaginação na metrópole

Ao contrário do que aconteceu em Buenos Aires e Nova York, com a afirmação dos filhos mais talentosos da segunda geração de imigrantes na cena literária e na crítica cultural, em São Paulo os imigrantes foram antes de tudo objeto dos escritores "nacionais". Assim, enquanto em Nova York Saul Bellow (1915-2005) via-se às voltas com a dúvida lancinante sobre se tinha ou não direito de ser um escritor, em razão de seu "sangue judeu e imigrante", e Roberto Arlt (1900-42), em Buenos Aires, insurgia-se contra os limites impostos pela tradição literária de cepa *criolla*, negando e a um só tempo afirmando "as vantagens da privação", decorrentes da origem estrangeira, em São Paulo, com exceção de Menotti del Picchia (1892-1988), que nunca ultrapassou o segundo time dos modernistas locais, havia uma espécie de monopólio linguístico da escrita em modulação culta, por parte dos escritores brasileiros[7]. Razões sociais e

---

7. A citação de Saul Bellow encontra-se em *Letters*, New York: Viking Press, 2010. Ver também Ricardo Piglia, "O urso: as cartas de Bellow e o diário de Stendhal", *Ilustríssima*, suplemento da *Folha de S.Paulo*,

simbólicas explicam a presença em ascensão dos imigrantes na cena literária de Buenos Aires e de Nova York e sua ausência em São Paulo[8].

Os filhos dos imigrantes só ganharam cidadania no plano da cultura paulista com a consolidação da Universidade de São Paulo e das instituições de ponta que os abrigaram, entre elas as companhias de teatro que se firmaram nos decênios de 1940 a 1960. Ausentes até então da cidade letrada e de suas instâncias de consagração, retratados pelos escritores brasileiros em tom exótico e, por vezes, depreciativo, eles entraram em cena como intérpretes e também como assunto arejado na pena de Jorge Andrade. O casamento do dramaturgo com Helena Almeida Prado permitiu-lhe entender por dentro, graças à intermediação do avô de sua mulher, "o verdadeiro orgulho paulista, de gente enraizada na história, de pessoas que entram no Museu do Ipiranga e reconhecem nos retratos e quadros parentes seus e, nos móveis e objetos, pertences de família"[9].

Uma parte desse conhecimento será convertida em matéria-prima de sua peça de maior sucesso, *Os ossos do barão*, encenada em 1963 pelo Teatro Brasileiro de Comédia[10]. Pela repercussão alcançada e por oferecer um exemplo eloquente das transformações na paisagem social e urbana da metrópole, e, em particular, na composição das famílias de elite, a peça pode ser lida como um documento da imaginação social transfigurada em chave literária e teatral. Seu enredo é simples. O personagem principal, o imigrante italiano Egisto Ghirotto, chegou ao Brasil com dez anos para trabalhar numa fazenda de café, de propriedade do barão de Jaraguá. Apesar de nunca ter estudado, conseguiu economizar uma parte da renda exígua com o esforço do trabalho e beneficiou-se da crise econômica de 1929 que levou à falência a família de seu patrão. Em São Paulo, para onde se mudou com a mulher, também italiana, Egisto fez fortuna no ramo da tecelagem, o que lhe possibilitou comprar a casa que pertencera ao barão de Jaraguá, incluindo a capela onde estavam guardados seus restos mortais. O fascínio de Egisto pela família de seu antigo patrão inscrevia-se nos objetos que manteve na decoração da casa, entre eles os retratos do barão e da baronesa, pendurados na sala de visitas.

A peça inicia-se na manhã em que Egisto completa quarenta anos de residência no Brasil. Para celebrar a data, ele anuncia nos jornais paulistanos que venderia a capela juntamente com o jazigo onde estão depositados os ossos do barão de Jaraguá. O

---

20 maio 2011, p. 7. A citação sobre Arlt é de Beatriz Sarlo, *Modernidade periférica: Buenos Aires, 1920-1930*, São Paulo: Cosac Naify, 2010, p. 94.

8. Para um desenvolvimento desse argumento, ver Heloisa Pontes, "Ciudades e intelectuales: los 'neoyorquinos' de *Partisan Review* y los 'paulistas' de *Clima*", *Prismas*, n. 8, Buenos Aires: Universidad Nacional de Quilmes, 2005, e Sergio Miceli, *Vanguarda e retrocesso*, São Paulo: Companhia das Letras, 2012. Ver também Sergio Miceli; Heloisa Pontes (orgs.), *Cultura e sociedade. Brasil e Argentina*, São Paulo: Edusp, 2014.
9. Jorge Andrade, *Labirinto*, Barueri: Manole, 2009, p. 221.
10. Jorge Andrade, "Os ossos do barão", *in:* J. Andrade, *Marta, a árvore e o relógio*, São Paulo: Perspectiva, 1986.

primeiro ato da peça dá sequência ao bem-sucedido plano de Egisto. Atraídos pelo anúncio, os descendentes do barão dirigem-se à casa de Egisto com a intenção de comprar a capela e reaver os ossos do antepassado ilustre. O anúncio, porém, era só um chamariz utilizado por Egisto para realizar o desejo secreto de casar seu único filho, Martinho, um rapaz bonito e bem-educado, com Isabel, a bisneta do barão de Jaraguá, cuja ascendência remontaria a Martins Afonso de Sousa, nobre português que fundou a primeira vila do Brasil, em 1532. A menção à genealogia do barão de Jaraguá e o empenho de seus descendentes em realçar a nobreza da linhagem dão vigor às peripécias da peça. Essa autopromoção, a um só tempo mítica e complacente, é uma prática corrente entre as famílias paulistas autonomeadas "quatrocentonas". Mesmo quando arruinadas financeiramente, elas não perdem a pose e não medem esforços para se retratarem como descendentes diretas da nobreza portuguesa.

Indignado com o anúncio que Egisto Ghirotto pusera no jornal e preocupado com a obsessão dele pela família do barão, o filho discute com o pai. Egisto esclarece que está acertando contas. Ele quer pagar uma dívida contraída com o barão e, ao mesmo tempo, cobrar outra que o barão lhe devia. Dívida de dinheiro e dívidas simbólicas, já que a sua intenção mais profunda é constituir o que ele chama de uma "verdadeira família brasileira". Isto é, unir o sobrenome italiano e a fortuna que adquirira com muito trabalho à tradição e à genealogia da família do barão. Única maneira, a seu ver, de angariar o prestígio que a fortuna, por si só, não lhe trouxera, para, enfim, se livrar do estigma de "carcamano" – termo pejorativo aplicado aos imigrantes italianos. Depois de uma série de quiproquós, típicos da comédia teatral, Egisto vê seu desejo realizado. Martinho casa-se com Isabel, a bisneta do barão, e ambos têm um filho batizado com os sobrenomes das duas famílias.

O êxito da peça junto ao público de São Paulo tem a ver com a maneira pela qual esse enredo esquemático é preenchido com observações, comentários e réplicas cortantes a respeito de temas caros às famílias de elite, que fascinam também as famílias de classe média com pretensões de distinção social, tais como sobrenome, herança, tradição, projeção, descendência, dinheiro e *status*. Emitidos em registro sério pelos personagens e apreendidos aos risos pela plateia, segundo a crítica teatral da época, esses comentários dão o tom e o sabor da peça. O descompasso aparente entre a sociedade real, do público, e a sociedade encenada no palco deixa entrever a farsa socialmente construída sobre o lugar dos nomes e dos sobrenomes na manutenção dos privilégios simbólicos garantidos pela ficção familiar[11].

Assim, não é aleatório que as negociações e os embates entre as famílias retratadas em *Os ossos do barão* se passem no espaço doméstico e que a cidade de São Paulo, apesar de ser vista de esguelha na peça, seja mais que um elemento alusivo do cenário. São

---

11. Ficção no sentido que Bourdieu confere ao termo quando afirma que a família é "um artefato social, uma ilusão no sentido mais comum do termo, mas uma ilusão bem fundamentada, produzida e reproduzida com a garantia do Estado". Cf. Pierre Bourdieu, "O espírito de família", *in:* P. Bourdieu, *Razões práticas: sobre a teoria da ação*, Campinas: Papirus, 1996, p. 135.

Paulo associa-se à memória das famílias tradicionais de elite, ao passado das fazendas onde por muito tempo habitaram e exerceram o mando, às casas em que residem no presente, aos álbuns em que depositam seus retratos, à domesticidade atrelada aos espaços de circulação e de exibição pública de sua importância. Sem a cidade de São Paulo, o enredo da peça, marcado pela competição, pelo conflito e pela ambivalência com os imigrantes enriquecidos – típicos das relações entre "estabelecidos" e "*outsiders*" – não teria alcançado tamanho sucesso[12]. Maior triunfo de bilheteria de toda a história do Teatro Brasileiro de Comédia, a peça ficou um ano e meio em cartaz e foi vista por mais de 150 mil pessoas, entre 1963 e 1964[13].

Mariazinha e Verônica: classe e gênero nos palcos da metrópole

Cinco anos depois, em 1969, *Fala baixo senão eu grito*, de Leilah Assumpção, e *À flor da pele*, de Consuelo de Castro, estrearam na cidade. A coincidência da data não é casual. Ela registra o início da autoridade cultural das mulheres na dramaturgia, um domínio até então masculino[14]. A novidade era dupla: de gênero e de procedência cultural e institucional. Da "inquieta república de que a faculdade da rua Maria Antônia era um dos centros de irradiação" – segundo a imagem precisa de Antonio Candido para se referir à Faculdade de Filosofia, Ciências e Letras da Universidade de São Paulo, antes de sua transferência para o *campus* universitário –, vieram alguns dos nomes mais expressivos da "nova dramaturgia", entre eles Consuelo de Castro e Leilah Assumpção, que tinham na época 23 e 26 anos, respectivamente[15].

Marcada por uma estreita articulação entre cultura e política, a cena teatral estava naquele momento a léguas de distância da dramaturgia que dera o tom nos anos de 1950[16]. A criação do Teatro de Arena, em 1953, do Teatro Oficina, em 1958, e do Centro Popular de Cultura (ligado à União Nacional de Estudantes), em 1961, foi acompanhada pela expansão do público jovem, universitário e de esquerda e pela afirmação dos autores nacionais[17]. Com a nova composição social do palco, o teatro vocalizou a "relativa hegemonia cultural da esquerda". Ele era um dos termômetros a medir a alta temperatura cultural do país, que estava, nas palavras de Roberto Schwarz, "irreconhecivelmente inteligente", apesar da ditadura militar instaurada em 1964 e da ampliação das forças repressivas e das perseguições políticas a partir de 1968[18].

---

12. Cf. Nobert Elias; John Scotson, *Os estabelecidos e os outsiders*, Rio de Janeiro: Zahar, 2000.
13. Ver Alberto Guzik, TBC: *crônica de um sonho*, São Paulo: Perspectiva, 1986, p. 213.
14. Cf. Elza Vicenzo, *Um teatro da mulher: dramaturgia feminina no palco brasileiro contemporâneo*, São Paulo: Edusp/Perspectiva, 1992.
15. A citação encontra-se em Antonio Candido, "À flor da pele", *in:* Consuelo de Castro, *Urgência e ruptura*, São Paulo: Perspectiva; Secretaria do Estado da Cultura, 1989, p. 525.
16. Sobre a articulação cultura e política no período, ver Marcelo Ridenti, "Caleidoscópio da cultura brasileira", *in:* S. Miceli; H. Pontes (orgs.), *op. cit.*, 2014.
17. Cf. Marcos Napolitano, "A arte engajada e seus públicos, 1955-1968", *Estudos Históricos*, n. 28, 2001.
18. Roberto Schwarz, *O pai de família e outros estudos*, Rio de Janeiro: Paz e Terra, 1978, p. 69.

Manifestações estudantis contra a ditadura militar, São Paulo, 1968.

O teatro acompanhou de perto a ferocidade do regime militar e sempre que possível contornou a censura com o recurso da burla e da linguagem cifrada. Os censores não davam trégua, mas, ainda assim, deixaram passar assuntos e maneiras inusitadas de abordá-los, ao que tudo indica por incapacidade e cegueira para perceber a novidade em curso, como as trazidas pelas peças de Leilah Assumpção e Consuelo de Castro, que miraram as experiências desconcertantes das protagonistas femininas e os impasses de toda ordem que as condensavam – materiais, profissionais, sexuais, éticos. Mas, em lugar de encapsularem as personagens no quadro estreito da chamada condição das mulheres, elas encenaram *relações de gênero*, materializadas nos objetos, no par amoroso, nos estilos de feminilidade e masculinidade. Por isso, foram corporificadas também pelas personagens masculinas que a um só tempo atiçavam a libido, solapavam as balizas correntes do relacionamento amoroso e escancaravam os limites no mundo social em transformação convulsa retratado nos palcos.

Fala baixo senão eu grito e *À flor da pele* arriscaram inovações substantivas em diversas frentes e dimensões. Constituíram as protagonistas femininas em sujeito da ação, no retrovisor das projeções do espectador, no móvel dos dilemas éticos. Fizeram com que a temática feminina invadisse o cerne da trama e se convertesse no filtro privilegiado das mudanças sociais em curso, prensadas entre o desgaste dos modelos tradicionais de classe e de gênero, o influxo de energias represadas, o acerto de contas com as utopias e os desacertos políticos do passado recente. Deslocaram a urgência da transformação para o plano das relações amorosas, ecoando experiências de vida que pouco tempo depois seriam abordadas com radicalidade pelo movimento feminista e diluídas pela mídia, em especial pela televisão.

Peça de um único ato, *Fala baixo senão eu grito*, de Leilah Assumpção, é protagonizada por Mariazinha, moça modesta e bem-comportada, que retira o sustento do trabalho diário, mora num quarto de pensão e contorna a solidão com o auxílio da televisão, dos devaneios e das conversas em voz alta com os objetos que compõem o mobiliário de seu quarto, decorados com balões e laçarotes do mesmo tipo que usava para enfeitar seus cabelos na hora de dormir. Virgem, tida já como "solteirona", Mariazinha é surpreendida uma noite com a entrada de um homem armado em seu quarto na pensão. Se real ou fictícia, não sabemos (e esse é um dos grandes trunfos da peça). Mas não restam dúvidas de que o acontecimento insólito precipita um passeio imaginário pela cidade, feito com o recurso da alucinação, do diálogo crispado, do desmonte da contenção e da convenção.

Temerosa e recatada de início, furiosa e convulsionada ao final, Mariazinha grita, fala palavrão e recua quando o intruso diz que só a levará ao apartamento dele se for para "trepar" e não para ouvir disco ou aguentar a "ondinha" dela. Impiedoso, ele diz: "E você acha que o bonitão aqui vai perder tempo com um bagulho como você?". Descontrolada, ela insiste que é "inteligentíssima, independente, intelectual bonita" e, aos gritos, suplica-lhe: "Minta! Minta! Minta! Que é um solitário, que talvez se case comigo. Eu sou boa de cama! Mente que quer casar comigo"[19].

À medida que Mariazinha solta a voz e explicita os desejos recalcados, ela e o homem – sem nome definido na peça – passam a quebrar com fúria todos os objetos do quarto. E só param quando a angústia entrelaçada à alucinação instala-se como sentimento dominante. O homem anuncia, então, que vai embora e que a arrastará com ele. Tremendo, desesperada e balbuciante, ela diz que não, enquanto os laçarotes que emolduram os móveis e seus cabelos se desfazem ao som do estouro de balões, do ruído crescente do rádio e da televisão. Segue-se um silêncio denso, quebrado pela voz de uma mulher, vinda de fora, anunciando o adiantado da hora, que levará Mariazinha a perder o ponto. Ela desperta aos berros. Pede socorro, chama a polícia e grita que tem um ladrão dentro do quarto. Fim da peça.

Ao contrário de Mariazinha, Verônica, a protagonista de *À flor da pele*, de Consuelo de Castro, é jovem, sexualmente liberada e não tem dúvida sobre o seu impacto na vida dos que lhe são próximos. Rica e bem-nascida, ela quer ser atriz. Gosta de escrever, de dançar, de sapatinho italiano, de roupas francesas, de passar os dias na piscina, de tomar uísque escocês, de se insurgir contra o mundo burguês do qual faz parte. Gosta especialmente de namorar o professor de dramaturgia, com quem mantém há três anos uma intensa e conturbada relação amorosa. Vinte e dois anos mais velho que ela, ex-militante do Partido Comunista, o professor e amante sonha com o teatro, mas tira seu sustento das novelas medíocres, espichadas a contragosto por pressão da televisão.

No decorrer da obra, Verônica apronta todas com o suporte da irreverência, da ironia temperada com melancolia e da recusa das convenções. Na peça que está escrevendo com o amigo da faculdade – e que não chega a ser montada – a intenção de

---

19. Cf. Leilah Assumpção, "Fala baixo senão eu grito", in: L. Assumpção, *Onze peças de Leilah Assumpção*, Rio de Janeiro: Casa da Palavra, 2010, p. 149.

ambos é incendiar a televisão, a família, os preconceitos de raça, o conceito de certo e errado. Não querem governo de espécie alguma, nem proletariado, nem burguês, nem católico. "Não vai sobrar nada" – avisa-nos Verônica. A arma? O humor cáustico e desativado. Ofélia finge-se de louca na versão "totalmente porra-louca de Hamlet" que eles estão escrevendo. Shakespeare é só o começo. Pretendem liquidar também com Sófocles. "No que o Édipo descobre que comeu a própria mãe, não fica desesperado, não, fica felicíssimo. Começa a ler Freud para justificar o incesto. Pede a mãe em casamento e se casam na Catedral da Sé, cantando: "mamãe, mamãe, mamãe, tu és a razão dos meus dias" – esclarece Verônica[20].

Os desejos de Verônica, ao contrário dos de Mariazinha, passavam longe do casamento e da família. Seu tormento tinha pouco a ver com a sexualidade. Nesse domínio parecia realizada. O que a dilacerava eram os ciúmes que sentia do amante, a tensão que modulava a relação de ambos, a recusa obstinada do estilo e dos desígnios da feminilidade convencional. Seu último ato na peça é um pedido mudo de socorro, precedido pela certeza de sua inutilidade. Em meio a mais uma discussão crispada com o amante, ela decreta a falência de tudo: da relação de ambos, da família, do progresso, da civilização, enquanto atira os livros, a máquina de escrever e os papéis ao chão. Em seguida, berra e cai gemendo como um animal.

Assustadíssimo, o professor e amante a abraça e ela se deixa beijar; de início como uma menina e depois como uma mulher adulta e decidida. Animada, ela lhe propõe que faça naquela noite tudo o que ela pedir, começando pelo ensaio do finalzinho da peça que ela terminara de escrever com o amigo da faculdade. Ele fará uma das personagens e ela, a outra, mas a direção da cena desta vez será dela. Séria e convicta, ela o instrui para ficar de costas, quieto, sem emitir nenhum juízo crítico como é de seu feitio, por personalidade e dever de ofício (professor de dramaturgia e escritor de novela). A deixa para ele se virar e entrar em cena – no papel de Hamlet, no momento em que o príncipe dinamarquês monologa sobre ser ou não ser – será um gemido de dor, que ela, no papel de Ofélia, emitirá como se estivesse sendo esfaqueada. Obediente, ele segue a orientação. Enquanto ela, com os olhos vidrados como se estivesse mirando fixamente o público, menciona a inutilidade de sua violência e a vontade de partilhar da única tarefa que lhe parece ter ainda algum sentido: incendiar o lixo que tomara conta de tudo. Mas nem isso está mais ao seu alcance. "Há um espião em mim que não consente que eu viva."[21] O duplo suicídio, da personagem e da atriz, diante da plateia imaginária e de costas para a personagem interpretada pelo amante, encerra a peça.

Mariazinha e Verônica condensam uma parte importante da experiência social das mulheres no período. Verônica é produto da metrópole e seu drama, a um só tempo pessoal e de classe; encerra-se na domesticidade do apartamento onde se encontra

---

20. Cf. Consuelo de Castro, *op. cit.*, p. 163.
21. *Ibid.*, p. 183.

Estudantes durante a ocupação da Faculdade de Filosofia, Ciências e Letras da Universidade de São Paulo, na rua Maria Antônia, São Paulo, no período tenso que antecede a invasão do imóvel pela polícia e o AI-5 em 1968.

com o amante, ensaia para ser atriz, vive o dilaceramento, afirma-se como jovem liberada. Mariazinha, por sua vez, expressa o diapasão das restrições sociais e psíquicas da classe média rebaixada, materializadas nos objetos e nos móveis de seu quarto, com os quais ela conversa, pede e concede bênção, compartilha o desconcerto diante do mundo. Para ela, a cidade é o cenário do dia a dia do trabalho repetitivo, mas também aceno de uma vida mais livre, sugerida pelo passeio noturno imaginário pela cidade, na companhia do homem que invade o pensionato, enquanto ambos giram alucinadamente ao redor do quarto. Num dos momentos mais pungentes da peça, ela menciona "o viaduto, o bar, o viaduto, o bar, o Municipal". Em seguida, como se estivesse encurralada, grita: "O viaduto! O viaduto! O viaduto aqui na minha frente! O viaduto"[22]. O desejo cifrado do suicídio é desfeito e estancado com a palavra para-raios (o Mappin) e a lembrança súbita das obrigações, simbolicamente enfeixadas no pagamento da prestação que ela contraíra junto à loja de departamentos mais conhecida de São Paulo na época.

Vistas de relance, Mariazinha e Verônica são muito diferentes. Mas quando examinadas de perto, à luz das novas experiências e dos novos desafios que se abriram no plano da sexualidade, na vida pública e no rearranjo das relações de gênero, elas parecem ser a face e a contraface uma da outra. Ambas são impensáveis sem o esgarçamento em curso dos estilos dominantes de feminilidade e de família e sem a experiência fervilhante da metrópole. São Paulo aparece nas peças por intermédio das ruas,

---

22. Leilah Assumpção, *op. cit.*, p.154.

logradouros e instituições que aglutinam o imaginário na época sobre os prazeres perigosos e transgressivos da cidade: as ruas Augusta, Aurora e Consolação, o Theatro Municipal, a Faculdade de Filosofia, o Mappin. O leque social dessa geografia urbana abarca os espaços de circulação e sociabilidade da juventude, do sexo pago com dinheiro, da cultura da elite, do saber contestatório e do consumo conspícuo resumido na primeira loja de departamentos da cidade, o Mappin, inaugurada em 1913[23].

No final dos anos 1960, o Mappin virou uma presença obrigatória na trilha urbana dos jovens politizados de classe média, em luta aberta contra a censura e a ditadura. Sua localização era estratégica: em frente ao Theatro Municipal, bem no "olho" da cidade. Além dos espetáculos culturais montados para as elites, o teatro abrigava em suas escadarias comícios variados. "Os conchavos, os pré-conchavos e o conchavo dos conchavos", que antecediam os comícios e o deslocamento dos jovens em direção ao Theatro Municipal, eram finalizados nas portas de entrada do Mappin[24]. Ali decidiam a política, fruíam a sociabilidade, partiam e chegavam da Faculdade de Filosofia, da Biblioteca Municipal, dos bares, dos cafés e dos teatros localizados nas imediações. Segundo Consuelo de Castro, "havia uma cumplicidade entre o espaço e as pessoas. A cidade era nossa. Havia também uma sensação de que ela nos esconderia, de que ela era segura". Esse sentimento de pertencimento, de intimidade com o espaço público, foi rompido com a ditadura. "Ela tirou essa sensação da gente" – nas palavras da dramaturga[25].

Transcrição mediatizada dos valores e da visão dos dramaturgos que apostaram as fichas na cultura como meio privilegiado de transformação das relações sociais, as peças abordadas neste artigo permitem recuperar a reelaboração dramática à luz das injunções de classe e de gênero, e das transformações urbanas que enredavam os personagens, seus inventores, a sociedade em cena e a sociedade real do público. Neste contexto, o teatro forneceu repertório para o desenho de novos sujeitos e novos regimes de enunciação; alimentou o imaginário social e as representações sobre a metrópole em expansão; converteu a cidade em "lugar de germinação, de experimentos e de combate cultural", nos termos de Morse[26].

O teatro como arena cultural, ao encenar a cidade que lhe deu assunto e vigor, ecoou em registro cênico a observação notável do sociólogo Robert Park:

> [...] a cidade é a mais consistente e mais bem-sucedida tentativa do homem de refazer o mundo em que vive a partir do desejo do seu coração. Mas, se a cidade é o mundo que o homem criou, ela é também o mundo no qual ele está doravante condenado a viver.

---

23. Para uma análise do Mappin, desde a perspectiva da história social, ver Maria Claudia Bonadio, *Moda e sociabilidade: mulheres e consumo na São Paulo dos anos 1920*, São Paulo: Senac, 2007.
24. A citação é de Consuelo de Castro no depoimento audiovisual concedido a Daisy Perelmutter e Luís de Carvalho para o projeto "Memória oral da Biblioteca Mário de Andrade", 2006, p. 48.
25. *Ibid.*, p. 9.
26. Richard Morse, *op. cit.*, p. 39.

Assim, indiretamente, e sem qualquer clareza da natureza de sua tarefa, o homem refez a si mesmo fazendo a cidade[27].

Se Park estiver certo, então, como mostra David Harvey, a "questão sobre qual tipo de cidade queremos não pode estar divorciada da questão sobre qual tipo de pessoas desejamos ser, quais tipos de relações sociais buscamos, qual relação nutrimos com a natureza, qual modo de vida desejamos"[28]. E isso, como procurei mostrar ao longo do artigo, enfeixou não só a utopia da cidade encenada nos palcos da metrópole nos anos 1960, quanto o fim do ciclo do teatro moderno paulista. A partir das montagens, pelo Teatro Oficina, de *O rei da vela* (1967) e *Roda viva* (1968), rompe-se com o projeto político e estético ligado ao ideário nacional-popular (praticado pelo Teatro de Arena) e incorporam-se o *happening*, a antropofagia de Oswald de Andrade e a criação coletiva como substituto do conceito de companhia teatral. Outra será a cidade que abrigará as proposições cênicas, as transformações urbanas e as utopias advindas do fim desse ciclo.

---

27. Robert Park, *On Social Control and Collective Behavior*, Chicago: Chicago University Press, 1967, p. 3.
28. David Harvey, *Rebel Cities: From the Right to the City to Urban Revolution*, New York: Verso, 2012, p. 4.

Santiago

A capital da esquerda

GONZALO CÁCERES

Introdução

Pablo Milanés evocou-a comovido: Santiago ensanguentada. A cidade leve e alegre que Régis Debray recordou com nostalgia tornou-se triste e assassinada, como sustenta uma poesia premonitória de Pablo Neruda[1]. A tragédia chilena, uma das caracterizações que aproximaram intelectuais e políticos como Paul Sweezy, Ralph Miliband ou Enrico Berlinguer, teve na cidade seu rosto urbano[2].

Ao fracasso de uma transição pacífica ao socialismo (1970-1973), é necessário agregar outro acordo por parte das principais vozes da esquerda ocidental: ninguém podia ter se declarado surpreso com o fim da experiência. Fabricada como notícia antes de se ter produzido, a implosão da "via chilena" foi tudo menos uma explosão repentina. O levante militar de 29 de junho de 1973, tentativa de golpe que resultou em várias dezenas de vítimas santiaguinas, tornou público o fim da "neutralidade política" das Forças Armadas chilenas, mas funcionou também como um alerta. Não à toa, milhares de jornalistas abalaram-se até Santiago dispostos a cobrir o que os meios de comunicação tinham deixado de informar quando ocorreu o golpe de Estado contra Sukarno em Jacarta, Indonésia (1965-66). Ao lado das impressões dos repórteres,

---

1. Respectivamente: Pablo Milanés, "Yo pisaré las calles nuevamente", in: *Pablo Milanés*, 1976; Régis Debray, *Alabados sean nuestros señores*, Buenos Aires: Sudamericana, 1999; e Pablo Neruda, *El mar y las campanas*, Buenos Aires: Losada, 1973. O presente ensaio foi realizado durante um ano sabático concedido pela Pontifícia Universidade Católica do Chile, com o apoio do Centro de Desenvolvimento Urbano Sustentável e graças às contribuições derivadas do Projeto Fondecyt, "Gentrificação de bairros populares: ameaça de deslocamento, potencial de integração e implicações de política urbana em Santiago do Chile e Cidade do México". O texto beneficia-se dos apoios e comentários recebidos de Francisco Sabatini, Eftychia Bournazou, Luis Valadez, Miguel Lawner, Rodrigo Millán, Alberto Aggio, Hercidia Coelho, Carolina Aguilera, Graciela Silvestri e, muito especialmente, de Adrián Gorelik.
2. Samuel León; Lilia Bermúdez, *La prensa internacional y el golpe de Estado chileno*, Ciudad de México: Facultad de Ciencias Políticas y Sociales, 1976; Paul Sweezy, "Chile: la cuestión del poder", in: Alfredo Joignant; Patricio Navia (comps.), *Ecos mundiales del golpe de Estado,* Santiago: Universidad Diego Portales, 2014; e Enrico Berlinguer, *La "cuestión comunista"*, Barcelona: Fontamara, 1977.

Alameda Bernardo O'Higgins, setor sul do centro da cidade, Santiago, 1959. Fotografia: Robert Gerstmann.

havia a análise dos estrangeiros residentes. Uma verdadeira constelação de intelectuais escolheu Santiago como domicílio familiar, lugar de trabalho e político. Touraine, Fagen, Mattelart, Hinkelammert, Lechner, Castells, Bonsiepe, Garcés, Zavaleta, De Mattos, Córdova-Claure, Giusti, Tavares, Vambirra, Marini, Kalfon, Dos Santos, Gabeira, Serra, Sandroni, Vasconi, Nun, De Ipola, entre outros, engrossavam um contingente que ratificava a atração internacional da experiência chilena[3].

Alguns dos personagens aludidos desembarcaram no país na qualidade de exilados. Chegaram em plena administração democrata-cristã (1964-70) e optaram por ficar enquanto durava sua deportação. A boa disposição do governo de Frei Montalva para recrutar cientistas sociais tornou possível sua permanência, em alguns casos prolongada com a chegada de Salvador Allende à presidência. Outros tantos, antes do triunfo da Unidade Popular (UP), se alistaram em organismos internacionais, foram recrutados para centros de estudo com financiamento da Igreja ou exerceram

3. Alberto Aggio, "A esquerda brasileira vai ao Chile", *História Viva*, n. 42, 2007; e Armand Mattelart, *Por una mirada-mundo*, Barcelona: Gedisa, 2014.

docência universitária. Também houve aqueles que, já sob a UP, se integraram a tarefas exclusivamente partidárias ou político-militares[4].

Independentemente de seus motivos, os estrangeiros radicados na capital intervieram numa cena cultural que contava com uma herança conhecida: nos fins da década de 1930, Santiago era descrita como um celeiro de políticos e intelectuais latino-americanos[5]. Sem minimizar o internacionalismo que o triunfo de Allende suscitou, o que motivou a mudança para Santiago de um destacado elenco de cientistas sociais, anos antes da eleição presidencial de 1970? Este ensaio, que tende a colocar o projeto democrata-cristão no interior do campo progressista, sonda um de seus precedentes: o reformismo neokeynesiano encarnado em economistas políticos, mas que são aqui convocados também por sua mundanidade. Por exemplo, Celso Furtado, Felipe Herrera ou José Serra.

Mas assumindo que existem relações entre produção intelectual e localização residencial, o texto explora uma tensão. A saber, a transformação de Santiago em capital simbólica e funcional da esquerda, realidade cristalizada com a vitória de Allende, foi vivida por parte importante dos intelectuais estrangeiros no conforto dos subúrbios. O destino habitacional dos intelectuais radicados, e dos novos que chegariam, manteve-se limitado aos bairros de baixa densidade e forte homogeneidade social dispersos pelo leste da capital. O fato de o domicílio institucional e residencial dos intelectuais concentrar-se no único setor da cidade considerado burguês e elitista teria agravado a dualidade da cidade? Sem responder necessariamente à pergunta, o ensaio explora algumas das tensões, pouco discutidas, entre cultura política da esquerda, lugar de residência e representações sociais da cidade.

Santiago: entre a cidade grande e a grande cidade

Séculos de centralização transformaram Santiago na cidade chilena de maior hierarquia. Apesar de já existirem núcleos que combinavam indústria pesada e centros universitários, como Concepción-Talcahuano, ou conurbações portuárias e de serviços, como Valparaíso-Viña del Mar, a capital dispunha de um magnetismo que sua condição mediterrânea não arrefecia. Com pouco mais de 2 milhões de habitantes em 1960 (cerca de 25% da população nacional) distribuídos em 22.880 hectares, Santiago não só atraiu população – entre 1930 e 1952 o Chile cresceu 1,465 milhão de habitantes, com 40% desse total estabelecendo-se na capital –, como também divisas, mão de obra e capacidade empresarial, de modo que em 1958 a cidade produzia mais de 35% do produto interno bruto do país[6]. Hipertrofiada para alguns, macrocefálica para outros, os qualificativos sobre Santiago respaldavam um fato fundamental: a cidade

---

4. Eleuterio Fernández; Graciela Pancera, *Chile roto*, Santiago: LOM, 2003.
5. Luis Alberto Sánchez, *Visto y vivido en Chile*, Lima: Mosca Azul, 1975, p. 123.
6. Jorge Ahumada, *En vez de la miseria*, Santiago: Editorial del Pacífico, 1958, p. 93.

tinha se transformado em mais do que uma encruzilhada obrigatória de intercâmbios entre o norte mineiro e o sul agrícola.

Para a maioria dos migrantes internos, Santiago exibia mais atributos positivos que negativos. Salários superiores aos existentes no meio rural, educação pública de melhor qualidade que a do resto do país e uma rede de saúde pública estabelecida em hospitais recentemente edificados. Ao menos até 1960, a cidade não havia sido acusada de excludente ou violenta, ainda que sua poluição e extensão fossem objeto de crítica. A ausência de um governo metropolitano, um importante déficit habitacional de moradias novas e com resistência sísmica, bem como limitações em infraestrutura, equipamentos e transporte público faziam disparar contínuos questionamentos.

Apesar de suas deficiências, para uma fração majoritária dos migrantes externos Santiago era uma espécie de alfândega por onde ingressavam e, na maioria dos casos, permaneciam sul-americanos e europeus. De todos os que chegavam a Santiago de trem, ônibus, automóvel ou avião (meios diferentes que, em razão das peculiaridades geográficas do Chile, supunham experiências muito distintas para cada um dos viajantes), uma parte das pessoas que se mudaram para o Chile o faziam interessadas em cinco características indiscutíveis: tradição de asilo, liberdade de opinião, relativa estabilidade política, ampla cidadania e, até a década de 1960, tímida laicização[7].

A cidade despertava sensações díspares em parte dos estrangeiros. Por exemplo, a grandiosidade da cordilheira que a cerca parecia enfatizar a relativa decepção que o intuito de percorrê-la provocava[8]. Celso Furtado tinha opinião diferente e, ainda que a Santiago material não reunisse as características de uma grande cidade, em suas memórias a denomina "miniatura de metrópole"[9].

Afiliado à Comissão Econômica para a América Latina e o Caribe (Cepal) que as Nações Unidas estabeleceram em Santiago em 1948, o economista brasileiro exaltou a cordilheira que contornava a capital pelo leste e suas pistas de esqui. Além da vantagem geográfica que oferecia à prática de esportes de montanha, Furtado gostou de Santiago também porque ela reunia os atributos de uma praça cultural. Das atividades artísticas que realizou, sobressaía a dança. Parte importante do crédito era de Ernst Uthoff, cujas aclamadas coreografias revigoravam uma cena cultural que oferecia regularmente estreias teatrais, musicais e cinematográficas; mostras de pintura, escultura – mais tarde, de artesanato e fotografia; certa animação no campo arquitetônico, paisagístico, cenográfico, de desenho de móveis e urbanístico, além de uma ampla circulação de jornais e revistas – da *Pro Arte* até *Babel* – e livros.

O fato de Gabriela Mistral ter obtido o Prêmio Nobel de Literatura em 1945, mesmo ano em que Pablo Neruda recebeu o Nacional de Literatura, não deve ser entendido como um reconhecimento desvinculado da arena cultural santiaguina. Se

---

7. Sergio de Moraes, *Viver e morrer no Chile*, Rio de Janeiro: Contraponto, 2010.
8. Fernando Gabeira, *O crepúsculo do macho*, Rio de Janeiro: Codecri, 1980.
9. Celso Furtado, *Obra autobiográfica*, São Paulo: Companhia das Letras, 2014.

tomarmos o pós-guerra como referência e nos concentrarmos na produção poética, é possível observar a coincidência temporal de escritores consagrados – Vicente Huidobro, o próprio Neruda e Pablo de Rokha – com novas figuras emergentes e muitas vezes contestatárias – Nicanor Parra, Stella Díaz, Gonzalo Rojas e Enrique Lihn. Quase todos, sem esquecer Rosamel del Valle, Braulio Arenas, Teófilo Cid, Jorge Cáceres, Juan Marín ou Humberto Díaz, tinham em Santiago uma sede de criações e um foro político. Efetivamente, uma proporção muito importante dos escritores ativos simpatizara ou aderira tanto à Aliança de Intelectuais para a Defesa da Cultura como ao Sindicato Profissional de Trabalhadores Intelectuais do Chile. O ativismo de ambas as organizações, e de outras afins, foi um sinal para que a repressão anticomunista, ensaiada desde 1948, fizesse mais vítimas.

O fato de que Celso Furtado conhecesse Neruda, apreciasse balé e assistisse a estreias musicais corrobora o clima cultural que descrevemos. Outros estrangeiros como ele participaram do mesmo ambiente cultural – como consta nas memórias de José Serra, por exemplo – e alugaram ou mesmo compraram um imóvel na cidade – o caso de Theotônio dos Santos algumas décadas mais tarde[10]. Mas ao contrário das vivências relatadas pelo intelectual e político peruano Luis Alberto Sánchez, cuja chegada precedeu à de Furtado, as referências espaciais do economista brasileiro evocam o centro da cidade de modo secundário. Em contraposição às descrições de Sánchez ou à biografia do empresário editorial português Carlos Nascimento, as experiências de Furtado evocam o bairro alto da cidade que, embora se estendesse até o centro cívico, adquiria seu verdadeiro caráter residencial e suburbano nas comunas de Providencia, Ñuñoa e Las Condes[11].

Furtado e outro cepalino célebre, Raúl Prebisch, não foram os únicos a preferir como destino residencial o cone urbano de alta renda que, quase sem solução de continuidade, se estendia até o leste da cidade, em direção ao sopé da cordilheira dos Andes. Quando as Nações Unidas construíram a Cepal, sua sede na cidade, a Faculdade Latino-Americana de Ciências Sociais (Flacso), alojada em Santiago desde 1957, já havia desconsiderado localizar-se no centro, ao contrário do social-cristão Centro para o Desenvolvimento Econômico e Social da América Latina (Desal) e do social-democrata Instituto Latino-Americano de Investigações Sociais (Ildis). A Flacso, reproduzindo um padrão de localização e diferenciação social que as congregações religiosas, as clínicas, os colégios particulares e os estabelecimentos militares consagrados à formação de oficiais de alta patente vinham exibindo, radicou-se no setor leste. No caso da Flacso, a situação adotada no interior do bairro alto foi objeto de controvérsia: não deixa de ser revelador que uma parte de seus integrantes preferisse a senhorial Providencia a Ñuñoa. Para alguns, a primeira das duas áreas oferecia mais "distinção"[12].

10. José Serra, *Cinquenta anos esta noite: o golpe, a ditadura e o exílio*, Rio de Janeiro: Record, 2014.
11. Felipe Reyes, *Nascimento: el editor de los chilenos*, Santiago: Mínimo Común, 2014.
12. Rolando Franco, *La FLACSO clásica (1957-1973): vicisitudes de la ciencias sociales latinoamericanas*, Santiago: Catalonia, 2007.

Bairro de Las Condes, Santiago, 1960, setor adjacente ao Club de Golf Los Leones. Fotografia: Hans Storandt e Bodo Fischer.

Ao mesmo tempo que a cidade sofria um de seus ciclos de expansão sem densificação mais acentuados, separando, de modo quase permanente, as zonas de trabalho das zonas residenciais, os funcionários dos organismos internacionais tiveram o privilégio de converter seus deslocamentos para o trabalho em caminhadas por vizinhanças agradáveis e tranquilas, para seguir com a descrição de um intelectual e militante socialista ao evocar um dos setores mais conspícuos de Ñuñoa[13]. Longe de anedótico, o fato de que personalidades como o escritor Manuel Rojas, o economista Felipe Herrera ou o parlamentar Salvador Allende residissem em Providencia, limítrofe ao norte de Ñuñoa, indica a existência de um padrão que, de modo nada sub-reptício, moldaria as decisões imobiliárias de boa parte dos principais dirigentes da esquerda. As decisões pessoais não pareciam demasiado alijadas das crenças predominantes e tampouco do saber acadêmico convencional. Numa conhecida entrada escrita para a *Geografía Universal Larousse*, Jean Bordé, um dos principais geógrafos radicados em Santiago durante os anos 1960, destacava os "bairros residenciais que sobem em direção à cordilheira" como um dos elementos que atestavam a nova vocação de grande capital que emanava de Santiago[14].

13. Julio César Jobet, "Despedida melancólica", *Occidente*, n. 263, 1975, p. 58.
14. Jean Bordé, "Chile", *in:* Pierre Deffontaines (dir.), *Geografía Universal Larousse*, Paris: Librairie Larousse, 1966.

O cinema realizado por chilenos tendo Santiago como locação também foi seduzido pela cultura dos subúrbios, sinônimos de zonas exclusivamente residenciais. Já na década de 1960, filmes como *Un viaje a Santiago* (1960), *El burócrata González* (1964), *Tres tristes tigres* (1968), *La casa en que vivimos* (1970) e *Palomita Blanca* (1973-92) representaram a mudança na geografia residencial do poder econômico e político. Em quase todos esses longas-metragens, parte da trama ocorre nas residências de personalidades cuja influência estava associada à sua participação no aparato estatal e que contavam com moradias isoladas dotadas de jardim, quintal e, em não poucos casos, de piscina.

Mas a naturalização do bairro alto como destino abastado nem sempre recebeu olhares benevolentes. Juan José Sebreli, que visitou Santiago por volta de 1960, elaborou um retrato incisivo do conjunto da cidade, dirigindo várias críticas ao bairro alto[15]. Para o ensaísta argentino, a zona constituía um setor menos acessível que outros em virtude da sua condição de residência da alta burguesia. Sebreli não apenas insinuava que seus habitantes procuravam comprar exclusividade, como também sugeria não ser casual a ausência relativa de transporte público. O que Sebreli não sabia era que as elites santiaguinas executaram sua migração intraurbana apoiando-se em projetos urbanos de origem estatal. A saber: o Estádio Nacional (Ñuñoa, 1938), a Escola Militar (Las Condes, 1958) e a sede das Nações Unidas (Las Condes, 1966).

O abandono do centro e de outros pontos da cidade pelas elites teve como uma de suas principais justificativas o argumento ambiental. Mudar-se para o sopé da cordilheira figurava em muitas prescrições médicas como um antídoto eficaz para diferentes doenças. Menos compreensivo, Neruda acusou "os ricos" de escapar: "com móveis e fotografias/ longe, para a cordilheira,/ e ali dormiam entre rosas". Sua principal recriminação? Imputar aos poderosos sua covardia por fugir do "centro da cidade pobre/ com dentes duros de pantera"[16]. Uma crítica não tão inflamada foi a que realizou Pedro Cunill, quando caracterizou os setores orientais da cidade por suas "residências de luxo" situadas nas comunas de Providencia, Las Condes e em parte de Ñuñoa e La Reina[17].

Enquanto as críticas de Neruda e Sebreli podem ser entendidas como um questionamento da periferização elitista, a homogeneidade social devida ao enclausuramento excludente só podia ter crédito, durante os anos 1970, em setores do município de Providencia[18]. Não ocorria exatamente o mesmo nas zonas de Ñuñoa, e tampouco em Las Condes, cujo povoamento envolveu vilarejos, populações e assentamentos irregulares.

15. Juan José Sebreli, "Chile 1961", *in:* Agustin Cuzzani *et al.*, *Buenos Aires, Santiago de Chile: ida y vuelta*, Buenos Aires: Ediciones de la Flor, 1968.
16. Pablo Neruda, *Estravagario*, Buenos Aires: Losada, 1958.
17. Pedro Cunill, *Visión de Chile*, Santiago: Editorial Universitaria, 1972, p. 121.
18. Armand Mattelart, "La morfología social de una capital latinoamericana: Santiago de Chile", *Cuadernos de Economía*, v. 4, n. 11, 1967.

Edifício da Comissão Econômica para a América Latina e o Caribe (Cepal) projetado por Emilio Duhart em 1960 no bairro de Las Condes, Santiago, fotografia de 1966.

Bairros do bairro alto

O edifício das Nações Unidas para a Cepal em Santiago foi elevado à condição de símbolo. As inovações compositivas que identificam o projeto elaborado por Emilio Duhart e equipe reuniram, e continuam reunindo, muitas críticas favoráveis. Menos atenção gozou o projeto urbano do qual o pavilhão moderno é apenas um componente, por excepcional que seja sua arquitetura. Assim como ocorreu em outros projetos limítrofes ao rio Mapocho, a construção da sede incluiu o desalojamento de populações que ocupavam parte da área[19]. A remoção, que veio a corroborar um capítulo a mais no deslocamento sofrido pelos areeiros que exploravam o leito do rio, não deixa de ser paradoxal. A razão? No mesmo ano em que o conjunto foi inaugurado, o sociólogo peruano Aníbal Quijano dirigia o Programa de Investigações sobre Urbanização e Marginalidade, na Divisão de Assuntos Sociais da Cepal.

Um ano antes da inauguração da sede definitiva das Nações Unidas em Santiago, assento da Cepal, e que só mais tarde alojaria o Centro Latino-Americano e Caribenho de Demografia (Celade) e o Instituto Latino-Americano e do Caribe de Planejamento Econômico e Social (Ilpes), o Estado chileno construiu edifícios habitacionais para setores populares em outro setor da comuna de Las Condes. Os

---

19. Carmen Pimentel, *Vidas marginales*, Santiago: Editorial Universitaria, 1973.

blocks de Colón Oriente, uma das poucas intervenções de moradia pública no leste da cidade, elevaram-se sobre a pré-cordilheira.

Vistas retrospectivamente, ambas as operações parecem contrapostas, mas só a segunda foi concebida e executada pelo governo democrata-cristão. O reformismo urbano da administração, interessado em introduzir notas de heterogeneidade social e funcional no bairro alto, teve outra oportunidade para se manifestar. A tentativa ficou a cargo do arquiteto Fernando Castillo na condição de vereador de La Reina (1965-68), município desligado de Ñuñoa. Castillo patrocinou, desenhou e gerenciou um conjunto de moradias autoconstruídas e um parque industrial. Seu objetivo? Transformar uma parte de sua área desabitada numa zona mista.

Mas a existência de planos, programas e projetos estatais não deve nos fazer esquecer que uma porcentagem significativa da Santiago material estava marcada por um forte componente irregular. O povoamento popular cresceu até 1968, quando as invasões de terras voltaram a se transformar num expediente das massas para acesso ao solo. O incremento das tomadas de posse gozou de intenso acompanhamento partidário[20].

Antes que a periferia popular da cidade atingisse um período de hipermobilização, o conflito urbano pelo acesso ao solo já se infiltrara no cenário cultural de diversas maneiras. Notas jornalísticas, obras de teatro, documentários e canções denunciavam a aglomeração de moradias insalubres. Embora o símbolo inequívoco da crise social fosse a população *callampa* (o nome que no Chile se dá às favelas), foi na década de 1960 que seu apelo singular mudou de escala e admitiu a presença de grandes áreas depauperadas. Graças ao caráter abrangente do enfoque estrutural, Santiago foi apresentada de modo cada vez mais dicotômico. Um drama teatral, um filme documentário e um documentário militante exemplificam esse olhar.

A cidade dual como representação

A Víctor Jara coube a direção da primeira montagem de *Los invasores*. A obra de teatro, que estreou em 1963, desenvolve-se numa zona que evoca o bairro alto de Santiago[21]. Durante quase todo o enredo, os proprietários estão em posição defensiva, à mercê de uma ocupação cujo caráter muda à medida que os invasores vão desvendando suas verdadeiras ambições. No roteiro, nem a sociedade nem a cidade são capazes de administrar o descontentamento dos que não têm emprego, poupança nem casa. Independentemente do revanchismo com que se identificam os "esfarrapados" que invadem uma residência que tem um parque como jardim, o que corrói a ordem é a ruptura da própria família burguesa. A obra, escrita sob os efeitos da Revolução Cubana, sugere um divisor de águas entre adultos e jovens e, por isso, o filho do proprietário alinha-se aos que o marxismo da época continuava chamando lúmpen.

20. Manuel Castells, *La ciudad y las masas*, Madrid: Alianza, 1986.
21. Egon Wolff, *Los invasores*, Santiago: Pehuén, 1990.

Morir un poco, exibido em 1967, carece do ímpeto subversivo de *Los invasores*, mas, assim como este, desenvolve uma narrativa na ausência quase completa de presença estatal[22]. A isenção argumentativa do filme pareceria permitir que seu único protagonista perambule livre de amarras. Boa parte do que é encontrado ao longo de sua solitária excursão encontra-se devidamente privatizado por mais que ele circule de um lugar para outro. Na solidão de seu périplo, o personagem vai tomando consciência da opressão provocada por um sistema alienante. A contestação ocorre precisamente quando se desencadeia o primeiro ato de rebeldia. O objetivo: a propriedade privada da terra.

Em ambas as histórias, as cidades são encenadas como lugares onde a polarização se corporifica e a luta de classes mostra seus primeiros sinais. Uma visão muito similar à de Violeta e Isabel Parra quando, numa de suas colaborações musicais, afirmavam que, em pleno coração de Santiago, "o Chile limita ao centro a injustiça"[23].

É possível encontrar uma versão radicalizada do mesmo enfoque em *Venceremos*[24]. O documentário, produzido no clima da campanha presidencial de 1970, exacerba as dicotomias: casebres *versus* mansões; subúrbios *versus* bairros nobres; motoristas solitários *versus* passageiros amontoados no transporte público. Como para a maioria da esquerda chilena o reformismo era mais um inimigo a subjugar do que um adversário a ser derrotado, não parece estranho que uma peça de propaganda como *Venceremos* omita os programas de habitação e ocupação do solo impulsionados pela administração democrata-cristã. A ausência de qualquer tipo de política coesiva fortalece a representação de Santiago localizada no umbral de suas polarizações.

Em que pese o tom dominante que *Morir un poco* e *Venceremos* parecem introduzir, o cenário cultural fornece outras chaves de leitura. Com uma irreverência original, a obra cinematográfica de Raúl Ruiz foge dos dualismos exacerbados e, lidando de outro modo com as tensões citadinas, propõe uma leitura alternativa da sociedade urbana de Santiago. Enquanto em *Morir un poco* a cidade é trabalhista, impessoal, classista e abriga uma violência perigosa porque latente, Ruiz, em *Tres tristes tigres* (1968), apresenta Santiago entretecendo-a com uma vida urbana grupal, sexuada, interclassista, ainda que explicitamente violenta. A cidade aparece de maneira permanente no filme pelas interações verticais e horizontais existentes entre os dois trios de personagens[25]. Os primeiros são trabalhadores mais informais que formais, mais ocupantes que locatários, e sua agenda parece resistir, por todos os meios, ao disciplinamento do trabalho: movem-se com desenvoltura pela cidade, indo e vindo

---

22. *Morir un poco*, Alvaro Covacevich, Chile: Sudamerica Films, 1967, 69', branco e preto/cor.
23. Violeta Parra; Isabel Parra, "Al centro de la injusticia", *Isabel Parra*, vol. II, LP, Chile: Arena Producciones, 1968.
24. *Venceremos*, Pedro Chaskel; Héctor Ríos, Chile: Cine Experimental de Universidad de Chile, 1970, 15', branco e preto, 16mm.
25. Verónica Cortínez; Manfred Engelbert, *Evolución en libertad: el cine chileno de fines de los setenta*, Santiago: Cuarto Propio, 2014.

Centro de Santiago em 1959. Fotografia: Robert Gerstmann.

do centro até o bairro alto. O trio da capital, ao contrário, quando se desloca, só o faz pela parte abastada de Santiago. Sua vida social, laboral e domiciliar corresponde a um apartamento, um bangalô, um bar ou um escritório situado na proximidade do centro linear que se formava sobre a avenida Providencia. Ainda que se mostrem à vontade na parte da cidade timidamente verticalizada da qual muito desfrutam, o conjunto do filme parece transmitir um traço de classe que os inibe de ir ao centro ou a qualquer parte da cidade que não seja o bairro alto.

O filme termina com a única transgressão possível à regra elitista do autoconfinamento, e esta só parece ocorrer porque um dos protagonistas da capital está inconsciente, em razão da uma grande surra que levou de seu antigo subordinado. A cena é crucial, e é filmada por Ruiz no interior de um táxi, como se fosse um sequestro realizado na semipenumbra de uma Santiago ao amanhecer. No interior do veículo, a tensão sobe quando o chefe sai de sua sonolência. Longe de animá-lo, seu subalterno o sufoca e seu corpo volta a cair na inconsciência. Após cruzar uma esquina, vê-se a Posta Central (Hospital de Urgências). A cena é luminosa. Já amanheceu, e a modernidade do edifício transmite segurança e confiança em relação à atenção dedicada a seus pacientes. Não é casual que um dos momentos culminantes ocorra em frente a um edifício moderno fora do bairro alto. A presença da Posta Central é uma mensagem sobre a primazia do público, mas também do caráter hospitalar do centro. A seu modo, é uma mensagem coesa e universalista.

A Posta Central, erguida a oeste do centro tradicional da cidade, não é a única construção moderna do setor. Inaugurada em 1967, sua volumetria parece encaixar-se numa série de edifícios que estavam sendo projetados para as quadras contíguas. Tratava-se da Remodelación San Borja, e seu desenvolvimento incluiu, além de outros edifícios e equipamentos, mais de uma dezena de torres esbeltas. Foi certamente o projeto mais importante e custoso subsidiado pela Corporação de Melhoramento Urbano (Cormu), nova entidade subordinada ao Ministério de Habitação e Urbanismo (Minvu).

A esquerda contesta a remodelação urbana: crítica e contraproposta

A Cormu, a corporação público-privada que liderou o desenho e a execução da operação San Borja, sempre a considerou seu projeto estelar. A imposição de um qualificativo tão positivo se explica por muitas razões, mas também por seu aspecto e programa: torres estilizadas em área verde, localizadas numa zona central e com entornos atraentes que podiam incluir comércios. Sem discutir ainda sua articulação com a cidade, é importante esclarecer que se tratou de um tipo de operação que prolongava ideias colocadas em prática na Europa e nos Estados Unidos.

Apesar de certas simpatias estéticas que San Borja podia mobilizar, nem todos os arquitetos racionalistas aprovavam a operação, em especial os identificados politicamente com a esquerda. De fato, num artigo publicado na revista doutrinal do Partido Comunista do Chile, denunciava-se o viés discriminador dos projetos de remodelação. A crítica ao deslocamento dos habitantes pioneiros do lugar chegou inclusive a um documento político: o Programa Básico da Unidade Popular. Sem renunciar à densificação nem à remodelação, os arquitetos que colaboraram na redação do programa presidencial de Salvador Allende prometeram o contrário: ou seja, que seus projetos seriam executados impedindo-se "o despejo dos grupos modestos para a periferia"[26].

O contraste com o caso de San Borja era notório: de acordo com os próprios técnicos do Minvu, menos de 1% dos habitantes pioneiros da área estava em condições de comprar um apartamento nas pouco mais de dez torres que em agosto de 1970 aguardavam acabamento. Ainda que o aburguesamento de bairros de renda inferior não fosse um termo utilizado em Santiago, o que hoje chamaríamos *gentrificação com expulsão* parecia debutar no Chile eleitoral de 1970[27]. Mesmo que fossem arquitetos e políticos simpatizantes da candidatura de Allende os que iniciariam o debate público sobre os beneficiários de projetos como San Borja, a modernidade impoluta dos edifícios acabaria pontualmente maculada por militantes de uma força política antiparlamentar: o Movimento da Esquerda Revolucionária (MIR). Nos dias

---

26. Miguel Lawner, *Memorias de un arquitecto obstinado*, Concepción: Ediciones Universidad del Bío-Bío, 2013.
27. Francisco Sabatini *et al.*, "Gentrificación sin expulsión, o la ciudad latinoamericana en una encrucijada histórica", *Revista 180*, v. 13, n. 24, 2009.

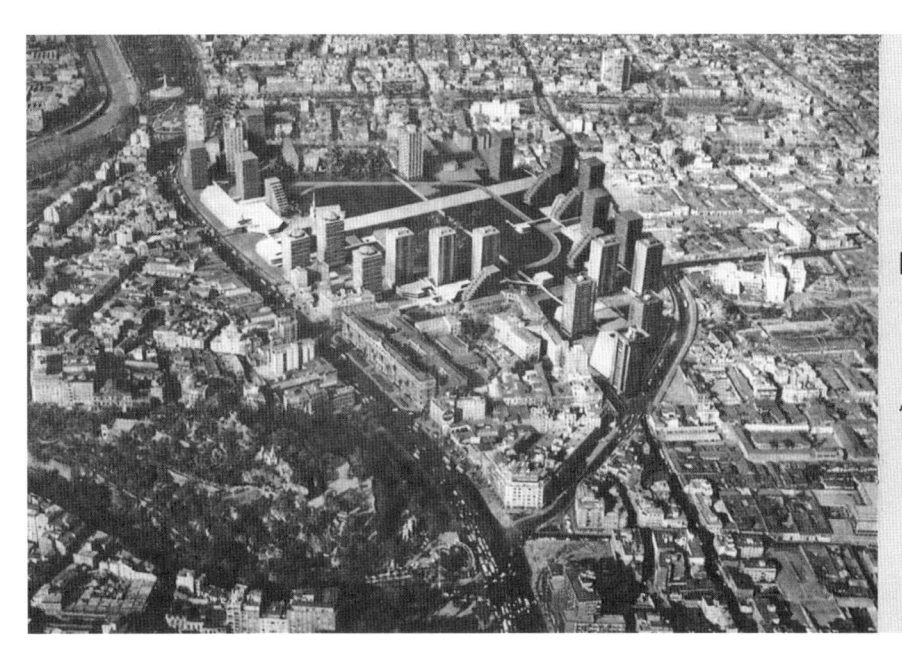

precedentes à eleição presidencial de 1970, um grupo de afiliados do MIR ocupou as torres situadas em frente à Alameda.

Para os "arquitetos de Allende", a demonstração propagandista antecipou uma crítica que os golpearia pela direita. Embora se costume omitir, os miristas rechaçavam a verticalização residencial prometida pelos arquitetos, urbanistas e paisagistas que colaboravam com Allende – alguns deles desde a campanha presidencial de 1952. Os edifícios residenciais que com tanto afinco seriam construídos sob a Unidade Popular, versões melhoradas dos projetados pelo Minvu sob o governo democrata-cristão, eram repudiados por enclausurar os trabalhadores e suas famílias em virtuais colmeias verticais. A unidade básica do socialismo na cidade, alegavam os *pobladores*[28] alistados no MIR, devia ser a casa isolada. Uma maquete elaborada para um Congresso de *Pobladores* confirma sua semelhança com os bangalôs que descrevemos anteriormente para o bairro alto[29].

A Alameda de Allende e o golpe que não se deu

A Alameda, uma espécie de avenida-parque que atravessa o centro da cidade, conquistara sua importância graças a ciclos de intervenção pública e privada. Sua

Projeto da Remodelación San Borja, Corporação de Melhoramento Urbano (Cormu), 1966, fotomontagem publicada na revista *Auca*. O conjunto finalizado incluiu uma série de torres que foram construídas ao sul da Posta Central e que não aparecem na fotomontagem.

28. Moradores de bairros pobres e periféricos. [N.T.]
29. Boris Cofré, *Historia de los pobladores del campamento Nueva la Habana durante la Unidad Popular (1970-1973)*, tese de licenciatura em História, Universidad ARCIS, 2007, p. 184.

transformação na principal arena pública da cidade começou a ocorrer sem que a substituição das casas coloniais e neoclássicas que a contornavam de ambos os lados estivesse totalmente concluída.

Fiel à sua centralidade, uma parte importante das mais conhecidas edificações republicanas alinha-se para formar um corredor provido de certa unidade graças ao efeito de continuidade proporcionado pelas construções emparelhadas. Vista da perspectiva do pedestre, podemos caracterizar a Alameda como uma zona mista, residencial e também comercial, mas que reunia boa parte da oferta cultural de caráter público de que dispunha a cidade republicana. O fato de Allende ter evocado a Alameda em várias de suas intervenções confirma o seu significado, mas também o seu simbolismo. Para ele, a Alameda reunia os atrativos que só lugares significativos podem realçar, e não era só por suas dimensões nem apenas por seu conglomerado linear de monumentos. Diante da Alameda transcorreu parte importante de sua vida política universitária enquanto adepto do movimento Avance. Como ministro da Saúde (1939), Allende decidiu instalar uma moderna exposição dedicada à habitação higiênica num dos trechos ajardinados da *promenade*. A lista de situações aproxima Allende de várias gerações de socialistas, comunistas, social-cristãos e independentes de esquerda, formados na Universidade do Chile, cujo prédio central dá para a mesma avenida.

Allende dirigiu-se, em muitas ocasiões, a seus simpatizantes reunidos na Alameda. A mesma situação aconteceu quando festejou seu triunfo presidencial. Depois de três tentativas, Allende alcançou a vitória que, embora apertada, colocava-o na posição de mandatário. Corria o mês de setembro de 1970 e a Alameda, que originalmente fora denominada Campo da Liberdade Civil, foi o espaço onde transcorreu uma celebração improvisada. Simultaneamente, carros blindados, numa quantidade nunca estabelecida com precisão, surgiram em outros pontos do centro[30].

Allende, aparentemente a par do golpe militar, não se intimidou. Após a meia-noite da sexta-feira 4 de setembro de 1970, trasladou-se para o lugar da celebração e pronunciou, no local ocupado pela Federação de Estudantes da Universidade do Chile (Fech), um discurso de agradecimento que tinha um tom de chamado à tranquilidade. Que a sede da Fech dava para a Alameda já não parece surpresa. Tampouco que sua intervenção evocara, de modo otimista, as "esperançosas alamedas do socialismo".

Epílogo: a Alameda de Allende e o golpe que se deu

As imagens mais antigas do golpe de Estado confirmam a solidão que tomou o palácio presidencial. O sucesso da militarização do espaço resultou num isolamento governamental que serviu de prelúdio à luta desigual. Balas e foguetes a granel

---

30. Sebastián Hurtado, "El golpe que no fue: Eduardo Frei, la Democracia Cristiana y la elección presidencial de 1970", *Estudios Públicos*, n. 129, 2013, pp. 105-40.

atuaram como dispositivos desertificadores. Para os poucos entrincheirados em La Moneda, tratava-se de um tipo de desolação que precedia a ruína.

Allende, aquartelado na sede do Executivo, dirigiu-se em quatro oportunidades a seus concidadãos enquanto aviões de combate trovejavam nos céus de Santiago. À primeira hora de 11 de setembro de 1973, os generais golpistas o intimaram, exigindo sua rendição sob pena de ataque "aéreo e terrestre". Era uma ameaça crível, porque os jatos já tinham bombardeado e destruído as antenas de algumas emissoras oficiais. Nesta que foi sua última e mais conhecida intervenção, Allende realizou inúmeros agradecimentos, convidando também seus ouvintes a escapar em direção ao futuro. Em seu pronunciamento, a Alameda, transformada num ícone da via chilena para o socialismo, flerta com a metáfora. É sobre a avenida, aberta pelo povo consciente, que passará "o homem livre".

Para quem testemunhou sua radicalidade, o bombardeio aéreo ao La Moneda confirmou a natureza beligerante da ação. Com as imagens do ataque em seu televisor, E. P. Thompson escreveu um verso compungido: o final de Allende dilacerava "nossos corações"[31]. Com o poema, Thompson, intelectual inscrito no campo socialista e que nunca estivera na América do Sul, antecipava a extraordinária corrente de solidariedade dirigida aos perseguidos no Chile.

Enquanto a militarização do espaço mudou Santiago, a repressão alcançou parte de seus habitantes, sobretudo os estrangeiros. Premidos por um clima xenófobo, a maioria deles procurou refúgio em legações diplomáticas e conseguiu fugir. Em outras ocasiões, a repressão golpeou-os pessoalmente. Para eles, mas também para parte dos habitantes da cidade, o cosmopolitismo dos 1.043 dias da Unidade Popular se transformara numa lembrança.

---

31. Edward Palmer Thompson, "Homage to Salvador Allende", *History Workshop Journal*, n. 34, 1992, p. 177.

PARTE V

Espetáculos urbanos (anos 1990-2010)

BUENOS AIRES

O Bafici: festivais e transformações urbanas

GONZALO AGUILAR

Festivais e cultura global

Por sua rápida migração internacional, o cinema sempre foi um meio excepcional para a divulgação global das cidades em pelo menos dois sentidos: como exibição de imagens urbanas em movimento e como estratégias das cidades para se tornarem sedes privilegiadas dessa circulação. Em seu artigo "Global Cities and the International Film Festival Economy" [Cidades globais e a economia do festival internacional de cinema], Julian Stringer sustenta que "os festivais mais importantes do pós-guerra (Berlim, Cannes, Edimburgo, Moscou, Londres, Veneza) se alinharam às atividades e aos objetivos dos governos nacionais" e se propuseram colocar os diferentes países no "mapa de exibição e consumo transcultural"[1]. O Festival de Mar del Plata na Argentina cumpriu essa função não sem conflitos. Em março de 1954, Perón abriu o Festival Cinematográfico Internacional, ao qual compareceram figuras importantes do *star-system*, embora algumas tenham abandonado o evento criticando a manipulação oficial. Cinco anos depois, a Associação de Cronistas Cinematográficos decidiu realizar um Festival Internacional de Cinema e voltou a escolher Mar del Plata, ainda que não por uma questão de continuidade (não havia interesse em reviver o peronismo), mas em razão da escolha de uma cidade balneária, atrativa e ligada ao lazer, como ocorre com os festivais internacionais de Cannes (criado em 1939) e San Sebastián (1953). A escolha não se originou da cidade, mas de uma iniciativa nacional que buscava fornecer uma imagem atraente do país. As cidades não faziam os festivais, estes é que as usavam como cenário transitório.

A situação mudou radicalmente a partir dos anos 1990 com a "competição global entre cidades" – outra vez segundo Stringer. Os novos festivais já não surgem dos

---

1. Julian Stringer, "Global Cities and the International Film Festival Economy", *in:* Mark Shiel; Tony Fitzmaurice (eds.), *Cinema and the City: Film and Urban Societies in a Global Context*, Oxford: Blackwell, 2001, p. 134.

Estados nacionais, mas dos governos das cidades. Nessa nova competição, eles desempenham um papel fundamental porque articulam cultura, política, turismo, reformas urbanas e produção artística: são aspectos-chave na definição do perfil diferencial da cidade e em sua promoção no mercado turístico, funcionando como estímulo da produção material e simbólica local. O Bafici (Buenos Aires Festival Internacional de Cinema Independente) teve início em 1999 – em 2015 fez sua 17ª edição – e é mais um exemplo do salto da cidade territorial para a global. A denominação "independente", além disso, tinha a virtude de conotar juventude, internacionalismo e uma tradição cinéfila que na Argentina não era pequena[2].

O Bafici não foi apenas um acontecimento vinculado às políticas urbanas e culturais, mas se revelou também um marco estético. Na primeira edição deu-se a consagração definitiva do que viria a se denominar *novo cinema argentino*. Iniciado em 1997 com a estreia no Festival de Mar del Plata de *Pizza, cerveja, cigarro*, de Adrián Caetano e Bruno Stagnaro, sua consolidação afirmou-se com os prêmios outorgados a *Mundo grua*, de Pablo Trapero, na primeira edição do Bafici. A coincidência da abertura do festival como parte das políticas da cidade e com a premiação de *Mundo grua* seria parte de uma mesma trama de mudanças profundas da Buenos Aires nesses anos? Que efeitos teve o festival na cidade e que mapa ele traçou para seus espectadores? Como os diferentes governos gerenciaram o êxito do festival, sobretudo a partir da visita surpresa de Francis Ford Coppola, que levou o evento à capa de todos os periódicos? Qual a cidade que o novo cinema argentino retrata e constrói? A partir dessa relação em que o contingente se confunde com o motivado, tentarei algumas respostas para pensar as arenas culturais de fim de século que mudaram nossa cidade para sempre.

Cidade jovem

O Bafici surgiu no âmbito de uma mudança política profunda que se vinculava à resistência às políticas neoliberais iniciadas em princípios dos anos 1990 e à ascensão de uma oposição ao governo nacional de Menem. Esta se manifestava – entre outras coisas – a partir do governo da cidade de Buenos Aires, a cargo de Fernando de la Rúa, que seria o sucessor de Menem em 1999.

De la Rúa assumiu em fins de 1996 como primeiro chefe de governo da cidade eleito por voto direto dos cidadãos, graças à reforma constitucional de 1994, que declarou a autonomia de Buenos Aires, alterando uma tradição centenária de designação dos prefeitos pelo presidente do país. Isso produziu uma nova situação, em que a capital elegeu uma cor política oposta à nacional, o que o governo municipal ressaltou

---

2. Outra virtude do termo "independente" é que retira o festival do cinema *mainstream* conferindo-lhe um enfoque amplo que pode incluir filmografias mais reconhecidas, como a iraniana ou a japonesa, mas também outras mais exóticas, como as das Filipinas, da Malásia ou do Chile (todos esses países tiveram uma participação destacada em diferentes edições do festival), ou produções pouco conhecidas de países centrais, como os Estados Unidos ou Portugal.

com uma gestão cultural diferenciada, que se destacou por dar voz aos jovens que não se sentiam identificados com as mudanças profundas da década de 1990. A partir da Secretaria de Cultura, Darío Lopérfido e Cecilia Felgueras (formados no âmbito universitário de extensão cultural) idealizaram o evento inaugural que daria início à febre dos festivais que Buenos Aires ostenta hoje (atualmente existem doze festivais oficiais organizados pelo governo da cidade, aos quais podemos acrescentar os privados – como o de literatura, Filba – e outros organizados pelo governo nacional). Por exemplo, Buenos Aires não Dorme foi aberto em 1997 e atraiu cerca de 600 mil pessoas em suas quase duas semanas de duração (240 horas ininterruptas)[3]. Na edição de 1998, os números estimavam um público de 1 milhão (cifra que a administração exibia como prova de sua excelência). Em termos conjunturais, tratou-se de uma resposta à medida imposta pelo governador da província de Buenos Aires, Eduardo Duhalde, que obrigava os locais noturnos a fecharem suas portas às 3h da manhã. Em termos mais amplos, implicou um novo tipo de produção cultural (projeto do evento a cargo do Estado com forte apoio de patrocinadores privados) e uma prática, que se tornaria frequente, de articular políticas culturais, produção nacional e exibição[4].

Shopping Abasto (ex-Mercado de Abasto), fachada para a rua Corrientes. Fotografia: Manuel Solari.

3. Ver Javier Aguirre, "Una temporada en el insomnio", *Página/12*, 23 jul. 1998.
4. Neste caso particular, o evento custou $1,200 milhão, dos quais o Estado contribuiu apenas com $200 mil, ficando o restante a cargo de empresas privadas como Coca-Cola e Disney. Dessa forma, "o Estado marcava a linha, mas o *sponsor* acompanhava. Era outro modelo. Não uma empresa determinada contratando

No campo intelectual, houve algumas críticas (Ricardo Bartís, por exemplo, um importante diretor de teatro, afirmou que Buenos Aires não Dorme respondia a "modelos de fora, situações massivas que se traduzem em votos e modelos de elite vendidos como culturalmente novos"), que indicam a ausência de parâmetros diante do novo fenômeno, e que seria confirmada com a realização do primeiro Bafici em 1999[5].

Ainda que a ideia do festival tenha surgido do governo (e de funcionários com trajetória acadêmica significativa como Ricardo Manetti), foi Andrés di Tella, seu primeiro diretor artístico, quem criou uma série de regras que o colocaram no circuito internacional de festivais. Enquanto a aspiração máxima dos festivais nacionais era obter a "classe A", desde o início o Bafici se definia como um festival pequeno cujo prestígio advinha mais de sua posição vanguardista que de sua subordinação ao *star-system*[6]. Verificou-se então a convergência entre os interesses do governo em incluir a juventude e um novo sistema de patrocínio global que, casualmente, também contava com jovens como protagonistas (iniciam-se, por exemplo, contatos fortes com o Festival de Roterdã, que apoiou muitos filmes do novo cinema). O cinema – escreveu Lopérfido no catálogo da primeira edição – é "o prisma indiscutível para experimentar a diversidade global"[7]. Mas o que importa aqui, menos que o festival em si mesmo, é o modo como ele se projeta no espaço urbano e as transformações que engendra.

A cidade cultural

Uma das mudanças desses anos de criação de festivais ocorreu no âmbito do que os norte-americanos chamam *key concepts*. Até esse momento, o conceito frankfurtiano de indústria cultural tinha um registro muito preciso: surgido no contexto catastrófico do exílio durante a Segunda Guerra Mundial e do encontro decepcionante dos filósofos alemães Adorno e Horkheimer com a cultura de massas norte-americana, o conceito desloca-se da crítica à produção fabril capitalista para o âmbito supostamente mais livre da produção artística e cultural. Desde o início, as conotações do termo serviam para desmascarar o caráter neutro ou libertador do lazer na sociedade contemporânea: tão administrado, dominado pelas relações mercantil-capitalistas e regulado quanto o trabalho industrial. Com diferentes inflexões, diversos estudos

---

o Teatro Colón para abrilhantar o seu evento. Claramente, a política cultural era nossa". Citado em Silvia Gordillo; María Sol Grünschläger; Carla Manfredi, *Buenos Aires no Duerme 98: entre la producción cultural y la expresión juvenil*, trabalho apresentado na cátedra de História do Cinema Latino-Americano e Argentino, FFYL-UBA, mimeo, 2010.
5. A citação de Bartís também aparece em Silvia Gordillo; María Sol Grünschläger; Carla Manfredi, *op. cit.*
6. Os festivais classe A autorizados pela Federação Internacional de Associações de Produtores Cinematográficos definem-se como uma competição internacional baseada exclusivamente em estreias mundiais. No momento em que se criou o Bafici, os festivais classe A eram sete: Cannes, San Sebastián, Montreal, Veneza, Karlovy Vary, Mar del Plata (desde que foi reinaugurado, em 1996) e Berlim.
7. Darío Lopérfido, *Buenos Aires Festival Internacional de Cine Independiente*, 1999, catálogo oficial.

e teorias retomaram esse termo e o mantiveram subordinado à crítica do real e à filosofia da suspeita.

Foi na segunda metade da década de 1990 que o conceito adquiriu sinal positivo (e se traduziu, além disso, em prática institucional: no governo de Buenos Aires, foi criada a Subsecretaria de Indústrias Culturais), possível, entre outras coisas, porque se deixou de ver o capitalismo como algo a ser superado ou que pudesse ser combatido por um discurso emancipatório alternativo. Ao mesmo tempo, ocorreram outras mudanças: a dissolução da separação taxativa entre alta cultura e cultura de massas, as novas combinações entre gestão cultural pública e mercado, e as transformações do trabalho industrial, com a crise do modelo de produção fordista. A produção de bens simbólicos adquiriu tal importância que já não podia ser reduzida à dimensão fabril, e a cultura não mais deveria ser vista sob uma ótica restritiva (embora não seja o que Adorno e Horkheimer fizeram, mas o que foi provocado pelo uso indiscriminado da categoria *indústria cultural* e pelo seu modo de pensar a cultura de massas).

O debate, em certa medida, muda de eixo: na gestão da cultura, estão em jogo os modos de utilização dos recursos. George Yúdice, em seu livro *El recurso de la cultura*, coloca a reflexão nos termos do cruzamento entre o mercado e a "cidadania cultural" (como define Renato Rosaldo: não o acesso universal aos direitos políticos – que seria a cidadania política –, mas a uma "ética de discriminação positiva", "cultura como sensação de pertencimento")[8].

Dessa perspectiva, a palavra "indústria" deveria ser entendida não em termos frankfurtianos, e sim como *formação de recursos*. E essas mudanças conceituais coincidem, finalmente, com os novos papéis que a cultura começou a desempenhar na transformação das cidades. Os festivais são parte de um dispositivo cultural mais abrangente, já que na competição global a identidade cultural das cidades se torna um produto de primeira necessidade para atrair investimentos: museus, distritos de arte, renovações urbanas historicistas são instrumentos da produção de uma "marca" de cidade diferente (o que, nos termos mais que nunca apropriados da mercadotecnia, a planificação neoliberal chamou de *marketing* urbano)[9].

Daí provém um dos principais paradoxos que o Bafici coloca em cena: se em termos da conjuntura ele integrou uma série de ações de política cultural que se apresentavam como alternativa ao neoliberalismo do governo nacional, em termos da transformação geral da cultura urbana, acompanhou sua implantação definitiva. As linhas do "planejamento estratégico" que o governo menemista efetivara com Puerto Madero (a primeira iniciativa de um "urbanismo dos promotores" em Buenos Aires) continuaram definindo o conjunto de políticas urbanas da cidade agora autônoma,

---

8. Renato Rosaldo, *Culture & Truth: The Remaking of Social Analysis*, Boston: Beacon Press, 1989, citado em George Yúdice, *El recurso de la cultura*, Buenos Aires: Gedisa, 2002, p. 37.
9. Ver Sharon Zukin, *The Cultures of Cities*, Oxford: Blackwell, 1995. Para o caso latino-americano, ver Otilia Arantes, "Uma estratégia fatal: a cultura nas novas gestões urbanas", *in:* O. Arantes; C. Vainer; E. Maricato, *A cidade do pensamento único: desmanchando consensos*, São Paulo: Vozes, 2000.

centradas na aposta numa série de "megaprojetos" (do Retiro, das margens do rio, do Abasto) que procuraram reeditar o êxito com a mesma fórmula de abertura de oportunidades para os negócios urbanos[10]. Ainda que esses projetos tenham ficado pelo caminho, manteve-se o seu pré-requisito cultural (de novo nos termos do "planejamento estratégico"), que, no entanto, estivera ausente em Puerto Madero: uma política de definição da identidade da cidade por meio de iniciativas culturais que impulsionavam sua inserção no circuito global. E o fato de que o Bafici, sucesso retumbante dessa política cultural, tenha se estabelecido no Abasto, uma das áreas em que a política urbana de promoção de negócios fracassou, mostra a complexidade das transformações de Buenos Aires no final do século xx.

Um bairro: o Abasto

A primeira edição do Bafici beneficiou-se do tecido cultural histórico da cidade e boa parte de suas atividades deu-se no tradicional circuito cinéfilo da avenida Corrientes, no trecho que vai de Callao ao Teatro San Martín e um pouco mais além: a sala Lugones, o Cosmos, o Teatro Alvear, o Cine Lorca e o hoje inexistente Cine Lorange. Mas a grande inovação do Bafici não consistiu no uso de uma estrutura urbano-cinéfila preexistente, mas na incorporação de um complexo multissalas que acabava de abrir suas portas: o Hoyts do Abasto Shopping. Ainda que situado a apenas dez quadras do oeste do centro da vida cultural de Buenos Aires, a localização geográfica do complexo deslocou a agitação artística para um bairro que contava com décadas de deterioração, muito próximo do Once, a zona comercial por excelência da metrópole e um de seus pontos de circulação mais intensos. Bairro de longa tradição, a deficiente infraestrutura que o Abasto possuía em fins do século xx, somada à grande quantidade de grupos sociais muito característicos (sobretudo de imigrantes recentes do Peru e da já assentada comunidade judaica), que conviviam num contexto de decadência urbana, faziam da realização de um festival de cinema no lugar um grande desafio para a gestão da cultura: a iniciativa projetava um equilíbrio no mapa urbano-cultural da cidade, ao mesmo tempo que cumpria o *dictum* do "planejamento estratégico", que sustenta que, invariavelmente, nas crises mais agudas têm lugar as maiores oportunidades.

O Mercado de Abasto, inaugurado en 1934, durante décadas abasteceu toda a cidade com frutas e verduras. Fechado em 1984, foi remodelado e reaberto em 1998 como *shopping*. Além de abrigar pontos comerciais, área de alimentação, zona de entretenimento (com um Museu das Crianças), incluiu um complexo multissalas da cadeia Hoyts, de origem chilena, que foi aberto com o Bafici. Para além dos extravagantes resultados da remodelação (com uma dificuldade de circulação só superada

---

10. Adrián Gorelik, "Modelo para armar. Buenos Aires: de la crisis al boom", *Punto de Vista*, n. 84, abr. 2006.

Fachada lateral do *shopping*, na rua Anchorena. Vê-se o final do edifício do Mercado Nuevo (com o arco interrompido) e o espaço que o separava do Mercado Viejo, por onde devia continuar a rua Carlos Gardel, agora dividida (de onde foi tirada a fotografia), para se unir do outro lado do *shopping* à rua Guardia Vieja. A rua entra pelo edifício por uma grande escada aberta que leva à praça del Zorzal. Fotografia: Manuel Solari.

pelas também remodeladas Galerias Pacífico), o Shopping Abasto possui características que o tornam bastante particular.

Sua construção marca o fim de um processo iniciado nos anos 1970, quando surgiu a necessidade de mudar o mercado de frutas e verduras para um lugar menos central, como ocorreu também em outras grandes cidades (o exemplo típico é Les Halles, em Paris). O Mercado de Abasto contava com dois edifícios: o Mercado Viejo (construído em 1893), que dá para a rua Lavalle, é menor e apresenta uma estrutura de concreto e aço. O Mercado Nuevo, que é sua continuação na mesma quadra em direção à avenida Corrientes, mostra-se monumental, com cinco gigantescos arcos de concreto e vidro na fachada, e se transformou num dos símbolos da cidade (nessa zona viveu Carlos Gardel na infância, foi rodado o filme *Mercado de Abasto* com Tita Merello etc.)[11]. Quando sua mudança começou a ser debatida, em fins dos anos

---

11. O edifício do Mercado Nuevo foi projetado pelo engenheiro José Luis Delpini, o mesmo que projetou o estádio do Boca Juniors, ambos em colaboração com Sulcic e Bes.

Buenos Aires 337

Praça del Zorzal, área de alimentação do *Shopping* Abasto, tenso equilíbrio entre as "forças locais" e os interesses do empreendimento. Funcionou como centro nevrálgico de atividades e lugar de reunião do público em cada edição do Bafici. Fotografia: Manuel Solari.

1970 (que se concretizaria em 1984), foram elaborados diferentes projetos que questionavam as formas de revitalização desses edifícios e, a partir deles, a renovação de um bairro que se mostrara sempre muito caótico e que agora ficaria sem seu centro nevrálgico em termos econômicos e simbólicos. Desde então, o Abasto esteve definido no pensamento urbanístico como uma área vacante da cidade, que requeria intervenções públicas capazes de reativar sua dinâmica social. Houve vários projetos e, seguindo as políticas neoliberais da década, ficaram a cargo do grupo Irsa e de seu financista George Soros, que construíram o *shopping*, projetado pelo estúdio norte-americano BTA Architects Inc., com sede em Boston, e pelo estúdio local M|SG|S|S|S Arquitetos. A ideia era que o novo edifício funcionasse como motor de uma transformação mais geral do bairro, desta vez visto como território de oportunidades para os negócios urbanos[12].

O resultado funcional do edifício é curioso porque, embora tenha retomado alguns elementos do que denomino "forças locais", as orienta, segundo suas próprias premissas, para o consumo e para o capitalismo global[13]. Vejamos de que maneira: todos os projetos anteriores tinham a preocupação central de integrar o mercado ao tecido urbano e, complementarmente, de fazer com que o bairro entrasse no mercado, ou o atravessasse. A separação entre o Mercado Nuevo e o Viejo mostrava-se ideal

12. Ver Daniel Kozak, "Construcción y transformaciones del Abasto", *Anales del Instituto de Arte Americano e Investigaciones Estéticas "Mario J. Buschiazzo"*, v. 41, n. 2, 2011.
13. Entendo por "forças locais" a existência de aspectos da natureza do terreno, da morfologia urbana, das tradições e da história de uma zona que persistem e resistem a ser eliminados.

para o estabelecimento de um corredor interno de pedestres, localizado entre ruas de escassa funcionalidade viária, porque interrompidas pelo edifício (refiro-me às ruas Carlos Gardel e a Guardia Vieja). Uma praça pública entre um edifício e outro (e assim foi pensado pelo projeto de Winograd, Bares, Charrière, Germani e Sbarra de 1978, e pelo de Urgell, Facio, Hampton e Hernáez de 1983) parecia estabelecer um eixo que se conectaria ao bairro e a outros eventuais projetos de moradia, centros culturais e locais comerciais. A praça foi finalmente realizada, mas como um espaço fechado no interior do *shopping*, ainda que – como se fosse uma espécie de reparação – tenham lhe atribuído um nome característico de bairros: praça del Zorzal. A praça surge na qualidade de força local que de alguma maneira se impõe – mesmo que discretamente – ao projeto realizado (como se o bairro necessitasse de uma passagem mais direta de um lado ao outro dessa grande quadra). Seja como for, o projeto do *shopping* ergueu a praça em altura, como se não se quisesse ceder totalmente às exigências do entorno. Além disso, o plano do grupo Irsa apresenta outras soluções que revelam o interesse em dirigir o complexo comercial para a artéria de maior afluência: a face voltada para a Lavalle é completamente fechada, algo curioso num *shopping* que deveria favorecer a maior possibilidade de acessos; a entrada principal é a da avenida Corrientes, e as outras duas, que dão diretamente para a praça del Zorzal, têm duas escadas algo majestosas e pouco funcionais, de caráter, a princípio, mais decorativo.

De todo modo, é preciso dizer que uma das virtudes do projeto é que a praça del Zorzal carece de negócios, tendo um amplo espaço aberto para usos diversos e imprevisíveis (apesar da presença de vigilância e de ser um espaço privado ou semiprivado). Por essa razão, revelou-se adequada para o festival, já que passou a ser o local de encontro dos espectadores antes e depois do filme, ali ficava o estande de informação e se realizavam eventos como a entrega de prêmios. A "extraterritorialidade" que Beatriz Sarlo assinalara para os *shoppings*, num ensaio de muita circulação, encontrava uma nova inflexão, porque já não era apenas a cidade territorial que se desintegrava, mas mudaram as condições nas quais se produziam reagrupamentos comunitários e usos urbanos[14]. Pelas características do *shopping* e por sua localização, o Bafici criou um circuito turístico-cultural que não apenas alterou as relações no interior do *shopping* durante os dias de sua realização, mas revitalizou-as com outros empreendimentos culturais: o recurso à cultura deu destaque a uma quantidade de variáveis que pareciam anunciar uma transformação num dos centros nevrálgicos da cidade.

No entanto, esse foi um sucesso paradoxal, uma vez que, em grande parte, decorreu do abandono dos objetivos que os investidores traçaram para o *shopping*. Se a ideia era transformar completamente a zona (e para isso foram compradas propriedades em ruínas), o escasso fluxo de capitais e a estrutura sociourbana do bairro frustraram essa intenção, e a remodelação ficou pela metade. Os investimentos que

---

14. Beatriz Sarlo, *Escenas de la vida posmoderna: intelectuales, arte y videocultura en la Argentina*, Buenos Aires: Siglo XXI, 2014.

Bar na rua Guardia Vieja. Fotografia: Manuel Solari.

deviam afluir após o pontapé inicial dado pelo Irsa não ocorreram, e o financista George Soros abandonou o projeto original afirmando que não havia lugar em Buenos Aires para outro Puerto Madero (ele não demorou a ter a lucidez de perceber que aquela remodelação modelar para o "planejamento estratégico" tinha sido fruto de uma conjuntura irrepetível). O fracasso da valorização das propriedades da zona em termos econômicos ocasionou investimentos menos rentáveis e custosos – como os centros de cultura alternativa –, transformando o bairro numa região única, em que a decadência urbana é interrompida com poucas intervenções de ponta – sobreviventes da iniciativa original –, e inúmeras atividades artísticas compartilham uma cena urbana nitidamente popular (prostíbulos, casas invadidas, pensões).

À medida que o Bafici cresceu, a sede do Abasto expandiu-se não para outros pontos da cidade, mas para o próprio bairro, e muitos *workshops* e conferências passaram a ser realizados num edifício situado na rua Guardia Vieja. Nos arredores também houve mudanças importantes que conseguiram transformar as más condições do bairro (iluminação, insegurança), ressaltando suas virtudes (circulação de jovens, boa localização geográfica, um estilo mais boêmio, que Palermo havia perdido).

A rua Guardia Vieja, entre o Abasto e a avenida Medrano, acabou tomada por bares noturnos. Em 2005, uma fábrica e depósito de azeite transformou-se na Ciudad Cultural Konex, um empreendimento privado na rua Sarmiento, a apenas três quadras do Abasto, num projeto de Clorindo Testa, com programação muito ambiciosa. Mais perto do velho mercado, em 2010, foi aberta a sala de teatro El Extranjero, uma das mais importantes do teatro independente. Do lado de Lavalle, encontra-se a rua Zelaya, em

Teatro El Cubo, na rua Zelaya. Fotografia: Manuel Solari.

parte para pedestres, e seu Teatro El Cubo, assim como também cresceu muito, nos últimos anos, a passagem Carlos Gardel, sobretudo pela afluência do turismo[15].

Os teatros *off* multiplicam-se, o que talvez se deva ao preço acessível das propriedades, mas também ao fato de o bairro ainda conservar certo clima boêmio que convive bem com os restaurantes dos imigrantes peruanos. E isso apesar de se tratar de uma região escura, não totalmente segura e com problemas importantes de infraestrutura. De todo modo, desde que o Bafici se instalou no Abasto, o bairro não parou de crescer com seus centros de cultura, que se dispersam como boias em alto-mar: para passar de uma a outra, é preciso saber nadar.

Imagens do cinema

O fechamento das grandes salas de cinema começou por volta de 1987, agravado pela crise econômica. Das novecentas salas existentes em 1984 em todo o país, restavam menos de metade em 1990. O índice mais baixo foi atingido em 1992, com apenas 280 salas em funcionamento; a recuperação, por sua vez, se deu no final da década, com as multissalas e os cinemas dos *shoppings*. Em 1997, havia 589 salas em

---

15. Também se deve destacar o Abasto Hotel (originalmente parte da cadeia Holiday Inn e depois Abasto Plaza Hotel), que se apresentou como "o primeiro hotel cinco estrelas temático dedicado à experiência do tango". A imagem do Abasto como bairro de tango não se opõe ao da juventude boêmia, imagens que se complementam ou se misturam. Um bom exemplo disso é a sala de concertos criada para a orquestra de tango Fernández Fierro, formada por jovens músicos, a três quadras do Abasto.

funcionamento, 830 em 1998, 920 em 1999, e nos últimos anos superou-se a cifra de mil salas em todo o país, ou seja, ultrapassou-se a cifra de princípios dos anos 1980[16]. A partir do ano 2000, a situação mudou profundamente com a internet, a possibilidade de ver filmes *on-line* ou de baixá-las da rede. Todos esses fatos fizeram com que o cinema transformasse sua função social e seu lugar na produção de imagens[17].

As grandes salas de cinema da modernidade ficavam para trás e as multissalas dos *shoppings* reafirmavam-se como lugar de consumo do cinema. Uma cena de *Mundo grua*, que estreou no primeiro Bafici, mostrava um caráter nostálgico em relação à modernidade da máquina e do trabalho: ao sair, após assistir a um filme com sua companheira, o protagonista ("o Rulo", ator não profissional que representava a si mesmo no filme) encontra um grande projetor que pertencia ao Cine Maxi, na avenida 9 de Julio. Esse caráter nostálgico, e até retrô ou extemporâneo, parecia assinalar, inadvertidamente, a mudança vivida: é como se o ator-personagem Rulo chegasse à cidade, vindo de sua área suburbana, como remanescente de um mundo condenado à extinção. Já no primeiro Bafici estão sendo gestadas novas imagens urbanas de Buenos Aires, anunciadas na seção "Filmes em andamento" e em dois dos filmes que tiveram maior impacto: *Mundo grua*, de Pablo Trapero, e *Silvia Prieto*, de Martín Rejtman.

Ambos os filmes são devedores de um acontecimento cinematográfico que teve lugar em 1997: a estreia de *Happy together* de Wong Kar-wai. O filme do diretor de Hong Kong passa-se em Buenos Aires e oferece imagens absolutamente novas para pensar a cidade com a linguagem do cinema independente. O espaço urbano de Buenos Aires está construído na tensão entre as ruínas e o tempo acelerado da modernidade, que se contrapõe à imagem que o filme apresenta de Hong Kong e Taipé. A versão em tempo acelerado da artéria central e uma das mais modernas da cidade (a tomada da avenida 9 de Julio) se sobrepõe às imagens dos bairros de San Telmo e La Boca, mais antigos e muito deteriorados. Com um uso muito peculiar da montagem e do som, Wong Kar-wai comporta-se, ao modo dos grandes diretores italianos, como um urbanista: resgata zonas arruinadas da cidade, revalorizando seus espaços vazios e dotando-os de uma estética hipermoderna, que deixa ver o nascimento de uma nova sensibilidade na consideração dos lugares. Esse filme foi crucial no surgimento do novo cinema argentino e sua presença – sobretudo em sua representação de um alojamento para imigrantes – pode ser detectada já em *Pizza, cerveja, cigarro*.

Em *Silvia Prieto*, a visão do circuito urbano-cinéfilo é literal: uma tomada do alto da tradicional rua dos cinemas, Lavalle, já em plena decadência (29 min.). À maneira de um Venturi porteño, os planos da cidade de *Silvia Prieto* são basicamente formados por letreiros de bares, de cinemas ou de estabelecimentos comerciais. A tomada de

---

16. Ver as estatísticas em Paulina Seivach e Pablo Perelman, *La indústria cinematográfica en la Argentina: entre los límites del mercado y el fomento estatal*, Observatorio de Industrias Culturales, mimeo, 2004, p. 139.
17. Desenvolvi esse tema em *Otros mundos*, Buenos Aires: Santiago Arcos, 2006.

Ciudad Cultural Konex. Fotografia: Manuel Solari.

Lavalle (com os letreiros luminosos estáticos dos cinemas e o letreiro piscante do Bingo) caracteriza esse olhar moderno que capta, não sem ironia, os letreiros velhos ou de mau gosto como sinais de um mundo passado, mas que persiste. Do mesmo modo que *Mundo grua* (e já com um sentido que nada tem a ver com *Happy together*), o filme de Rejtman pinça fragmentos de uma cidade que tem que enfrentar as novas condições das quais surgiu o festival[18]. É como se por volta de 1999 começasse a ocorrer uma mudança na visão da cidade, da qual o novo cinema e o festival foram protagonistas.

Bafici Abasto

O número de espectadores foi gradativamente aumentando: dos 120 mil que se calcula que estiveram na primeira edição para os quase 400 mil das últimas edições. Ainda que se contabilizem os espectadores e não o número de pessoas (muita gente vê mais que um filme), há também uma quantidade de eventos nas imediações e uma repercussão importante nos meios de comunicação. Não se trata de um número desprezível, e é preciso considerar que a maior parte do público passa pela sede central. Na praça del Zorzal do Abasto, era comum ver os espectadores (jovens em sua maioria) sentados nos bancos ou recostados em almofadões nos andares escolhendo seus filmes. As amplas escadas laterais também eram ocupadas por grupos, prática que

---

18. Parecia impensado para a comunidade cinéfila que um festival independente se realizasse num *shopping*. De fato, *Buenos Aires viceversa* de Alejandro Agresti, nessa altura referência do cinema jovem, termina com o simbólico assassinato de um menino num *shopping*.

continua ao longo do ano, outorgando-lhes uma nova função (o acesso ao festival é, além disso, mais direto a partir de ambas as escadas).

O *shopping* adquire um caráter afetivo e, embora certamente se trate de uma elite, esta cumpre um papel fundamental na criação de recursos que podem levar adiante uma gestão governamental. Entre os espectadores, encontram-se os visitantes estrangeiros, jornalistas ou programadores de outros festivais, que são fundamentais para inserir o Bafici no circuito internacional e levar os filmes aí exibidos para outras partes do mundo. Trata-se de um microclima que, em suas bordas, interage com o bairro e lhe dá uma dinâmica diferente durante o período em que acontece o festival, forjando uma imagem que se instala de modo permanente. Os espectadores não se situam apenas nas imediações da praça, mas se deslocam até os restaurantes e a outros locais da região.

Todas as exigências da época para a realização do evento são cumpridas no Bafici, faltando apenas que seus participantes (espectadores, jovens realizadores de cinema mas, sobretudo, organizadores e funcionários da cidade) aprofundem e desenvolvam os elementos que afloraram durante esses dias. É a hora das análises, dos debates, das discussões, de novos investimentos, da interpretação e transformação dos sentidos do acontecimento, da realização de tudo aquilo que se anuncia como potencial, da vinculação do festival de cinema com a história do bairro. É a hora, definitivamente, das arenas culturais.

Um detalhe sem importância

Pelo exposto, poderíamos concluir dizendo que a história do Bafici é idílica: a cultura como política pública sobrepôs-se ao fracasso da estratégia do *marketing* urbano para a área, produzindo uma nova dinâmica num bairro relegado, que foi transformado num novo polo cultural da cidade. Mas um pequeno detalhe destrói todas as ilusões. Na edição de 2013, o Bafici deixa o Abasto e passa para o Village Recoleta. Trata-se de uma decisão unilateral tomada pelo governo da cidade e pelas autoridades do festival, justificada, segundo eles, porque a cadeia Village estaria mais disposta a se envolver com o projeto do festival do que a Hoyts[19]. A mudança de sede implicou uma série de modificações significativas no funcionamento do evento: foi necessário separar as salas de exibição do ponto de encontro e das oficinas e sedes de eventos especiais (no Centro Cultural Recoleta); o acesso por meio do transporte público

---

19. O ministro da Cultura e o diretor artístico do festival mencionaram várias causas para a mudança de sede: a quantidade de salas, o fato de que o complexo exibiria títulos do Bafici durante o ano (algo que não sucedeu), o entusiasmo da cadeia Village. Enfim, uma série de explicações que não foram questionadas. Poderíamos falar da mudança política esperada com a chegada de Mauricio Macri ao governo, mas a Secretaria de Cultura nessa última gestão era ocupada por um funcionário que tinha integrado o governo de De la Rúa (Hernán Lombardi) e contava com uma presença forte de Lopérfido que, no início, foi quem decidiu que o festival fosse realizado no Abasto *Shopping*.

torna-se muito mais complicado (não há metrô e a zona é menos central geograficamente); por último, o festival deslocou-se para a zona norte, a de maior concentração de recursos da cidade, renunciando definitivamente ao equilíbrio urbano-cultural.

Do ponto de vista do usuário do festival, não há benefícios, embora não estejamos diante de problemas que não possam ser sanados. Entretanto, o fato de a mudança ter sido implementada sem debates nem consenso, sem apoios mas também sem resistências, mostra algo fundamental nas políticas da cidade: a dificuldade da gestão para ler as inovações que ela mesma introduziu com a criação do Bafici e a falta de organização dos cidadãos (usuários e beneficiários) para dar uma resposta articulada à mudança de sede. É como se os processos de transformação do Bafici num fenômeno de massa, que soube condensar uma zona cultural da cidade, fossem mais próprios das "forças locais" de Buenos Aires do que resultados de decisões tomadas conscientemente a partir de um projeto deliberado e pactuado. Nem o governo da cidade se viu forçado a dar explicações nem considerou que devesse dá-las. Entre o pessoal de cinema, é compreensível que suas reações e solicitações tenham a ver sobretudo com a questão cinematográfica, mas os beneficiários diretos do festival tampouco compareceram com suas demandas[20].

Em resumo, as arenas culturais nunca se formaram, e o cenário do Abasto, que anunciava um dos debates-chave (a relação entre os bairros e a modernização urbana), jamais teve lugar. Houve uma decisão acertada de alguns funcionários de sair do circuito urbano-cinéfilo do centro tradicional da cidade e utilizar de maneira experimental um espaço cujos destinos não eram totalmente claros. Houve um uso intensivo do público do festival que lotou o espaço mercantilizado, anônimo e frio dos *shoppings*, injetando-lhe vida artística e cultural e afetos em função de uma inclinação comum. Houve até um bairro que começou a interagir e a desenhar seu perfil próprio segundo cada comunidade. Mas houve também quem não soubesse ler a situação potencial que essas mudanças engendravam. Evidentemente, um festival que se realiza durante dez dias por ano não modifica um bairro nem muda a vida das pessoas, mas funcionava como um ponto no mapa da cidade, como uma agulha de acupuntura, que poderia ter deflagrado uma onda expansiva de energia, constituindo uma mudança mais profunda nas relações entre a gestão de governo, a organização dos habitantes da cidade e as situações específicas que esse espaço urbano apresenta. Agora esse ponto já não existe.

---

20. Não é possível encontrar na internet muita documentação sobre as resistências à mudança de sede do festival, e isso se deve ao fato de que não houve um debate sobre a resolução. Em 10 de abril de 2013, ou seja, no mesmo dia em que começava o festival no Village Recoleta, um grupo de vizinhos convocou "um encontro para conscientizar as pessoas sobre a importância do festival de cinema para a região, o mau estado das ruas e a iluminação". No cartaz que promovia o protesto, apareciam as palavras "alternativo", "comida peruana" e "circuito turístico-cultural". Porém, tratou-se de uma demanda isolada e que parece ser mais o reflexo de uma luta política geral (contra Macri, a quem se interpela de forma explícita) do que de preocupações localizadas. Isso não torna o protesto menos legítimo, mas evidencia que ele pode ser rapidamente transferido para outros interesses, sempre e quando forem demandas contra o governo municipal.

Rio de Janeiro

A cidade midiática: telenovelas e mundo urbano

BEATRIZ JAGUARIBE

Imaginários urbanos

A jovem arrivista de pequena cidade interiorana que chega ao Rio de Janeiro e se instala no hotel Copacabana Palace para tramitar seu golpe de ascensão social; a taxista da zona norte da cidade que demonstra independência e atitude; o músico que é atingido por balas perdidas no bairro do Leblon na zona sul carioca, o reduto da alta classe média; o jogador de futebol de clube do subúrbio que ganha fama e glória; a bela moradora da favela que luta para retornar ao lar após ser sequestrada por mafiosos de uma rede de prostituição. Esses personagens, entre inúmeros outros, fazem parte do elenco ficcional dos habitantes da cidade do Rio de Janeiro nas telenovelas da Rede Globo. Desde o final dos anos 1960, essas telenovelas urbanas mobilizam audiências com seus personagens empáticos, emoções catárticas e enredos que exibem vivências variadas na modernidade urbana. Entretanto, apesar do sucesso estrondoso de *Avenida Brasil* (2012), a popularização da televisão a cabo em meados dos anos 1990 e a expansão da internet fizeram com que a telenovela não mais detenha a popularidade arrebatadora de outrora, embora continue a ocupar lugar importante: ao ser exibida diariamente em horário fixo, a telenovela gera hábitos de audiência coletiva e imaginários socialmente compartilhados que incidem, por sua vez, em redes de interações virtuais, sociais e comerciais.

Neste ensaio quero explorar o modo como o Rio de Janeiro foi narrado, imaginado, vendido e visualizado nas telenovelas da Rede Globo, destacando, em particular, duas delas: *Avenida Brasil* (2012), de autoria de João Emanuel Carneiro, e *Salve Jorge* (2012-13), de Gloria Perez[1]. Alimentando-se de mitologias consagradas, mas também criando novos ideários, as telenovelas testam e medem as "estruturas de

---

1. Dada a demanda cotidiana por capítulos e a extensão da trama, as telenovelas são escritas por equipes de autores, mas há sempre um autor principal que impõe a sua assinatura. Janete Clair (1925-83) notabilizou-se por ser uma escritora que escrevia todos os capítulos de suas novelas.

sentimento" de cada período. Ao oferecerem modelos de subjetividade permeadas por representações de gênero, classe e raça, por sua vez, sugerem as tipologias do que é "ser" carioca. Atiçam o turismo e a especulação imobiliária por meio da vendagem da cidade, mostrando seus cartões-postais mais significativos. Consagram bairros de prestígio e também sugerem novos roteiros baseados nas locações onde se desenrolam seus enredos[2]. Exportadas para diversos países – como foi o caso de *Avenida Brasil*, que foi exibida em mais de 125 países e obteve sucesso estrondoso na Argentina –, as telenovelas também projetam uma imagem positiva do Rio de Janeiro para plateias internacionais, em contraponto às manchetes desabonadoras sobre a violência do narcotráfico e as disparidades sociais cariocas[3]. Com a construção de cenários urbanos nos estúdios da Rede Globo no Projac, na zona oeste da cidade, as telenovelas da emissora criam uma cidade material que dá suporte à cidade ficcional[4].

A força cultural e a emergência social do subúrbio e das favelas cariocas ocasionaram seriados recentes como *Cidade dos homens* (2002-05) e *Suburbia* (2012). É interessante notar que os atores eram *amateurs* ou escolhidos nas oficinas das ONGs "Nós do Cinema" e "Nós do Morro". Em ambos os casos representavam os protagonistas negros da periferia carioca. Mas *Avenida Brasil* e *Salve Jorge* destacaram o subúrbio e a favela, que antes eram relegados a planos secundários ou retratados de modo diverso[5].

O subúrbio ficcional "Divino" em *Avenida Brasil* remete diretamente a Madureira, na zona norte carioca. Renomado pelo seu intenso comércio, o bairro ganhou visibilidade recente não somente pela inauguração de um parque recreativo, mas também pela fama do seu baile Charme, conduzido embaixo de um viaduto, e

---

2. A alta de preços dos imóveis no bairro do Leblon no Rio de Janeiro tem sido atribuída, entre outras causas, à grande popularidade que o bairro atingiu por meio das telenovelas do escritor Manoel Carlos. Entre vários comentários postados a respeito do *glamour* do Leblon midiático, ver o blog do próprio Manoel Carlos na *Veja Rio*, em matéria intitulada "Pobre Leblon" (9 maio 2014), disponível em: <https://vejario.abril.com.br/blog/manoel-carlos/pobre-leblon>, acesso em: 27 ago. 2018. Ver também a matéria "'Ele estragou o Leblon', diz Renata Sorrah sobre novelista Manoel Carlos" (5 ago. 2011), disponível em: <http://www.folhavitoria.com.br/entretenimento/noticia/2011/08/ele-estragou-o-leblon-diz-renata-sorrah-sobre-novelista-manoel-carlos.html>, acesso em: 27 ago. 2018.
3. Sobre o êxito de *Avenida Brasil*, ver <https://noticiasdatv.uol.com.br/noticia/televisao/final-de-avenida-brasil-da-o-dobro-do-principal-programa-argentino-4038> e <http://www.forbes.com/sites/andersonantunes/2012/10/19/brazilian-telenovela-makes-billions-by-mirroring-its-viewers-lives/>, acesso de ambos em: 27 ago. 2018.
4. Construído em 1995, o Projac é um dos maiores complexos televisivos do mundo. Ver <http://redeglobo.globo.com/diversao/noticia/2012/08/bem-vindo-ao-projac-tour-virtual-mostra-fabrica-de-sonhos-da-tv.html>, acesso em: 27 ago. 2018.
5. No Rio de Janeiro, a palavra "subúrbio" não se refere, necessariamente, aos locais situados na periferia da cidade. Os subúrbios cariocas eram inicialmente locais semirrurais que foram surgindo ao longo da Estrada de Ferro Dom Pedro II em 1858. Assim é que os bairros da zona norte que integram a malha urbana carioca são designados de subúrbio, embora geograficamente não estejam na periferia da cidade. Com a alta de preços da zona sul e até da zona oeste, onde se localiza o bairro praiano da Barra da Tijuca, a zona norte carioca passou a ser valorizada como alternativa de moradia da classe média. Antes majoritariamente caracterizados como locais de moradia do operariado e da pequena classe média, os bairros da zona norte são muito mais diversificados do que suas consagradas tipologias.

por ser a sede da consagrada escola de samba Império Serrano. Embora o enredo mirabolante de *Salve Jorge* inclua personagens e locações na Turquia, e também na zona sul carioca, a personagem principal da novela, a jovem Morena, é moradora de uma favela na zona norte do Rio de Janeiro.

A partir da intensa mobilização em torno da imagem do Rio de Janeiro em face dos megaeventos da Copa do Mundo em 2014 e das Olimpíadas em 2016, as favelas – antes ambiguamente avaliadas – foram catapultadas ao centro do imaginário urbano. Já os subúrbios passaram por nova avaliação em consequência da ascensão social de uma nova classe média local.

Incrustadas nos morros e espalhadas pela periferia, as favelas cariocas surgiram como locais de moradia precários dos setores mais pobres da sociedade. Os casarios construídos com restos de madeira e pedaços de jornal, as cenas de mulheres carregando latas d'água na cabeça extraídas das bicas coletivas e os sons do samba tocado nos becos fixaram as imagens da favela no início do século XX até finais dos anos 1960. Estigmatizadas como zonas de escassez, violência e barbárie, embora também exaltadas como celeiro de bambas e local da comunidade imaginada, espelharam em suas representações ideários diversos da modernização carioca[6].

Nas crônicas do início do século XX, a favela é descrita como o local da miséria, do exótico e do "atraso" em face dos ideais da cidade modernizante pautados pelo modelo urbano parisiense e pela voga da urbanização higiênica. Se nas expressões literárias e visuais dos anos 1920 ela é tangencialmente tematizada, na música popular dos compositores que nela vivem e no cinema dos anos 1950 realizado por jovens da classe média é alçada a tema central em clássicos como *Rio 40 graus* (1955), de Nelson Pereira dos Santos, filme precursor do cinema novo, e *5 vezes favela* (1962), composto por diferentes episódios dirigidos por diversos diretores. Naquele momento, no contexto da Guerra Fria, a favela alimentava imaginários dissidentes, como forma de ameaça ao *status quo* ou promessa de agenciamento na luta pela derrocada das injustiças sociais brasileiras. O golpe militar de 1964 silenciou os movimentos populares nas favelas através de uma política de remoções em prol da construção de conjuntos habitacionais longínquos, tais como Cidade de Deus.

Favela do Vidigal, Rio de Janeiro. Fotografia: Claudia Jaguaribe.

6. Para um breve apanhado histórico sobre a trajetória das favelas cariocas, ver Lícia Valladares, *A invenção da favela*, Rio de Janeiro: Editora FGV, 2005.

Em seguida, os processos de redemocratização brasileira a partir de meados dos anos 1980 encontram as favelas cariocas fraturadas pelas violentíssimas guerras do narcotráfico: novo tipo de violência urbana que inaugura um modo inédito de representá-las, conferindo-lhes hipervisibilidade midiática por meio de filmes de grande repercussão pública como *Cidade de Deus* (2002), cujo código realista ofereceu tanto entretenimento quanto uma pedagogia sobre o funcionamento do narcotráfico[7]. Finalmente, a partir dos anos 1990, programas como *Favela Bairro*, entre outros, que propõem a urbanização das favelas integrando-as à trama pública da cidade, coibiram as políticas de remoção e enfatizaram a legitimidade de favelas consolidadas, ao mesmo tempo que os complexos processos de redemocratização estimularam a emergência de novos ativismos e sujeitos sociais. Essa dimensão política, tantas vezes condicionada pela ação de ONGs e políticas identitárias globalmente disseminadas, também ocasionou um novo tipo de circulação cultural das favelas.

Observam-se, entretanto, outras formas de circulação cultural: favelas situadas em áreas topográficas privilegiadas da zona sul carioca, com suas vistas panorâmicas, atingem alto grau de visibilidade midiática, que gera formas de consumo cultural descoladas de um local geográfico específico, como pode ser atestado pela moda *cult* do bar Favela Chic em Paris ou pelo restaurante Miss Favela no Brooklyn, entre outros, e ainda pelo consumo de roupas, música e modismos extraídos das diversas favelas cariocas e modificados para o gosto de públicos variados.

Apesar das intenções comunitárias de Marcelo Armstrong, um dos pioneiros do turismo nas favelas e promotor do primeiro *favela tour* nos anos 1990, vários outros empreendimentos, como o Jeep Tour e o Indiana Jungle Tour, enfatizavam o aspecto exótico da favela e, obliquamente, atiçavam a promessa de encontros recheados de adrenalina garantidos pela visão de narcotraficantes armados até os dentes diante das bocas de fumo[8]. Mas desde a política de ocupação das favelas implantada pelas Unidades de Polícia Pacificadora (UPPs), iniciada na favela Santa Marta em 2008, o teor dos *favela tours* modificou-se, de acordo com a própria mudança na perspectiva da ocupação pelas forças de segurança pública. Enquanto retórica, as UPPs enfatizavam a ocupação da favela como parte de um esforço de segurança democrática que visava garantir o direito dos moradores de ir e vir sem a coerção dos chefes do narcotráfico e das milícias de policiais corruptos. Mas, no caso mais espetacular de ocupação das favelas, que foi a operação na Vila Cruzeiro e nas favelas do Complexo do Alemão em novembro de 2010, a UPP entra somente em 2012, após a "pacificação" realizada

---

7. Para uma análise dos códigos do realismo estético na retratação das favelas cariocas, ver Beatriz Jaguaribe, "Favelas: Realist Aesthetics, Consumption, and Authorship" em seu *Rio de Janeiro: Urban Life through the Eyes of the City*, London: Routledge, 2014.

8. Para uma discussão sobre os *favela tours*, ver Beatriz Jaguaribe; Scott Salmon, "Reality Tours: Experiencing the 'Real Thing' in Rio de Janeiro's Favelas", *in:* Tim Edensor; Mark Jayne (eds.), *Urban Theory beyond the West*, London: Routledge, 2011. Ver também Bianca Freire-Medeiros, *Touring Poverty*, London: Routledge, 2013.

pelas forças de segurança do exército e pelo Batalhão de Operações Policiais Especiais (Bope).

Para os efeitos deste ensaio e no que diz respeito à representação midiática da favela, o que interessa ressaltar é que a positivação do "espaço favela", seja sob a noção romantizada de "comunidade", seja pela reivindicação dos direitos democráticos e de propriedade, coexiste com estigmas, estereótipos e ambivalências. Entretanto, as zonas de troca e confluência entre a cidade "normativa" e as múltiplas favelas tornam-se parte da vivência cotidiana da classe média carioca, não somente pela proximidade geográfica, mas também pelo fluxo dos circuitos culturais.

Cidade midiática e cidade letrada

Apesar de sua situação periférica, o Rio de Janeiro – por ter sido capital por tantas décadas – cultivava uma vocação pública que se manifestava em acalorados debates sobre os rumos da política e os ideários da nação em cafés, salões e espaços da universidade. Entretanto, nos anos 1970, auge da ditadura militar, o crescente impacto da difusão televisiva pela Rede Globo, sediada no Rio de Janeiro, alterou consideravelmente a tessitura dessas práticas urbanas. Mais do que qualquer outro meio, a televisão, sobretudo por intermédio da telenovela, galvanizou públicos espectadores e ofereceu mitologias da urbanidade carioca[9].

Quando, em 1969, o *Jornal Nacional* é inaugurado, consolida-se, segundo vários pesquisadores, a receita máxima da audiência global alicerçada no jornalismo e na produção de telenovelas[10]. Legitimado pelo crivo da suposta objetividade jornalística, o *Jornal Nacional* tornou-se o porta-voz da construção da realidade nacional, enquanto as telenovelas de temáticas urbanas e contemporâneas foram fabricando, com seu realismo melodramático, enredos e personagens que ofereciam não somente fantasias, mas também uma pedagogia entretida que versava sobre a modernidade brasileira e suas novas modalidades de consumo.

Afetada pela mudança da capital para Brasília, a cultura intelectual pública carioca esmorece ainda mais diante da ativa repressão do regime militar contra seus principais intelectuais e instituições. Nesse panorama de censura e encurtamento de perspectivas, a Rede Globo entra com força na expansão da transmissão televisiva, obtendo vantagens que favorecem a sua consolidação. Num país de imensos contrastes sociais e regionais, numa sociedade cujas camadas letradas eram rarefeitas e o ofício do escritor profissional se encontrava ainda fragilmente definido, as telenovelas não apenas preenchiam um aquecido campo simbólico como propiciavam também ganhos materiais concretos e tangíveis para autores sem maiores rendimentos. Ao

---

9. De acordo com dados públicos, 95,1% dos lares possuem televisão e a Rede Globo atinge 99,51% da população brasileira.
10. Maria Rita Kehl; Inimá Simões; Alice Henrique Costa, *Um país no ar: história da TV brasileira em três canais*, São Paulo: Brasiliense, 1986.

lado disso, vale lembrar que renomados escritores da esquerda acreditaram na possibilidade de encampar uma televisão nacional-popular. Entre estes, cabe destacar a relevância ímpar do dramaturgo Dias Gomes (1922-99), autor aclamado, filiado ao Partido Comunista, que escreveu telenovelas marcantes e de grande êxito para a Rede Globo no auge da ditadura militar dos anos 1970.

Como explicar que uma rede privada de televisão que obteve vastas concessões do regime militar, uma emissora em fina sintonia com o *status quo*, pudesse ter em seus quadros artistas de esquerda do porte de Dias Gomes?[11] Dadas as limitações deste ensaio, elenco alguns fatores particularmente expressivos da singularidade dessa situação brasileira. Em primeiro lugar, diante da necessidade imperiosa da criação de roteiros para alimentar a própria maquinaria da indústria cultural e do reduzido círculo de letrados, estes não podiam ser sumariamente dispensados. A equipe da Rede Globo – formada pelo diretor executivo Walter Clark e pelo diretor de programação José Bonifácio, este último conhecido de Dias Gomes desde os tempos da Rádio Clube do Brasil – soube capitalizar talentos de escritores e diretores, imprimindo um novo rumo modernizante na programação da emissora. Assim, renomados artistas de esquerda, que não tinham participação na luta armada ou não possuíam posições pedagógicas de destaque a partir das quais pudessem disseminar ideias contrárias ao regime, foram incorporados, e seus trabalhos tolerados desde que se mantivessem no âmbito do entretenimento popular.

Em sua autobiografia, *Apenas um subversivo* (1998), Dias Gomes explica que, além da necessidade prática de garantir sua sobrevivência material, almejava criar telenovelas de qualidade que atraíssem um vasto público ao invés do minguado número de pessoas que assistiam às raras e caras peças teatrais permitidas pela censura militar. Em entrevista concedida a Marcelo Ridenti, esclareceu que considerava a televisão um poderoso veículo de denúncia, apesar das limitações do gênero[12]. Além disso, o projeto de forjar uma identidade nacional garantidora da unidade nacional e territorial, levado a cabo pelos militares, conduzia a agenda cultural militar a um tom ufanista que buscava "elevar o nível" do público[13]. Bem estruturadas, cômicas e dotadas de certa mordacidade crítica, as telenovelas de Dias Gomes eram toleradas, a despeito de cortes e censuras, porque eram vistas como parte desse esforço de construção de imaginários populares empáticos ao grande público.

Já sua esposa, Janete Clair (1925-83), destacada escritora de telenovelas da Globo, jamais sustentou um ideário de esquerda, tampouco travou uma luta simbólica pelo seu reconhecimento na arena da "alta cultura". Ela foi responsável, ao lado do diretor Daniel Filho, por capitalizar uma forma nova e ágil de escrever, encenar e filmar as telenovelas.

---

11. Ver Marcelo Ridenti, *Em busca do povo brasileiro*, Rio de Janeiro: Record, 2000, e Esther Hamburger, *O Brasil antenado*, Rio de Janeiro: Zahar, 2005.
12. Marcelo Ridenti, *op. cit.*, p. 290.
13. Esther Hamburger, *op. cit.*, p. 35.

O Rio de Janeiro televisivo

A temática urbana na televisão brasileira tem seu início marcante com uma telenovela de costumes cotidianos, *Beto Rockfeller*, levada ao ar pela TV Tupi paulista em 1968-69. O diálogo ágil, os temas antenados ao cotidiano, as novas formas de relacionamento de uma juventude despojada – todos esses ingredientes fizeram com que a novela configurasse uma ruptura em relação aos dramalhões exóticos e às novelas adaptadas de textos literários. Mas foi com a novela *Véu de noiva*, de Janete Clair, de 1969, que a temática urbana se acoplou ao registro técnico moderno, encarnado na figura do piloto, que se espelhava no êxito formidável do principal astro da fórmula 1 da época, Emerson Fittipaldi. Baseadas num repertório amoroso, de vingança, obstáculos sociais e dramas, as novelas urbanas de Clair terminariam por apresentar um Rio de Janeiro marcado pela divisão entre zona norte e zona sul. Em *Pecado capital*, grande êxito de 1976, o bairro do Méier na zona norte carioca é o local de moradia do taxista Carlão e sua namorada operária, Lucinha. A partir do episódio de uma mala repleta de dinheiro deixada no táxi de Carlão, o drama dessa apropriação monetária norteará o destino do personagem, assim como seu amor obsessivo por Lucinha, que sai do subúrbio e se apaixona por um homem de outra classe social. O drama principal gira em torno da disputa amorosa por Lucinha, do uso ilícito do dinheiro e da clivagem entre o Carlão machista e popular da zona norte e Lucinha, que incorpora valores de outra classe social.

Em novela anterior escrita por Dias Gomes, *Bandeira 2* (1971-72), o Rio de Janeiro dos bicheiros, do subúrbio, do samba e da malandragem recebe um tratamento privilegiado porque a zona norte retratada – no caso, o bairro de Ramos – não era um espaço secundário, e sim o foco do enredo que envolvia os alicerces da cultura popular carioca: jogo do bicho, samba e futebol[14]. Emoldurada pela trama centrada na disputa pelos pontos do jogo do bicho, travada entre os bicheiros Tucão e Jovelino Sabonete, a telenovela de Dias Gomes introduz a temática do amor proibido ao estilo de Romeu e Julieta, representado na telinha pela paixão entre Taís, a filha do bicheiro Tucão, e Márcio, filho do bicheiro Jovelino Sabonete. Mas se a disputa e a rivalidade pelo controle dos lucros do jogo do bicho articulam as tensões centrais do drama, a tessitura social dessa zona norte fictícia se torna mais nuançada diante do retrato de Joeli, a jovem taxista, desquitada e liberada que termina se encantando por Zelito, o

---

14. O jogo do bicho foi inventado pelo barão de Drummond, em 1892, com a finalidade de arrecadar fundos para o Jardim Zoológico, do qual era diretor, e que padecia de falta de recursos na transição entre o Império e a República Velha. Nos anos 1930, o jogo passou a se associar às escolas de samba, já que seus principais negociantes subsidiariam diferentes agremiações carnavalescas. Mesmo proibido em 1942, o jogo do bicho nunca perdeu sua popularidade; é possível dizer que a figura do bicheiro viria a se tornar quase mitológica no imaginário carioca, embora nos anos 1980 tal imaginário tenha se alterado com a forte confluência entre a figura do bicheiro popular e a do chefão do tráfico de drogas. Sobre o jogo do bicho, cf. Roberto da Matta; Elena Soárez, *Águias, burros e borboletas: um estudo antropológico do jogo do bicho*, Rio de Janeiro: Rocco, 1999.

filho artista, introspectivo e fragilizado do bicheiro Tucão. Nessa galeria de personagens, onde desfilam bicheiros, sambistas e nordestinos retirantes fugindo da miséria, a zona norte figura como o local da cultura popular carioca e da brasilidade, mas também é o cenário urbano onde os ventos da contracultura dos anos 1970 começam a sacudir a poeira dos costumes conservadores. A zona norte retratada em *Bandeira 2* não impulsionou a especulação imobiliária, nem fomentou uma "moda zona norte", mas a escola de samba Imperatriz Leopoldinense, cujos compositores reais eram representados por artistas da Rede Globo, tais como o ator Grande Otelo, foi alçada à fama por meio da exposição midiática televisiva.

O Rio de Janeiro é o cenário favorito de um número considerável de telenovelas, embora, por questões de densidade demográfica e audiência, a cidade de São Paulo tenha sido o palco de várias novelas recentes[15]. Na competição imagética entre as grandes metrópoles do mundo globalizado, o turismo midiático desponta como um fenômeno que movimenta milhões[16]. No Rio de Janeiro, o turismo alimenta-se dos cartões-postais da cidade e também dos imaginários midiáticos, que geram um *branding*, uma imagem da cidade. Nas telenovelas cariocas, imagens como as do Pão de Açúcar, das praias de Ipanema e Copacabana, do Jardim Botânico, entre outras locações, compõem um cardápio visual aprazível que oferece uma pausa cênica na trama e um deleite estético para o telespectador. Há, sem dúvida, um turismo motivado pelas telenovelas, a exemplo do que ocorreu durante a exibição de *Salve Jorge*, quando a movimentação no teleférico do Complexo do Alemão se intensificou nos fins de semana. Em excursão que ali realizei em 2013, o guia turístico apontava uma das casas da favela como cenário "real" da trama. No tocante ao subúrbio idealizado de *Avenida Brasil*, matérias no jornal *O Globo*, no *site* da emissora e na revista *Veja* realçaram as correspondências entre os locais cenográficos do fictício Divino e os locais de comércio reais em Madureira.

Nesses breves exemplos extraídos do vasto repertório de novelas televisivas, a cidade do Rio de Janeiro foi projetada com funções diversas, porém complementares. É vislumbrada como cenário turístico, palco do contemporâneo, espaço de resguardo da memória coletiva e, sobretudo, como cenário onde se projetam a realização ou frustração de desejos variados. A aparição positiva da favela e do subúrbio na telinha ampliou o circuito turístico da cidade e reforçou tipologias de personagens ligados a espaços específicos. Finalmente, as telenovelas constituem uma fonte de memórias midiáticas. As que marcaram época são reprisadas, num processo circular de alimentação da nostalgia no qual os telespectadores assistem aos velhos enredos seduzidos não mais pelo suspense, mas pelo deleite de vislumbrar uma cidade que já não existe. O fusquinha da taxista Noeli em *Bandeira 2*, a moda das meias soquetes cintilantes

---

15. Ver Daniela Stocco, "A presença da cidade do Rio de Janeiro nas 'Novelas das Oito', 1982-2008", *Baleia na Rede*, v. 1, n. 6, pp. 204-20, dez. 2009.
16. Cf. o ensaio de Youjeong Oh, "Korean Television Dramas and the Political Economy of City Promotion", *International Journal of Urban and Regional Research*, v. 38, n. 6, 18 ago. 2014.

com sandálias nas discotecas de *Dancin' Days* (1978), a paisagem praiana com biquínis dos anos 1970, as músicas que embalavam o romance dos protagonistas: todos estes são ingredientes que compõem um repertório de memórias midiáticas no qual a ficção se coaduna à memória personalizada dos próprios telespectadores. Na fina sintonia entre as ficções sobre o Rio de Janeiro e a sua absorção pelos telespectadores, a credibilidade "realista" é menos importante do que a empatia catártica.

Realismo melodramático e repertórios urbanos

Nas novelas da Rede Globo transmitidas no horário nobre há, geralmente, um código estético que rege a construção da imagem e do enredo. Trata-se do realismo melodramático apoiado na retórica da *verossimilhança realista*, no *apelo melodramático* e na *contemporaneidade* dos assuntos romanceados. A *verossimilhança realista* aguça as identificações entre os espectadores e a trama novelística. Os personagens que emergem desses espaços são decodificáveis; e se eles são legíveis e seus locais de moradia reconhecíveis, essa verossimilhança é não somente realista, mas também *mítica*, no sentido empregado por Roland Barthes.

No seu clássico *Mitologias* (1957), Barthes compreende o mito moderno como uma linguagem ideológica naturalizada pelo sentido comum. Na linguagem mítica cotidiana, a construção cultural seria obliterada em prol de uma aceitação que naturaliza o que foi historicamente construído e disputado. No que diz respeito aos debates contemporâneos veiculados pelas telenovelas, estes são introduzidos com a ajuda de uma pauta de identificações que associa as questões sociais abordadas à vida privada dos personagens. É por meio desse recurso que a novela do realismo melodramático pode arriscar-se apresentando amores *gays*, racismo, violência urbana, entre outros temas, de uma perspectiva crítica que é, entretanto, amenizada em prol de uma solução viável com vistas à manutenção do *status quo*. Afinal, como assinalam vários autores, a telenovela acentua o âmbito privado: o que é público e político se resolve mediante o acerto de contas no privado[17]. Certos valores podem ser questionados e relativizados, mas há uma assertividade do normativo no sentido de garantir a legibilidade naturalizada do social. E mesmo quando há aspectos inovadores e críticos, o realismo é energizado pelo dramatismo: um dramatismo que encontra sua fórmula mais contundente na atualização do imaginário melodramático. A imaginação melodramática é catalisadora de excessos; reforça a catarse e o aguçamento da emoção num mundo moderno eivado de contradições.

Aclamado no Brasil como sendo mais contemporâneo e humorístico que os exagerados dramalhões televisivos mexicanos, o melodrama das telenovelas globais

---

17. Esther Hamburger, "Telenovelas e interpretação do Brasil", *Lua Nova*, São Paulo, n. 82, 2011; Maria Immacolata Vassallo de Lopes, "Telenovela brasileira: uma narrativa sobre a nação", *Comunidade & Educação*, n. 26, jan.-abr. 2003.

mostra-se mais persuasivo justamente porque sua vertente mítica é modernizada: trata-se de realismo maquiado para gerar interesse, identificações idealizadas e até certo humor distanciado. Em *Salve Jorge*, a favela fictícia é habitada por beldades dançantes e por populares invariavelmente bem-humorados. Os soldados da cavalaria do exército, prestes a ocupar a favela, exibem uma plástica admirável enquanto montam cavalos belos e briosos. A relação entre brancos e negros, patrões e empregados é quase sempre cordial, embora a espevitada Morena, heroína de *Salve Jorge*, não deixe de gritar por seus direitos em momentos pedagogicamente instrutivos. Em *Avenida Brasil*, os suburbanos do bairro do Divino transitam por ruas asfaltadas, têm acesso aos serviços municipais, e a atmosfera da vizinhança é embalada pela simpatia dos locais, sem que se perceba qualquer carência. O lixão onde a desafortunada criança Rita é abandonada e entregue à própria sorte não parece exalar cheiros pútridos, não está infestado de roedores nem tem crianças esquálidas catando restos repulsivos de comida.

No caso da telenovela *Salve Jorge*, de Gloria Perez, a linguagem dramatúrgica do realismo melodramático mostra-se rebuscada em função de um enredo que justapõe o dramalhão local, encenado no Complexo do Alemão e na zona norte carioca, e as locações exteriores na Turquia, para onde a heroína é levada por agentes que negociam a prostituição de jovens. No primeiro capítulo voltado para a ocupação do Complexo do Alemão, a narrativa do realismo melodramático apresenta seu efeito maior de espetacularização, potencializando ao máximo o "efeito de realidade". Neste primeiro e paradigmático capítulo, temos a consagração do mundo via Rede Globo, na medida em que tanto a ficção quanto a documentação da realidade são articuladas pelas câmeras da própria emissora. Morena, protagonista da trama, é a jovem e bela moradora da favela. Mãe solteira, está voltando para casa com o filho quando eclode o tiroteio da ocupação pelas forças do exército. A ocupação da favela, que recebera dramática cobertura com a invasão da Vila Cruzeiro e do Complexo do Alemão em novembro de 2010, encontra-se assim repaginada, experimentada agora pela protagonista e vista pelos telespectadores ficcionais da própria novela, que assistem abismados ao RJTV original[18]. Ouve-se uma repórter dizendo: "O conjunto de favelas do Alemão, uma região extremamente oprimida durante décadas...", e a voz da locutora entoando: "Para os moradores, hoje foi um dia inesquecível"[19]. Outra voz televisiva finaliza, sentenciando: "Vencemos. Trouxemos a liberdade para a população do Alemão". O primeiro capítulo conta também com a presença de Rene Silva, o jovem que postou pelo Twitter a ocupação do Alemão e que, com a notoriedade da postagem, conseguiu mais verbas para a produção do seu jornal *A Voz da Comunidade* e teve seus 15 minutos de fama consagrados.

---

18. Ver monografia de final de graduação de Ana Maria Ramalho, *Complexo do Alemão: dos telejornais à novela*, ECO-UFRJ, 2013, pp. 62-3.
19. *Ibid.*, p. 63.

A mescla de cobertura telejornalística, personagens reais e trama ficcional aguça ao máximo as táticas de verossimilhança realista[20]. O código estético realista é acionado para prover legitimidade e intensidade dramática tanto ao enredo novelístico quanto à cobertura dos telejornais, que fazem amplo uso dos recursos de dramatização. Em *Salve Jorge*, a ocupação da favela pelas forças do exército, aqui representado pela figura do herói Theo, devoto do santo guerreiro, São Jorge, soluciona de imediato a questão explosiva da segurança urbana. Após a ocupação, Morena e sua mãe passeiam pelo Alemão e comemoram a chegada de turistas na favela pacificada. A violência e o desmanche social ocasionados pelo tráfico de drogas e pelos embates entre traficantes e policiais são sepultados pela presença do exército. Na novela, Theo repete o gesto de conquista do comandante que ocupou o Alemão e também finca a bandeira brasileira no território reconquistado da favela. Se o tráfico de drogas é percebido como parte de um passado doloroso, a pulsação cultural *funk*, os bailes animados e as danças sensuais, tão associados ao tráfico, desvinculam-se agora dessa linhagem e tornam-se parte do pacote "favela *pop fashion*". Assim, o local do popular é legitimado, bem como o espaço de comicidade e do estereótipo. Antes de *Salve Jorge*, a favela ficcional Portelinha era cenário central de *Duas Caras* (2007-08), de Aguinaldo Silva. Mas Gloria Perez inovou ao trazer à tona não somente a ficcionalização de um complexo de favelas existente, mas também ao realizar um cotejo entre fatos históricos e encenação ficcional, confirmando a hipervisibilidade e o protagonismo cultural das favelas cariocas. Existem, é certo, discrepâncias notáveis entre as diferentes favelas da cidade, mas o que vale a pena destacar é a ideia da favela como arena cultural e como *trademark* já consolidada no Rio de Janeiro.

No caso da favela retratada em *Salve Jorge*, o elemento de choque e violência é amenizado por meio da comicidade e da resolução dos impasses sociais gerados pela violência. O tráfico de drogas desaparece e em seu lugar surge o tráfico de seres humanos escravizados, nesse caso, pela prostituição forçada. As primeiras imagens da novela incidem sobre a figura de Morena sendo leiloada num elegante salão de compra de "escravas". A cena é pouco verossímil, já que compradores internacionais num leilão em Istambul falam português, mas o interessante é o ingrediente alegórico. A bela protagonista, a jovem da favela sendo exibida no palco, faz relembrar a saga de tantas escravas vendidas no Valongo carioca. O fio condutor da trama é a luta de Morena para sair da escravidão do sexo obrigatório e voltar ao seu lar carioca.

O sucesso retumbante de *Avenida Brasil* introduziu uma nova configuração do subúrbio[21]. Além da camaradagem, dos valores comunitários e da solidariedade

---

20. Em diversos ensaios mostrei como o retrato da favela, tanto em filmes como em reportagens, narrações literárias e fotografias, segue o receituário dos códigos do realismo estético; por exemplo, Beatriz Jaguaribe, *O choque do real: estética, mídia, cultura*, Rio de Janeiro, Rocco, 2007; e *Rio de Janeiro: Urban Life through the Eyes of the City*, op. cit., 2014.
21. Segundo a revista *Exame* (edição de 6 fev. 2014), *Avenida Brasil* "foi dublada em dezenove idiomas e é a mais bem-sucedida da história da televisão brasileira" (disponível em: <https://exame.abril.com.br/

vicinal, o fictício subúrbio do Divino inova porque é também o local de moradia de uma nova classe média abastada. No primeiro capítulo, a apresentação do local se dá pelo clip musicado "Meu lugar", de Arlindo Cruz. As imagens do Divino hipotético exibem o boteco, a vizinhança na calçada, a cerveja gelada, a ginga de moradores negros dançando, o calor e o trem: ingredientes habitualmente associados ao subúrbio. Mas a casa suntuosa do jogador de futebol Tufão, o clube de festas e o poder aquisitivo da família, que tem uma *chef* gabaritada para cozinhar cotidianamente, demonstram a ascensão do subúrbio, que figura como local de alto poder aquisitivo. Além do enredo de vingança e redenção, *Avenida Brasil* destacou-se pelos personagens divertidos, pela fotografia aprimorada e pelos diálogos instigantes. Nesse novo retrato do Rio de Janeiro, celebra-se o otimismo da ascensão social. Mas o interessante é que, na lógica do apreço populista, a ascensão social que permite o acesso a bens de consumo não significa uma mudança de valores ou de ideários culturais: o que se celebra é a autenticidade, a ginga, a comunidade solidária espelhada na sua cultura audiovisual.

Sob os holofotes das câmeras globais, a cidade letrada com seus valores de erudição e maestria torna-se quase obsoleta. Digo "quase" porque os autores também possuem a formação da cidade letrada. Mas a cidade que antes fora narrada em múltiplas formas, também pelo meio letrado, se transforma cada vez mais numa metrópole audiovisual.

estilo-de-vida/avenida-brasil-bate-recordes-e-e-vendida-a-125-paises/>, acesso em: 27 ago. 2018). Em edição posterior (7 jul. 2014), a revista informa que, "na Argentina, a novela bateu recordes de audiência e chegou a ganhar a queda de braço do horário com o chamado 'rei da televisão', Marcelo Tinelli, e seu programa *Showmatch*" (disponível em: <https://exame.abril.com.br/estilo-de-vida/oi-oi-oi-argentina-se-despede-da-bem-sucedida-avenida-brasil/>, acesso em: 27 ago. 2018).

São Paulo

Oficina: um teatro atravessado pela rua

GUILHERME WISNIK

Destruição criativa

Embora não completamente terminado, o novo Teatro Oficina foi finalmente inaugurado no dia 3 de outubro de 1993, com uma montagem de *Hamlet*, de Shakespeare (*Ham-let*, na adaptação do Oficina). Concluía-se, naquele momento, um período de mais de vinte anos de hibernação, desde que a companhia teatral dirigida por Zé Celso Martinez Corrêa havia encenado ali *As três irmãs*, de Tchekhov, em 1972[1].

Situado no número 520 da rua Jaceguai, no bairro do Bexiga, o teatro ocupa um lote estreito, comprido e em declive, com 9 metros de frente por 50 metros de profundidade, e um desnível de 3 metros. Se a organização espacial do teatro anterior, projetado por Flávio Império e Rodrigo Lefèvre, dispunha um palco italiano giratório ao fundo de uma única arquibancada assentada sobre o declive natural, o espaço do novo teatro, concebido por Lina Bo Bardi e Edson Elito, abole a caixa cênica, transformando o palco numa pista contínua com um segmento em rampa e outro plano, como uma rua ou um sambódromo, no qual os atores desfilam como membros de um coro dionisíaco-carnavalesco. Radical, o edifício abre-se para o entorno tanto através de uma ampla fachada lateral de vidro, atravessada por uma árvore de grande porte, quanto por uma cobertura retrátil, que pode se abrir durante a encenação, deixando

---

1. Após a temporada de *As três irmãs*, em 1972, o grupo acaba se dissolvendo, como resultado da combinação entre entropia artística e repressão do Estado militar. Em intercâmbio direto com o grupo norte-americano *Living Theatre*, o Oficina transforma-se numa comunidade e viaja pelo sertão do Brasil, fazendo performances e improvisos. Em 1974, Zé Celso e outros membros do grupo — agora rebatizado como Oficina Samba Coletivo Multimídia – são presos e torturados. Soltos em seguida, partem para um exílio voluntário em Portugal e Moçambique, onde realizam espetáculos de rua criados coletivamente, além de experiências com vídeo e rádio. Em sua volta ao Brasil, em 1979, o grupo passa a realizar leituras e ensaios abertos, mas não espetáculos oficiais. Mais distante das plateias universitárias e do novo círculo de atores profissionais, o grupo Oficina recomeça o seu caminho em São Paulo aproximando-se de outros públicos, compostos principalmente por migrantes do Nordeste, integrantes de movimentos negros e sambistas do bairro do Bexiga.

Trecho do elevado Presidente João Goulart, conhecido como Minhocão. Inaugurado em 1971 com o nome elevado Presidente Costa e Silva, atravessa bairros históricos da área central de São Paulo. Fotografia: Tuca Vieira.

ver o céu. Nesse espaço inusitado, o público acomoda-se em passarelas metálicas paralelas à pista e sobrepostas verticalmente em dois e três níveis.

Lina Bo Bardi e Zé Celso já faziam parcerias artísticas explosivas desde 1969, quando a arquiteta ítalo-brasileira concebeu a arquitetura cênica da peça *Na selva das cidades*, de Bertolt Brecht, montada pelo Oficina. Foi daquela experiência catártica, em que Lina construiu um palco em forma de ringue de boxe com os entulhos de demolição das casas do entorno do teatro, que germinou a ideia, amadurecida posteriormente, da destruição do próprio edifício do Oficina com vistas à construção de um novo. Sobre isso, afirma Zé Celso:

> *Na selva das cidades* é uma das encenações mais lindas que eu já fiz, e é a origem deste espaço, o Teatro Oficina como está hoje. Foi muito importante porque me pôs em contato com a Lina Bo Bardi, e a Lina já começou no teatro com o ringue de boxe e a demolição. A peça tem 11 *rounds*. Em cada *round* ela destrói uma instituição, até destruir o próprio ringue. No final, os atores estão tirando o chão do teatro e chegando na terra[2].

2. Zé Celso Martinez Corrêa, "O decano do gozo: entrevista a Otávio Frias Filho e Nelson de Sá", *in:* Karina Lopes; Sérgio Cohn (orgs.), *Encontros: Zé Celso Martinez Corrêa*, Rio de Janeiro: Azougue, 2008, pp. 206-7.

Os croquis mais acabados de Lina Bo Bardi para o novo teatro datam de 1984, mas os primeiros estudos começam quatro anos antes. Ao que consta, o partido espacial de um palco-rua que atravessa o lote, chegando inclusive a vazar os arcos de tijolo das paredes envoltórias do edifício, abrindo-se para um teatro de estádio ao ar livre, já teria sido apresentado por ela ao grupo em 1980, numa sessão de *slides*[3]. Um ano antes, ao retornar do exílio em Portugal e Moçambique, a companhia teatral – renovada e rebatizada como Oficina Samba Coletivo Multimídia – começara a abrir furos na parede dos fundos do teatro, descortinando um grande espaço aberto, usado como estacionamento pelo Grupo Sílvio Santos (GSS), detentor de várias propriedades nos terrenos vizinhos ao teatro. Era, segundo uma expressão criada pelo grupo teatral, "um Teatro de Epidauro no Baú da Felicidade". Nos croquis de Lina, tais buracos nas paredes são designados como "Guerra da Espanha", em alusão a uma luta de resistência que assume a violência – no caso, os buracos – como arma regeneradora. Aliás, esse é o tom do pequeno memorial descritivo que acompanha o projeto em seu livro monográfico, que descreve o novo Oficina como uma encarnação do princípio moderno de destruição criativa: "A tempestade destrói. É preciso reformular e reconstruir. [...] Em termos de arquitetura, *A tempestade* destruiu tudo e o Oficina vai agir de novo"[4]. Embalados por essa ideia, entre 1980 e 1981, ao longo de uma série de ensaios catárticos e carnavalescos, os atores destruíram o teatro, transformando-o em ruína.

A reabertura do Teatro Oficina ao público em 1993, após anos de obras interrompidas por paralisações e pela falta crônica de recursos, veio a ocorrer, ironicamente, no ano seguinte à morte de Lina Bo Bardi, quando Paulo Mendes da Rocha assume então a linha de frente dessa riquíssima arena cultural no campo da arquitetura, assinando um projeto verdadeiramente urbanístico para o teatro, chamado por Zé Celso de *Ágora*[5]. Com esse projeto, o Oficina lança os seus tentáculos para o entorno, propondo incorporar tanto o Minhocão, em frente, quanto o estacionamento, ao fundo. Isto é, o edifício do teatro torna-se uma passagem, um conector entre o teatro de estádio, atrás, e a cidade à frente. Projeto que, como veremos, embora não tenha saído do papel, continua em franca disputa, sendo testado publicamente em cena desde que o grupo conseguiu a cessão temporária de uso dos terrenos do estacionamento em 2010, com a crise financeira do Grupo Sílvio Santos.

3. "No dia 24 de agosto [de 1980], Lina Bo Bardi e o também arquiteto Marcelo Suzuki projetam em *slides* no Teat(r)o Oficina o 1º risco de uma rua que atravessa os arcos romanos do Oficina e instaura o Teat(r)o de Estádio no entorno". Ver "Currículo", *in:* Mariano Mattos Martins (org.), *Oficina 50+ Labirinto da criação*, São Paulo: Pancron Indústria Gráfica, 2013, p. 240.
4. Lina Bo Bardi *apud* Marcelo Carvalho Ferraz (org.), *Lina Bo Bardi*, São Paulo: Instituto Lina Bo e P. M. Bardi, 1993, p. 258.
5. Sobre a riqueza da história arquitetônica do Oficina, vale lembrar que o projeto do primeiro Teatro Oficina, realizado em 1958 quando do nascimento da companhia, é de autoria do arquiteto Joaquim Guedes – esse edifício foi alvo, em 1966, de um incêndio criminoso por parte de grupos paramilitares. O segundo Oficina, inaugurado no ano seguinte, foi projetado por Flávio Império e Rodrigo Lefèvre.

Interior do Teatro Oficina de acordo com o projeto de Lina Bo Bardi e Edson Elito. Fotografia: Tuca Vieira.

No projeto *Ágora*, Mendes da Rocha propõe a ocupação dos espaços sob o Minhocão com ateliês de cenários e fabricação de carros alegóricos, além de camarins para atores e animais, incluindo também a construção de duas torres do outro lado do elevado viário, em terrenos vazios junto a empenas cegas, para administração do teatro e centro de memória e informação, com um bar-restaurante na cobertura. Como uma antena, essa segunda torre propagaria através de som e vídeo, para os motoristas que atravessam o Minhocão, informações acerca do que se passa dentro do teatro. Assim, nessa configuração ampliada em escala urbana, o Oficina é definido como um "terreiro elektrônico", segundo Zé Celso, um centro de produção cultural pensado a partir da perspectiva do "bárbaro tecnizado", no qual as cabras das *Bacantes* e os jagunços d'*Os sertões* contracenam com os equipamentos tecnológicos de ponta, e com a presença da imagem na escala urbana, numa espécie de Times Square dionisíaca[6].

Todas essas camadas artísticas e urbanas de significação confluíam na montagem de *Hamlet* feita pelo grupo, agora rebatizado de Companhia de Teatro Comum Uzyna Uzona. "Ser ou não ser?" é a famosa indagação não apenas filosófica, contida na peça, mas também metalinguística, desvelando a encenação por dentro do teatro – lembremos que a peça colocava fim a um longo período de "não ser" do Oficina, em que ele ficara distante do *front* da cena artística da cidade. Em chave antropofágica, citando Oswald de Andrade, Zé Celso toma o "tupi or not tupi" para aproximar a tragédia norte-europeia, escrita na passagem do século XVI para o XVII, do contexto brasileiro de então. A saber, um contexto marcado tanto pela teatralização da farsa política que se revelava no escândalo de corrupção do presidente Fernando Collor de Mello – ele, desde sempre, um personagem claramente canastrão travestido de *playboy* –, e que lhe custara a perda do mandato através de um processo de *impeachment* consumado em dezembro de 1992, quanto pela chocante irrupção de uma violência endêmica nas grandes cidades. Refiro-me a uma série de chacinas e massacres acontecidos naquele momento – como os assassinatos de presos no Carandiru, São Paulo (outubro de 1992), de meninos de rua junto à igreja da Candelária, Rio de Janeiro (julho de 1993), e de moradores da favela de Vigário Geral, também no Rio (agosto de 1993) –, que pareciam mudar drasticamente o panorama da sociabilidade urbana brasileira, que abandonava de vez certo paradigma da cordialidade malandra para se assumir como um campo de guerra, atravessado por traficantes, policiais e milícias. Não por acaso, é também nessa época que São Paulo se torna uma das cidades com o maior número de helicópteros particulares do mundo, e o Brasil, o país com a maior frota de carros blindados do planeta.

Ao mesmo tempo, os vários movimentos sociais surgidos com a redemocratização do país, em meados da década anterior, começavam a amadurecer e a ganhar espaço

---

6. Zé Celso Martinez Corrêa, "Um dia se abrirá na praça pública…", *Caramelo*, n. 7, São Paulo, GFAU, p. 94, 1994.

público, sobretudo com as marchas e ocupações do Movimento dos Trabalhadores Rurais Sem Terra (MST), e os vários movimentos de luta por moradia na cidade, fortalecidos em São Paulo durante a prefeitura de Luiza Erundina (1989-92), e que levariam a pauta política da reforma agrária para o campo da reforma urbana. Questão que, como veremos, conflui em grande medida com as lutas da companhia Uzyna Uzona a partir de então no campo imobiliário, atravessando também a sua dramaturgia na virada para a década seguinte, com o ciclo *Os sertões* (2001-06).

Mas voltemos a *Ham-let*, com o seu rei impostor e assassino representado como uma espécie de Fernando Collor cocainômano, e outras costuras simbólicas, feitas pela montagem, entre a podridão de uma corte da Dinamarca ficcional e as complexidades do Brasil real de então, tais como a encenação do massacre do Carandiru por uma trupe de atores mambembes diante da perplexa realeza dinamarquesa, desvelando a culpa do rei impostor. Contudo, diante de todas essas pontes metafóricas, é outra ainda a que chama mais a atenção. Participando também da peça como ator, Zé Celso representava o papel do pai fantasma do príncipe Hamlet, espectro do rei que vem à noite revelar ao filho o fato de ter sido envenenado pelo próprio irmão, Cláudio, que em seguida desposou sua mulher, a rainha Gertrudes. Com cinco horas de duração, em que o público tinha que se acomodar a duras penas nas cadeiras e nos bancos de madeira desenhados por Lina Bo Bardi, semelhantes aos que ela já havia construído para o teatro do Sesc Pompeia, a tragédia shakespeariana resgatava com força o lugar social e cultural daquele espectro: o Teatro Oficina como lugar físico e simbólico, a companhia Uzyna Uzona, o próprio Zé Celso e, metaforicamente, o tropicalismo, a contracultura e o teatro de vanguarda dos anos 1960, do qual o Oficina era um dos representantes máximos e, certamente, o mais radical. Assim, ao mesmo tempo que resgatava esse espectro polimorfo, a peça revelava toda a sua potência atual e renovada, que parecia ter estado encubada nas duas décadas anteriores.

Mas a encenação de *Ham-let* em momento de renascimento público do Oficina não deve ser lida apenas na chave literal da vingança do fantasma, como se o Teatro Oficina, e a contracultura dos anos 1960, por tabela, fossem colocados esquematicamente no lugar da vítima usurpada num Brasil-Dinamarca tomado pela aliança espúria entre violência social, corrupção política e a predominância de uma cultura de entretenimento dócil e pacificada. No fundo, como bem observou José Miguel Wisnik, "este *Ham-let* não foi feito para entronizar o fantasma, mas para ritualizar a sua aparição e desaparição", desmelancolizando a sufocante claustrofobia hamletiana, "associada na cultura renascentista à bile negra, à terra fria e seca e ao outono", pela força carnavalesca da primavera tropical, com sua fúria e sua festa, "onde o horror real e a renovação da vida estão juntos e não se excluem"[7].

---

7. José Miguel Wisnik, "Hamlet vai ao sambódromo total", *O Estado de S. Paulo*, 18 dez. 1993.

Bexiga: um bairro cindido

Localizando a origem do Teatro Oficina atual na encenação de *Na selva das cidades* (1969), podemos compreender em profundidade a sua condição artística não unívoca, antropofágica, urbana e essencialmente sacrificial. Um olhar mais detalhado sobre aquele contexto histórico, em sua intrincada relação com a cidade, é fundamental para iluminar a rica condição do Teatro Oficina como uma verdadeira arena cultural em São Paulo.

Em janeiro de 1971, o governo militar inaugurava a obra que se converteria em seu grande marco ideológico na capital paulistana: o conjunto formado pelo elevado Presidente Costa e Silva, o viaduto Júlio de Mesquita Filho e o viaduto Jaceguai, conhecido como Minhocão[8]. Era o tempo ufanista do chamado "milagre econômico", do Brasil de usinas hidrelétricas e estradas na Amazônia, que prolongava, com um acento mais tecnocrático e grandiloquente, o "desenvolvimentismo" dos tempos de Juscelino Kubitschek (1956-60). Com aproximadamente 7 quilômetros de extensão, esse sistema de vias expressas elevadas cortou áreas centrais da cidade, incluindo alguns de seus bairros históricos, populares e com intensa vida cultural, como o Bexiga (ou Bixiga), apelido dado ao bairro da Bela Vista.

Formado por uma expressiva imigração italiana do sul, e depois nordestina, o Bexiga era, desde os anos 1950, um dos epicentros da vida boêmia paulistana, com inúmeras cantinas e teatros que estiveram entre os mais importantes da cidade, tais como o Teatro Brasileiro de Comédia (TBC, 1948), o Teatro Maria della Costa (1954), o Teatro Oficina (1958), o Teatro Ruth Escobar (1963) e, mais tarde, o Teatro Sérgio Cardoso (1980), dos quais o único que continua ativo como sede de uma companhia própria é o Oficina. Com topografia complicada, formada por colinas e grotões, com áreas de charco, sujeitas a inundação e deslizamentos, o bairro formou-se em pequenos lotes resultantes do parcelamento da Chácara do Bexiga no final do século XIX, onde antes havia um quilombo. Disso resultou uma ocupação edilícia com sobrados modestos, muitos deles transformados em cortiços ao longo do tempo e habitados em geral por trabalhadores domésticos, informais, operários e pequenos comerciantes[9]. O bairro abriga também uma das mais populares escolas de samba da cidade, a Vai-Vai, surgida como cordão carnavalesco em 1928 e transformada em escola em 1972.

Por isso mesmo, o Bexiga é considerado o *locus* por excelência do samba paulista, cantado e frequentado por figuras como Adoniran Barbosa, cantor e compositor filho

---

8. Constitui a chamada Ligação Leste-Oeste de São Paulo: já estudado durante a gestão do prefeito Faria Lima (1965-69), o projeto para uma via expressa elevada sobre a avenida São João foi retomado na gestão seguinte, de Paulo Maluf, tornando-se sua principal marca na cidade. Ver Renato Anelli; Alexandre R. Seixas, "O peso das decisões: o impacto das redes de infraestrutura no tecido urbano", *in:* Rosa Artigas; Joana Mello; Ana Cláudia Castro (orgs.), *Caminhos do elevado: memórias e projetos*, São Paulo: Sempla; Imprensa Oficial do Estado, 2008.
9. Ver Ana L. D. Lanna, "O Bexiga e os italianos em São Paulo, 1890/1920", in: Ana L. D. Lanna *et al.* (orgs.), *São Paulo, os estrangeiros e a construção das cidades*, São Paulo: Alameda, 2011.

Bairro do Bexiga: o contraste entre o velho bairro modesto e os edifícios que o vêm transformando. Fotografia: Tuca Vieira.

de imigrantes italianos, autor de clássicos como "Trem das onze" e "Saudosa maloca". Cronista maior da vida cotidiana na cidade de São Paulo dos anos 1940 e 1950, em especial dos bairros boêmios e de imigrantes, como o Bexiga e o Brás, além do próprio Centro, Adoniran trouxe uma mistura de sotaques populares para as suas canções, friccionando a norma culta da poesia com a oralidade da cultura e dos dialetos populares vindos das ruas. "Saudosa maloca" tematiza justamente o processo de transformação da paisagem da cidade com a verticalização dos edifícios, descrevendo o sentimento de impotência que isso gera: narra a expulsão de três homens pobres de uma casarão velho, que ocupavam ilegalmente, em razão da sua demolição para a construção de um edifício alto em seu lugar. Nome originalmente dado às casas comunais indígenas, a palavra "maloca" veio a designar, em contexto urbano, uma moradia coletiva, improvisada e precária, tal como os cortiços e as favelas.

Assim, na passagem dos anos 1960 para os 1970, o Bexiga viu-se violentamente cindido pela brutal cicatriz viária do Minhocão, que interrompeu ruas, causou a demolição de inúmeras casas e quarteirões e dividiu o bairro em duas partes. Caracterizado tradicionalmente por intensa vida de rua, o Bexiga foi de repente exposto à experiência traumática do tráfego viário expresso, de maneira semelhante ao que ocorreu com o bairro nova-iorquino do Bronx com a construção da Cross Bronx Expressway nos anos 1950, segundo a conhecida descrição feita por Marshall Berman[10]. O Minhocão foi o "grande projeto urbano" do engenheiro Paulo Maluf, que assumia pela primeira vez a prefeitura de São Paulo em 1969, com o AI-5 recém-promulgado, num contexto de agudização das tensões políticas e sociais no país. Nesse momento, em que quarteirões inteiros começavam a ser demolidos no Bexiga, abrindo clareiras tomadas por entulhos e escombros em seu tecido urbano, que se assemelhava a uma área bombardeada, o Oficina decide encenar *Na selva das cidades*, de Brecht, e convida Lina Bo Bardi para conceber o cenário e o figurino da peça; como já dissemos, o cenário é materializado como um ringue de boxe feito com tais entulhos, que é destruído ritualmente todas as noites pelos atores, transformando o teatro, ao final, em carcaça nua, ruína.

O cenário, portanto, era descartável, e a matéria-prima para a sua confecção foi encontrada por Lina nos próprios escombros do bairro, isto é, no misto indistinto de

---

10. Ver Marshall Berman, *Tudo que é sólido desmancha no ar*, São Paulo: Companhia das Letras, 1986.

entulhos de demolição e de construção que se acumulavam nas ruas durante as obras do Minhocão, naquele ano. Sobre isso, relata Zé Celso:

> [o Bexiga] era um bairro fantástico, marginal. Tinha milhões de bocas, uma marginália incrível! Um mundo de cortiços, rasgados de repente por esse Minhocão, esse viaduto que partiu as ruas ao meio e devastou tudo... Me dava a sensação de que o que acontecia com o mundo, com a gente, acontecia também naquele bairro lá, que estava sendo entulhado de lixo. [...] Então tinha aquele lixo lá no Bexiga sendo removido, e aliás sendo substituído por um outro: o Minhocão, que passa hoje em frente à porta do teatro. E tinha o lixo de dentro do teatro também: a Lina Bardi, que fazia a cenografia da *Selva*, pegava o lixo do Bexiga e trazia para o palco. Tanto que a gente não pagou quase nada para o cenário. Ela saía feito uma doida no meio da rua: "Que bonito! Que maravilha!". Os maquinistas pensavam que a mulher estava maluca; ela catava o que havia de mais sórdido, triava e botava no cenário[11].

Não apenas o ringue de boxe da *Selva* ia sendo construído com tábuas de madeira das casas demolidas que eram recolhidas nas ruas, como árvores inteiras arrancadas dos terrenos eram trazidas para dentro do teatro, e também objetos pessoais encontrados nas pilhas de escombros – espelhos, retratos de família e móveis diversos –, atestando a presença/ausência dos antigos moradores daquela localidade e a violência da sua remoção. Afinal, a questão aqui é exatamente a aparição da violência em suas múltiplas formas, isto é, a percepção da violência contida tanto na destruição física dos quarteirões e das casas quanto na remoção das pessoas, no seccionamento do bairro, na construção de uma estrutura de concreto robusta e agressiva em seu miolo; trata-se também da decisão estética de não recuar diante desses atos violentos, e sim de replicá-los com violência estética renovada, metabolizando a ruína da cidade dentro do espaço do teatro, e destruindo-a de novo diariamente, de modo a fazer dessa destruição uma operação de desnudamento.

A operação, está claro, é nitidamente antropofágica: transformar o tabu em totem, erigindo o trauma do bairro em nova construção, para destruí-la seguidamente até que nada mais reste por debaixo do piso senão a terra original do bairro do Bexiga. Algo como a "praia" que os situacionistas do Maio de 68 vislumbravam sob o pavimento de paralelepípedos das ruas de Paris durante as guerrilhas de barricadas (*"sous les pavées, la plage"*). Ou ainda, nas palavras de Lina Bo Bardi, a revelação do sertão oculto por sob o teatro: "o sertão da rua Jaceguai 520", como gostava de dizer.

Na *Selva*, além da incorporação das ruínas da cidade como matéria cênica em estado bruto, uma série de frases eram pichadas nos muros ao redor do palco, tais

---

11. Zé Celso Martinez Corrêa, "Don José de la Mancha", entrevista concedida a Hamilton Almeida Filho, in: Zé Celso M. Corrêa, *Primeiro ato: cadernos, depoimentos, entrevistas (1958-1974)*, São Paulo: Editora 34, 1998.

como o próprio *slogan* da gestão Maluf naquele momento: "São Paulo, a cidade que se humaniza". O efeito paródico dessa incorporação numa peça que era, cenicamente, um verdadeiro campo de guerra, é evidente. Afinal, estávamos ali num importante ponto de virada histórico da cidade, já que no curto período de tempo entre 1969 e 1972 as suas grandes artérias viárias de circulação expressa estavam sendo construídas e inauguradas, tais como a Marginal Tietê, a avenida 23 de Maio e a Radial Leste, além do próprio Minhocão. E, coroando a conexão entre o Minhocão e a Radial Leste, as inúmeras obras viárias (alças, viadutos e avenidas) que destruíram o parque D. Pedro II, transformando-o em terra arrasada. Cabe perguntar, portanto, onde reside a noção de humanidade dessa cidade que decidia sacrificar de forma voraz os seus espaços públicos em nome do rodoviarismo? E, mais uma vez, a resposta do Oficina a essa situação não é defensiva ou nostálgica mas, sim, antropofágica, paródica e afirmativa. Seu paradigma efetivo não é Brecht – como havia sido para o Teatro de Arena, importante grupo da vanguarda teatral paulistana dos anos 1960, com o qual o Oficina de certa forma rivalizava[12] – mas, sim, Oswald de Andrade e Nietzsche.

O Teatro Oficina nas lutas urbanas contemporâneas

Quando o Oficina volta à cena, nos anos 1990, o ambiente cultural da cidade é muito diverso em relação ao da década de 1960. No caso específico do teatro, o seu público já não é mais constituído, prioritariamente, por uma classe média intelectualizada e engajada na discussão estética (e naturalmente disposta a enfrentar cinco horas de espetáculo), mas por uma plateia progressivamente consumidora de entretenimento. E, do ângulo da produção, ao mesmo tempo que o número de salas de espetáculo e de companhias teatrais cresceu, aumentou também o caráter comercial das montagens, acompanhando o crescente sucesso das novelas televisivas, que passam a subordinar a capacidade de atração exercida pelas peças de teatro ao número de estrelas da televisão em seus elencos.

Ao mesmo tempo, desde os anos 1970 e 1980, outros diretores teatrais de vanguarda, tais como Antunes Filho e Gerald Thomas, passam a definir seus lugares na cena teatral da cidade com base em novos vínculos institucionais e critérios exigentes

12. Surgido em 1953, o Teatro de Arena diferenciava-se fortemente do Teatro Brasileiro de Comédia (TBC), dominante na cena teatral da cidade até então. Realizando montagens de baixo custo e privilegiando temáticas nacionais, o Arena constituiu uma nova referência dramatúrgica em São Paulo, que alcançou grande relevância com a montagem de *Eles não usam black-tie* (1958), de Gianfrancesco Guarnieri. Augusto Boal foi um dos mais importantes diretores do Arena e fundador do Teatro do Oprimido, baseado na pedagogia do educador Paulo Freire. Já o Teatro Oficina, surgido em 1958, foi inicialmente muito influenciado por Boal e pelo método brechtiano de distanciamento crítico. A ruptura do grupo com esse projeto político e estético ligado ao ideário nacional-popular se deu entre 1967 e 1968, com a encenação carnavalesca de *O rei da vela*, de Oswald de Andrade, e com o deslocamento de importância dos protagonistas para o coro em *Roda viva*. Pode-se dizer que a partir daí o Teatro de Arena e o Teatro Oficina constituem duas matrizes dramatúrgicas bastante diversas, formando uma polaridade artística e ideológica que, de alguma forma, chega até os dias de hoje.

O Teatro Oficina a partir do Minhocão. À esquerda, abaixo, vê-se, em primeiro plano, a esquina com o estacionamento do Baú da Felicidade. Ao fundo do estacionamento, a lateral do teatro. Fotografia: Tuca Vieira.

de acabamento estético. Além disso, na década seguinte surgem novos grupos jovens e inventivos, que logo ganham o respeito da crítica e do público e ajudam a vitalizar a cena teatral paulistana em direção francamente contrastante em relação ao seu *mainstream*, como o Teatro da Vertigem e a Companhia do Latão, surgidos em 1991 e 1996, respectivamente.

O Teatro da Vertigem, em especial, definiu-se desde cedo pela realização de montagens *site-specific* em contextos urbanos muito particulares e significativos, tais como igrejas, hospitais, presídios, passagens subterrâneas, ruas e galerias comerciais, e, no caso mais radical, o próprio leito do rio Tietê. Tal enfoque urbano do Vertigem, de grande ressonância cultural, coincide com um momento em que a cidade de São Paulo passa também a ser objeto de intervenção artística de modo programático, no ciclo Artecidade, ocorrido entre 1994 e 2002. Significativamente, o Teatro Oficina ressurge nesse período representando e encarnando uma discussão urbana com uma dimensão que não possuía nos anos 1960. Hoje, o Oficina é não apenas o lugar de

São Paulo 369

uma produção teatral importante na cidade, mas também o *locus* de uma grande disputa urbana em processo, em que teatro, urbanismo e ativismo se cruzam de maneira potente e singular. E se, nesse contexto, uma companhia vocacionalmente sem sede, como o Vertigem, define-se por um nomadismo radical – em diálogo com a onda deleuziana que marcou a década de 1990 –, o Oficina, ao contrário, torna-se cada vez mais territorial, enraizado numa porção de terra específica e lutando bravamente para resistir e ampliar seus domínios a partir desse minilatifúndio superprodutivo. Não por acaso, ele se torna protagonista e encenador de ações não exatamente culturais, como despejos, remoções e ocupações.

Finalmente, para tratar da problemática urbana do novo Oficina, é preciso retornar à importante figura localizada por trás do referido estacionamento do Baú da Felicidade, situado nos fundos e ao lado do teatro, e que se tornou o grande antagonista do Oficina desde os anos 1980: Sílvio Santos. Apresentador e megaempresário da televisão, o carismático Sílvio Santos é um típico *self-made man*. Oriundo de uma família de imigrantes judeus sefarditas com poucos recursos, começou a vida trabalhando como camelô, o que o fez desenvolver sua grande habilidade comunicativa nas ruas do centro do Rio de Janeiro. Tornando-se em seguida locutor de rádio e bem-sucedido organizador de bingos e sorteios, mudou-se para São Paulo, onde, nos anos 1960, adquiriu o Baú da Felicidade, pequena empresa que vendia presentes de Natal para crianças a prestações. Ao lado disso, começou a comandar programas de auditório na televisão, constituídos por *shows* de música e sorteios de bens diversos, como carros, móveis e eletrodomésticos. Com o tempo, seu programa cresceu e tornou-se o mais popular entre as atrações dominicais da televisão brasileira, permitindo ao seu apresentador criar um verdadeiro império empresarial: o Grupo Sílvio Santos (GSS), constituído por bancos, hotéis, empresas de capitalização, de venda de cosméticos e aposentadoria privada, empreendimentos agropecuários e imobiliários, e uma emissora de televisão.

No final dos anos 1970, quando o grupo Oficina retornava do exílio, retomando suas ações no teatro em forma de leituras dramáticas e ensaios abertos (nos quais, como sabemos, se gestaria a voluntária demolição do edifício), o GSS construía, na mesma rua Jaceguai, a sede do seu complexo empresarial, contando inclusive com um teatro, o Imprensa. Tendo conseguido a concessão de canais de televisão regionais, em 1981, Sílvio Santos criaria a sua própria emissora, a TVS – atual Sistema Brasileiro de Televisão (SBT) –, consolidando seu poder midiático. Na mesma época, começou a comprar outros terrenos ao longo da rua Jaceguai e imediações, com vistas a expandir seus domínios na área através de empreendimentos imobiliários. O próprio terreno do Teatro Oficina, que, desde 1958, era alugado à companhia teatral, entrou nesse momento na mira do empresário.

Em 1982, a companhia conseguiu uma vitória crucial contra a ameaça de despejo e compra do terreno pelo GSS: o Conselho de Defesa do Patrimônio Histórico, Arqueológico, Artístico e Turístico (Condephaat), na presidência de Aziz Ab'Saber, declarou o Oficina patrimônio histórico e cultural do estado de São Paulo. O que foi tombado, no entanto, não foi a arquitetura interna do edifício, inclusive em ruínas, mas o sentido de transformação estética permanente que o grupo teatral produziu no interior daquele invólucro. Dois anos depois, o governo do estado desapropriou o imóvel, cedendo-o ao uso da companhia por tempo indeterminado. Tais ações foram fundamentais para que a obra do novo teatro fosse realizada, ainda que lentamente, vindo a ser concluída no final de 1993, como vimos.

Em 1994, com o novo Teatro Oficina inaugurado e em plena atividade, o projeto *Ágora* de Paulo Mendes da Rocha, que incluía terrenos do GSS além de áreas em torno e embaixo do Minhocão, contrastava com as primeiras propostas do grupo para construir um grande complexo comercial na área, pelas mãos do arquiteto e empresário Júlio Neves[13]. Em alguns anos, o GSS conseguiu comprar quase todos os terrenos do quarteirão definido pelas ruas Jaceguai, Abolição, Japurá e Santo Amaro, demolindo rapidamente suas casas. De forma significativa, como num eterno retorno

Grande janela no fundo do Teatro Oficina, de onde se vê o terreno baldio com o estacionamento do Baú da Felicidade. Fotografia: Tuca Vieira.

13. Júlio Neves é outro personagem importante nessa arena cultural. Arquiteto, empresário e empreendedor imobiliário, realizou as obras da Operação Urbana Faria Lima na gestão de Maluf na prefeitura de São Paulo, em 1995-96. Foi também presidente do Museu de Arte de São Paulo Assis Chateaubriand (Masp) de 1994 a 2008, sendo apontado como o grande responsável pelo declínio da instituição.

São Paulo 371

mítico, a área envoltória do teatro voltava a ser uma paisagem desolada de escombros, como na época da construção do Minhocão, situação que permanece até os dias de hoje. Ao mesmo tempo, a proposta do grupo evoluiu para a construção de um *shopping* cultural e um centro de convenções, cujo nome seria Bela Vista Festival Center. O *shopping* praticamente engavetaria o Oficina – patrimônio tombado – em meio aos seus espaços corporativos e comerciais, abrindo a grande fachada lateral de vidro do teatro não mais para fora, e sim para o grande *hall* de uma "praça de alimentação".

A resistência de Zé Celso e de toda a companhia a essa "devoração" do teatro pelo *shopping* ganhou amplitude simbólica e política muito expressiva, em contexto fortemente polarizado pelas disputas urbanas em São Paulo, na passagem dos anos 1990 para os 2000. Com a abertura do país às importações e a cascata de privatizações que a ela se seguiu, a prefeitura do município – novamente nas mãos de Paulo Maluf e com a colaboração próxima de Júlio Neves – passou a realizar uma série de operações urbanas alicerçadas na fórmula da "parceria" público-privada, que iria remover inúmeras famílias de classe média e baixa e construir um novo eixo econômico da cidade, que adquiria então feições globalizadas, passando a hospedar o capital transnacional e volátil. Tal processo deu origem a fortes movimentos de resistência, num momento em que o centro da cidade era objeto de propostas de "revitalização", que resultariam em situações de clara exclusão social. Foi nesse momento também, e sintomaticamente, que os movimentos por moradia se fortaleceram, culminando no início da maior e mais importante ação dos sem-teto na cidade: a Ocupação Prestes Maia, em 2002.

Nesse contexto, o Oficina começou a ensaiar a série *Os sertões*, de Euclides da Cunha, em 2001, aproximando-se dos movimentos sociais da cidade ligados à luta pela moradia, através de uma ocupação de sem-teto em vias de despejo, localizada próxima ao teatro. Isso porque, cinquenta anos depois da cena cantada em "Saudosa maloca", os sem-teto de São Paulo já não iam mais para o meio das ruas, resignadamente, "apreciá a demolição" de suas casas. Assim, da interação entre o grupo Oficina e as crianças da ocupação da rua da Abolição, que passaram a atuar nas montagens de *Os sertões*, nasceu o Movimento Bexigão, propondo dar destinações de lazer cultural e educacional aos terrenos de Sílvio Santos na área, combinando uma universidade antropofágica a um teatro de estádio e um grande parque. Referindo-se a essa conjunção histórica, ainda no calor da hora, Zé Celso afirma que no ano 2000 o contato com uma série de grupos – como o Arte contra a Barbárie, o Movimento Sem Terra e o Ueinzz – trouxe "uma consciência social muito grande para dentro do Oficina", fazendo-os compreender o tamanho da responsabilidade que tinham em relação à cidade e ao bairro, de modo a não permitir a extinção de seu caráter de polo de artistas e produtores de cultura, e sua transformação "numa Las Vegas paulista de consumo"[14].

---

14. Zé Celso Martinez Corrêa, "A história dos sertões no Teatro Oficina", *in:* Mariano Mattos Martins (org.), *op. cit.*, p. 97.

Paralelamente aos ensaios e à montagem d'*Os sertões*, em 2001, o Oficina se tornaria a sede temporária do Movimento Arte contra a Barbárie, uma reunião de grupos teatrais organizada para contestar a forma de fomento ao teatro feita no Brasil: ancorada quase exclusivamente em renúncia fiscal, com critérios de apoio definidos não por uma política cultural, mas pelas ações de *marketing* das empresas privadas. Tal contestação era, no fundo, uma reivindicação de maior apoio às produções experimentais, em oposição a espetáculos comercialmente digestivos, apelidados de "Broadway paulista", e que se tornavam dominantes na cidade, faturando quase toda a verba proveniente das leis estaduais e federais de incentivo à cultura.

Os fundos do Teatro Oficina vistos do estacionamento do Baú da Felicidade. Destaque para a janela lateral do teatro e sua árvore: "o sertão da rua Jaceguai 520". Fotografia: Tuca Vieira.

A combinação de todos esses fatos reunidos confere um enquadramento muito significativo à montagem d'*Os sertões*. A história narrada por Euclides da Cunha, que se passa entre 1896 e 1897 no sertão da Bahia, conta a resistência do arraial de Canudos a ser incorporado pela República recém-proclamada. No entanto, a batalha, que deveria ser facilmente vencida pelo Exército brasileiro, encontra uma surpreendente resistência daqueles sertanejos maltrapilhos, muitos deles ex-escravos, unidos pelo fervor religioso e por uma invejável adaptação ao clima árido. O paralelo com a disputa entre o Oficina e o GSS – muito mais poderoso em termos de alcance midiático e econômico – mostra-se evidente. Diante do avanço iminente do possível *shopping*, o Teatro Oficina parece, de fato, um arcaico arraial encurralado – "o sertão da rua Jaceguai 520" –, mas que não desiste jamais da sua mania de grandeza. Contudo, ao contra-atacar de forma surpreendentemente ofensiva, como dissemos, pleiteando a cessão dos terrenos do entorno para a expansão do próprio teatro, ainda que com uma destinação pública, o Oficina toca num tabu essencial da cidade capitalista, fato que o irmana ao movimento dos sem-teto: ambos ousam questionar o direito sacrossanto à propriedade privada. Nesse sentido, são mesmo espécies de Antônios Conselheiros contemporâneos, desafiando ostensivamente – ainda que parecendo beirar o quixotesco – as leis da República positivista.

No laudo do processo de tombamento do teatro pelo Instituto do Patrimônio Histórico e Artístico Nacional, em 2010, a arquiteta Jurema Machado, presidente da instituição, argumenta que o "fenômeno Oficina não é um produto do acaso, mas de um ambiente de notável fertilidade, inclusive com repercussões no presente", já que São Paulo ainda é a cidade com maior volume de produção, circulação e público de teatro no país. E, após avaliar tanto o valor excepcional do Teatro Oficina

São Paulo

quanto a especificidade da diversidade cultural e urbanística do Bexiga, sugere ao Ministério da Cultura a não instalação de grandes edificações comerciais e de serviço no terreno contíguo ao teatro, e, sim, um equipamento cultural de uso público[15]. Sua avaliação coincide com a proposta do Uzyna Uzona para a área, que é instalar não um centro de consumo, mas de educação e produção cultural associado a um parque, como dissemos, batizando o conjunto de Universidade Antropofágica Oficina de Florestas. Vale lembrar que a expressão "Oficina de Florestas" é retirada da canção "Sampa" (1978), de Caetano Veloso, num verso que homenageia o cenário da *Selva* de 1969, com suas árvores suspensas por cabos de aço.

Hoje a cena teatral e cultural paulistana é muito mais diversificada e difusa do que há cinquenta anos. Já não há nada equivalente à centralidade que teve o TBC nos anos 1950-1960, nem à polaridade entre o Arena e o Oficina na segunda metade da década de 1960. Mas é certo que não apenas os espetáculos realizados pela companhia Uzyna Uzona permanecem como os mais agudos e provocantes, como o legado vivo do Oficina segue influenciando e formando novos grupos teatrais. Contudo, para além do contexto teatral, o Teatro Oficina vai se definindo, cada vez mais, como uma incubadora das disputas da cidade, lugar de reflexão intensa sobre os seus destinos, desde que a reviravolta de 1969 o trouxe para dentro do palco, estilhaçando-o. Assim, é na esguia porção de sertão da rua Jaceguai 520 que a cidade-empresa neoliberal dos nossos dias encontra, em São Paulo, o seu lugar de maior contestação. Ela é o seu Waterloo, ou melhor, o seu Canudos.

---

15. Parecer de Jurema Machado, Processo de Tombamento n. 1.515-T-04, Iphan, 24 jun. 2010.

Os autores

Adrián Gorelik (Mercedes, Buenos Aires, 1957) é arquiteto e doutor em História (ambos os títulos pela Universidade de Buenos Aires). É pesquisador do Conicet e professor titular da Universidade Nacional de Quilmes, onde dirige o Centro de História Intelectual. É membro do conselho de direção de *Prismas. Revista de Historia Intelectual*. Entre outros livros, publicou *La grilla y el parque. Espacio público y cultura urbana en Buenos Aires* (1998), *Miradas sobre Buenos Aires* (2004) e *Das vanguardas a Brasília. Cultura urbana e arquitetura na América Latina* (2005).

Alexandre Araújo Bispo (São Paulo, 1973) é doutorando em Antropologia na Universidade de São Paulo (USP) e pesquisador do Grupo de Pesquisa (USP/CNPq) ASA – Artes, Saberes, Antropologia (www.coletivoasa.dreamhosters.com). É diretor da Divisão de Ação Cultural e Educativa do Centro Cultural São Paulo e atua como curador independente. Seu mestrado (2012) foi sobre memória familiar, sociabilidade e transformações urbanas em São Paulo (1920-1960); é coautor de *Vida & Grafias: narrativas antropológicas, entre biografia e etnografia* (2015).

Ana Clarisa Agüero (Córdoba, 1975) é professora, licenciada e doutora em História pela Universidade Nacional de Córdoba (UNC). Pesquisadora do Conicet e professora-adjunta da UNC, dirige o Programa de História e Antropologia da Cultura (Instituto de Antropologia de Córdoba). É autora de *El espacio del arte. Una microhistoria del Museo Politécnico de Córdoba entre 1911 y 1916* (2009) e coeditora de *Culturas interiores. Córdoba en la geografía nacional e internacional de la cultura* (2010).

Anahi Ballent (Tandil, Buenos Aires, 1956) é arquiteta (Universidade Nacional de La Plata) e doutora em História (Universidade de Buenos Aires). É pesquisadora do Conicet e professora titular da Universidade Nacional de Quilmes, onde integra o Centro de História Intelectual e o Instituto de Estudos da Ciência e da Tecnologia. Entre outros livros, publicou *Las huellas de la política. Vivienda, ciudad, peronismo en Buenos Aires, 1943-1955* (2005) e *La casa y la multitud. Vivienda, política y cultura en la Argentina moderna* (com Jorge F. Liernur, 2014).

Beatriz Jaguaribe (Rio de Janeiro, 1959) é doutora em Literatura Comparada pela Universidade Stanford. É professora da Escola de Comunicação da Universidade Federal do Rio de Janeiro e pesquisadora do CNPq. Foi professora visitante nas universidades Stanford, de Nova York, Princeton, e na New School for Social Research, entre outras. Publicou, entre outros livros, *Fins de século: cidade e cultura no Rio de Janeiro* (1998), *O choque do real* (2007) e *Rio de Janeiro: Urban Life through the Eyes of the City* (2014).

Eduardo Kingman Garcés (Quito, 1949) estudou Filosofia, é mestre em Antropologia Andina pela Flacso e doutor em Antropologia Urbana pela Universitat Rovira i Virgili da Catalunha. É professor pesquisador-chefe do Departamento de Antropologia, História e Humanidades da Flacso–Equador, onde dirigiu o doutorado. Entre seus trabalhos destacam-se *La ciudad y los otros. Higienismo, ornato y policía. Quito 1860-1940* (2006), *El molino y los panaderos* (com Nicolás Cuvi, 2010) e *Los trajines callejeros. Memoria y vida cotidiana* (com Blanca Muratorio, 2014).

Fernanda Arêas Peixoto (Campos dos Goytacazes, Rio de Janeiro, 1960) é professora titular do Departamento de Antropologia da Universidade de São Paulo, pesquisadora do CNPq e coordenadora do Grupo de Pesquisa (USP/CNPq) ASA – Artes, Saberes, Antropologia (www.coletivoasa.dreamhosters.com). É autora de *Diálogos brasileiros: uma análise da obra de Roger Bastide* (2000) e *A viagem como vocação* (2015), além de organizadora, com outros, de *São Paulo: os estrangeiros e a construção das cidades* (2011).

Germán Rodrigo Mejía Pavony (Pereira, Colômbia, 1954) é historiador da Pontifícia Universidade Javeriana e doutor em História pela Universidade de Miami (Coral Gables, Flórida). É professor titular do Departamento de História da Pontifícia Universidade Javeriana e decano da Faculdade de Ciências Sociais da mesma universidade. Seus últimos livros são: *Colombia: A Concise Contemporary History* (com Michael La Rosa, 2012), *La ciudad de los conquistadores. Historia de Bogotá, 1536-1604* (2012) e *La aventura urbana de América Latina* (2013).

Gonzalo Aguilar (Buenos Aires, 1964) é doutor em Letras pela Universidade de Buenos Aires (UBA). É pesquisador do Conicet e professor da cátedra de Literatura Brasileira e Portuguesa (UBA). Entre outros livros, publicou *Poesía concreta brasileña. Las vanguardias en la encrucijada modernista* (2003, traduzido para o português); *Otros mundos. Un ensayo sobre el nuevo cine argentino* (2006, traduzido para o inglês); *Episodios cosmopolitas en la cultura argentina* (2009); e *Más allá del pueblo (Imágenes, indicios y políticas del cine)* (2015).

Gonzalo Cáceres (Concepción, Chile, 1968) é historiador e planejador urbano, ambas as graduações pela Pontifícia Universidade Católica do Chile (PUCCH). Acadêmico associado ao Instituto de Estudos Urbanos e Territoriais da PUCCH, publicou, entre outros, *Barrios cerrados en Santiago de Chile: entre la exclusión y la integración residencial* (com Francisco Sabatini, 2004).

Guilherme Wisnik (São Paulo, 1972) é mestre em História Social e doutor em Arquitetura e Urbanismo pela Universidade de São Paulo (USP), onde também é professor. É autor de livros como *Lucio Costa* (2001), *Caetano Veloso* (2005) e *Estado crítico: à deriva nas cidades* (2009). É vice-diretor do Centro Universitário Maria Antônia (USP) e foi curador-geral da 10ª Bienal de Arquitetura de São Paulo (2013).

Gustavo Guerrero (Caracas, 1957) é professor de Literatura e História Cultural Latino-Americana Contemporânea na Universidade de Cergy-Pontoise e em Sciences Po Saint-Germain-en-Laye. Estudou Letras na Universidade de Paris III, Nova Sorbonne, e doutorou-se em História e Teoria Literária na Escola de Altos Estudos em Ciências Sociais (EHESS) de Paris. Publicou, entre outros títulos, *La estrategia neobarroca* (1987), *Itinerarios* (1997), *Teorías de la lírica* (1998), *La religión del vacío y otros ensayos* (2002) e *Historia de un encargo: "La catira" de Camilo José Cela* (2008), com o qual obteve o XXXVI Prêmio Anagrama de Ensaio.

Gustavo Vallejo (La Plata, Buenos Aires, 1967) é arquiteto e doutor em História (ambos os títulos pela Universidade Nacional de La Plata). É pesquisador do Conicet com sede no Centro de Estudos em História, Cultura e Memória da Universidade Nacional de Quilmes. Entre outros livros, publicou *Escenarios de la cultura científica argentina. Ciudad y Universidad* (2007), *Utopías cisplatinas* (2009), *Proyecto urbano y sectores populares en la génesis de La Plata* (2015).

Heloisa Pontes (Belo Horizonte, 1959) é antropóloga e doutora em Sociologia pela Universidade de São Paulo (USP). É professora titular do Departamento de Antropologia da Universidade Estadual de Campinas e pesquisadora do CNPq. É autora, entre outros livros, de *Destinos mistos* (1998), Prêmio Anpocs de melhor obra científica em 2000; *Intérpretes da metrópole*

(2010), Prêmio Anpocs de melhor obra científica em 2011 (em 2016, publicado em espanhol), e *Cultura e sociedade: Brasil e Argentina* (com Sergio Miceli, 2014).

Jorge Myers (Plaza Huincul, Neuquén, 1961) é mestre em História (Universidade de Cambridge) e doutor em História (Universidade Stanford). É pesquisador do Conicet e professor titular da Universidade Nacional de Quilmes, onde integra o Centro de História Intelectual. É membro do conselho de direção de *Prismas. Revista de Historia Intelectual*. Publicou *Orden y virtud. El discurso republicano del régimen rosista* (1995) e compilou, com outros, os livros *Resonancias románticas* (2001) e *Historia de los intelectuales en América Latina* (vol. 1, 2008).

José Tavares Correia de Lira (Recife, 1967) formou-se em Arquitetura na Universidade Federal de Pernambuco (UFPE) e em Filosofia na Universidade de São Paulo (USP), onde se doutorou em Arquitetura. É professor na Faculdade de Arquitetura e Urbanismo da USP e pesquisador do CNPq. É autor do livro *Warchavchik: fraturas da vanguarda* (2011) e co-organizador das compilações *Tempo, cidade e arquitetura* e *São Paulo: os estrangeiros e a construção das cidades* (2011), entre outras.

Julia O'Donnell (Rio de Janeiro, 1981) é historiadora (Universidade de São Paulo) e doutora em Antropologia Social (Museu Nacional/Universidade Federal do Rio de Janeiro). É professora da UFRJ e membro do Programa de Pós-Graduação em Sociologia e Antropologia (PPGSA) na mesma instituição. Publicou *De olho na rua: a cidade de João do Rio* (2007) e *A invenção de Copacabana* (2013), entre outros livros e textos.

Lila Caimari (General Roca, Río Negro, 1962) é historiadora pela Universidade Nacional de La Plata e doutora em Estudos Políticos pela Universidade de Paris. É pesquisadora do Conicet e docente na pós-graduação de História da Universidade de San Andrés. Publicou, entre outros livros, *Apenas un delincuente. Crimen, castigo y cultura en la Argentina, 1880-1949* (2004), *La ciudad y el crimen. Delito y vida cotidiana en Buenos Aires, 1880-1940* (2009) e *Mientras la ciudad duerme. Pistoleros, policías y periodistas en Buenos Aires, 1920-1945* (2012).

Maria Alice Rezende de Carvalho (Rio de Janeiro, 1954) é mestre em História Social pela Universidade Estadual de Campinas (Unicamp) e doutora em Sociologia pelo Instituto Universitário de Pesquisas do Rio de Janeiro. É professora da Pontifícia Universidade Católica do Rio de Janeiro (PUC-RJ), pesquisadora do CNPq e coordenadora do Central – Núcleo de Estudos e Projetos da Cidade. Entre outros livros, publicou *Quatro vezes cidade* (1994), *O quinto século. André Rebouças e a construção do Brasil* (1998) e *Irineu Marinho, imprensa e cidade* (2013).

Nísia Trindade Lima (Rio de Janeiro, 1958) é socióloga e doutora em Sociologia pelo Instituto Universitário de Pesquisas do Rio de Janeiro (Iuperj). É pesquisadora e professora na Casa de Oswaldo Cruz/Fiocruz. Entre outros livros, publicou *Um sertão chamado Brasil* (2013, 2. ed.) e, em colaboração, *A sociologia do Brasil urbano* (2015) e *Médicos intérpretes do Brasil* (2015).

Pablo Ansolabehere (Buenos Aires, 1963) é doutor em Letras pela Universidade de Buenos Aires (UBA). Crítico literário, docente e pesquisador, especializado em literatura argentina, ensina Literatura nas universidades de Buenos Aires e de San Andrés. Foi professor visitante na Wesleyan University e na Universidade da Geórgia. É autor de *Literatura y anarquismo en Argentina, 1879-1919* (2011) e *Oratoria y evocación: un episodio perdido en la literatura argentina* (2012), e publicou numerosos artigos em livros e revistas especializadas.

Paulo César Garcez Marins (São Paulo, 1968) é historiador e doutor em História Social pela Universidade de São Paulo (USP). É professor do Museu Paulista da USP e dos cursos de pós-graduação em Arquitetura e Urbanismo e em Museologia na mesma instituição. Publicou, entre outros trabalhos, os livros *Através da rótula: sociedade e arquitetura no Brasil* (2001), *Os céus como fronteira: a verticalização no Brasil* (coord., 2013) e o capítulo "Habitação e vizinhança", em *História da vida privada no Brasil* (v. 3, 1998).

Silvana Rubino (São Paulo, 1959) é mestre em Antropologia Social e doutora em Ciências Sociais pela Universidade Estadual de Campinas (Unicamp). É professora do Departamento de História da mesma universidade e conselheira do Condephaat, serviço de patrimônio do estado de São Paulo. Autora de diversos artigos sobre arquitetura moderna, patrimônio cultural e história intelectual, organizou *Lina por escrito* (2009) e foi curadora da mostra *Ocupação Mário de Andrade* (2013).

Tamara Rangel Vieira (Rio de Janeiro, 1982) é historiadora e doutora em História das Ciências e da Saúde pela Casa de Oswaldo Cruz/Fiocruz, onde também trabalha como pesquisadora e professora. Entre outros, publicou *No coração do Brasil, uma capital saudável: a participação dos médicos e sanitaristas na construção de Brasília 1956-1960* (2009) e *A nova capital do Brasil: ciência e política nas comissões de estudos do planalto central das décadas de 1940 e 1950* (com Nísia Lima, 2015).

Ximena Espeche (Montevidéu, 1974) é licenciada em Letras pela Universidade de Buenos Aires (UBA) e doutora em Ciências Sociais pela Universidade Nacional de General Sarmiento/Instituto de Desenvolvimento Econômico e Social. É pesquisadora do Conicet e professora da UBA. Publicou *La paradoja uruguaya. Intelectuales, latinoamericanismo y nación a mediados del siglo XX* (2016) pela Universidade Nacional de Quilmes, além de numerosos capítulos de livros e artigos em revistas especializadas.

Créditos das imagens

PP. 16, 193, 209, 220 – Marcel Gautherot/Acervo Instituto Moreira Salles
P. 27 – Marc Ferrez/Coleção Gilberto Ferrez/Acervo Instituto Moreira Salles
P. 29 – Thierry Frères/Setor de Iconografia da Biblioteca Nacional
PP. 31, 276, 281 – Fernanda Lobeto
P. 33 – Eduard Hildebrandt/Gilbert Ferrez
P. 38 – Sociedad Fotográfica Argentina de Aficionados/Colección Archivo General de la Nación, Dpto. Doc. Fotográficos (Buenos Aires)
P. 40 – Redondo/*Caras y Caretas*, n° 799, Buenos Aires, janeiro de 1914
P. 44 – Desconhecido/Colección Archivo General de la Nación, Dpto. Doc. Fotográficos (Buenos Aires)
P. 52 – Guilherme Gaensly/Acervo do autor
P. 55 – Jules Martin/Acervo Museu Paulista da Universidade de São Paulo
P. 57 – Guilherme Gaensly/Acervo da Faculdade de Arquitetura e Urbanismo da Universidade de São Paulo
PP. 61, 188, 229 – Desconhecido
P. 62 – Desconhecido/Acervo da família de Giuseppe Camara
P. 71 – Federico Kohlmann/Museo y Archivo Dardo Rocha
P. 72 – Departamento de Engenheiros de La Plata/Biblioteca Nacional
P. 73 – T. Bradley/álbum *Vistas de La Plata*, La Plata, 1884
P. 80 – Desconhecido/ *Censo general de la ciudad de La Plata*, Talleres "La Popular", La Plata, 1910
P. 82 – Federico Kohlmann/Museo y Archivo Dardo Rocha
P. 87 – Editorial Tamburini/Cedido por gentileza de Mariana Eguía
P. 89 – Desenho de Carolina Romano
P. 96 – Desconhecido/*La Voz del Interior*, 10/09/1918
PP. 103, 105 – desconhecido/Archivo CdF, Intendencia de Montevideo
P. 116 – atribuída a Francisco du Bocage/Acervo da Fundação Joaquim Nabuco, Ministério da Educação
P. 117 – Desconhecido/Acervo da Fundação Joaquim Nabuco
P. 119 – Cícero Dias/Coleção Luiz Antônio de Almeida Braga
P. 125 – Luís Jardim/Acervo da Fundação Joaquim Nabuco
P. 127 – Acervo da Fundação Joaquim Nabuco
P. 133 – Horacio Coppola/Arquivo Horacio Coppola
P. 135 – Desconhecido/ Colección Dirección de Construcciones Portuarias y Vías Navegables

P. 139 – Desconhecido/Colección Archivo General de la Nación, Dpto. Doc. Fotográficos (Buenos Aires)
P. 142 – Desconhecido/capa da partitura El Chamuyo
P. 143 – Horacio Coppola/tirada de *El Buenos Aires de Horacio Coppola*, Valencia: Ivam, 1997
P. 149 – Claude Lévi-Strauss/Acervo Instituto Moreira Salles
P. 152 – Banco Central do Brasil
P. 154 – Aurélio Becherini/Acervos Artísticos e Culturais da Prefeitura de São Paulo
P. 155 – Desconhecido/tirada de Maria Cecília Naclério Homem, *O prédio Martinelli. A ascensão do imigrante e a verticalização de São Paulo*, São Paulo: Projeto, 1984
P. 156 – Arquivo Público do Estado de São Paulo
P. 163 – Sady González/tirada de *Bogotá, años 40. Fotografías de Sady González*, 2ª ed., Bogotá: Ediciones Revista Número, Alcaldía mayor de Bogotá, 2007
P. 165 – Desconhecido/Museo Nacional de Colombia
P. 167 – Tirados de Marcela Cuellar y Germán R. Mejía, *Atlas histórico de Bogotá. Cartografía 1791-2007*, Bogotá, Archivo de Bogotá, Sociedad de Amigos del Archivo de Bogotá, Planeta, 2007
P. 173 – Saúl Orduz/Museo de Bogotá
P. 176 – Paolo Gasparini/Fundación Museo de Arquitectura. Tirada de Guadalupe Burelli (org.), *1950. El espíritu moderno*, Catálogo de exposición, Caracas: Fundación Corp Group Centro Cultural, 1998
P. 179 – Aerofotografia de Cartografía Nacional/tirada de Guadalupe Burelli (org.), *1950. El espíritu moderno*, Catálogo de exposición, Caracas: Fundación Corp Group Centro Cultural, 1998
P. 181 – Desconhecido/ tirada de Guadalupe Burelli (org.), *1950. El espíritu moderno*, Catálogo de exposición, Caracas: Fundación Corp Group Centro Cultural, 1998
P. 186 – Desconhecido/Archivo Centro de Investigación de la Comunicación, Universidad Católica Andres Bello. Tirada de Guadalupe Burelli (org.), *1950. El espíritu moderno*, Catálogo de exposición, Caracas: Fundación Corp Group Centro Cultural, 1998
P. 187 – Paolo Gasparini/Archivo Dirk Bomhorst. Tirada de Guadalupe Burelli (org.), *1950. El espíritu moderno*, Catálogo de exposición, Caracas: Fundación Corp Group Centro Cultural, 1998
P. 194 – Desconhecido/Publicada no jornal *Beira-mar*
P. 195 – Augusto Malta/Coleção Augusto Malta. Arquivo do Museu da Imagem e do Som, Rio de Janeiro
P. 196 – Desconhecido/Publicada no jornal *Beira-mar*
P. 204 – Claus Meyer/fotos tiradas de Ana Luiza Nobre *et al.*, *Rio Cidade-Paisagem*, Catálogo da exposição na Biblioteca Nacional, Rio de Janeiro, Ministério de Cultura e Fundação Biblioteca Nacional, 2012
PP. 211, 217 – Mário Fontenelle/Arquivo Público do Distrito Federal
P. 215 – Desconhecido/Arquivo Público do Distrito Federal
P. 227 – Silvio Robatto e Ennes Mello/Tirada de Antonio Risério, *Avant-garde na Bahia*, São Paulo: Instituto Lina Bo e P. M. Bardi, 1995
P. 230 – Armin Guthmann/tirada de Antonio Risério, *Avant-garde na Bahia*, São Paulo: Instituto Lina Bo e P. M. Bardi, 1995
P. 233 – Lina Bo Bardi/Arquivo Instituto Lina Bo e P. M. Bardi
PP. 239, 244, 247, 249 e 250 – Rolf Blomberg/Arquivo Blomberg
P. 255 – Desconhecido/Archivo CdF, Intendencia de Montevideo
P. 261 – Tirado de *La aldea feliz. Episodios de la modernización en Uruguay*, 14° Muestra Internacional de Arquitectura de Venecia, 2014

p. 263 – Mauricio Cravotto/ Tirado de *La aldea feliz. Episodios de la modernización en Uruguay*, 14° Muestra Internacional de Arquitectura de Venecia, 2014

p. 264 – Carlos Gómez Gavazzo e Teófilo Herrán/Tirado de *La aldea feliz. Episodios de la modernización en Uruguay*, 14° Muestra Internacional de Arquitectura de Venecia, 2014

p. 265 – Aurelio González Salcedo/Acervo do jornal *El Popular*. Archivo CdF, Intendencia de Montevideo

p. 268 – Revista *Casabella* N° 284, Milão, março de 1964

p. 269 – Desconhecido/Tirada de "Plan de Emergencia" elaborado pela Comisión Nacional de la Vivienda em 1956

p. 271 – Alejandro Leveratto/Tirada da revista *Summa*, n° 70, Buenos Aires, dezembro de 1973

p. 275 – Saamer Makarius/tirada de Karim Makarius (org.), *Buenos Aires, mi ciudad. Fotografías de Saamer Makarius*, Buenos Aires: Eduntref, 2013

p. 285 – Desconhecido/Horacio Caminos, John F. C. Turner, John H. Steffian, "Urban Dwelling Environemts", MIT Report n° 16, 1969

p. 288 – Desconhecido/Arquivo fotográfico da revista *El Arquitecto Peruano*.

p. 291 – Desconhecido/Sharif S. Kahatt, *Utopías construidas. Las unidades vecinales de Lima*, Lima: Fondo Editorial, Pontificia Universidad Católica del Perú, 2015

p. 293 – Capa da revista *Architectural Design*, agosto de 1963

p. 297 – Fotomontagem publicada na revista *Architectural Design*, n° 4, 1970

p. 300 – Domingos de Miranda Ribeiro/Acervo Instituto Moreira Salles

pp. 307, 310 – Desconhecido/Coleção Brasil: Nunca Mais. Archivo Edgard Leuenroth/Unicamp

pp. 314, 323 – Robert Gerstmann/tirada de Robert Gerstmann, *Chile en 235 cuadros*, Düsseldorf, H. Hoch, 1959

p. 318 – Hans Storandt e Bodo Fischer/tirada de Hans Storandt e Bodo Fischer, *Chile*, Múnich, F. Bruckman, 1960

p. 320 – Desconhecido/Arquivo da Pontificia Universidade Católica de Chile, tirada do catálogo *Latin America in Construction: Architecture 1955-1980*, New York, MOMA, 2015

p. 325 – Fotomontagem publicada na revista *Auca*

pp. 333, 337, 338, 340, 341, 343 – Manuel Solari

p. 349 – Claudia Jaguaribe

pp. 360, 362, 366, 369, 371, 373 – Tuca Vieira

Fonte Stempel Garamond | *Papel* Pólen Soft 80 g/m²
Papel da capa Supremo Duo Design 300 g/m²
Impressão Gráfica Colorsystem | *Data* Maio 2019